W0270948

Ukraine-Lesebuch

Herausgegeben
von Evelyn Scheer

Trescher Reihe Reisen

1. Auflage 2006
Trescher Verlag GmbH
ISBN 3-89794-097-3
Lektorat: Sabine Fach
Gestaltung: Tom Schülke
Umschlagfoto: Pavlo Podufalov

Die Rechte an den in diesem Buch abgedruckten Texten liegen bei den beteiligten Autoren und Verlagen laut Quellenverzeichnis. Nicht in allen Fällen konnten die Rechteinhaber ermittelt werden. Wir bitten gegebenenfalls um Nachricht.

Gedruckt auf chlorfrei gebleichtem Papier
Printed in Germany

Inhalt

Versunkene Landschaft Ostgalizien

Der Duft der Karpaten

Grüne Mutter Bukowina

Dreiländereck Transkarpatien

Deutsche Kolonisten in Wolhynien

Unter den Kastanien von Kiew

Mächtiger Dnepr

Steppenland

Nach Odessa fuhr ich übers Meer

Die Krim - auf den Spuren der Zaren und Tataren

Versunkene Landschaft Ostgalizien

Ivan Franko
Die galizische Schöpfungsgeschichte

Ein bekanntes Sprichwort empfiehlt: Wenn zwei dir sagen, du seiest betrunken, so leg dich schlafen. Zwei edle polnische Grafen, *Badeni* und *Piniński*, haben mir nachdrücklich zu Gemüte geführt, ich gehöre nicht auf die politische Arena. Also hab' ich mich – auf die Literaturgeschichte, Ethnographie und ähnliche Ruhepolster verlegt und »lausche dem Gesumme der Hummeln«, wie man bei uns zu Lande sagt. Leider bekomme ich auch hier recht sonderbare Klänge zu hören. Unter den Sprichwörtern, Märchen und Schwänken, die ich nach dem Volksmund aufzeichne, finden sich manchmal kuriose Motive, mit denen ich nicht weiß, was anzufangen. Zu den Pariser Κρυπτάδια[1] ist mir ein wenig zu weit, und so mögen einige in den Spalten Ihres Blattes Verwendung finden. Hier gleich die erste. Sie heißt »Die galizische Schöpfungsgeschichte« und lautet:

Im Anfang war der Schnaps.

Er war zuerst chaotisch. Ein jeder durfte ihn brennen, verkaufen oder auch höchsteigen trinken.

Da kam aber der Ungarwein ins Land. Und der war teuer. Und so schied Gott die Schnapstrinkenden von den Weintrinkenden und gab den letzteren eine Gewalt über die ersteren. Und so kam es, daß die anderen nur den Schnaps brennen und trinken mußten, aber brennen für die anderen und trinken für ihr gutes Geld – die anderen aber bekamen den fertigen Schnaps und verkauften ihn für ihre Rechnung, um sich mit Ungarwein volltrinken zu können.

Das war der zweite Tag, und er hieß: Propination.

Es war ein langer Tag. Damals wurde das lateinische »cujus regio, ejus religio« ins Galizische übersetzt: »Wessen Gebiet, dessen Propination.« Die Bevölkerung wurde in zwei Schichten geteilt: die einen, bei denen das Schnapstrinken obligatorisch war, hießen Bauern oder Vieh, und die anderen, welche in dem Schnapstrinken der Bauern die Hauptquelle ihres Wohlstandes erblikkten, hießen Schlachtschitzen, zuweilen auch Freiheitshelden, Vaterlandsretter, Märtyrer der nationalen Sache oder allgemein »Nation«.

Da begann es aber im Lande sich zu rühren und zu regen. ›Nationale Heiligtümer‹ wurden mit Füßen getreten, alte Zaunpfähle wurden niedergerissen, und verschiedene Grundpfeiler wurden wackelig gemacht. Einen Posten nach dem anderen verloren die Verteidiger des Alten.

[1] Κρυπτάδια – unter diesem Titel erschien in Paris eine Sammlung obszöner Erzählungen und Sagen aller Völker, darunter auch des ukr. Volkes.

Schließlich konzentrierten sie ihre Kräfte auf dem letzten Bollwerk, und das war eben die Propination. Sie wurde damals heiliggesprochen. Leider vergaßen jene, welche sie in den Geruch der Heiligkeit brachten, daß man nur einen Toten heiligsprechen kann. Erst nachträglich bemerkten sie ihren Fehler und beratschlagten, was mit diesem heiligen Bollwerke der schlachtschitzischen Nationalität zu tun wäre. Gemäß der glorreichen nationalen Tradition beschloß man, das Heiligtum - zu verkaufen.

Das war der dritte Tag, und er hieß: die Propinationsablösung.

Da erhob sich ein Mann groß in der Ratsversammlung und sagte:

»Laßt uns nicht sein wie zweitausend Judasse! Laßt uns unser nationales Heiligtum nicht um dreißig Silberlinge verkaufen. Wenn es so sein muß, so verkaufen wir es teuerer. Fordern wir wenigstens zweimal soviel - Millionen Goldgulden dafür!«

Die ganze Ratsversammlung stimmte ihm bei und rief begeistert:

»Bravo! Bravo! Unter sechzig Millionen[2] Goldgulden lassen wir es nicht.« Da erhob sich ein zweiter Mann noch größer in der Ratsversammlung und sprach:

»Laßt uns nicht sein wie zweitausend Judasse! Laßt uns unser nationales Heiligtum nicht in natura verkaufen. Wenn es so sein muß, so verkaufen wir es in effigie, in der Theorie, so daß es zwar titularisch verkauft, abalieniert und totgesagt sein kann, aber tatsächlich wohl und gesund in unseren Händen verbleiben und lange Jahre fortleben möge.«

Ein Beifallssturm erhob sich in der Ratsversammlung. Als derselbe sich legte, piepste eine verlegene Stimme:

»Ja, aber wie ist das zu machen?«

»Ganz einfach«, sprach gewaltig der zweite Redner. »Wir verkaufen nur das nackte, theoretische Recht - den Schnaps zu brennen und zu verkaufen. Die Brennereien und Verkaufsläden bleiben nach wie vor unser Eigentum. Wer uns hernach Konkurrenz machen will, möge es versuchen, wenn ihm die Haut juckt.«

»Bravo! Bravo!« schrie einmütig die ganze Ratsversammlung.

Da erhob sich aber ein dritter Mann noch größer in der Ratsversammlung und sprach:

»Nach dem, was meine geehrten Vorredner gesprochen und vorgeschlagen haben und was wir bereitwillig angenommen haben, fühle ich mich, fühlen wir uns alle von dem Vorwurfe des Judassentums reingewaschen. Das ist ein sehr erhebendes und angenehmes Gefühl. Laßt uns aber jetzt vom Vergnügen zum Geschäfte übergehen. Was der geehrte Vorredner über die Möglichkeit einer

[2] In Wirklichkeit ist ein höherer Betrag, nämlich mehr als 66 Millionen Gulden, ausgehandelt worden.

Konkurrenz mit uns im Propinationsfache gesagt hat, dürfte manchen von uns mit einem Unbehagen, ja sogar mit Angst erfüllen. Nein, so meinen wir es nicht! Unser Heiligtum so zu verkaufen, daß sich hernach der erstbeste nach Belieben daran vergreifen kann - nein! Wenn wir es verkaufen müssen, so verkaufen wir es an uns selbst. So, daß wir zwar das Geld bekommen, dafür aber nicht die Realia behalten, sondern auch das Benützungsrecht ausschließlich in unseren Händen verbleibe. Erst eine solche Ablösung wird unseren Traditionen, unseren geheiligten Interessen und unseren Billigkeitsgefühlen entsprechen.«

Ein ungeheuerer Beifallssturm erhob sich in der Ratsversammlung. Der Redner wurde auf den Händen herumgetragen. Als man ihn wieder zu Boden setzte, piepste dieselbe verlegene Stimme zum zweiten Male:

»Ja, aber wie ist das zu machen?«

»Ganz einfach«, sprach gewaltig der dritte Redner. »Wir verkaufen unser Propinationsrecht dem ganzen Lande.«

»Ja, aber - -«, wagte die oppositionelle Stimme noch einmal zu piepsen.

»Kein ›aber‹. Das Land kauft es und die Landesrepräsentation übernimmt das Gekaufte und verwaltet es. Wer ist aber die Landesrepräsentation?«

»Wir, wir!« erscholl es einstimmig in der Ratsversammlung.

»Natürlich«, beschloß der dritte Redner. »Die Propination bleibt in aller Form so, wie sie seit Anbeginn gewesen ist, nur daß sie jetzt kein Privat-, sondern Landeseigentum ist. Wir bekommen das Geld, behalten die Brennereien und die Schanklokale und behalten schließlich die Administration dieses neuen Landeseigentums in den Händen. Wir können es unter uns verpachten, können einen uns Mißliebigen zur Pacht nicht zulassen, können schließlich auch die aus den Pachtschillingen resultierenden Gelder - -«

Ein stürmischer Beifallsjubel übertönte die letzten Worte des gewaltigen Redners. Die Anträge wurden angenommen und punktualiter durchgeführt.

Ein vierter Tag ist bis jetzt in Galizien noch nicht angebrochen.

Kahanetz

Ein Volkslied, aufgeschrieben im Dorfe Koropetz, Galizien, wenige Wochen nach der Ermordung des Bauern Marko Kahanetz in Koropetz anlässlich der Landtagswahlen in Galizien im Jahre 1908.

Im berühmten Dorf Koropetz da gab's Schmach und Schande,
Denn dort ward ein Mann erstochen durch Verräterbande.
Brachten schweres Geld, die Herren, er liess sich nicht beirren,
Wollt' nicht gegen Recht und Wahrheit sein Dörflein verführen.
Die Verräter sich verschworen ihn zugrund zu richten,
»Denn der Mann, der ist verständig, lässt uns nichts verrichten,
Und er ist uns gar zu weise, kennt die Paragraphen,
Macht uns noch in unsrer Sache gar zu viel zu schaffen.
Bei geringstem Anlass tut er alles nach Wien melden
Einem, der uns beugt die Nacken, und er kennt den Helden.
Nun, wir wollen, Teufelssöhnchen, dies nicht mehr erlauben,
Denn wir sind nun fest entschlossen, dein Leben dir zu rauben.«
Und von Mittwoch auf Donnerstag gar schrecklich er träumte,
Stand auf morgens - seine Stirne Traurigkeit umsäumte.
Sein Weib fragt ihn: »Weshalb, Marko, bist traurig, erzähle,
Was beschwert dich, welcher Kummer bedrückt deine Seele?«
»Hatte einen Traum, so schrecklich, kann es gar nicht sagen,
Und ich weiss nicht, was ich heute fürchte zu ertragen.«
Zog den Pelz an, eine Zeitlang stand er auf der Schwelle,
Dacht' nicht, daß er sterben werde an der Strassenstelle.
Durch den Hof schritt er bedächtig, konnt' sein Herz nicht zähmen,
Denn er ahnte, daß ihm werde bald das Blut entströmen.
Und er traf Wassyl, den Wächter, dieser wollt' ihn warnen:
Ist nicht nötig dir jetzt, Marko, in das Dorf zu wandern,
Doch erwiderte ihm Marko: »Ich wüsst' nicht weswegen,
Dort kann niemand wohl im Sinne für mich Arges hegen.«
Und er schritt des Weges weiter, trat ins Amtsgebäude,
Dort war alles vorbereitet schon zu seinem Leide.
Und er wollte von Rechtswegen etwas dort erlangen,
Die Gendarmen, dreie waren's, wollten ihn belangen.
Ach! Rudzinski, der Verräter gab ihm einen Schlag -
Wirst du Marko wohl gedenken an deinem letzten Tag.
Da rief Marko: »Rettet, helft mir, ihr guten Leut',
Denn ich sehe, dass ich hier bin dem Tode geweiht!«

Stürzte auf ihn zu die Schwester und der Bruder mit ihr,
Händeringend rief sein Weib: »Was tun sie mit dir?«
Und sie zogen ihn nun heimwärts um sein Leben bittend,
Doch es waren die Gendarmen über dies ganz wütend.
Der Wachtmeister, der lief voraus, knirschend voller Zorn,
Und versucht in dem Momente Marko zu durchbohr'n.
Und es haben wie die Raben ihn die drei umringt,
Marko schützten Weiberhände - doch der Mord gelingt.
Und an Marko Postenführer Tokarski nun sprang,
Und sofort die scharfe Waffe Markos Brust durchdrang.
Zog heraus das Bajonett dann - war von Blut ganz rot -
Markos junges Weib fiel nieder zu Boden halb tot.
Der Wachtmeister fragt spöttisch: »Hat's Farbe gemacht?«
Und betastete die Waffe, sah nach, ob's vollbracht;
Markos Leute führ'n ihn weiter, ohnmächtig, auf den Händen,
Und der Wachtmeister hinter ihm drein, ob er noch nicht ende.
Dann schrie dieser auf: »Du, Bauer, bist du noch am Leben?«
Und die Waffe drang ins Herze.... »Hab' den Rest gegeben!«
Ach, am Donnerstag am Morgen um die neunte Stunde
Grüsste Marko seine Lieben, sprach mit blassem Munde:
»Meine lieben, trauten Freunde, lasst euch nicht beirren,
Lasst euch nicht von diesem Polen an der Nase führen!«
Diese letzten Worte sprach er, seufzt dann auf gar schwer,
»Lebet wohl!« - erhob die Hände und war dann nicht mehr.
Und als tot vor sich nun sahen Marko seine Lieben,
Weinten alle, ungerühret war kein Herz geblieben.
Als sie ihn ermordet hatten, floss sein Blut in Strömen,
Liefen alle hin zum Marko von ihm Abschied nehmen.
Sie verständigten den Dechant, dass er kommen möge,
Nun jung Marko zu versehen auf dem letzten Wege.
Doch als dieser angekommen zu der Beichtvernehmung,
Da war schon die Seel' entflohen ohne Sündvergebung,
Weint' auch, dass er so unschuldig sein Leben musste lassen,
Dass er seine Ukraine auf ewig verlassen.
Nun lag tot der arme Marko im Blut auf der Strassen,
Eilt das Volk herbei, denn niemand konnt' das Unglück fassen,
Markos Bruder konnte sich nicht von der Erd' erheben,
Konnt' nicht sehen, schrie verzweifelt: »wie soll man denn leben?«
Die Gendarmen, die umkreisten den Ort wie die Raben,
Passten auf, ob sie nicht könnten wohl noch einen haben.
Um die Zeit da traten Leute aus dem Gottesdienste

Und sie konnten nun beschauen der Verräter Dienste.
Auf der Erde lag nun Marko, niemand durft' ihn rühren,
Aber jemand mußte dennoch ihn nach Hause führen.
Und man brachte ihn nach Hause: von dem Trauerfalle
Liess das arme Vieh auch hängen seine Köpf' im Stalle.
Traurig wieherten die Pferde und der Hund, der heulte,
Weil der Hausherr nicht mehr lebend unter ihnen weilte.
Marko lag in Alltagskleidern - das Blut mocht' sie zieren,
Nach dem morgendlichen Frühstück konnt' sich nimmer rühren;
Hat zum Frühstück drei Bajonette in den Leib erhalten.
Werden wir ihn nimmer sehen unter uns nun walten.
Nach dem Tode ward gevierteilt er zu uns'rem Schrecken.
Denn man wollte etwas finden, den Verrat zu decken.
Protokolle wusst' man täglich wieder zu verfassen.
Und vor Freuden die Verräter konnten sich kaum fassen.
Und die Schlachta tobte, schwenkte ihre Mützen,
Jubelt, daß die armen Bauern keinen Führer mehr besitzen.
Freut euch nicht, ihr blut'gen Feinde, ihr habt nichts gewonnen,
Tausend steh'n an dessen Stelle, den ihr uns genommen.
O, ihr dachtet, wenn ihr einmal diesen Mann getötet,
Dass ihr dann das ganze Dorf auch ans Verderben kettet.
Denket nicht, ihr argen Polen, daß wir nichts bedeuten,
Wollen ihn mit Prunk und Ehren zu Grabe gleiten.
Herrgott, helfe den Ruthenen in den schweren Tagen,
Denn wir armen Bauern dürfen nicht die Wahrheit sagen,
Wie für unser Recht und Freiheit der Marko gestritten
Und dafür von drei Gendarmen schweren Tod erlitten.

Akiba Nagelberg
Der Wolf zahlt mit der Haut

Eine chassidische Sage aus Galizien

Der Bal-Schem[1] fleg im Winter geh'n zum verfrojrynym Wasser alle Tug ün hat ausgehackt das Eis ün hat sich getojwylt[2]. Wenn er fleg arausgeh'n von dem Wasser ün sich stellen auf dem Eis, flegen ihm die Füss' zufrieren, ün beim Abreißen fleg ihm das Blut rinnen von die Füss. Neben dem Wasser hat gewohnt a Goj, ün wie er hat das alles gesehen, hat Rachmunys[3] gehat ün fleg jeden Morgen in der Früh Stroh ausbetten, kdei[4] die Füss sollen nischt zufrieren.

Wajhi h' jom[5] hat der Goj gepaset[6] Schaf neben a Wald, is araus a Wolf ün hat aweg gechapt a Schuf; hat sich der Goj sehr mcar[7] gewên und is geloffen zum Bal-Schem ün hat sich vor ihm geklagt. Der Bal-Schem hat ihm gesagt, as der Wolf wet ihm das Schuf abgeben, wenn er wet geh'n in Wald aran ün wet schreien: »Wolf, der Bal-Schem hat geheißen abgeben das Schaf!« Dem anderen Tag, nachdem wie der Goj hat das getan, hört er far seine Fenster brimmen. Er gehs araus, seht er, wie der Wolf streckt sichaus ün peigert[8]. Der Goj hat arubgenommen die Fell ün hat sie verkauft a Jüd; ün wie der Jüd is gekommen in dem Pelz von der Fell zum Bal-Schem, hat er die Fell derkennt. (Gewährmann Mechel Scher in Gwoździec.)

[1] Israel Baal-Schem, Gründer der Sekte der Chassidaer (der ›Frommen‹).
[2] getojwelt - im Wasser untergetaucht, zu rituellem Zweck.
[3] Rachmunys - Erbarmen.
[4] kdei - damit.
[5] Wajhi h' jom - Eines Tages.
[6] gepaset - geweidet.
[7] mcar - gekränkt.
[8] peigert - verendet.

Scholem Alechjem
Es ist eine Lüge

»Sie reisen wohl nach Kolomea?«

»Woher wissen Sie das?«

»Ich hörte, wie Sie mit dem Schaffner sprachen.

Sind Sie ein Kolomeaer, oder reisen Sie nur nach Kolomea?«

»Ich bin ein Kolomeaer... Wieso?«

»Ich frage nur so. Ich möchte wissen, ob Kolomea eine hübsche Stadt ist?«

»Was heißt eine hübsche Stadt? Es ist eine Stadt, wie alle anderen Städte in Galizien... Ein hübsches Städtchen, ein sehr hübsches Städtchen...«

»Ich meine, ob es dort viele feine Leute gibt, ich meine reiche Leute...«

»Es gibt verschiedene, reiche und arme, wie gewöhnlich mehr arme als reiche!«

»Genauso wie bei uns. Auf einen reichen Mann kommen unberufen tausend arme. Es gibt doch in Kolomea einen reichen Mann, einen gewissen Finkelstein?«

»Ja, ein Finkelstein wohnt in Kolomea. Was ist mit ihm? Kennen Sie ihn?«

»Ich kenne ihn nicht. Ich habe nur von ihm gehört.

Heißt er nicht Reb Schaje?«

»Ja! Er heißt Reb Schaje. Wieso?«

»Ich frage nur so. Ist er wirklich so reich, wie man sagt, dieser Reb Schaje?«

»Weiß ich? Ich habe sein Vermögen nicht gezählt. Wieso fragen Sie denn eigentlich? Wollen Sie es wegen eines Kredits wissen?«

»Nein, nur so. Er soll eine Tochter haben.«

»Drei Töchter hat er. Ist es vielleicht wegen einer Partie? Haben Sie vielleicht gehört, wieviel Mitgift er mitgibt?«

»Es handelt sich nicht um die Mitgift, verstehen Sie, sondern um das Haus. Was führt er denn für ein Haus? Wie lebt er?«

»Was soll er für ein Haus führen? Er lebt wie alle Leute. Er führt ein jüdisches Haus, ein feines, frommes, sehr feines Haus. Es heißt zwar, daß das Jüdische bei ihm in letzter Zeit ... aber das ist eine Lüge.«

»Was ist eine Lüge?«

»Alles, was man sagt, ist Lüge. Sie müssen nämlich wissen, Kolomea ist eine Stadt voller Lügen.«

»Dann ist es gerade interessant zu wissen, was für einen Ruf sein Haus genießt.«

»Die Leute reden, es sei jetzt nicht mehr so wie früher. In früheren Zeiten gab es zu Ostern in seinem Hause ›Schmura‹-Mazze, streng rituell zubereitet, er selbst reiste zweimal im Jahre zum Rabbi, aber heute, heute ist es nicht mehr so.«

»Das ist alles?«

»Was wollen Sie mehr? Soll er sich vielleicht den Bart und die Seitenlocken abschneiden lassen und öffentlich Schweinefleisch essen?«

»Sie sagen, die Leute reden, da dachte ich, Gott weiß, was die Leute reden. Die Hauptsache ist, ob der Mann ein Mensch ist, das heißt, ich meine, ob Reb Schaje Finkelstein ein feiner, ordentlicher Mann ist, das meine ich.«

»Was heißt ein feiner Mensch? Er ist ein Mensch, wie alle Menschen. Ein feiner Mensch. Warum sollte ich es leugnen? Ein sehr feiner Mensch. Man sagt zwar bei uns, daß er etwas ... aber das ist eine Lüge.«

»Was ist eine Lüge?«

»Alles, was über ihn gesagt wird, ist Lüge. Kolomea ist eine Stadt, in der die Leute einander gern bereden. Ich möchte es nicht wiedersagen, das wäre Klatsch.«

»Wenn Sie wissen, daß es gelogen ist, so ist es doch nicht mehr Klatsch!«

»Man sagt ... er ist ... ein kleiner ... Drehkopf.«

»Drehkopf? Jeder Jude ist ein Drehkopf. Der Jude dreht eben. Sind Sie nicht auch ein Drehkopf?«

»Ein Drehkopf und ein Drehkopf ist doch nicht dasselbe. Von ihm sagt man ... verstehen Sie mich ... aber das ist eine Lüge.«

»Was sagt man denn eigentlich von ihm?«

»Ich sage Ihnen doch, daß es eine Lüge ist.«

»Ich möchte also die Lüge kennen, die man sagt.«

»Man behauptet, er habe schon dreimal Pleite gemacht ... aber das ist eine Lüge, mir ist nur von einem Mal etwas bekannt.«

»Das ist alles? Haben Sie schon einmal einen Kaufmann gekannt, der nicht Pleite gemacht hat? Ein Kaufmann macht so lange Geschäfte, bis er in der Patsche sitzt; stirbt ein Kaufmann, ohne pleite gegangen zu sein, so ist das ein Zeichen, daß er frühzeitig gestorben ist. Ist es nicht so?«

»Alles heißt ›Pleite machen‹... Er soll aber einen sehr häßlichen Bankrott gemacht haben, er hat das Geld in seine Tasche schlüpfen lassen und der Welt die Zunge herausgestreckt. Verstehen Sie?«

»Gar nicht dumm... Sonst nichts?«

»Was wollen Sie noch mehr? Soll er Menschen totschlagen, Verbrechen begehen? Man erzählt sich sogar von ihm keine schönen Sachen, aber das ... ist eine Lüge.«

»Zum Beispiel, was denn?«

»Eine Sache mit einem Gutsbesitzer, aber es ist nichts dahinter.«

»Was für eine Sache ist denn das mit dem Gutsbesitzer?«

»Irgendein Gutsbesitzer ... Wechsel... Weiß ich, was man sich in Kolomea alles ausdenken kann. Es ist alles Lüge. Ich bin überzeugt, daß es Lüge ist.«

»Wenn Sie überzeugt sind, daß alles gelogen ist, so kann es ihm doch nicht schaden.«

»Er soll mit einem Gutsbesitzer Geschäfte gemacht haben, bei dem er sehr angesehen war, sehr angesehen. Eines Tages starb der Gutsbesitzer; da setzte er einige Wechsel von ihm in Umlauf. Nun erhob sich in der Stadt eine allgemeine Empörung, wieso er zu den Wechseln gekommen wäre, denn man wußte, daß der Gutsbesitzer während seines ganzen Lebens kein Papier unterschrieben hatte. Kolomea, müssen Sie wissen, ist eine Stadt, die aufpaßt.«

»Nun?«

»Nun. Da hatte er sein Päckel zu tragen.«

»Das ist alles? Ein Päckel hat jeder Jude zu tragen. Haben Sie schon einmal einen Juden gesehen, der kein Päckel zu tragen hätte?«

»Dieser hatte aber, wie man sich erzählte, drei Päckel auf seinen Schultern.«

»Drei Päckel? Was soll er denn noch verbrochen haben?«

»Er soll mit einer Mühle zu tun gehabt haben. Dort soll etwas vorgekommen sein... Aber das ist ganz sicher eine Lüge.«

»Die Mühle ist wohl abgebrannt, und da sagen die Leute, er hätte geholfen, das Feuer zu schüren? Die Mühle war alt, da hat er sie gut versichert, um eine neue bauen zu können?«

»Wieso wissen Sie, daß die Geschichte sich so abgespielt hat?«

»Ich weiß es nicht, ich denke mir nur; daß es so gewesen sein muß.«

»So erzählt man es sich bei uns in Kolomea, aber ... das ist eine Lüge, ich kann es beschwören, daß es eine Lüge ist.«

»Und wenn es wahr wäre, würde es mich auch nicht stören. Was hat er sich noch zuschulden kommen lassen, sagen Sie?«

»Ich sage? In der Stadt wird es erzählt. Das ist aber nur, um ihm etwas nachzusagen, eine Verleumdung ist es, reine Verleumdung!«

»Eine Verleumdung? Falschmünzer etwa?«

»Noch schlimmer.«

»Was kann noch schlimmer sein?«

»Es ist eine Schande zu erzählen, was die Leute sich in Kolomea alles ausdenken! Die Hohlköpfe, die Müßiggänger! Womöglich war es eine angezettelte Sache, um Geld herauszupressen! Sie wissen doch, ein kleines Städtchen – da hat der reiche Mann Feinde!«

»Er hat wohl mit dem Dienstmädchen etwas vorgehabt?«

»Wieso wissen Sie? Hat man es Ihnen schon erzählt?«

»Erzählt hat man es mir nicht, aber ich kann es mir denken. Diese Verleumdung hat ihn wahrscheinlich ein schönes Stück Geld gekostet?«

»Ich wünschte, wir beide – und ich bin Ihnen kein Feind – könnten jede Woche so viel verdienen, wie ihn diese Sache gekostet hat, obgleich er ein unschuldiges Lamm ist. Einem reichen Juden, dem es gutgeht, gönnt man in einem kleinen Städchen einfach nichts Gutes!«

»Möglich! Hat er nette Kinder, gute Kinder? Drei Töchter, scheint mir, haben Sie gesagt?«

»Jawohl. Zwei sind verheiratet, eine ledig. Nette Kinder, sehr gute Kinder! Von der ältesten wird zwar gesagt ... aber ... das ist eine Lüge...«

»Was wird denn von ihr gesagt?«

»Ich sage Ihnen doch, es ist eine Lüge.«

»Ich weiß, daß es eine Lüge ist. Ich will aber die Lüge kennen.«

»Wenn Sie alle Lügen, die in Kolomea umgehen, anhören wollen, dann reichen drei Tage und drei Nächte nicht aus. Von der ältesten erzählt man sich, daß sie die vorschriftsmäßige Perücke abgelegt hat und ihr eigenes Haar trägt. Ich kann aber bezeugen, daß es eine Lüge ist, denn sie ist nicht so gebildet, daß sie eigenes Haar tragen sollte. Von der zweiten Tochter geht das Gerücht, daß sie noch als Mädchen... Aber was Kolomea sich nicht alles ausdenken kann... Das ist eine Lüge.«

»Es lohnt sich wirklich anzuhören, was bei Euch in Kolomea alles ausgedacht wird!«

»Ich sage Ihnen doch, daß Kolomea eine Stadt voller Lügen ist, eine Stadt voller Verleumder und langer Zungen. Sie wissen doch, wenn ein Mädchen in einer kleinen Stadt am Abend in dunklen Straßen allein spazierengeht, dann wird daraus eine große Sache gemacht: Was hat ein junges Mädchen in Kolomea am Abend allein mit dem Provisor spazierenzugehen? ...«

»Das ist alles?«

»Was wollen Sie noch mehr? Sollte sie am Versöhnungstag mit dem Provisor nach Tschernowitz durchgehen, wie man sich von der jüngeren erzählt? Solch einen Streich sollte sie machen?«

»Was für einen Streich hat denn die jüngere gemacht?«

»Es lohnt sich wirklich nicht, alle Albernheiten, die bei uns in Kolomea umgehen, wiederzuerzählen. Ich rede nicht gern alle Lügengeschichten nach.«

»Sie haben schon so viele Lügen erzählt, erzählen Sie noch die eine.«

»Ich erzähle nicht meine Lügen, mein Herr, sondern die Lügen anderer. Ich verstehe überhaupt nicht, wieso Sie mich nach jedem einzeln ausfragen, als wären Sie ein Staatsanwalt. Sie gehören, wie mir scheint, zu den Leuten, die von den anderen alles herausziehen, sie bis aufs Blut ausfragen und selbst Angst haben, auch nur ein Wort zu sagen... Nehmen Sie mir nicht übel, daß ich Ihnen die Wahrheit sage, Sie sind wohl ein russischer Jude? Die russischen Juden haben eine sehr schlechte Gewohnheit: Sie kriechen mit ihren schmutzigen Stiefeln dem anderen bis ins Herz hinein... Die russischen Juden sind, wie mir scheint, Klatschmäuler... Übrigens sind wir sehr bald in Kolomea... Es ist Zeit, die Sachen zusammenzupacken... Verzeihen Sie!«

Joseph Roth
Brief aus Polen

Lieber Freund,
ich komme eben aus einem der interessantesten Gebiete Europas. Ich meine jenen Teil des kleinpolnischen Landes, in dem sich die berühmten Petroleumquellen befinden. Es liegt, wie Sie wissen, im Süden Mittelgaliziens und am nördlichen Rande der Karpathen, und sein Mittelpunkt ist die sehr merkwürdige Stadt Boryslaw. Seit der Mitte des 19. Jahrhunderts wird hier Petroleum gewonnen. Auf einem Gebiete von etwa 15 Quadratkilometern stehen die dunklen hölzernen Bohrtürme. Vergleiche ich sie mit den Bohrtürmen von Baku, so erscheinen sie mir weniger grausam und gewissermaßen der Erdoberfläche weniger gefährlich. Die Erde des kaukasischen Petroleumgebiets nämlich trägt auf ihrem Angesicht jenen Fluch, der wie ein Ausgleich für den Segen in ihrem Innern ist. Sie hat kein Grün, nur wüsten gelbgrauen Sand und braune schmutzige Tümpel, die niemals trocknen wollen, obwohl sonst alles in der südlichen Sonne dorren muß. Hier, in Boryslaw, das man das ›polnische Baku‹ nennt, ist die Sonne gemäßigt, sind die Bohrtürme schütter und trotz ihrer tausendfachen Zahl noch immer nicht die einzige Vegetation des Landes. Noch gibt es Wälder, die nur zögernd vor den Türmen weichen und sie eher friedlich zu umgeben als feindselig zu fliehen scheinen. Der Blick darf von den verschalten Quellen weg zu den grünen Hügeln schweifen, denen der Umstand, daß sie schon zur Familie der Karpathen gehören, eine gewisse Respektabilität verleiht. Und wäre nicht der Staub, der ein Bruder des kaukasischen Staubes ist, so gäbe es nur die Türme, die an Baku erinnern könnten.

Aber der Staub ist da, weiß und außergewöhnlich dicht. Es ist, als wäre er nicht das zufällige Produkt aus Abfall und abgesonderter Körperlichkeit, sondern als wäre er ein selbständiges Element wie Wasser, Feuer und Erde und dieser weniger verwandt als etwa dem Wind, vor dem er in dichten Schleiern einherwirbelt. Er liegt wie Mehl, Puder oder Kreide auf der Straße und hüllt jedes Gefährt und jeden Fußgänger ein, als hätte er einen Trieb oder einen Willen. Er hat eine ganz besondere Beziehung zur Sonne, wenn sie brennt, als hätte er einen Auftrag, ihre Aufgabe zu vollenden. Und regnet es, so verwandelt er sich in eine aschgraue feuchte klebrige Masse, die in jeder kleinsten Höhlung zu einem grünlichen Tümpel gerinnt.

In dieser Gegend also wird Petroleum gewonnen. Vor ein paar Jahrzehnten war Boryslaw noch ein Dorf, heute leben hier etwa 30 000 Menschen. Eine einzige Straße – ungefähr 6 km lang – verbindet drei Ortschaften, ohne daß man sehen könnte, wo die eine aufhört und wo die andere beginnt. Hart an den Häusern entlang zieht sich ein hölzerner Gehsteig, von kurzen stämmigen Pfählen getragen. Ein Trottoir zu errichten ist unmöglich, weil Rohre unter der Straße das Öl zum Bahnhof leiten. Der Unterschied zwischen dem Niveau des Gehsteigs und der Fahrbahn, aber auch der kleinen Häuser ist ein erheblicher, und der Fußgänger erreicht oder überragt die Dächer der Häuser und sieht aus schräger Höhe in die Fenster. Alle Häuschen sind aus Holz. Nur einige Male unterbricht ein größeres Haus aus Ziegeln, weißgetüncht und von steinernem Aspekt, die triste Reihe der schiefen, faulenden und zerbröckelnden Behausungen. Alle sind sie über Nacht entstanden: zu einer Zeit, als sich der Strom der Naphthasucher hierher zu ergießen begann. Es ist, als hätten diese Bretter nicht menschliche Hände hastig aneinandergefügt, sondern als hätte der Atem der menschlichen Gier zufällige Materialien zufällig zusammengeweht, und kein einziges dieser flüchtigen Heime scheint dazu bestimmt, schlafende Menschen zu beherbergen, sondern die Schlaflosigkeit aufgeregter zu erhalten und zu verstärken. Der ranzige Geruch des Öls, ein stinkendes Wunder, hat sie herbeigezogen. Die selbst geologisch unberechenbare Sinnlosigkeit unterirdischer Gesetze erhöhte die Spannung des Gräbers zur Wollust, und die unaufhörlich akute Möglichkeit, durch kaum 300 Meter von Goldmilliarden getrennt zu sein, mußte einen Rausch erzeugen, stärker als der Rausch des Besitzes. Und obwohl alle der Unberechenbarkeit einer Lotterie und eines Roulettespiels ausgeliefert waren, so ergab sich doch keiner dem Fatalismus des Wartens, das die Enttäuschung schon sachte vorbereitet. Hier, bei den Quellen des Petroleums, gab sich vielmehr jeder dem Wahn hin, daß er durch Arbeit ein Schicksal zwinge, und sein Jagdeifer vergrößerte das traurige Resultat zum Unheil, das er nicht mehr ertrug.

Aus dem unerträglichen Wechsel von Hoffnung und Mutlosigkeit befreite den kleinen Grubenbesitzer erst die mächtige Hand des großen und der ›Gesellschaften‹. Sie konnten viele Terrains auf einmal kaufen und mit der relativen Gelassenheit, die eine männliche Tugend des Reichtums ist, die Launen des unterirdischen Elements belauern. Zwischen diese Mächtigen, denen die Geduld gar nichts kostete und die schnell Millionen säen konnten, um langsam Milliarden zu ernten, schoben sich die mittelgroßen Terrain- und andere Spekulanten, mit dem mittelmäßigen Kredit und der mittelmäßigen Risikotapferkeit, und verringerten noch die Chancen des kleinen Abenteurers. Diese gaben allmählich ihre Träume auf. Sie behielten ihre Hütten. Manche schrieben ihre Namen über ihre Türen und begannen zu handeln, mit Seife, mit Schnürsenkeln, mit Zwiebeln, mit Leder. Sie kehrten aus den stürmischen und tragischen Regionen der Glücksjäger in die traurige Bescheidenheit kleiner Krämer heim. Die Hütten, die für ein paar Monate gebaut worden waren blieben indessen lange Jahre stehen und stabilisierten ihre provisorische Hinfälligkeit zu einem charakteristischen Lokalkolorit. Sie erinnern an gestellte Bilder in Filmateliers und an primitive Buchdeckelillustrationen in kalifornischen

Erzählungen und an Halluzinationen. Es scheint mir, der ich mehrere große Industriegebiete kenne, daß nirgends die nüchternen Geschäfte so phantastische Physiognomien tragen. Hier schweifte der Kapitalismus in Expressionismus aus.

Und es scheint, daß dieser Ort seinen phantastischen Aspekt behalten wird. Die Stadt wandert nämlich – und keineswegs etwa nur in einem metaphorischen Sinn. Während die alten Quellen zeitweise stagnieren, eröffnen sich neue und die staubige Straße wandert dem Petroleum nach. Sie schiebt ihre Häuschen vor, schlängelt sich zu einer Biegung und dehnt sich beflissen den Launen des Petroleums entgegen. Stehen in Boryslaw selbst und in Tustanowice die meisten Gruben still, so hämmern Tag und Nacht in Mraznica schon die Bohrer. Ich kann mich von der Vorstellung kaum befreien, daß diese Straße unendlich sein wird, ein langes, weißes, staubiges Band über Höhen und Tiefen, verschlungen und gerade, provisorisch und dennoch während, hinfällig wie das menschliche Glück und dauerhaft wie die menschliche Begierde.

Ich will Ihnen gestehen, daß der Anblick dieser großen Stadt, die hauptsächlich aus einer Straße besteht, mich die realen Gesetze ihrer Gesellschaftsordnung vergessen ließ. Für einige Stunden schienen mir die Spekulation und die Leidenschaft des Geldverdienens elementar und beinahe geheimnisvoll. Die grotesken Gesichter, die hier die Gewinnsucht schnitt, die fortwährend gespannte Atmosphäre, in der sich die unheimlichen Übernacht-Katastrophen jeden Tag ereignen konnten, weckten mein Interesse mehr für die literarisch behandlungsfähigen Schicksale als für die alltäglichen. Die Tatsache, daß es auch hier Arbeiter und Angestellte, Lohntaxen und Arbeitslose geben mußte, verschwand oft hinter der romanhaften Qualität der Individuen. Die Phantasie war lebhafter als das Gewissen.

Immerhin geht es den Erdölarbeitern unvergleichlich besser als etwa Grubenarbeitern. Es sind Qualitätsarbeiter, auch hier. Der durchschnittliche Tageslohn eines Gehilfen beträgt 9 Zloty, also 4.50 Mark, die Arbeit dauert 8 Stunden. Ein Werkmeister erhält 12 Zloty. Die Arbeitsbedingungen sind verhältnismäßig günstig. Man arbeitet in einem wenn auch nicht luftigen, so doch luftnahen Raum und der Geruch des Erdöls ist keineswegs unangenehm und soll sogar für die Lungen heilsam sein. Dem Laien erscheinen alle Instrumente, mit denen man bohrt, fast enttäuschend primitiv. Motoren treiben die Bohrer an. Ein Mann geht fortwährend langsam im Kreis um eine Art Bassin, eine horizontale Eisenstange in der Hand. So simpel seine Bewegung und seine Tätigkeit auch aussieht, so schwierig mag sie in Wirklichkeit sein. Die Fachleute berichten, daß die Kunst des Arbeiters darin besteht, den Grad und die Art der Bohrungsschwierigkeit, beziehungsweise die kleinen und großen Widerstände des Gesteins in der Hand zu fühlen. Die Hand des Arbeiters muß also eine stark entwickelte Tastempfindlichkeit haben und teilweise die Funktion des Auges ersetzen, das bei der Erdölgewinnung ja überhaupt ausgeschaltet ist. Wird zufällig durch einen hineingefallenen Gegenstand, eine große Schraube etwa, das Bohrloch verstopft, so wendet man sinnreiche und listige Mittel an, das Hindernis wieder hervorzuholen, Instrumente von schlauer Griff- und Fangfähigkeit, die im Finstern tasten. Ihre Bemühungen erinnern etwa an die Versuche, einen Pfropfen, der in ein dunkles und enghalsiges Gefäß hineingefallen ist, wieder ans Licht zu bringen. Dabei gehen Stunden, Monate und Geld verloren.

Geld, Geld, sehr viel Geld! Bedenken Sie, daß eine Bohrung bis zu 1500 Meter etwa 90 000 Dollar kostet, und ziehen Sie daraus den Schluß, daß weder Sie noch ich jemals Grubenbesitzer werden können. Es ist ein Lotteriespiel für Leute, die es eigentlich nicht mehr nötig haben, für Banken und Konsortien und amerikanische Milliardäre. Die Menschen, denen hier einmal das Glück aus der Erde entgegenspringt, haben eigentlich schon das Organ verloren, das uns befähigt, durch materiellen Gewinn glücklich zu werden. Es ist ein gewisser Gegensatz zwischen der märchenhaften Art der Erde, Schätze zu spenden, und dem Aktienbesitz der Naphthagräber und der stoischen Ruhe, mit der sie das Wunder erwarten dürfen. Diese armen Schatzgräber sitzen sehr weit entfernt vom Schauplatz der Naturwunder, in den großen Städten des Westens, und der Umstand, daß sie fern, mächtig, unsichtbar und fast unpersönlich sind, verleiht ihnen den Glanz von Göttern, die mittels geheimnisvoller Ausstrahlung Ingenieure und Arbeiter dirigieren. Der allergrößte Teil der polnischen Gruben liegt im Besitz ausländischer Finanzgewalten. Aus einer Art mystisch gefüllter Kassen werden die Arbeitskräfte bezahlt. Irgendwo weit, auf den großen Börsen der Internationalität werden Aktien gehandelt und Transaktionen vollziehen sich nach unerforschten Gesetzen. Das Werden und Vergehen der Himmelskörper im Weltraum ist den Astronomen besser bekannt als den Grubenverwaltern und den Direktoren der Wechsel der Grubenbesitzer. Die kleinen Beamten dürfen nur dasitzen und zittern, wenn ihr Ohr der Widerhall größerer Gewitter auf den Weltmärkten trifft. So wurden zum Beispiel in diesen Tagen drei große Unternehmungen: ›Fanto‹, ›Nafta‹ und ›Dombrowa‹ an ein französisches Konsortium verkauft. In Paris war es nur eine kleine Konferenz, drei oder vier Herren zogen ihre Füllfeder und wischten ihre Namen unter Verträge. In Boryslaw und im Land aber werden 500 Beamte brotlos und der Hunger sieht durch ihre Fensterscheiben und klinkt schon ihre Türen auf, weil in Paris ein Gott ein kleines Sätzchen gesagt hat: Es werde zentralisiert! Und weil es ein französischer Gott war - und nicht zufällig ein englischer - durchwirken außenpolitische Motive die bedauernden und über dieses Ausmaß der Arbeitslosigkeit erschrockenen polnischen Zeitungsartikel. Skeptiker wollen wissen, daß die neuen Besitzer nur ein Börsenmanöver planen und lediglich den Verkauf der Aktien zu hohen Preisen und eigentlich nicht die Ausbeutung der Gruben. Und sicher ist, selbst für Optimisten, daß Götter nicht zuverlässig sind und von jeder sozialen Gesinnung mindestens so weit entfernt wie von ihren Beamten und Arbeitern.

Ich verließ diese Gegend an einem goldenen, friedlichen Abend, dem nicht anzusehen war, was für ein Gebiet er überwölbte. Die Arbeiter gingen mit der gleichmäßigen Sicherheit heim, mit der nur Bauern von der Feldarbeit kommen, und es war, als trügen auch sie Sensen auf den Schultern, wie ihre Großväter sie noch getragen hatten. Ein paar arme Leute standen am trüben Wasser und schöpften verirrtes Öl mit Kannen. Sie waren die kleinen Kollegen des großen Pariser Dreyfuß. Sie haben nicht Aktien, sondern Eimer. Sie verkaufen das gefundene Öl in ganz winzigen Quantitäten und beleuchten damit ihre provisorischen Bretterbuden. Das ist alles, was ihnen die verschwenderische Natur zugedacht hat. Ihre Hütten standen schief, braun und ergeben im goldenen Sonnenglanz. Es schien, daß sie noch mehr zusammenrückten, kleiner wurden und vollkommen verschwinden wollten. Morgen würden sie nicht mehr vorhanden sein.

Ich hoffe, lieber Freund, daß ich Ihnen eine Ahnung von der Atmosphäre des osteuropäischen Kalifornien vermitteln konnte. Ich beschrieb es Ihnen, um Ihnen zu zeigen, daß ich nicht durchaus Idyllisches aus diesem Land zu berichten entschlossen bin.

Inzwischen verbleibe ich Ihr ergebener

J. R.

Alexander Granach
Ich trage den Namen eines freundlichen Mannes

Die Erde in Ostgalizien ist schwarz und saftig und sieht immer etwas schläfrig aus, wie eine riesige fette Kuh, die dasteht und sich gutmütig melken lässt. So schenkt die ostgalizische Erde dankbar und vertausendfacht alles zurück, was man in sie hineintut, ohne dass man ihr mit Dünger und Chemikalien besonders schmeicheln muss. Ostgalizische Erde ist verschwenderisch und reich. Sie hat fettes Öl, gelben Tabak, bleischweres Getreide, alte verträumte Wälder und Flüsse und Seen und vor allem schöne, gesunde Menschen: Ukrainer, Polen, Juden. Alle drei sehen sich ähnlich, trotz verschiedener Sitten und Gebräuche. Der ostgalizische Mensch ist schwerfällig, gutmütig, ein bisschen faul und fruchtbar wie seine Erde. Wo man hinguckt, Kinder. Kinder in den Höfen, Kinder bei den Tieren, Kinder in den Feldern, Kinder in den Scheunen, Kinder in den Stallungen, Kinder, als ob sie jeden Frühling an den Bäumen wüchsen wie die Kirschen. Wenn der Frühling ins galizische Dorf einzieht, kommen die Kälber, die Ferkel, die Fohlen, die Küken und das kleine quietschende Zeug, die kleinen Menschlein: Kinder.

Mein Heimatdorf heißt Wierzbowce auf polnisch, Werbowitz auf jiddisch und Werbiwizi auf ukrainisch. Es liegt neben Seroka. Seroka liegt neben Czerniatyn. Czerniatyn liegt neben Horodenka. Horodenka liegt neben Gwozdziez. Gwozdziez neben Kolomea. Kolomea neben Stanislau. Stanislau neben Lemberg. Lemberg ist berühmt geworden in der Welt durch den Hollywood-Film ›Hotel Stadt Lemberg‹.

Meine Eltern wohnten im Dorfe Werbiwizi und hatten bereits acht Kinder. Das Leben war schwer, besonders für meine Mutter. Sie war dem Vater alles: Weib, Geliebte, gebar jedes Jahr ein Kind, war Hausfrau, kochte und buk allein, wusch die Wäsche, bediente im Kramladen, wenn ein Kunde kam, grub den Garten um - nicht für Blumen, sondern für Kartoffeln und Kraut und Zwiebeln und Kürbisse -; und jeden Augenblick kam ein Balg gelaufen, zerrte am Rock und mahnte: Essen! Es ist wahr, die älteren Kinder halfen mit, die Kleinen zu besorgen, zu beschäftigen, herumzutragen, zu füttern, zu waschen, anzuziehen, auszuziehen, schlafen zu legen und manchmal auch zu verprügeln.

Aber auf ihr, der kleinen Mama, lastete doch alles: Sie tummelte sich herum, den ganzen Tag, sie stand mit den Hühnern auf und fiel als Letzte ins Bett. Der ganze Haushalt von zehn Personen ging durch ihre Hände und die Hauptsorge war immer: Es gab nie genug Futter im Haus. Wir buken Brot vom billigsten, schwärzesten Schrotmehl, aber es schmeckte uns ohne Butter. Ja, Zwiebeln und Knoblauch wurden versteckt, denn mit Zwiebeln und Knoblauch wurde noch mehr Brot verschlungen. Auch das frisch gebackene Brot wurde versteckt, nicht aus Angst, unsere kleinen Mägen zu verderben, sondern weil frisches Brot schneller herunterrutschte, und wir bekamen es erst einige Tage später zu sehen. Wir kochten Riesentöpfe Kartoffeln, und sie verschwanden wie Manna, wir buken Malaj aus Kukuruz. Kochten Polenta mit Bohnensuppe - die Polenta wurde mit einem Zwirn geschnitten -, wir kochten Kraut und Mohrrüben, Reis mit Erbsen, Riesennudeln aus Teig und Piroggen mit Kartoffeln gefüllt, und wir fraßen alles ratzekahl wie die Heuschrecken.

Dabei war unsere Kindheit von einem Reichtum an Abenteuern und Spielen, dass wir nicht mit dem buntesten, prächtigsten Kinderzimmer getauscht hätten. Wir gruben im Garten, bauten Häuser aus Stroh und Lehm, zimmerten Wagen aus alten Stühlen, machten Schlitten aus Gerümpel, und auch die jungen Tiere der Nachbarn, Kälber und Fohlen, mussten herhalten für unsere Spiele, ja sogar Enten und Hühner wurden eingespannt vor unsere Wagen; Laternen wurden aus Kürbissen geschnitten, die Hunde taten bei allem mit, nur die Katzen und Gänse nicht - die Katzen verschwanden und die Gänse bissen, die dummen Gänse!

Ob es den Tieren so viel Spaß machte wie uns, weiß ich nicht, wir jedenfalls waren glücklich. Die erwachsenen Geschwister taten erhaben, aber wenn niemand dabei war, machten auch sie mit. Und besonders liebte es Vater, sich richtig an den Spielen zu beteiligen. Aber die Mutter, die Arme, war meistens müde und schlechter Laune. Wenn man ihr zu nahe kam und sie belästigte, schlug sie um sich, verteilte Ohrfeigen, Rippenstöße, zwickte und gab auch Fußtritte, wenn man ihr zu sehr zusetzte. Die kleine arme Mama. Sie hatte es wirklich nicht leicht. Denn die erwachsenen Kinder haben Vater viel mehr geliebt. Ich weiß nicht, wie es kam. Vater arbeitete auch den ganzen Tag schwer, aber für die Kinder hatte er immer Zeit. Besonders Schabbathmorgen, da kamen die meisten in sein Bett gekrochen und durften auf ihm herumreiten und lustige Zöpfe aus seinem Barte flechten. Und mit den Kleinen pflegte er wie mit Erwachsenen zu sprechen und hatte auf alles eine gescheite Antwort, immer andere Worte; ja, Vater behandelte uns wie Freunde, nahm uns wichtig.

So bildete sich nach und nach eine einheitlich gute Meinung über den Vater und, da er gelehrt war - Bibelzitate auswendig wusste, Talmud konnte, lesen und schreiben, sogar polnisch -, so verehrten ihn auch die Nachbarn und die Bauern des Dorfes. Aber bei uns Kindern hatte sich eine richtige blinde Liebe und Verehrung für ihn entwickelt und beinahe das Gegenteil für die Mama. Die arme kleine Mama, sie war sehr unglücklich! Sie war die Mutter und das Weib, die Geliebte und die Magd, die Gebärerin und die Amme, die arme, arme Kleine! Und war doch selber ein Kind, ein unwissendes, ahnungsloses Kind, ohne jegliche Freiheiten und Freuden, sie kannte nur Arbeit und Pflichten, Pflichten und Arbeit.

Eines Tages brach sie zusammen unter diesem Trott, sie war müde, überwältigt und konnte nicht mehr weiter. Sie legte sich am hellichten Tage ins Bett und weinte und schrie und wollte entweder sterben oder sich scheiden lassen.

In solchen Fällen kam immer ein armer Verwandter aus der Stadt, der alte Jessajah Berkowitz. Er war noch ärmer als wir und kam oft ins Dorf und wohnte abwechselnd eine Woche oder zwei bei jeder der vier jüdischen Familien. Er schlichtete Missverständnisse und Streitereien, sprach mit dem Lehrer, prüfte die Kinder, zankte die Männer aus, redete den Weibern zu, und alle hörten auf ihn, alle mochten ihn, besonders die ukrainischen Bauern.

Wo immer er wohnte, war das Haus am Abend voll. Er wurde von den alten Bauern mit Fragen überschüttet, und er hatte auf alles eine Antwort, mit einem Gleichnis, einer heiteren Erläuterung. Er war in den Siebzigern; klein und bäurisch. Das von Wetter und Wind wie Leder gegerbte Gesicht war beinahe glatt, nur unter dem Kinn, auf der Oberlippe und so zwischen den Backenknochen und Ohren waren kleine weiße, drahtähnliche Haarbüschel. Er war halb ukrainisch gekleidet, mit einer Pelzmütze, Sommer und Winter, gegen Hitze und Kälte. Er hatte große gutmütige, weise Augen und die Bauern nannten ihn ›Szajko Rozum‹, das heißt ›Jessaja, der Kluge‹. Er pflegte manchesmal sogar auf ukrainisch zu beten und hebräische Psalmen auf ukrainisch zu singen, denn er behauptete, der Liebe Gott verstehe alle Sprachen, wenn man es nur ehrlich meine. Und er, Szajko Rozum, meinte es ehrlich mit allen Leuten. Er sagte den Angesehensten und Reichsten offen heraus seine Meinung, aber immer gutmütig, mit einem Scherzwort und einem Beispiel. Und noch etwas: Er hatte nie Geld und rührte auch keines an. Dabei liebte er zu essen und zu trinken, und am Freitagabend oder Schabbath, wenn er einige Gläschen zu sich nahm, sang er jiddische und ukrainische Melodien und wusste zu erzählen, Kombinationen von jiddischen und slawischen Volkssagen und Legenden, mit Gleichnissen und Beispielen und weisen Aussprüchen.

Ja, das war der alte Szajko Rozum, der jetzt zu uns kam.

Er setzte sich zur Mutter ans Bett, wie ein Doktor, und schickte alle hinaus und hörte ihr zu und sprach sehr lange mit ihr. Vater stand draußen, verlegen und ging von einer Arbeit zur andern. Er pflegte ja immer zu helfen. Er melkte die Kuh, er reinigte Getreide, schnitt Häcksel, bereitete das Essen für das Vieh, ja, an dem Tage hat er auch gekocht. Wir Kinder waren immer froh, wenn Vater kochte; und das tat er stets vor den großen Feiertagen, und wenn die kleine Mama gebar; und sie gebar, die Gute, jedes Jahr.

Szajko Rozum kam heraus, nahm den Vater ins Gebet und ging mit ihm aufs Feld spazieren. Die Kleinen lärmten und trieben sich herum in den Nachbarsgärten, mit den Nachbarskindern, die älteren Geschwister gingen ihrer Arbeit nach. Die beiden Männer kamen ernst und schweigsam zurück. Man ging früh schlafen an diesem Tage, und am nächsten Morgen wurde angespannt, und Vater und Mutter und der alte Szajko Rozum fuhren zusammen in die Stadt. Die ältesten Geschwister versahen das Haus, die kleineren verschwanden mit einem Haufen Nachbarskinder, irgendwelche Obstgärten plündern, und niemand ahnte, was vorging.

Der kluge Schimmel, der zur Familie gehörte wie ein großer Bruder, bekam heute Hafer, und er zog an, kräftig und flink, als ob er sagen wollte: »Jawohl, wenn du mir Hafer gibst, werde ich dir zeigen, was ich kann.«

Sie saßen alle drei auf einem aus Stroh und Decken bereiteten, aber etwas engen Sitz. Vater trieb den Schimmel an, und alle schwiegen.

Der alte Szajko fing an, eine Geschichte zu erzählen, von seinem Onkel, der einmal zum Rabbi ging, sich scheiden zu lassen, und folgendes geschah: Als der Onkel mit seiner Frau zum Rabbi kam, stand sein Nachbar vor des Rabbis Haus, nahm den Onkel zur Seite und sagte: »Na, Chaim, du musst aber froh sein, dieses böse Weib jetzt loszuwerden!« Onkel Chaim aber guckte sich den Nachbarn an und sagte: »Wer hat Ihnen das Recht gegeben, so zu mir über meine Frau zu sprechen?« Und als der Onkel dann geschieden vom Rabbi herauskam, trat der Nachbar wieder auf ihn zu und sprach: »Na, jetzt gratuliere ich dir, dass du diese Hexe losgeworden bist. Du musst aber jetzt sehr glücklich sein!« Da wandte sich der Onkel zum Manne und sagte: »Sie sollten sich was schämen, Herr Nachbar, dass Sie in solch einer Weise über eine fremde Frau zu mir sprechen«, und ließ ihn stehen.

Sie fuhren dann eine Weile schweigend, da sah man von weitem eine braunlackierte Kalesche mit vier Pferden angaloppieren; Szajko ließ den Vater halten. Auf dem Bock saßen ein Kutscher und ein Diener, und in der Kalesche der Gutsbesitzer und seine Frau, und beide waren in eine grüne Sammetdecke eingewickelt. Der alte Szajko sagte: »Schau dir diese zwei Menschen genau an.« Die Kalesche kam jetzt näher und näher, das Gutsbesitzerpaar war sehr guter Laune, sie lachten und scherzten laut und vernehmlich, und auf den Gruß der beiden Juden, die ihre Häupter entblößten, antwortete der Gutsbesitzer nur mit einer kurzen Fingerbewegung an seine Mütze. Als sie vorbei waren, fing Szajko Rozum, zum Vater gewandt, wieder an: »Hast du gehört, wie sie fröhlich waren? Hast du gesehen, wie er sie anguckte, wie er ihr schmeichelte und wie sie lachte? Und was hältst du davon, Aaron? Ist sie ihm mehr im Haus; bei Tisch oder im Bett als dir die deine? Sie gebar ihm zwei Kinder und hat Köchinnen und Diener und Kutscher und Ammen und Gouvernanten. Deine gebar dir schon, Gott sei Dank, acht Kinder und ist dir Weib und Köchin und Amme und Gouvernante und Magd und Waschfrau und Wirtin und alles, alles, alles. Er aber lacht sie an, schmeichelt ihr, macht sie heiter, und du, Aaron, fährst in die Stadt zum Rabbi, dich scheiden zu lassen!«

Vater aber murmelte verlegen: »Nun verdrehen Sie doch die Sache nicht, Szajko Rozum. Ich fahre nicht, mich scheiden zu lassen. Das tut ja meine Frau, die sich scheiden lassen will, und meine Schuld ist es auch nicht, dass er Gutsbesitzer ist und ich ein armer Hund.« Dem Weib aber, meiner Mutter, rannen Tränen übers Gesicht; um das Herz aber war ihr schon ganz leicht und gut, und sie sprach: »Nun, ich bestehe ja auch nicht darauf, mich scheiden zu lassen, und ich habe niemandem niemals nicht vorgeworfen, dass man arm oder reich ist.« - »Ja«, sagte der alte Szajko Rozum, »wir müssen sowieso erst heim, um die Kinder zu befragen, welche zum Vater, welche zur Mutter wollen.« Das Weib aber lächelte schon mit ihren noch nicht getrockneten Tränen und sagte leise: »Heimfahren, ja, aber niemanden fragen, und niemand braucht nichts zu wissen.«

Und Vater wendete den Wagen, und Szajko Rozum sagte: »Komm, komm, Aaron, schnell heim, zu Hause ist es immer am schönsten.« - »Nein«, sagte der Mann, »siehst du das Haus dort links? Das ist das große Landgasthaus, dort halten wir erst.« Und sie fuhren vor dem Landgasthaus vor, und Szajko Rozum kroch als erster vom Wagen, und Vater hob die kleine Mama, die jetzt glühende Wangen hatte, herab von ihrem Heusitz, und sie sahen sich heute zum ersten Male in die Augen, und sie standen ganz ruhig nebeneinander, und er sagte: »Du gehörst zu mir, bist nicht meine Magd, bist nicht meine Waschfrau, bist nicht meine Köchin und niemandes Gouvernante. Aber du bist meine Mutter, die Mutter meiner Kinder, und meine Schwester, und mein Kind, und mein Freund in allen Nöten und Freuden, in aller Ewigkeit, Amen.«

Und sie kamen verlegen und lächelnd in die Schenke und setzten sich zum alten Szajko an den Tisch und tranken Wodka und aßen hartgekochte Eier mit weißen Semmeln wie reiche Leute; der alte Szajko trank und lachte ihnen zu. Dann kauften sie noch mehr Semmeln und Salzbrezeln zum Mitnehmen für die Kinder.

Und genau neun Monate später kam ich zur Welt. Und in diesen neun Monaten besuchte uns der alte Szajko noch einige Male, dann starb er, der Gute.

Ich bekam dann seinen Namen, und mein Vater pflegte oft zu mir zu sagen: »Mein Sohn, du trägst den Namen eines freundlichen Menschen.«

Isaak Babel'
Brody 1920

30.7. Brody

Trüber Tagesanbruch. Die Schwester geht mir auf die Nerven. Irgendwo haben wir Griščuk verloren. Gott mit ihm.

Wohin nun weiter? Die Müdigkeit drückt. 6 Uhr morgens. Irgendein Galizier, zu ihm. Seine Frau auf dem Fußboden mit einem Säugling. Er - ein stiller alter Mann, die Kinder bei der nackten Frau, es sind ihrer drei, vier.

Noch eine Frau. Der Staub klebrig vom Regen. Der Keller. Das Kruzifix. Bildnis der heiligen Jungfrau. Die Unierten sind tatsächlich weder das eine noch das andere. Stark katholischer Einschlag. Eine Wohltat - es ist warm, irgendein beißender Geruch von den Kindern, den Frauen. Stille und Niedergeschlagenheit. Die Schwester schläft, ich kann nicht, die Wanzen. Kein Heu, ich schreie Gowiński an. Die Wirtsleute haben kein Brot, keine Milch.

Die Stadt ist zerstört, geplündert. Eine Stadt von größtem Interesse. Polnische Kultur. Alte, reiche, eigenartige jüdische Siedlung. Diese schrecklichen Bazare, Zwerge in Kapotess, Kapotess und Pejess, uralte Männer. Die Schulstraße, 9 Synagogen, alles halbzerstört, ich besichtige die neue Synagoge, die Architektur [1 unleserlich], Kondjesch, der Schames, ein bärtiger und gesprächiger Jude - wenn nur der Frieden käme, dann gäbe es wieder Handel, er erzählt von der Plünderung der Stadt durch die Kosaken, von den Demütigungen, die ihnen die Polen angetan haben. Sehr schöne Synagoge, welch ein Glück, daß wir wenigstens die alten Steine haben. Das ist eine jüdische Stadt - das ist Galizien, beschreiben. Schützengräben, zerschossene Fabriken, das Bristol, Kellnerinnen, ›westeuropäische‹ Kultur und wie gierig man sich auf sie stürzt. Diese kläglichen Spiegel, bleiche österreichische Juden - die Besitzer. Und ihre Geschichten - hier hat es amerikanische Dollars gegeben, Apfelsinen, Tuch.

Die Chaussee, Stacheldraht, abgeholzte Wälder, und Trübsinn, Trübsinn ohne Ende. Nichts zu essen, nichts zu hoffen, es ist Krieg, alle sind gleich schlecht, gleich fremd, feindselig, roh, es war mal ein stilles und vor allem von Traditionen erfülltes Leben.

Budënnyj-Kämpfer auf den Straßen. In den Geschäften - nichts außer Limonade, die Friseure haben noch geöffnet. Auf dem Bazar bei Megären - Mohrrüben, die ganze Zeit regnet es, unaufhörlich, durchdringend, atembenehmend. Unerträgliche Trauer, die Menschen und ihre Seelen sind getötet.

Im Stab - rote Hosen, Selbstgewißheit, kleine graue Seelen tun sich wichtig, eine Menge junger Leute, unter ihnen auch Juden, stehen dem Armee-

Kommandanten persönlich zur Verfügung und kümmern sich um Proviant.

Brody nicht vergessen und diese Jammergestalten, die Friseure, die Juden, die aus dem Jenseits gekommen sind, und die Kosaken auf den Straßen.

Es ist schlimm mit Gowiński, absolut kein Futter für die Pferde. Das Odessaer Hotel Galperin, in der Stadt herrscht Hunger, nichts zu essen, abends guten Tee, ich tröste den Besitzer, der blaß ist und verschüchtert wie eine Maus. Gowiński hat Polen getroffen, ihnen die Käppis abgenommen, jemand hat Gowiński dabei geholfen. Er ist unerträglich, füttert die Pferde nicht, geht irgendwo spazieren, schwatzt, kann nirgends etwas bekommen, hat Angst, daß man ihn verhaftet, und sie haben schon versucht ihn zu verhaften, sie waren mehrmals bei mir.

Nacht im Hotel, nebenan Eheleute und ihre Unterhaltungen, ihre Wörter und ... aus dem Mund einer Frau, o russische Menschen, wie ekelhaft verbringt ihr eure Nächte und was für Stimmen haben eure Frauen bekommen. Ich höre mit angehaltenem Atem zu und mir wird schwer ums Herz.

Eine schreckliche Nacht in diesem gepeinigten Brody. Auf dem Sprung sein. Ich schleppe nachts Heu für die Pferde herbei. Im Stab. Man kann schlafen, der Gegner greift an. Kehre nach Hause zurück, habe fest geschlafen, mit erstorbenem Herzen, Gowiński weckt mich.

Adam Zagajewski
Nach Lemberg fahren

Den Eltern

Nach Lemberg fahren. Von welchem Bahnhof
nach Lemberg, wenn nicht im Traum, bei Tagesanbruch,
wenn Tau die Koffer bedeckt und Schnellzüge und Expresse
eben geboren werden. Plötzlich nach Lemberg
fahren, um Mitternacht, tags, im September
oder im März. Wenn es Lemberg gibt, unter
dem Schonbezug der Grenzen und nicht nur in meinem
neuen Paß, wenn die Wimpel der Bäume,
die Eschen und Pappeln immer geräuschvoll atmen,
wie Indianer, und Bäche ihr
dunkles Esperanto stammeln und Ringelnattern wie
Weichheitszeichen der russischen Sprache in Gräsern
verschwinden. Packen und fortfahren, ganz
ohne Abschied, mittags, untertauchen
wie in Ohnmacht fallende Fräulein. Und Kletten,
die grüne Armee der Kletten, und unter ihnen, unter den Sonnenschirmen
des venezianischen Cafés, sprechen Schnecken
von Ewigkeit. Aber die Kathedrale erhebt sich,
weißt du noch, senkrecht, so senkrecht
wie Sonntag und wie die weißen Mundtücher und der Eimer
voll Himbeeren auf dem Fußboden und mein
Verlangen, das noch nicht da war,
nur Gärten und Unkraut und nur der Bernstein
der Süßkirschen und der unanständige Fredro.
Immer gab's zu viel Lemberg, niemand konnte
alle Stadtteile kennen, das Flüstern von jedem
Stein erlauschen, den die Sonne
versengt hat, die orthodoxe Kirche schwieg ganz
anders nachts als die Kathedrale. Die Jesuiten tauften
die Pflanzen, Blatt für Blatt, aber sie wuchsen,
ohne Besinnung, und Freude versteckte sich
überall, in Korridoren und in Kaffee-
mühlen, die sich selbsttätig drehten, in blauen
Teekannen und im Stärkemehl, das der erste
Formalist war, in Regentropfen und in den Stacheln

der Rosen. Unterm Fenster welkten erfrorene Forsythien.
Die Glocken schlugen und die Luft bebte, die Hauben
der Nonnen segelten wie Schoner vor dem
Theater, es gab so viel Welt, er mußte
endlos oft Zugaben geben,
das Publikum raste und wollte den Saal
nicht verlassen. Meine Tanten wußten
noch nicht, daß ich sie einmal wiederbeleben würde,
sie lebten so zuversichtlich und derart einzeln,
die Dienstmädchen liefen frische Sahne holen,
rein und gebügelt, in den Häusern gab's etwas
Wut und die große Hoffnung. Brzozowski
traf zu Vorlesungen ein, einer von meinen
Onkeln schrieb ein Gedicht betitelt Warum,
dem Allmächtigen gewidmet, und es gab zu viel
Lemberg, es paßte in kein Gefäß,
sprengte die Gläser, ergoß sich aus
Teichen, Seen, rauchte aus allen
Schornsteinen, wurde zu Feuer und Sturm,
lachte mit Blitzen, besänftigte sich,
kehrte nach Hause zurück, las im Neuen Testament,
schlief auf dem Liegesofa unterm Huzulenkelim,
es gab zu viel Lemberg, und jetzt gibt's die Stadt
überhaupt nicht, sie wuchs unaufhaltsam, und die Scheren
schnitten, die kalten Gärtner waren erbarmungslos
lieblos, wie immer im Mai
ach wartet, bis der warme Juni kommt
und die weichen Farne, das endlose
Feld des Sommers, das heißt der Wirklichkeit.
Aber die Scheren schnitten, längs der Linie und quer
durchs Gewebe, Schneider, Gärtner und Zensoren
schnitten an Körpern und Kränzen, die Gartenscheren arbeiteten
unermüdlich, wie an Ausschneidebildern der Kinder,
wo man ein Reh oder einen Schwan herausschneiden muß.
Scheren, Taschenmesser, Rasierklingen kratzten,
schnipselten, kürzten die molligen Kleider
der Prälaten und der Plätze und der Häuser, die Bäume
fielen lautlos wie im Urwald
und die Kathedrale zitterte, und man nahm gegen Morgen Abschied
ohne Taschentücher und Tränen, die Lippen
so trocken, ich werde dich nie wieder sehen, soviele Tode

warten auf dich, warum muß jede Stadt
zum Jerusalem werden und jeder
Mensch zum Juden und jetzt nur in Eile
packen, ständig, täglich
und atemlos fahren nach Lemberg, es ist ja
vorhanden, ruhig und rein wie
ein Pfirsich. Lemberg ist überall.

Tymofij Havryliv
Die morgendliche Stadt

Der Turm des Kornjakt bringt den Tag herbei aus lauer Nacht;
Geblendet noch vom Glanz der Kuppel auf St. Georg zwinkert er.
Am Hauptplatz kreischt ein Tor von ersten Frauenstimmen aufgemacht
Und Straßenbahngeklingel. Dann erst die Hähne. Hinterher.

Der sieben Hügel Umriß noch von Nebelschwaden eingelullt
Verleiht Konturen dieser Stadt, die eben aufgewacht.
Ein Zeichner mit dem Kohlestift voll Ungeduld
Werkt er am Schatten des Trompeters, der das Tor bewacht.

Der bläst sein Instrument, allein man hört ihn nicht,
Denn diese Stadt hat ihre Ruh gefunden lange schon,
Und nur von Gläsern voll bis an den Rand erklingt ein Ton,
Der einer Dunkelheit ganz leis die Augen schließt.

Kaum ist dem Schlummer es entflohn, verwischt das Licht
Den Wächter, die Trompete, sie, die auf der Lauer ausgeharrt.
Und Wände stehen auf, ein Fenster wischt den Schlaf aus dem Gesicht
Zu einem neuen Gang und Neubeginn im Morgengraun gepaart.

Der Tag hüpft flugs heraus, verläßt das Bett der Nacht,
Dem jungen Fähnrich gleich, der eifrig ihr die Hände küßt
Und liebevoll nach ihnen greift - mit Lippen mißt.
Er läuft davon. Es ist schon spät. Die Stadt liegt in Gefangenschaft.

Karl Schlögel
Metropole im Übergangsgebiet

Man hält sich an das, was man sieht. Wenn der Zug nach Lwow auf einer großen Schleife fast um die Stadt herumfährt, die unten in einem nach Norden hin geöffneten Talkessel liegt, dann weiß der Reisende: Nach Stunden der Fahrt durch flaches oder hügeliges Land ist er in einer Stadt angekommen. Das Land war weit, fast von Ansiedlungen entblößt. Und nun die Stadt, die da unten inmitten der grünen Parks auf den Anhöhen liegt. Wir sind in dem anscheinend menschenarmen Landstrich nicht darauf gefaßt, auf eine so dichte Ansammlung menschlicher Behausungen zu stoßen. Lwow ist wie ein Überfall, eine Stadtsilhouette aus unzähligen Türmen, Kuppeln, Spitzen, großen Gebäudekomplexen, die alle ineinander übergehen. Nach soviel freiem Raum nun plötzlich Raummangel, Dichte, Verdichtung.

Wir sind angekommen in der Stadt, wenn wir den Lwower Bahnhof betreten haben. Das ist die Verabschiedung vom flachen Land und der Eingang in eine andere Welt. Hier strömt die Umgebung zusammen, das Menschengedränge ist doppelt groß, weil fast ein jeder Rucksäcke, Taschen und Tüten mit sich schleppt. Lwow ist das Zentrum seiner Umgebung. Die Bahnhofshalle ist so groß wie der Innenraum einer Kathedrale, Licht fällt auf das Gedränge und den Stuck, der ebenso wie die weit ausladende, cremefarbene Fassade des Bahnhofs zeigt, daß das Gebäude am Anfang des Jahrhunderts errichtet worden ist. Das war die Schleuse, die die Reisenden aus Wien passierten, wenn sie ihren Fuß auf galizische Erde setzten, und durch die so viele hinausgingen in die Neue Welt; ein Bau, der großzügig, komfortabel sein und der schnellen Abfertigung dienen sollte, eine Bastion gegen eine Welt, in der die Langsamkeit von Pferdefuhrwerken regierte. Auch ein pompöser Bahnhof kann ein Stück Herrschaftsarchitektur sein. Für Lwow markiert der Bahnhof – der im übrigen nur einer von insgesamt fünfen ist – eine Epoche: das späte Habsburgerreich.

Überall in der Stadt sind die Zeugen dieser zivilisatorischen Mission Habsburgs zu sehen. Es sind meist Gebäudekomplexe, die schon von ihrem Umfang her das mittelalterliche, fein ziselierte, fein gearbeitete Lwow mit seinen schmalen Giebeln und Gäßchen sprengen. Wien ist hier am Werk gewesen und das Zeitalter, dessen Hauptstadt Wien einmal gewesen ist. Das große Wien hat sich zu einem kleinen Wien verdoppelt. Anfang des Jahrhunderts wurden die Stadtmauern, die das alte Lwow umgaben, zum großen Teil niedergelegt, und der Fluß wurde in die Kanalisation verbannt. So entstand eine große Promenade, der heutige Lenin-Prospekt, der indes eher ein geräumiger, langgestreckter Platz ist – das Zentrum auch des gegenwärtigen Lwows. Alle

Wege führen über diesen Prospekt. An der Stirnseite wird der Platz abgeschlossen von einem Opernhaus, wie es selbst in dem an Opernhäusern nicht armen Österreich-Ungarn nur wenige gab. Zygmunt Gorgolewski hat es in den neunziger Jahren des letzten Jahrhunderts entworfen. Es ist ein Prachtbau der vielen Stile, eine fein modellierte Plastik aus Pilastern, Balustraden, korinthischen Säulen, Statuen und Girlanden. Wenn abends aus dem glänzenden Foyer dieses *Staatlichen Akademischen Opern- und Balletttheaters Iwan Franko* Licht auf den Platz fällt, dann ist Lwow für einen Augenblick ein Ort am Opernring. Auch wenn *Spartakus* gegeben wird, kann man sich vorstellen, daß Enrico Caruso hier einen Auftritt hatte. Eine der Längsseiten des Prospektes ist von nicht minder pompösen, ehrfurchtgebietenden Gebäuden besetzt - den ehemaligen Polizei-, Finanz- und Landgerichtsdirektionen. Heute ist in einem der Gebäude das Lenin-Museum, ohne das auch Lwow nicht auskommt, untergebracht. Die andere Längsseite gehört den Geschäften, dem Handel, den Banken, den Cafés und Hotels. Hier gibt es Fassaden vom Klassizismus über das Neobarock bis zum Art deco. Lemberg war die Stadt, in der die Geldströme ganz Galiziens zusammenflossen, und entsprechend finden sich dort die Hypothekenbanken und Sparkassen. Lemberg war die Hauptstadt der Provinz eines Reiches, in dem man sich gegen eine irgendwie dunkle Zukunft mit Versicherungen schützen zu können meinte. Entsprechend präsent sind die Bauten der Versicherungsgesellschaften. Und da der Platz mitten im Zentrum liegt, müssen auch die Hotels dort konzentriert sein. Sie hießen wie überall - *Hotel de France, Hotel de l'Europe* -, sie heißen heute wie überall in der Sowjetunion. Aus dem Hotel Georges ist das *Intourist* geworden. Die allegorische Darstellung der vier Kontinente an der Stirnseite des *Georges* zeigt, daß Lemberg ebenso wie das Wiener Architekturbüro Fellner & Helmer, das die ganze mitteleuropäische Welt mit seinen Kreationen versorgte, wußte, wo Lemberg liegt. Auf den Platz hinaus gehen auch Fenster, wie sie nur Cafés haben können, von denen aus man auf den Platz, auf das Innenleben der Stadt, das sich dort entfaltet, blicken kann. Hier müssen die Cafés gewesen sein, in denen mehr als hundert Zeitungen ausgelegen haben. Dort, wo heute Bücher aus den sozialistischen Ländern verkauft werden, müssen einmal die Buchhandlungen und Antiquariate gewesen sein, die Lemberg zu einer Hauptstadt des Buches und der Buchkenner hatten werden lassen.

Bis heute gilt, daß die repräsentativen Bauten aus der k.u.k. Zeit das Gesicht Lwows bestimmen: das mächtige Post- und Telegraphenamt, das Gebäude des galizischen Sejms gegenüber dem etwas verwilderten Stadtpark, in dem noch die Umrisse des Rondells zu sehen sind, auf dem die Musikkapelle nachmittags spielte; das Invalidenhaus am Rande der Stadt, das ebensogut in Triest stehen könnte; das Polytechnikum, das Ossolineum mit seinen für Polen so wichtigen Bibliotheken und Archiven, die Spitäler, Kasernen und Kasinos. Es ist die

Stadt eines Reiches, das noch am Ende die Kraft besaß, ein Abbild seiner selbst zustande zu bringen: großzügig, imposant, nicht frei von kolonialem Aufklärungsgestus.

Aber dieses Lemberg aus Hauptbahnhof, Zitadelle, Banken, Hotels und Versicherungsgebäuden wäre nichts ohne das alte Lwow, das fertig war, bevor die Habsburger kamen. Von hier aus ragen die Türme auf, die den Himmel von Lwow bilden. Diese Stadt ist wie aus Stein geschnitten, mit harten Konturen, dicht wie ein Kristall. Für den Besucher der Altstadt gibt es keinen *prospekt*, keine Prachtstraße zum Paradieren oder Flanieren. Hier muß man sich in engen Gassen zurechtfinden, die, obwohl im Schachbrettmuster angelegt, doch etwas Irreguläres haben. Hier wird es sinnlos, nach Sehenswürdigkeiten Ausschau zu halten, denn der ganze Ort ist eine Sehenswürdigkeit. Das habsburgische Lemberg ist ockerfarben, gelb, das vorhabsburgische ist schwarz wie die Steinquader der Renaissance- und Patrizierhäuser oder taubengrau wie der Glanz des Katzenkopfpflasters. Wer sich im Stadtkern von Lwow verloren hat, ist auf dem richtigen Weg: Er ist unterwegs in der Urzelle aller europäischen Städte. Er wechselt mit jedem Schritt die Perspektive. Bald sieht er einen Turm, ein Portal, einen Brunnen; bald blickt er in einen Hof, steigt eine Freitreppe hinauf oder in ein Bogengewölbe hinab, verläuft sich in einer schnurgeraden Straße, die in einer Sackgasse endet. Er muß sich um Ecken herumbewegen und auf dem Randstein des Trottoirs balancieren, er muß einer Statue aus dem Weg gehen oder den Kopf unter einer Arkade einziehen.

Er wechselt zwischen den Jahrhunderten hin und her. Auf dem Marktplatz des alten Lwows ist er eingezwängt zwischen den Kaufmannshäusern des 16. Jahrhunderts, und in den Vorstädten findet er Villen mit den Ornamenten der Wiener Secession. Er kann in die Lateinische Kathedrale eintauchen, in diesen Überrest des gotischen, von Bränden immer wieder heimgesuchten Lwows, oder eine barocke Himmelstreppe zur Kathedrale des heiligen Jura hinaufsteigen. Er kann zu der inzwischen tief unter dem Straßenniveau liegenden armenischen Kathedrale und zu den Grabsteinen des armenischen Friedhofs aus dem 14. Jahrhundert hinuntersteigen oder zum Kloster der Bernhardiner hinübergehen. Man steigt in die Jahrhunderte hinein.

Die Türme und Kuppeln scheinen über dem Kopf des Besuchers zusammenzuwachsen. Man bewegt sich im Kern der alten Stadt im harten Kern des patrizischen Lwows, das sich freizukaufen wußte, wenn Tataren, Türken oder Wallachen vor den Toren standen. Man bewegt sich in einer Umgebung, die selbst für einen König Karl XII. von Schweden oder die Sobieskis ein Inbegriff städtischer Zivilisation war. Man bewegt sich in einem Gehäuse, dem man die Arbeit von Handwerkerdynastien ansieht, deren Goldschmiedearbeiten bis nach Konstantinopel und Nürnberg gelangten. Und bei alledem ist auf engstem Raum eine Lässigkeit, die dort entsteht, wo keine der nachfolgenden

Generationen unter dem Druck steht, partout besser sein zu müssen als die vergangenen. Bauten werden wie selbstverständlich weiter- und umgebaut, wachsen, wuchern und finden dabei eine neue Form. So ist es bei den Kapellen der Campianis und Boims oder dem Korniakt-Turm, die an bestehende Kirchen angebaut sind. Lwow hat sich seine Baumeister von überallher geholt. Sie heißen Peter der Römer, Peter Barbon, Jan de Wit, Nicola Gonzaga, Peter Stecher, oder sie sind namenlos. An ein und demselben Gebäude haben polnische, italienische, ukrainische Baumeister gearbeitet. Lwows Geldmittel stammen aus vielen Quellen und aus vielen Himmelsrichtungen: von polnischen Königen und ukrainischen Hetmanen, von moldauischen Hospodaren und armenischen Kaufleuten, von jüdischem und deutschem Bürgertum. Wo alles fast zur Ununterscheidbarkeit zusammenläuft und die Nuance den Reiz ausmacht, hört alles Zurechnen auf. In Lwow verbindet sich die byzantinische Kreuzkuppelkirche mit der Gotik, und die Ikonostase verwandelt sich unter dem Einfluß der Italiener zum ukrainischen Barockkunstwerk. Die Anmut der Stadt kommt von den vielen Kulturen und Völkern, die die Stadt bewohnt haben. Ein leerer Platz in dieser dichten Stadt besagt, daß etwas Ungeheures geschehen sein muß. So ist es auf dem Alten Markt, in dessen Mitte eine Insel von oktogonalem Umriß liegt. Alte Leute füttern dort, auf Parkbänken sitzend, Tauben. So ist es auf der Rückseite des Arsenals, wo an der Brandmauer eines angrenzenden Gebäudes deutlich zu sehen ist, daß sich hier ein anderes Gebäude angelehnt hatte. So ist es auf der weiten, nichtssagenden Fläche, die heute von einem lokalen Kolchosmarkt eingenommen wird. Es sind die Brachflächen des jüdischen Lembergs, seiner gesprengten Synagogen - darunter der *Goldenen Rose* - und eines seiner Friedhöfe. Lediglich die blau glasierten Kuppeln eines Gebäudes im maurischen Stil, in dem ein Krankenhaus untergebracht ist, erinnern daran, daß Lemberg eines der größten jüdischen Zentren Mitteleuropas war.

Iryna Vil'de
Romans Heirat

Wäre Mai und würde der Flieder blühen, könnte man es einem jungen Burschen nachsehen, daß er sich vor Übermut nicht zu lassen weiß. Aber es war Herbst, regnerischer, wolkenverhängter Herbst.

Wenn der junge Bursche eine Gehaltserhöhung, und sei's nur von zehn Zloty, bekommen hätte, könnte man achselzuckend erklären: Der Bedauernswerte ist vor Freude übergeschnappt.

Aber wer hat jemals gehört, daß der Buchhalter einer Gerberei Gehaltserhöhung bekommt? Trotz alledem war Roman plötzlich von dem Gedanken besessen zu heiraten. So wie einer manchmal, mir nichts, dir nichts, auf den Gedanken verfällt, Selbstmord zu verüben oder sich zu betrinken. Das kann vorkommen. In den Büchern steht geschrieben: »Weder die Seele noch das Meer kannst du mit der Hand ausschöpfen.«

Mag sein, dieser plötzliche Entschluß hatte seine psychologische Begründung in der Tatsache, daß Roman ein Mädchen liebte. Eine alte, altbewährte Tatsache.

Das Mädchen war blond, von unauffälliger Schönheit, aber auch nicht häßlich und verschluckte beim Sprechen das ›R‹. Früher hatte sie das Lehrerseminar besucht, aber jetzt saß sie den ganzen Tag und strickte für eine Verkaufsstelle. Das arme Mädchen war vernünftig, das heißt, sie pochte nicht darauf, von Roman geheiratet zu werden. Sie wußte: Mit welchen Mitteln? Mit diesen armseligen achtzig Zloty im Monat? Um die Wahrheit zu sagen: Sie hatte diese achtzig Zloty in Gedanken auf jede erdenkliche Weise hin und her gewendet. Sie hatte sie, wie der Schuster das Leder, gestreckt, aber was sie auch anstellte, sie reichten so und so nicht. Fürs Essen und ein sehr, sehr bescheidenes Stübchen würde es allenfalls langen, aber was weiter? Wenn man nun in dieses enge Stübchen eines Tages noch eine Wiege hineinstellen muß? Woher die Luft zum Atmen nehmen? Nein, Menschen wie sie und Roman dürfen nicht träumen. Schließlich sind sie nicht die einzigen, die nicht heiraten können, weil ihnen etliche Zloty monatlich für den Haushalt fehlen. Hunderte, ach was, hunderte – tausende solcher jungen Paare gibt es, die von vornherein ebenso wie sie dazu verurteilt sind, ewig nur jung und verliebt zu sein, ohne einen Hausstand gründen zu können.

So dachte Tusja. Dasselbe empfand Roman und war deshalb außerstande, mit Tusja über seine Absichten zu sprechen. Dazu gehörte mehr als Mut. Es wäre Verwegenheit, ja, sogar noch mehr. Offen gesagt, wäre es eine Beleidigung für ein unbescholtenes Mädchen. Schaut mal her: Ein Freier, ein Ehemann, Familienoberhaupt und Vater von Kindern will er sein – und hat nur achtzig Zloty im Monat. Obendrein erhebt er Anspruch darauf, für intelligent gehalten zu werden!

Aber er mußte darüber sprechen! Also begann er folgendermaßen:

»Weißt du, Kleines, ich habe ein äußerst interessantes Experiment gemacht!«

Das Mädchen blickte von der Strickerei auf.

»Ich habe an mir ausprobiert, daß der Mensch nur zweimal am Tag zu essen braucht. Verstehst du? Spät zu Mittag essen und ohne Abendbrot zu Bett... Da schläft man wundervoll.«

Tusja war von dieser Entdeckung keineswegs entzückt.

»Dieses Rezept ist gut für Menschen, die an Herzverfettung leiden. Aber einem klapperdürren Menschen wie dir, würde es nicht schaden, fünfmal am Tag zu essen.«

Diese Antwort kühlte Roman etwas ab. Die Sache steht mies. Das Mädchen denkt logisch. Probieren wir's von einer anderen Seite!

»Ist Fleisch jetzt teuer?«

Tusja sah ihn neugierig an.

»Weshalb fragst du? Ja, es ist teuer. Vorigen Sonnabend ist es wieder im Preis gestiegen.«

Roman freut sich plötzlich. Warum nur?

»Siehst du, das Fleisch ist teuer, und die einfältigen Leute wissen nicht, daß Bohnen es vollwertig ersetzen können. Verstehst du? Bohnen enthalten ebenso wie Fleisch Eiweiß. Dabei sind sie aber viel billiger.«

»Ja, vergiß aber nicht, daß Fleisch außerdem noch Fett enthält.«

»Ah, Fett!«

Roman verzweifelte allmählich. Wenn diese Tusja weiter so logisch denken würde, mußte seine Liebeserklärung ins Wasser fallen. Aber er hielt nicht alles für verloren.

»Tusja, deine Strickjacke sieht aber noch recht ordentlich aus. Wie lange trägst du sie schon?«

»Na, so an die zwei, drei Jahre. Warum fragst du?«

Roman wurde verlegen. Wenn sie sich nur keine Hoffnungen macht, er werde ihr eine neue Strickjacke kaufen! Hastig erklärte er:

»Weißt du, mir gefällt es, daß du so achtsam mit deinen Sachen umgehst. Denn man muß seine Sachen in Ordnung halten, Tusja, hm, das muß man!«

Tusja war etwas betroffen, als sie das hörte und sagte:

»Roman, du hast mir doch bis jetzt nichts gekauft. Ich halte deine Bemerkungen dieser Art für...«

Jetzt schien der richtige Augenblick gekommen zu sein. Nur ein Dummkopf würde die Gelegenheit nicht beim Schopfe packen.

»Tusja, lassen wir das Drumherumreden, sprechen wir offen miteinander!

Wie denkst du darüber ... fändest du es sehr komisch, wenn wir heiraten würden?«

»Roman, und - die Gehaltserhöhung?«

Roman war wie in Schweiß gebadet. Ja, er hätte damit anfangen sollen, daß er keine Gehaltserhöhung bekommen hatte und auch nicht darauf hoffen durfte, sie jemals zu bekommen. Ihm sanken die Arme herab, so daß er nicht einmal sein Mädchen an sich drücken konnte.

»Ich habe keine Gehaltserhöhung bekommen. Deshalb frage ich dich, ob du es komisch finden würdest...«

»Wenn du den Mut dazu hast, Roman, dann versuchen wir es! Wir werden ja sehen!«

Roman war seinem Mädchen unsagbar dankbar dafür, daß sie so selbstverständlich und taktvoll auf seinen Vorschlag einging. Er wußte es auch zu schätzen, daß sie an diesem feierlichen Abend nicht mit Papier und Bleistift anfing, ihren künftigen Haushaltsplan zu berechnen.

Meine liebe, meine süße Miezekatze! Er beschloß, sie noch am selben Abend dafür zu belohnen. Es gehörte sich sogar so, daß man seinem Mädchen zur Verlobung ein Geschenk macht. Die selige Mama prahlte gern damit, daß der Vater ihr zur Verlobung ein goldenes Armband geschenkt hatte. Na, ein Armband konnte sich Roman nicht leisten. Erstens, war so etwas unmodern, zweitens, wäre es unklug gewesen, das Geld jetzt für so kostspielige Dinge zu vergeuden, und drittens... Ihr könnt es euch schon denken.

Trotzdem beschloß er, fünf Zloty für sein Mädchen auszugeben. Das hieß, einen halben Monat nicht rauchen. Aber ein Mann - ein Wort. Doch was sollte er ihr kaufen? Für fünf Zloty gibt's auf der Welt so viele Dinge! Ein Paar Seidenstrümpfe, ein Kilo Apfelsinen, eine Flasche Parfüm oder eine Torte, obendrein mit der Aufschrift ›Vom Verlobten‹, kann man für dieses Geld erstehen, und...

Er irrte an den Schaufenstern entlang, besichtigte sie, überlegte und kam endlich zum Schluß, daß er allein nichts vernünftiges finden würde. Als ob zwischen ihnen keine vorbehaltlose Offenheit und Aufrichtigkeit herrschen könnte?

»Liebe gute Tusja, aus Dankbarkeit dafür, daß du frank und frei eingewilligt hast, meine Frau zu werden, möchte ich dir ein Geschenk machen. Für fünf Zloty. Aber, Miezekätzchen, du mußt es dir selbst aussuchen. Ich bin zu dumm dazu!«

Tusja umhalste ihn. (Ihr wißt, wie anmutig das manche Frauen machen und wie sie sich dabei auf die Zehenspitzen stellen.)

»Du lieber Dummerjan! Wenn du dir das schon in den Kopf gesetzt hast, dann muß ich dir etwas sagen. Hör zu! Ich werde eine sehr sparsame Ehefrau sein. Wir werden Bohnen statt Fleisch essen und Möhrensaft trinken statt

Apfelsinen zu schleckern; fünf Jahre werde ich meine Mäntel tragen, dann wenden und noch einmal fünf Jahre tragen, aber...

»Aber?«

»Aber jetzt erlaube mir eine Ausgabe, eine bürgerliche Grille, einen Luxus, oder - nenne es, wie du willst!«

»Wovon sprichst du, Liebes?«

»Das Lwower Theater gibt bei uns eine Gastvorstellung. Ich möchte, daß wir hingehen, aber mal auf den ersten Plätzen sitzen!«

Roman, bereits ganz entwaffnet, brach in ein Gelächter aus.

»Ach, bist du noch kindisch! So sehr wünschst du dir, unter den Herrschaften in den vordersten Reihen zu sitzen? Was für ein Kindskopf du bist!«

»Nein, das ist nicht kindisch! Versteh mich doch! Mein Leben lang waren diese Plätze im Theater für mich etwas Unerreichbares. Mein Leben lang habe ich entweder einen Stehplatz ganz oben gehabt oder in der letzten Reihe gesessen. Aber jetzt, einmal im Leben, als deine Braut, möchte ich dort sitzen, wo ich bis jetzt nie habe sitzen können. Verstehst du mich jetzt?«

»Ein bißchen schon, aber...«

Als Roman, ziemlich spät, nach Hause ging, verfiel er ins Philosophieren... Seht euch dieses Miezekätzchen an! So bescheiden, als könnte sie kein Wässerchen trüben, benützt nie Lockenwickler, und auf einmal - Parkettplätze im Theater! Tja, eine Frau lebt und stirbt eben als Frau... Der das gesagt hat, war kein Dummer.

Roman fühlte sich auf dem Parkettplatz unbehaglich, gestand es Tusja aber nicht, um ihr nicht die Stimmung zu verderben. Alle möglichen hoch titulierten Herren maßen ihn mit durchbohrenden Blicken, in denen die unverschämte Frage zu lesen war: Mann, haben Sie sich nicht zufällig verlaufen? Peinlich war es auch, fortwährend aufzustehen und alle möglichen Leute dort vorn grüßen zu müssen. Wenn jemand seinen Platz suchte, lenkte er seine Schritte sogleich zu ihren Sesseln, fest davon überzeugt, daß sie auf dem falschen Platz saßen - das demütigte Roman aufs äußerste. Unangenehm war auch, daß er die Füße ständig unterm Sessel verstecken mußte, damit niemand seine geflickten Schuhe sah. (Zumal die Schuhe der Nachbarn durchaus den Parkettplätzen gemäß waren). Roman spürte, daß die Leute in den hinteren Reihen die Hälse reckten und glaubte sogar flüstern zu hören:

»Du, dort sitzt doch Scherschen! Der Kerl ist wohl verrückt geworden?«

Vor allem klebte ihm das Hemd auf dem Rücken und brummte ihm der Schädel wie ein Telegraphenmast. Er hatte den Eindruck, daß sich Tusja, obwohl sie unablässig ein heiteres Gesicht zu zeigen versuchte, ebenfalls unbehaglich fühlte. Er bemerkte, daß sie nicht wußte, was sie mit den Händen anfangen sollte. Bald legte sie sie in den Schoß, bald auf die Sessellehne, dann stützte sie das Kinn auf die Hände, besann sich und ließ sie erschrocken wieder sinken. Das arme Mädchen quälte sich, aber er konnte ihr nicht helfen. So oder so mußten sie bis zum Ende des Theaterstückes ausharren. Plötzlich wurde Roman purpurrot im Gesicht - aus der dritten Reihe grüßte ihn der Direktor der Firma ›Neuzeitliche Gerberei‹. In der vergeblichen Hoffnung, dieser höfliche Gruß gelte vielleicht nicht ihm, drehte sich Roman um, aber der Direktor lächelte ihm nochmals zu.

»Sieh nur Roman, er hat dich zuerst gegrüßt!«

»Laß mich in Ruhe! Ich bin doch wohl... Nein, so was, daß ich ihn nicht zuerst gesehen habe! Da habe ich mir eine schöne Suppe eingebrockt!«

Tusjas Hand berührte ihn zart und sacht.

»Warum hast du solche Angst, Roman? Ich versteh das gar nicht... Er hat dich in Gesellschaft einer Frau gesehen und dich - das ist doch ganz natürlich - als erster gegrüßt.«

»Still, Miezekätzchen, sei still, laß mich nachdenken! Nein, er hat mich nicht gegrüßt, nein, das war etwas anderes.«

Nach langem lastendem Schweigen:

»Kann er dir verbieten, mich zu heiraten?«

»Das steht nicht in seiner Macht... Paß auf! Gleich fängt es an!« sagte Roman.

»Halten Sie sich ran, Herr Scherschen, beeilen Sie sich! Diese Abrechnung sollte doch schon vor einer Woche fertig sein, aber da waren Sie mit Ihren Gedanken im Theater.«

»Nun geht's los!« dachte Roman, tat aber so, als wüßte er nicht, was dieser Einleitung folgen sollte. Er beugte sich über den Schreibtisch und begann die Briefe für die Post zu sortieren. Im stillen segnete er die Gelegenheit, die es gestatten würde, gerade jetzt aus dem Gesichtskreis des Direktors zu verschwinden.

»Wohin wollen Sie?« fragte der Direktor mit scheinheiliger Verwunderung.

»Zur Post.«

»Nichts da! Das erlaube Ich Ihnen jetzt nicht... Geziemt es sich etwa für einen Herrn, der im Theater, noch dazu mit einer Dame, auf den besten Plätzen sitzt, Briefe zur Post zu bringen? Sie sind ein Glückspilz. Ich kann es mir zum Beispiel nicht leisten, mit meiner Familie ins Theater zu gehen. Darf man fragen, wer die Dame war, die neben Ihnen im Theater saß?«

»Herr Direktor das ist meine Verlobte, und wir wollten eigentlich...«

»Wollten Sie mich vielleicht zur Hochzeit einladen? Bleiben Sie mir damit vom Leibe! Meine Tasche für Geschenke hat ein Loch... Tja, die lieben Frauen wissen was sie wert sind... Heute Parkettplätze im Theater, morgen einen Edelmarderpelz. Und dann wundert sich die Gesellschaft, warum es so viele

Spitzbuben, rundheraus gesagt, Diebe unter den Buchhaltern gibt.«

Roman fühlte, daß seine Schläfen feucht wurden.

Ohne die Briefe aus der Hand zu legen, blickte er um sich, als suche er etwas auf dem Fußboden. Auch auf seiner Oberlippe perlte Schweiß.

Der Direktor wechselte die Maske. Sein Gesicht verlor die vorherige schmeichlerische Höflichkeit und wurde irgendwie menschlicher.

»So geht das doch nicht, Herr Scherschen. Das Prestige der Firma verlangt, daß zwischen Ihnen und mir eine gewisse Distanz gewahrt bleibt. Aber das wäre gar nicht mal so von Belang. Sie wissen sehr gut, daß unsere Firma eine Anleihe aufnehmen möchte. Wir jammern, schreiben nach allen Seiten rührselige Briefe, drohen mit Pleite, kurzum, wir tun alles, um ein solches Darlehen zu bekommen... Und da stolziert unser junger Buchhalter, Arm in Arm mit einer Dame, ins Theater und setzt sich auf die teuersten Plätze. Gegen Sie persönlich habe ich nicht das Geringste und zweifle nicht an Ihrem guten Willen. Aber können Sie sich vorstellen, wie Sie der Firma mit diesem Lapsus geschadet haben?«

»Herr Direktor, ich bitte mir zu glauben...«

Der Direktor ließ ihn nicht ausreden.

»Ich glaube Ihnen, daß Sie dem Betrieb, in dem Sie arbeiten, keinen Schaden zufügen wollten. Was aber hilft es mir, wenn ich das glaube? Wissen Sie, daß Herr Doktor Stefaniw, der Vorsitzende unseres Aufsichtsrates, über Ihr Verhalten empört ist?«

Der Direktor beugte sich zu Roman vor und flüsterte: »... daß Ihnen die Entlassung gedroht hat?«

»Herr Direktor!« Romans Hand tastete unwillkürlich nach der Tischkante und umklammerte sie.

»Ja, Herr Scherschen. Auf Ihre Dankbarkeit verzichte ich, aber Sie sollen wissen, daß Sie nur dank meiner Fürsprache bei uns bleiben.«

»Herr Direktor, ich weiß nicht, wie ich Ihnen...«

Der Direktor unterbrach abermals.

»Halten Sie sich mit Ihrer überschwenglichen Dankbarkeit noch zurück! Ich muß Ihnen nämlich mitteilen, daß Sie zwar Ihren alten Arbeitsplatz behalten, aber Ihr Gehalt um 15 Zloty gekürzt wird. So lautet der Beschluß des Aufsichtsrates. Die Firma muß schließlich irgendwie den Schaden wieder ausgleichen, den Sie ihr zweifellos durch ihre Extratour zugefügt haben. Außerdem... Aber was machen Sie denn für ein Gesicht? Was haben Sie, Scherschen!... Scherschen?«

Roman blickte den Direktor mit glanzlosen Augen an.

»Halb so schlimm, mir ist nur etwas schwindlig.«

Der Direktor legte ihm die Hand auf die Schulter.

»Lassen Sie sich von mir raten, Herr Scherschen! Gehen Sie jetzt zur Post!

Die frische Luft wird Ihnen guttun! Hier ist es ein wenig schwül. Gehen Sie, Herr Scherschen!«

Frische Luft, Regen, Menschen mit schwarzen Regenschirmen über den Köpfen. Klingeln einer Straßenbahn, die nicht vorwärts kommt... Roman war wie betäubt. Angestrengt versuchte er, sich die Unterredung mit dem Direktor erneut ins Gedächtnis zu rufen, und blieb, anstatt zur Post zu gehen, an der Bordsteinkante stehen. Es wollte ihm nicht gelingen, sich den neuen Zustand zu vergegenwärtigen, in den er wenige Augenblicke zuvor geraten war. Er sah Regentropfen auf den obersten Briefumschlag fallen, so daß die Adresse darauf verlief, brachte aber nicht die Kraft auf, ihn in die Tasche zu stecken... Tusja! rief etwas ihm zu. Statt der ersehnten Hilfe, ereilte ihn so schwarze, drohende Hoffnungslosigkeit, daß er, wie von einem Eisenblock getroffen, zusammensackte. Doch plötzlich mußte er, als zerspränge in seinem Innern etwas, lachen. Er mußte lachen, laut, so laut, daß er glaubte, die Antennen auf den Dächern würden dadurch ins Wanken geraten. Aber er lachte gar nicht. Er lächelte nur, strahlte übers ganze Gesicht. Dieses Lächeln fiel einem alten Mann auf, und er betrachtete Roman halb neidisch, halb verwundert.

»Ein glücklicher Mensch«, sagte er zu einem Passanten, »ach, ja, die Jugend!«

Osyp Makovej
Wie Schewtschenko Arbeit suchte

Zu Ehren Schewtschenkos fand eine Festveranstaltung statt, nach der Festveranstaltung ein Kommers zu Ehren der Sänger und des Redners, und nach dem Kommers gingen alle schlafen, voll schöner Eindrücke, Bier, Wein und anderem.

Das Oberhaupt der Partei, Pan Deputierter L., legte sich zu Bett und warf dabei einen Blick auf die Schewtschenko-Büste, die in der Dämmerung des Nebenzimmers in einer Ecke unter einer Zimmerpalme zu erkennen war. Da dünkte ihn, der Dichter bewege sich. Als er nach einer Weile wieder hinsah, gewahrte er ein noch größeres Wunder - der Sockel, auf dem die Büste stand, war in einen langen Schafpelz gehüllt. Da trat auch schon Schewtschenko in eigener Person aus der Ecke, zog die Zottelfellmütze und sagte: »Guten Abend, Pan Deputierter!«

»Gute Gesundheit, Pan Taras! Ach, wie haben Sie mich erschreckt!«

»Keine Angst, gnädiger Herr! Setzen Sie sich und reden wir miteinander! Ich komme nämlich mit einer Bitte zu Ihnen.«

»Mit einer Bitte?«

»Wissen Sie, gnädiger Herr, ich habe es satt, hier bei Ihnen jahrelang in der Ecke herumzustehen. Geben Sie mir Arbeit!«

»Was für Arbeit könnte ich Ihnen denn geben?«

»Nehmen Sie mich in die Redaktion der Zeitschrift ›Dilo‹ auf! Ich werd schon zu was taugen.«

»Unmöglich, Pan Taras! Zum ersten wimmelt es dort von Dichtern - die werden Sie, obwohl Sie keine Verse mehr schreiben, aus Neid nicht dulden; zum zweiten gehören dem Herausgeberkollegium auch Priester an, und Sie sind - ich brauche es Ihnen nicht zu sagen - bekanntlich der Verfasser der ›Maria‹. Aber ich stehe jetzt im guten Einvernehmen mit der Kirche, und der Kirchensänger Kobyljansky hat doch über Sie geschrieben, daß es Gott erbarm! Zum dritten wird sich das ›Volkskomitee‹ dagegen verwahren, weil Sie nicht Mitglied der Nationaldemokratischen Partei sind und die christlichen Anhänger Sie für sich beanspruchen. Zum vierten ist fraglich, ob Sie Oppositionist sind; denn Sie haben Utopien geschrieben, in denen alle Slawen artverwandte Brüder werden, Sie haben über das Thema der Verbrüderung mit den Polen geschrieben und dergleichen mehr. Mein Gegner, Budsinowsky, würde mich glatt auffressen, wenn ich Sie in die Partei und in die Redaktion aufnähme.«

»Na, könnte ich dann nicht Deputierter werden?«

»Auf keinen Fall, da Sie weder Doktor noch Österreicher sind und keine Steuern zahlen. Schließlich würde auch kein einziger unserer Deputierten

Ihnen seinen Platz abtreten. Allenfalls vielleicht der Konsul K., der in Ihren Dichtungen einen Einfluß von Mickiewicz entdeckt haben will und daraus nicht wenig Nutzen geschlagen hat, er würde eventuell aus Dankbarkeit für Sie verzichten. Er preist Sie ohnehin schon ein gutes Jahrzehnt in allen Akademien und Festveranstaltungen, so daß er sich möglicherweise dazu bereit finden würde. Er hat Sie auch heute als Prometheus gerühmt.«

»Man wird mit ihm reden müssen, er ist in gewisser Weise ein guter Mensch. Sie selber haben also nichts für mich?«

»Ich weiß einfach nicht, was ich Ihnen anbieten könnte. Vielleicht sollten Sie mal versuchen, den Sekretär des ›Volkskomitees‹ zu porträtieren, er ist nämlich meine rechte Hand... Sie würden wenigstens etwas verdienen...«

Der Pan Deputierte, durch den überraschenden Besuch ziemlich betroffen, senkte den Kopf und wartete auf eine Antwort von Taras, aber der schwieg. Nach einer Weile blickte der Konsul auf, da war das Fauteuil leer, und in der Ecke auf dem Sockel stand wie zuvor nur des Dichters Büste.

»Was ist das!« murmelte Pan Deputierter und rieb sich die Augen. Er sah noch einmal die Büste an und ging verwundert ins Schlafzimmer. Er hatte des öfteren Visionen.

Zur selben Zeit verzehrte Pan Professor und Deputierter K. seiner Gewohnheit gemäß vor dem Schlafengehen eine Feige und seufzte tief nach der schweren Tagesarbeit. Hatte er doch heute eine Rede zu Ehren Taras Schewtschenkos gehalten!

Er seufzte auch, als er hörte, daß jemand an die Tür klopfte.

»Wer ist da?«

»Taras Schewtschenko.«

»Unsinn!«

»Ich bin es wirklich. Lassen Sie mich ein! Ich komme, um Ihnen fur die Rede zu danken.«

»Merkwürdig! Zu so später Stunde! Ich bin hundemüde.«

»Entschuldigen Sie, die Nacht ist mein Tag. Seien Sie so nett, lassen Sie mich ein!«

»Was denn, ohne Visitenkarte, ohne Anmeldung, ohne alles? Wissen Sie nicht, wer ich bin?«

»Wie sollte ich das nicht wissen? Sie haben doch so viel über mich geschrieben und gesprochen!«

Pan Professor öffnete – vor der Tür stand wahrhaftig Taras Schewtschenko.

»Bitte! Nehmen Sie Platz! Was führt Sie zu mir?«

»Arbeit suche ich, gnädiger Herr«, antwortete Taras, während er sich setzte. »Ich habe es satt, müßig in Zimmerecken herumzustehen.«

»Was für eine Arbeit könnte ich Ihnen denn verschaffen?«

»Man hat mir gesagt, Sie würden mir Ihr Mandat abtreten, Sie ganz sicher.«

»Ich? Ich sollte Ihnen mein Mandat überantworten? Wie denn das?«

»Na, ganz normal. Sie verzichten zu meinen Gunsten, und ich kandidiere.«

»Nie und nimmer, mein Herr! Ich verehre Sie zwar sehr, aber - entschuldigen Sie! - mir scheint, daß Sie für einen Deputierten nicht genügend Voraussetzungen mitbringen. Ich habe mich schon seit dem Gymnasium darauf vorbereitet.«

»Sie haben mich doch heute bei der Festveranstaltung einen Prometheus genannt!«

»Tja, das ist etwas anderes! Wie könnten Sie denn Deputierter sein? Und was würde Ihnen das nützen? Schreiben Sie Gedichte und basta! Sie können doch auch nicht deutsch sprechen!«

»Das stimmt. Leider! Aber vielleicht ernennen Sie mich zu einem Ihrer Dozenten?«

»Ohne Doktortitel! Ohne Examen! Ohne Dissertation! Verzeihen Sie, mein Herr, das ist bei uns nicht üblich...«

»Na, dann gestatten Sie mir, einen Zyklus Vorlesungen über meine eigenen Dichtungen zu halten! Sie halten zur Zeit ja keine.«

»Aber, mein Herr, dafür besitzen Sie doch nicht die nötige Qualifikation!« Der Pan Professor wurde allmählich verdrießlich.

»Entschuldigen Sie, aber ich nehme an, daß ich von meinen eigenen Gedichten immerhin etwas verstehe.«

»Nein, mein Herr, Sie verstehen sie nicht! Sagen Sie, was Sie wollen - das ist jedenfalls nicht so leicht, wie es Ihnen erscheint. Es bedarf tiefgründiger, langjähriger Studien, und man muß soviel arbeiten wie ich, um Sie zu verstehen und nachzuweisen, woher, was und wie... Haben Sie meine Arbeit über den Einfluß von Mickiewicz auf Ihre Dichtung gelesen?«

»Ja.«

»Na, und was sagen Sie dazu?«

»Es bedarf tatsächlich langjähriger Studien, um so was zu schreiben.«

»Hab ich's Ihnen nicht gesagt?«

»Ich verstehe also meine eigenen Dichtungen nicht?«

»Nein!« erwiderte der Professor bestimmt.

»Wenn ich nun bei Ihnen die Prüfung als Gymnasiallehrer ablegen wollte?«

»Das wäre möglich! Sie müßten zunächst das Reifezeugnis erwerben, dann in der Universität meine und andere Vorlesungen belegen, dann würde ich Ihnen eine Hausarbeit geben und dann...«

»Würde sich das nicht sehr lange hinziehen?«

»Etwa zehn Jahre.«

»Könnte ich nicht etwas ohne Prüfung bekommen?«

»Ich weiß nicht, erkundigen Sie sich bei Professor H.!«

Schewtschenko verabschiedete sich und ging. Vor der Tür waren seine

Schritte bereits nicht mehr zu hören, er verschwand in Sekundenschnelle. Dagegen geschah in der Villa von Professor H. mit dem großen Porträt Schewtschenkos Unglaubliches - der Dichter trat aus dem Rahmen und begab sich still in die Bibliothek des weithin bekannten Wissenschaftlers. Der Professor war an seinem Schreibtisch noch mit einigen Aufzeichnungen beschäftigt.

»Wünsche einen guten Abend, Pan Hruschiwsky!«

»Wer sind Sie?« Der Professor setzte seinen Zwicker auf der Nase zurecht.

»Auch Hruschiwsky, seit Konysky mich so bezeichnet hat. Nein, Schewtschenko. Den Namen haben Sie vermutlich schon gehört.«

»Taras? Wieso denn nicht! Gewiß doch, gewiß, Taras. Bitte Platz zu nehmen! Womit kann ich Ihnen dienen, mein Herr?«

»Vielleicht können Sie mir irgendeine Arbeit vermitteln, ich langweile mich nämlich sehr. Womöglich ließe sich in der Gesellschaft, die meinen Namen trägt, etwas finden?«

»Hm, gewiß, ich weiß nicht, vielleicht... Wie haben Sie sich das gedacht? Wollen Sie in einer Sektion arbeiten?«

»Meinetwegen auch in einer Sektion, Hauptsache arbeiten.«

»Gewiß, gewiß! Aber, mein Herr, Sie sind kein ordentliches Mitglied der Schewtschenko-Gesellschaft!«

»Na, dann nehmen Sie mich doch auf! Die Gesellschaft trägt doch meinen Namen.«

»Hm, stimmt, aber ordentliches Mitglied können Sie nicht werden.«

»Warum denn nicht?«

»Erstens haben Sie nicht wissenschaftlich gearbeitet und in meinen ›Sapiski‹ nichts veröffentlicht; zweitens müßten Sie sich zuerst einer Sektion anschließen, und allein die Sektion würde nach einigen Jahren darüber zu befinden haben, ob Sie zum ordentlichen Mitglied avancieren oder nicht. Aber selbst wenn sich die Sektion dafür entscheidet, habe ich die letzte Entscheidung darüber zu fällen; mir geht es um das Prestige der Gesellschaft, hier und in Kiew - wir brauchen wissenschaftliche Kräfte und keine Dichter -, Leute, die Studien über große und kleine Dichter schreiben, nehmen wir mit Vergnügen auf. Aber was sollen wir mit Dichtern? Das ist doch in einer wissenschaftlichen Gesellschaft Ballast! Übrigens vertritt Hnatjuk dieselbe Meinung.«

»So ist das also«, sagte Taras düster. »Aber die Gesellschaft trägt ihren Namen doch mir zu Ehren!«

»Das ist etwas anderes! Die Schewtschenko-Gesellschaft - das bin ich, und Sie sind nur das Firmenschild. Verstehen Sie?«

»Was soll ich denn nun machen?« Bekümmert stand Taras auf. »Entschuldigen Sie, mein Herr, daß ich Ihre kostbare Zeit in Anspruch genommen habe!«

»Keine Ursache! Meine Hochachtung...«

Seit jener Nacht aber, in der Schewtschenko in Lwow so behandelt worden war, umspielt auf seinen Porträts und seinen Büsten ein spöttisches Lächeln den rechten Mundwinkel. Niemand ahnt, woher es stammt. Jene Festveranstaltung hat es hervorgebracht.

Jurij Andruchovyč
Das Stanislauer Phänomen

Ich lebe in einer jener Städte, in denen die Liebe zur Archäologie, ja sogar eine merkwürdige Abhängigkeit von ihr, unvermeidlich ist. ›Archäologie‹ verstehe ich hier im weitesten Sinne - als die Möglichkeit, Spuren wiederzufinden, in immer tiefere Schichten einzutauchen. Mir scheint, es gibt auf dieser Welt so etwas wie ein spezifisches Stanislauer (Stanislauer-Frankiwskes?) Spiel der Schichten. Schon seit Jahrzehnten - praktisch seit meiner Kindheit - bemühe ich mich, so gut es mir gelingt, bei diesem Spiel mitzumachen. In meinem Arsenal findet sich vielleicht nicht das effektivste Rüstzeug - Beobachtungen, Erinnerungen, Gedichte, nächtliche Alpträume. Als ich zwanzig war, wollte ich um jeden Preis aus dieser Stadt fliehen, sie mit dem erheblich ausdrucksstärkeren, markanteren, reicheren und bis heute von mir favorisierten Lwiw vertauschen. Zum Glück ist mir die Flucht nicht gelungen - ich blieb, wo ich offensichtlich bis ans Ende meiner Tage bleiben werde - in der Stadt der Erfolglosen, der Säufer, der unrealisierten Bestimmungen und Begabungen, in einer Stadt, die durch und durch *provinziell* ist, eine Stadt, wie es sie in der Ukraine zu Hunderten, doch in Wahrheit nur einmal gibt.

Tadeusz Rolke, der polnische Fotograf, kam gerade noch rechtzeitig, um Zeuge dieses Spiels zu werden. Eine - in doppeltem Sinne - oberflächliche Restaurierung eines Gebäudes, das aus ursowjetischen Zeiten als ›Dessert-Bar‹ bekannt war (wie gut ich mich an das flüssige Eis, die widerlichen, nach Arznei schmeckenden Sirups erinnere!), ja, die Restaurierung dieses Gebäudes enthüllte unversehens dessen *Polnischkeit*. Unter den jüngeren Putzschichten tauchten andere Buchstaben auf, ein anderes Graphem und andere Wörter, wie zum Beispiel das schöne, wenn auch heute von niemandem mehr benötigte ›tapicerja‹. Nein, nicht ›Pizzeria‹, sondern ›tapicerja‹ - etwas so Lateinisches wie Mittelalterliches. Tadeusz Rolke kam gerade noch rechtzeitig, denn schon am Tag darauf waren alle diese Buchstaben wieder unter der neuesten Schicht - Schicht wovon? - verschwunden, vorläufig, bis zur nächsten kosmetischen Veränderung.

Wie nennt man die Schichten eines Palimpsests?

Ich liebe sie, diese Schriftzüge, die hier und da zum Vorschein kommen, in allen möglichen Löchern, Rissen, Unterböden und Unterbauungen, aufgetaucht aus dem Unbewußten der Stadt. Es brauchen nicht nur Mauerreste zu sein. Manchmal sind es bloß die Hydranten der alten städtischen Wasserversorgung, die Gitter über den Kanalschächten (ab September mit Herbstlaub und Kastanien verstopft; jetzt zitiere ich bereits: diese Beobachtung stammt nicht von mir, sondern von einem Bekannten, einem wandernden Philosophen). Oder die alten Ziegel, auf die man überall stößt, nicht nur dort, wo wieder ein Gebäude abgerissen wird - auf jedem ist der Name eines Ziegelfabrikanten zu lesen, etwas wie ›SERAFINI‹ oder ›RAUCH‹ oder so ähnlich. Die polnischen Ziegel lassen sich bisweilen noch gut für neue Mauern verwenden, so wie auch die Präzisionswaage in der Brief- und Paketabteilung auf der Hauptpost noch vorzüglich fürs exakte Wiegen verwendbar ist (Waagen-Fabrik Lublin, 1928, lesen wir auf der Kupferplakette).

Ich habe auch nicht bemerkt, wie jener Streifen Zeit endete, verschwand, zurückblieb, der von Menschen bevölkert war, die sich genau erinnern und die vor allem erzählen konnten, wie es *unter den Polen* war. Genau so, mit Betonung des ›unter‹ - so akzentuierten die alten Ukrainer dieses Wort, um sich möglichst weit von der polnischen Terminologie zu distanzieren. Diese zufälligen Vermittler meiner privaten Ausgrabungen sind heute bereits selbst in den physischen Zustand der ›Überlagerung‹ eingegangen - sie lagern auf Friedhöfen, welche man in kluger Vorausschau gesichert hat; mir (uns?) aber bleibt nur das Labyrinth einer Kleinstadtmythologie und ein kaum spürbarer Beigeschmack von etwas Verrostetem, wie beim Wasser, das aus dem Hydranten auf der Straße kommt.

Nun, das metaphysische *unter den Polen* der Zwischenkriegszeit wurde im Bewußtsein der Öffentlichkeit unwiederbringlich verdrängt von einem sehr konkreten, täglichen und alltäglichen ›Polen‹, einem Land, das man beneidet, aus dem man ständig etwas importiert, wohin man gern zum Arbeiten gehen würde, zum Klauen, zum Studieren, fürs ganze Leben, ein Land mit einem im Vergleich zu uns höheren Grad an *wildem Kapitalismus*, aber vermutlich auch einer höheren Kultur, obwohl - auch das wird aus irgendeinem Grund angenommen - das Niveau der *Geistigkeit* dort niedriger ist. (Was ist mit diesem Wort gemeint - die Anzahl der bestickten Handtücher in der Kirche?) Dies ist nicht der Ort, um sich mit solchen Aberrationen aufzuhalten. Zurück zu meiner Heimatstadt.

Einer meiner kanadischen Freunde, ein Meister des Wortspiels, erkundigte sich auf elektronischem Postwege, ob ich imstande sei, eine ausführliche Antwort auf die Frage »Wenn in Stanislau Schnee fällt, welches Wetter ist dann in Iwano-Frankiwsk?« zu geben. »Überwiegend Winterwetter, muß aber nicht sein«, schrieb ich zurück. Erst später wurde mir klar, daß ich mich nicht geirrt hatte. Es sind in der Tat zwei verschiedene Städte. Ja, zwei Nachbarstädte, räumlich so eng beieinander, streng genommen befindet sich die erste mitten in der zweiten, eine Stadt in der Stadt. Aber man darf sie keinesfalls für identisch halten.

Stanislau liegt bis heute im Bereich des historischen Zentrums - leicht zu erkennen an den Überresten der Festungsmauern, dem Jesuitenkolleg, der Kathedrale, der Synagoge, dem Rathaus, einem eklatant mitteleuropäischen

Marktplatz, den Jugendstilvillen in der Lindenallee und an den allgegenwärtigen eklektizistischen und konstruktivistischen Gebäuden - eine Stadt für dreißig- bis fünfzigtausend Bewohner. Um die unteren Geschosse der Häuser reißt sich heute das kleine Business (Läden, Cafés, Büros), die Flächen der alten Wände zerfallen in unterschiedlich große, giftiggrellfarbige Flecken (Farben aus Italien! Polen! der Türkei!), jeder Besitzer bestimmt über die architektonischen Lösungen mit, überall finnisch anmutende Metallverkleidungen, ›die Ästhetik des Euroremont‹ dominiert - das Leben ist bunter geworden, etwas hat sich ja doch geändert, zumindest das Bier schmeckt seit einigen Jahren erheblich besser. Iwano-Frankiwsk hingegen - das sind die späteren Bauten ringsum, die sogenannten *Mikrorayons*, Industriegebiete, Ödflächen, ein Dschungel von Plattenbauten, das Krebsgeschwür einer spätsowjetischen Stadtplanung, Gestank und finstere Winkel, Leute vom Land in der Stadt, kriminelle Jugendliche, Alkoholiker, Drogensüchtige, *entertainment* rund um die Uhr mit nervtötender Musik (die Musik ist jetzt überall nervtötend), nächtliche Schießereien vor den Diskotheken, aber das kann nicht alles sein, es muß auch etwas geben, das selbst dieses Ende der Welt liebenswert macht, wie hätte ich es dort sonst die letzten sieben Jahre ausgehalten?

Ja, das sind in der Tat zwei Städte - eine innere und eine äußere, eine geheime und eine, die offen daliegt, eine alltägliche und eine magische.

Vor einiger Zeit (mir scheint, seit jenem verheißungsvollen Beginn in den neunziger Jahren, der weitreichende Folgen haben sollte) ist die Rede von der magischen Stadt Stanislau aufgekommen. Es fing damit an, daß zwei enge Freunde, beide aus der alternativen und underground-Szene, Sandalen an den nackten Füßen, ungemein wacher Blick für den wahren Sinn des Seins, daß diese beiden auf einer druckfrischen Ansichtskarte einen Teil der von der Julihitze aufgeweichten, plattgedrückten, defloriert-deformiert-demoralisierten Stadt betrachteten und wie aus einem Munde »Aber das ist ja Macondo!« riefen. So wurde das ›Stanislauer Phänomen‹ geboren, ein Begriff, über den bis heute so viel und vor allem so viel Blödsinn geredet wurde, daß man unwillkürlich aufhört, an ihn zu glauben. Das ist wirklich so, aber es ist etwas sehr Persönliches, dieses Gefühl, zu einer Stadt zu gehören, die auf der Weltkarte absolut einzigartig ist. Wie soll man das mit Worten und logischen Beweisführungen begründen? Daran kann man nur glauben - das letzte Argument der Scharlatane.

Ein weiteres Jahrzehnt wäre nötig, damit auch die Reporter daran glaubten. Aber sie haben ja daran geglaubt.

In diesem Jahr tauchten scharenweise Besucher in der Stadt auf, vor allem vom Fernsehen, aber auch an Leuten mit Fotoapparaten herrschte kein Mangel. Es fing an mit einer Gruppe vom Regionalfernsehen Lwiw, die sich für das ›Bild einer Stadt im Zustand der Dekonstruktion‹ interessierte, dann kamen die Profis aus Kiew mit der etwas profanen Idee ›Iwan Franko contra Franz Joseph‹, etwas später befragte mich ein junger Stern am Kiewer Fernsehhimmel unter alten Mauern, wovor ich mich am meisten fürchte und was ich in meinen Alpträumen sehe, dann kamen Leute von der BBC (ein Film über die Zauberer in den Karpaten), aus Berlin (ist die touristische Erschließung dieses Teils der Welt möglich?), zu guter Letzt schickte auch Moskau seine Emissäre, um die sog. ›Szene‹ zu erforschen. Der Besuch Tadeusz Rolkes mit dem überaus sensiblen Kameraauge blieb nicht der letzte in dieser Reihe. Als nächstes erwarten wir die Japaner.

Allen Sammlern des ›Stanislauer Phänomens‹ habe ich dasselbe gezeigt: die alte Festungsmauer, heute hauptsächlich mit englischsprachigen Grafitti vollgeschmiert, die niemals trocknende Wäsche auf den Balkonen, das Rathaus, den rekonstruierten Marktplatz, Jesuitenkolleg, Kathedrale und Synagoge, die Jugendstilvillen in der Lindenallee, die Hydranten und Kanalgitter, die alten Hausnummern, Gedenktafeln, Weinranken an Hauswänden, Holzveranden mit Farbanstrich noch aus österreichischer Zeit, die diätetische Mensa, inoffiziell ›Bombay‹ genannt (vielleicht weil Iwan Franko in diesem Gebäude 1912 sein Poem ›Mojsej‹ öffentlich vorgetragen hat - man beachte den Reim!), außerdem mußte ich sie unbedingt auf den Basar führen, wo wir sogleich höchste Aufregung und eine ungesunde Nervosität mit unseren sofort einsatzbereiten Spionagekameras hervorriefen.

So habe ich also eher Stanislau gezeigt als Iwano-Frankiwsk. Und jedesmal kam in dieser geheimnisvollen Stadt etwas zum Vorschein, was selbst mir noch unbekannt war, etwas völlig Neues und Unerwartetes.

Aber vor allem zeigte ich ihnen die Leute - die, mit denen ich hier lebe, Alkohol trinke, im Sommer picknicke, in den Nächten singe, wenn wir vom Fluß zurückkommen, die, mit denen ich über Politik und Poesie rede. Oder auch die, mit denen ich übers Wetter rede. Oder auch die, die ich nur grüße. Einige von ihnen fielen dem geübten Auge der sondierenden Ankömmlinge sofort auf: eine Perle, ein Diamant, ein Monster...

Bei dieser Gelegenheit unterbreiteten wir mit der tiefsinnigen und leicht ironischen Miene des bereits entlarvten Mystifikators unseren Besuchern die Grundlagen (Versionen?) unserer ›magischen‹ Qualität, die wir uns, in die Tiefen des › Stanislauer Phänomens‹ eindringend, schon damals, an jener unvergeßlichen historischen Wende angeeignet hatten.

Zum einen ist das unsere *Nähe zu den Bergen*. Wir leben in einer Ebene, aber am ersten wirklichen Frühlingstag, an einem richtig klaren Tag kann man im Süden den Streifen der Karpaten sehen, ›Verheißungen, die in der Ferne blauen‹, um eine Metapher von Joseph Roth zu gebrauchen. Das ist ein besonderes Glück - in dem Bewußtsein zu leben, daß man jeden Augenblick - sei er günstig oder nicht - in südliche Richtung aufbrechen und schon nach einer

Stunde in den Bergen sein kann. »Und das bedeutet, daß wir in andere energetische Systeme eingebunden sind«, fügte einer von uns hinzu, die Grenze der Geschmacklosigkeit überschreitend, »wir sind kreativ eingebunden in den Energiekreislauf der nahen Karpaten«.

Zum andern ist das die bereits erwähnte *Überlagerung kultureller Schichten*. Klar natürlich, daß wir vor dem gesamteuropäischen Hintergrund etwas verspätet sind mit unserem Kult um den Österreich-Donau-Mythos oder die Zwischenkriegszeit, der es uns möglich macht, immer wieder laut und vernehmlich von einem *hier vergewaltigten Europa* zu sprechen. Aber geht es denn nur darum? »Für uns«, erklärte ein anderer, die Grenze des gesunden, selbstkritischen Menschenverstands überschreitend, »ist es wichtig, daß hier immer etwas von irgendwo her auftaucht, zum Vorschein kommt - wenn schon nicht eine lateinische Schrift an der Wand so wenigstens ein Totenschädel mit einem Loch im Hinterkopf, das von einer Kugel stammt«.

Drittens ist das der Einfluß auf die Stadt und die wechselseitige Beeinflussung *der neuen kreativen Szene* - die krampfhafte Liebe und ein ebensolcher Haß und Konkurrenzkampf. Plötzlich wurde uns klar, daß wir ein- und dieselbe Luft atmen - und deshalb in bezug auf unsere Kreativität viel mehr von uns selbst abhängig sind, und so birgt jedes Picknick im Grünen an irgend einem Flußufer die Gefahr, zu einer ziemlich heftigen Kraftprobe von Ambitionen und Egoismen auszuarten. »Es stellt sich heraus«, erklärt ein anderer und balanciert dabei auf der Grenze zur begrenzten Offenheit, »daß wir schon lange autonom sind, Selbstversorger, aus allen möglichen Gruppen, Strömungen, Schulen und ›Phänomenen‹ herausgewachsen, tatsächlich aber können wir nichts anderes tun, als einer vom anderen leben«.

Gott sei Dank verfügten unsere sich umhörenden Gäste in der Mehrzahl über so viel Erfahrung, daß sie sich keine dieser Versionen besonders zu Herzen nahmen. Aber etwas haben sie doch für sich behalten.

In der Tat - da nun schon das Wort von der begrenzten Offenheit gefallen ist -, bis heute bin ich mir nicht sicher, was diese Stadt, ihre *magische* oder ihre *phänomenale* Qualität betrifft. Abblätternde Wände in versteckten, von mißtrauischen (ach, diese Blicke *von dort*!) Alten bewohnten Hinterhöfen, Kinder, jederzeit bereit, vor der Kamera einen Tanz aufzuführen in der Hoffnung auf ein paar Hrywni oder zweihundert Escudo, eine unglaubliche Menge von Bettlern, wirklichen und simulierenden Invaliden auf den Gehsteigen, von dunkelhäutigen Wahrsagerinnen und obdachlosen Geschöpfen - das alles kann in der Tat an Portugal oder irgendein anderes südliches Land erinnern, was sagt das schon?

In letzter Zeit wundert mich etwas anderes - hunderttausende Menschen, die hier leben, gehen, atmen und dabei keine Magie vermuten -, wie ich schon sagte, sie leben einfach, sie halten, typisch ukrainisch, dieses Leben für unmöglich, unerträglich, erbärmlich, schimpfen auf die Regierung, die Mafia, die Polizei, auf jede Ukraine und jedes Rußland dieser Welt. Zugleich kaufen und verkaufen sie Wohnungen, hinterziehen Steuern, picknicken im Grünen, singen ihre Volkslieder auf Geburtstagen und Hochzeiten, trinken und essen reichlich, fahren ihre klapprigen Volkswagen zu Schrott und flicken sie wieder zusammen, veranstalten nächtens Schießereien vor Diskotheken, bearbeiten aber auch ihre Gärten, pflanzen Bohnen und Blumen vor den Wohnhäusern, hören nervtötende Musik, fahren zum Jobben nach Polen und Tschechien, kaufen Grundstücke, kaufen die Behörden, die Miliz, die Mafia, die Zöllner, füllen an Sonntagen sämtliche Kirchen, beten, werden geboren, sterben - mit einem Wort, wie ich schon sagte, sie leben.

Tadeusz Rolke hat es gesehen - und er läßt nicht zu, daß man hier etwas erfindet.

Der Duft der Karpaten

Ol'ha Kobyljans'ka
Die Bettlerin

Ein sonniger, warmer Vormittag im Juni.

Das Fenster meines künstlerisch eingerichteten Zimmers war weit geöffnet, ich saß davor am Schreibtisch.

Eine der allerschönsten, der allerwildesten Karpathenlandschaften breitete sich stolz vor meinem Fenster aus. Ein großmächtiger, pyramidenartiger, dicht bewaldeter Berg erhob sich zum Himmel. Daneben eine dunkle, enge Schlucht zwischen verschiedenartigen, bewaldeten Bergen und Felsen. Dazu das ununterbrochene Rauschen der Fichtenwälder, das an das Meer erinnerte und viel, viel Sonne.

Überall möglichst viel Sonne.

Nie war mir das Waldesgrün so frisch, so kräftig erschienen; der wolkenlose, klare Himmel nie so blau, so mild. Ich war in diesem Anblick ganz verloren...

Verloren!...

Das sagt zu wenig.

Ich fühlte diese prachtvolle Schönheit der Natur in jeder Faser wieder; ich sog sie mit Blicken ein, ich berauschte mich an ihrem Dasein; dabei wußte ich auch, daß alle Kräfte, die meine Seele bildeten, sie geweckt, daß ihre, ganz allein ihre Liebe sie hervorgebracht hatte...

Glücklich, der sie zu verstehen imstande ist.

Eine unbezähmbare Luft, heute eine langgehegte Idee niederzuschreiben, bemächtigte sich meiner. Förmlich mit Gewalt wandte ich meine Blicke von der Natur ab und schickte mich an, die Gedanken zu sammeln.

Sie ergeben sich, aber sie leisten auch Widerstand, sie zerstreuen sich, sie treiben Spott mit mir ... ich kann nicht!!

Unweit vom Hause - hundert Schritte ungefähr - sitzt seit dem frühesten Morgen eine Bettlerin und bittet die Vorbeigehenden um Almosen. Sie bettelt nicht wie es solche Leute in der ihnen eigenen Art tun. Sie singt auch nicht. Sie hat nicht einmal diesen Bettlerton, an den man bei Menschen dieser Art so sehr gewöhnt ist und der gerade nur solange Rührung hervorruft, als man diese Geschöpfe vor sich sieht. Nein; auch den hat sie nicht. Sie wimmert. Immer von Anfang im gleichen Tempo von den höchsten bis zu den niedrigsten Tönen. In der Mitte der Skala eine kaum merkliche Abweichung und hernach wieder: »Erbarmet euch der Unglücklichen, Gott wird's euch löhnen!«

Ich fühle dieses Wimmern am ganzen Körper, vom Scheitel bis zur Sohle. Ich versuche darauf nicht zu achten, ich trachte taub zu sein. Nicht möglich! - »Erbarmt euch der Unglücklichen, Gott wird's euch lohnen!«

Es war erpicht auf mich, es hatte es auf mich abgesehen, und ich hörte auf dieses Wimmern nervös, ja mit einer an Wahn grenzenden Lust. »Bravo! Bravo!« - flüstern meine Lippen in unbeschreiblichem Spott. - Bravo! - und bis aufs Blut gereizt, schleuderte ich die Feder auf den Tisch.

Vielleicht wird sie denn doch einmal aufhören!

Ich horche mit eingehaltenem Atem eine Minute, zwei, drei, und plötzlich: »Erbarmt euch der Unglücklichen, Gott wird's euch lohnen!«

Das konnte den Menschen zur Verzweiflung treiben.

Ich stürze zum Fenster, um sie zu sehen. Mich drängt es, sie zu sehen! Hier! ...

Sie sitzt vor der Brücke, die zum Marktplatze führt und wimmert. - Nun, man mag denken, was man will, eine Wohltat ist das Verbot des Bettelunwesens doch. In keinen Städten existiert diese Strafe Gottes noch, obwohl auch dort Unterstützungen für sie vorhanden sind. Aber ich will allem eine Ende bereiten. Ich will ihr Geld hinschleudern, um sie zum Schweigen zu bringen, daß sie mindestens im Bettlerton bitten sollte, oder daß sie ... oder daß sie ... ach! daß sie verstumme! ...

»Erbarmt euch der Unglücklichen, Gott wird's euch lohnen!«

In mir wallt es auf und ich lächelte häßlich.

Ich ergreife den Hut und laufe zu ihr hin.

Sie sitzt, das Profil zur Seite gewendet, von der ich herkam. Als sie meine Schritte hörte, schwieg sie. Diese ganze dünne, gebückte Gestalt, das Haupt auf die Brust geneigt, nimmt plötzlich einen gespannten Ausdruck an. Ich mäßige meine Schritte, ich will sie ansehen. - Ein wachsgelbes, abgemagertes, aber jugendliches und ungewöhnlich regelmäßiges Profil neigt sich auf die Brust. Den oberen Teil des Gesichts sehe ich noch nicht genau; der untere zeigt Spuren eines längst verwischten Schmerzes...

Jetzt erhebt sie den Kopf - ich glaube, etwas zu hoch - und ich sehe, daß sie blind, vollständig blind ist. Lange, schwarze Seidenwimpern beschatten die Augen...

Mit Angst, mit einem plötzlichen Schrecken hielt ich die Blicke auf sie gerichtet und steckte schnell das Geld in ihre kleine, sonnenverbrannte Hand. Ihre blutlosen, melancholisch geschlossenen Lippen kräuseln sich wie zu einem Lächeln:

»Gott segne euch, Herr!... Gott segne euch viel tausendmal! Seit Sonnenaufgang, den ich nicht sehe und nie wieder sehen werde, sitze ich hier und ihr seid der erste, der sich meiner erbarmte. Gott segne euch!«

Ein unsäglich häßliches Gefühl hatte sich meiner bemächtigt.

Maximilian Glinski
Kosma Zajetz

Als ältester Sohn eines reich begüterten ›blaublütigen‹ Huzulen, auf der inmitten unermeßlicher Urwälder gelegenen Alpe Jalowytschora bei Schypit Kameralnyj geboren, war Kosma Zajetz sein Leben lang ein Urwaldmensch. Von der Welt abgeschnitten, blieb ihm als typischen, seinem vergötterten Kaiser treu ergebenen Huzulen aus seiner Jugend nicht einmal die Revolution im nahen Ungarlande als bedeutendes Ereignis im Gedächtnisse haften. Er schoß Bären und nach diesen, für die viehzüchtende Bevölkerung der Ostkarpathen so bedeutenden Ereignissen, rechnete und wertete er sein Leben.

Schon als Kind wurde er von seinem Vater, der im Umkreise von zehn Kilometern Alleinherrscher war, in die Gefahren, die diesem edlen, hochbegabten, tapferen und doch so schwachen Volke drohten, eingeweiht. Es galt da nur, sich gegen Raub zu verteidigen, einerseits gegen reißende Tiere, als Bären, Wölfe, Luchse, anderseits gegen menschliche Räuber.

Merkwürdig war es für diese Gegend, daß alle diese Räuber den Menschen ungeschoren ließen, sobald er ihnen zeitweise Teile seines Erwerbes, halbwegs gutwillig, überließ. Dem Bären, Luchs, Wolf, Adler, einige Rinder und mehrere Schafe jährlich, dem zweifüßigen Räuber dann und wann einen Teil des ängstlich in Truhen oder sonstwo versteckten Bargeldes. Wehe demjenigen, der keinen Obolus leistete oder hiebei gar zu ungemütlich wurde, dem ging's ans Leben.

Diese ein unausgesetztes Kriegen beinhaltenden, mit mancher grausigen Furcht überdauerten Lebensverhältnisse prägten sich so tief in den Sinn vieler Generationen hinein, daß selbst heute ein tüchtiger Räuber nicht nur nicht verraten wird, sondern als der Nachkomme eines durch nichts gebundenen, gesunden und freien Gebirgsvolkes verehrt und gefürchtet wird.

Ein temperamentvoller Sproß des Huzulenvolkes muß frühzeitig den Gebrauch der Schußwaffe vollendet beherrschen. Schon als Kind wurde er, wenn auch noch so viel Gründe und Viehstücke seinen Eltern gehörten, zu Jugendfreunden des Vaters in eine andere Gegend in den Dienst gegeben. Dort blieb er bis zum zwanzigsten Lebensjahre gegen Kleidung und Viehstücke im Dienste und schloß Freundschaft mit seinen neuen Altersgenossen.

Kam er zum Militär, so wurde ein kreuzbraver Mann aus ihm, die Jugend hatte in zwölfjähriger Dienstzeit ausgetobt. Blieb er in der Heimat, dann mußte er gleichfalls zum Gewehre greifen. Es war doch auch für feste Grundsätze zu verlockend, in wildreichen, endlosen Urwäldern monatelang herumzustreifen. Nahrung bot das erlegte Wild, und war Hunger in Aussicht, so ging's zum ›nächsten Nachbarn‹, ein bis zwei Marschtage weit, und der mußte das Gastrecht heilig halten und ausgiebig bewirten. So wickelten sich reichlich zehn Jahre Nomadenleben im kleinen Jägertrupp, ›Wataha‹ genannt, ab.

Kehrten die zum Militär assentierten Altersgenossen des Jäger-Nomaden heim, dann freiten sie ein braunäugiges, schlankes, schönes Mädchen zur Frau und der Jäger-Nomade tat das Gleiche. Es begann die Zeit des ernsten, ruhigen und bodenständigen Viehzüchterlebens – die Jugend hatte ja ausgetobt. Aber das Gewehr ließ er nicht aus. Auch als Wirt ging er der Jagdlust eifrig nach; gibt es doch für den Gebirgsbauern viel übrige Zeit während der fast halbjährigen Vegetationsruhe. Das war die gute alte Zeit, wo das Jagen noch kein Wildern war.

Kosma Zajetz hatte diesen typischen Werdegang seines Volkes auch durchgemacht, er tobte als Jäger aus. Schon als Knabe schoß er den ersten Bären. Das kam so unerwartet. Als Zehnjähriger hütete er unweit des väterlichen Hauses die Schafherde, indem er auf der selbstverfertigten Sopiwka (Flöte) jene schwermütigen, schon von Bodenstedt als die schönsten Volksliederperlen beschriebenen ruthenischen Weisen, welche mit wenigen Akkorden in die hinreißend leidenschaftlichen Tanztakte der ›Kolomyjka‹ übergehen, spielte, als plötzlich eine panikartige Flucht, der ihm anvertrauten hundertköpfigen Schafherde ihn stutzen machte. Instinktiv greift die Rechte des Knaben zum steten Begleiter, dem festen Hackenstocke ›Topiretz‹. Hinter einer uralten Fichte Deckung nehmend, späht das noch kindliche, aber schon gefahrengewohnte Auge nach der Ursache der Flucht seiner Schützlinge. Wären es menschliche Räuber gewesen, er hätte müßig zugesehen; damals aber, wie er selbst erzählte, kam ihm der halb im Gebüsche noch steckende Störenfried als großer fremdartiger Hund vor. Leise schlich er aus der Sehweite davon und lief dann, so schnell ihn seine Füße tragen konnten, ins nahe Haus, riß von der Wand das stets schußbereite alte Steinschloßgewehr seines Vaters herab und eilte wieder dem Walde zu. Als auf den unmittelbar darnach über die Berge dröhnenden Schuß und dessen vielfaches Echo der Vater Kosmas in den Wald eilte, kam ihm der mutige Knabe mit vor Aufregung freudig glänzenden Augen, die noch rauchende überlange Büchse in der einen, den Topiretz in der anderen Hand haltend, entgegen. »Kind, was hast du getan«, frug er ihn streng und doch stolz über das treffliche Blut seines Aeltesten. »Einen Bären habe ich geschossen Vater!« »Mir scheint, du hast mir das schönste Schaf umgebracht?« Als er staunend meinen ersterlegten Recken betrachtete, erzählt Kosma weiter, kam kein Wort des Lobes über seine Lippen. Es war ja dies so selbstverständlich.

Seither war Kosma nicht mehr zu halten, wo Bären ihr Unwesen trieben, ging er hin, und kaum Jüngling geworden, hatte er als achtfacher Bärentöter einen unsterblichen Ruf unter den Huzulen. Wohl traute sich jeder von ihnen an den Bären heran, wenn er ihn auf der Alpe ein Stück seiner Herde reißen sah, doch wenige fanden, wie Kosma, allein jagend, den Bären in einsamen Felsenhöhlen und weglosen Urwäldern. Vom Herzen Ungarns bis in die Bukowiner Tiefebene, von der Tschorahora bis weit nach der Moldau war Kosma Zajetz bekannt. Wo Bären sich unangenehm fühlbar machten, wurde er hingerufen. Und mit jeder neuen Bärentrophäe flehten die erlösten Viehzüchter Gottes Segen für Kosma herab.

So brachte er es mit 75 selbsterlegten Bären zu fast europäischem Rufe, Wölfe, Luchse und sonstiges Raubwild sowie die von ihm ausgemachten, aber von anderen geschossenen Bären zählte er nicht.

Sein letztes Debüt war die von ihm bestätigte schöne und kapitale Bärin, welche Erzherzog Leopold Salvator im Herbst 1909 am Tschomyjdyw bei Schypikameralnyj geschossen hatte.

Im reiferen Mannesalter wurde Kosma Zajetz sehr wortkarg, doch zollte er uneingeschränkte Bewunderung der echten Jägernatur des Erzherzogs Leopold Salvator. In seinem urwüchsigen Naturverstande wob die Phantasie eine Aureole um den obersten Jagdherrn. »Unser Kaiser«, sagte Kosma beim Lagerfeuer, »muß doch der beste Jäger der Welt sein, wenn der Erzherzog ein so vorzüglicher Jäger ist.« Des Kosma Zajetz sehnlichster Wunsch, den Kaiser zu sehen, wurde ihm auf der Jagdausstellung zuteil. Leider begann schon vordem ein tückisches Leiden an seiner bis vor kurzem eisernen Gesundheit zu zehren. Wenige Monate, nachdem er von der Wiener Jagdausstellung in seine Karpathenheimat zurückgekehrt war, verkühlte er sich schwer. In leichter Kleidung lag er, vom eisigen Wintersturme umbraust, auf der Alpe ›Kruhla‹ in seiner Leibeslänge hingestreckt, die ganze Nacht auf Wölfe passend. Endlich gegen Morgen näherte sich ein neungliedriges Rudel seinem Stande, als ganz unvorhergesehen mehrere Leute mit Pferden den uralten, ins Dorf führenden Steig daherkamen. Noch außer Schußweite schwenkten die Wölfe und verschwanden im nahen Walde. Grollend, hob Kosma Zajetz seinen Martinistutzen gegen die friedlich hinziehenden frühen Wanderer, dann schulterte er und ging betrübt in sein an der idyllischen Sarater Klause gelegenes Klausenwächterhäuschen. In langen heißen Fiebernächten phantasierte er nur von seinem geliebten Kaiser, daß er ihm in Tirol eine Oberjägerstelle gegeben hätte. Treu den Traditionen seines Volkes, wurde kein Arzt zu Rate gezogen. Welcher würde denn auch die strapaziöse Tour in diese Karpatenwildnis wagen? Während die kräftige Körperkonstitution die arge Verkühlung überwand, blieb der Geist umnachtet. Zweimal entrann er seiner verzweifelten Gattin und fuhr zum Kaiser, der ihn doch gerufen hätte und schon erwartete. Als man den Ausreißer in Czernowitz abfaßte, konnte er schließlich ärztlich untersucht werden, leider war es schon zu spät. Ein Jahr lang phantasierte er in kindlicher Liebe nur vom Kaiser und der Bärenjagd, bis ihn am 24. Februar d. J. im Alter von 64 ½ Jahren der Tod ereilte.

Ein gewaltiges, nie mehr erstehendes Stück Karpathenromantik ist mit dem Tode des berühmten Bärenjägers Kosma Zajetz für ewig dahingesunken.

Osyp Jurij Fed'kovyč
An den Floßlenker

Flößer, du jugendstarker,
höre mich, Guter!
nimm auf die Wasser mich mit,
trag mich den Sturmlauf des Flusses hinab,
trag mich an's Ende der Welt,
nur immer fort an's Ende der Welt,
von den Menschen, vom Boden hinweg,
wo keine Freude mich hält...
Flößer, du kühner,
höre mein Flehn!
Gern will ich tragen
jede Pein in der Fremde,
will es ertragen,
wenn sie an's Kreuz mich schlagen,
wenn im Busen, dem ruhelosen,
man das Herz mir zerstückt
will - o Flößer,
glaubst du an Gott auch? -
mir den Glauben nur wahren,
bis man auch den mir entreißt
und in die Welt mich stößt,
der Mucke gleich,
die man der Flügel beraubt.
Flößer, mein Freund, Brüderchen,
sieh mich hier stehn,
höre mein Rufen,
nimm mich doch auf!
Opfre, wenn du nicht willst,
den tosenden Wassern mein Leben! ...
Es rauscht der Tscheremosch
und donnert nah und fern,
der Flößer hört es nicht,
das Floß treibt immer weiter,
schon tritt der Mond heraus
und ihm zur Seite,
O Hoffnung süß! der Abendstern.

Mychajlo Kocjubyns'kyj
Auf der Alm

An einem lauen Frühlingsmorgen ging Iwan auf die Alm.

Die Wälder atmeten Frische. Die Gebirgsströme schlugen gegen die Felsen. Freudig schlängelte sich der Pfad zwischen den Lattenzäunen. Iwan fiel es schwer, Maritschka zu verlassen. Doch die Sonne und das allgegenwärtige Grün, das gleichermaßen mit seinen Wipfeln den Himmel zu stützen schien, machten ihm Mut. Leichtfüßig sprang er von Stein zu Stein wie der Bergstrom. Er grüßte die ihm entgegenkommenden Leute, aber auch nur, um seine eigene Stimme zu hören.

»Gelobt sei Jesus Christus!«

»In Ewigkeit. Amen!«

Auf den entlegenen Hügeln befanden sich einsame Huzulengehöfte, kirschrot gebeizt vom Tannenholzrauch. Daneben sah man die Spitzdächer der Schuppen, die mit duftigem Heu gefüllt waren. Der Tscheremosch schlängelte sich argwöhnisch und grau durch das Tal. Unter den Felsen funkelte er mit feindseligem, grünem Licht. Iwan ließ Bergbäche und, finstere Wälder hinter sich. Manchmal hörte er das Läuten einer Kuhglocke. Ein anderes Mal vernahm er, wie ein Eichhörnchen Schuppen von einem Tannenzapfen hinunterstreute. Iwan stieg immer höher. Die Sonne brannte bereits, und der mit Steinen besäte Pfad rieb ihm die Füße wund. Jetzt sah man viel seltener Häuser. Der Tscheremosch zog sich wie ein Silberfaden durch das Tal. Sein Raunen gelangte nicht bis hierher. Die Wälder machten sanften und üppigen Bergwiesen Platz. Wie durch ein Blumenmeer watete Iwan durch die Bergwiesen. Manchmal beugte er sich, um seinen Strohhut mit roten Flechten oder einem Kranz bleicher Kamillen zu schmücken. In den finsteren Schluchten verschwanden die Berghänge. Da entstanden die kalten Bäche; dort hatte noch nie ein Mensch seinen Fuß hingesetzt. Nur der Braunbär - der schreckliche Feind des Viehs, den man den ›Onkel‹ nannte, lebte behaglich dort. Auf Wasserquellen stieß man jetzt seltener. Wenn Iwan aber eine Quelle mit dem eiskalten, kristallklaren Wasser fand, so konnte er sich daran nicht satt trinken. Die Quelle umspülte dann die gelben Wurzeln der Tannen und zog das rege Leben des Waldes dorthin. An eben einer solchen Quelle hatte eine gute Menschenseele einen Topf mit Buttermilch stehenlassen.

Der Pfad führte immer weiter in das Bruchholz, wo nackte, rindenlose Tannen wie Skelette übereinander lagen. Wild und einsam war es auf solchen Waldfriedhöfen, die von Gott und den Menschen vergessen waren, und wo nur die Auerhähne balzten und die Schlangen eine Heimstatt hatten. Dort herrschte Stille, eine außergewöhnliche Ruhe, Strenge und Wehmut. Hinter Iwan ragten bereits die Berge empor. Bläulich schimmerten die Weiten. Ein Adler erhob sich von den hohen Spitzen. Es war, als ob er sie mit seinen ausgebreiteten Schwingen segne. Man spürte den kalten Atem der Alm. Der Himmel wurde immer breiter. Statt der Wälder bedeckten nun Wacholdersträuche und der schwarze Teppich der Latschenkiefern den Boden, die sich um die Füße schlungen. Das Moos kleidete die Felsensteine in grüne Seide. Langsam wurde ein Gipfel nach dem anderen sichtbar. Die Bergketten glichen den Wogen des Meeres. Es schien, als ob diese schäumenden Wogen genau in dem Moment erstarrt waren, da sie der Sturm vom Meeresgrund hob, um sie ans Ufer zu schmettern, um mit ihnen die ganze Welt zu überfluten. Mit ihren dunkelblauen Wolken schienen die Gipfel der Bukowina den Himmel zu stützen. In Bläue hüllten sich die naheliegenden Synyzja, Dsembronja und Bila Kobyla ein. Der Igryz rauchte, der Gowerla stach mit seiner Spitze in den Himmel, und der Tschornogor schien mit seinem schweren Leib die Erde zu drücken.

Die Alm! Iwan stand auf dieser mit fettem Gras bedeckten Bergwiese. Das blaue Meer der wogenden Berge umringte Iwan. Es schien, als bewegten sich diese endlosen blauen Wogen auf ihn zu, um ihm zu Füßen zu fallen.

Der Wind, scharf wie eine Axt, schlug ihm gegen die Brust. Iwans Atem war eins mit dem des Gebirges. Stolz erfüllte ihn. Aus voller Kehle wollte er rufen, damit das Echo von Berg zu Berg rollte, damit das Gipfelmeer zu schwanken beginne. Doch gleich begriff er, daß sich seine Stimme in diesen Weiten verlieren würde. Sie wäre nur noch ein Mückengesumm.

Die Zeit drängte.

Hinter einem Hügel im Tal, wo der Wind nicht so stark wehte, fand er eine Sennhütte, die gänzlich verraucht war. Der Rauchfang hob sich kalt und schwarz von der Wand ab. Die Schafhürden waren leer. Nur die Hirten hantierten dort herum. Sie bereiteten sich ihr Nachtlager, um in der Nähe der Schafe schlafen zu können. Der Oberhirt war mit Feuermachen beschäftigt.

Zwischen den beiden Türpfosten befestigte man einen Stock. Zwei Hirten zogen abwechselnd an einem Riemen. Der Stock drehte sich und knarrte. »Gelobt sei Jesus Christus!« grüßte Iwan.

Er bekam keine Antwort.

Der Stock knarrte weiter, und die zwei Männer zogen an dem Riemen. Jeder zog ihn zu sich. Sie arbeiteten, ohne hochzublicken. Der Stock begann zu rauchen. Bald entsprang ihm ein schwaches Flämmchen. Der Stock brannte nun an beiden Enden. Der Oberhirt nahm den brennenden Stock ehrfurchtsvoll auf und steckte ihn in einen Holzhaufen neben der Tür.

»In Ewigkeit. Amen!« wandte er sich an Iwan.

»Jetzt haben wir lebendiges Feuer. Solange es brennt, können weder Tiere noch böse Geister dem Vieh und auch uns Christen einen Schaden antun...«

Er führte Iwan in die Hütte. Die Hütte wirkte durch die leeren Fäßchen,

Kübel und kahlen Bänke unbewohnt.

»Morgen wird das Vieh hierher getrieben. Gott helfe, daß wir es vollzählig an die Leute zurückgeben«, sagte der Oberhirt. Er wies Iwan in seine Pflichten ein.

In den Worten und Gesten des Oberhirten lag etwas Ruhiges, nahezu Erhabenes.

»Mykola!« rief er in Richtung der Tür. »Mach rasch Feuer in der Hütte!«

Mykola, der Feuer in die Hütte brachte, war schlank, hatte lockiges Haar und ein rundliches, mädchenhaftes Gesicht.

»Was bist du? Ein Schäfer?« fragte Iwan interessiert.

»Nein, ich bin der Feuerwart«, sagte Mykola lächelnd. »Meine Aufgabe ist es, das Lagerfeuer zu bewachen, damit es über den Sommer nicht erlischt, denn sonst haben wir es schwer!« Angstvoll blickte er nach allen Seiten. »Ich muß noch Wasser von der Quelle holen und Brennholz aus dem Walde herbeischaffen.«

Inzwischen loderte das Lagerfeuer auf der Alm.

Mit einer würdevollen Geste, wie ein heidnischer Opferpriester, warf der Oberhirt trockene Tannenzweige und grüne Tannennadeln in das Feuer. Hellblauer Rauch stieg leicht in die Höhe. Vom Wind ergriffen, fing er sich an den Felsen, umlagerte den schwarzen Waldstreifen und zog sich über die weiten blauen Berghänge. Mit dem sorgsam zu hütenden lebendigen Feuer zog das Leben auf der Alm ein. Das Feuer sollte sie vor allem Bösen beschützen. Als ob das Feuer diese Aufgabe verstanden hätte, reckte es sich, stolz wie eine Schlange, empor und atmete mit immer neuen Rauchschwaden...

Vier kräftige Schäferhunde lagen im Gras und blickten versonnen auf die Berge, jeden Moment bereit, aufzuspringen, die Zähne zu fletschen und das Fell zu sträuben.

Der Tag ging bereits zur Neige. Die Berge zogen ihre hellblaue Tracht aus und legten ein rosafarbenes, von Gold durchwirktes Meßgewand an.

Mykola lud zum Abendbrot ein.

Alle Hirten kamen in die Hütte und ließen sich beim Feuer nieder, um ihren ersten dicken Maisbrei auf der Alm zu genießen.

Ach, die Alm ist schön im Frühling, heiter und versonnen, wenn auf sie aus jedem Dorfe Schafe weiden kommen!

Der große Oberhirt, gleichermaßen der gute Geist der Alm, geht mit einer Fackel um das Schafgehege herum. Sein Gesicht ist ernst, wie das eines Opferpriesters. Er schreitet weit und fest aus, und der Rauch des Holzscheites flattert hinter ihm her wie ein geflügelter Drache. Dort, am Gatter, wo die Pforte ist, durch die die Schafe kommen sollen, wirft der Oberhirt das brennende Scheit zur Seite und lauscht. Er hört das Nahen der Herde nicht nur mit den

Ohren, sondern auch mit dem Herzen. Er hört, wie aus den fernen Tälern, in denen Flüsse brodeln und ihren Ufern reißen, aus den fernen Ortschaften auf den Ruf des Frühlings eine lebendige Woge Viehs, unter dessen Füßen die Erde freudig atmet, über die Wiesen rollt. Er spürt den fernen Atem der Schafherde, das Muhen der Kühe und kaum vernehmbare Lieder. Als dann endlich Menschen auftauchten und die langen, von der Sonne vergoldeten Trembiten erklingen ließen, um die Alm inmitten der blauen Gipfel zu begrüßen, als die blöckende Schafherde sich in die Gehege drängte, fiel der Oberhirt auf die Knie und streckte seine Arme in den Himmel. Die Schäfer und die Leute, die das Vieh trieben, knieten zum Gebet nieder. Sie baten Gott, daß er den Schafen ein feuriges Herz verleihe, so heiß wie das Feuer, über welches sie schritten, und daß der barmherzige Herrgott die Schafherde der wahren Christen beim Weiden und Tränken vor jeglichem Unglück, sei es ein Raubtier oder nur ein böser Zufall, schützen möge. Hat Gott geholfen, das Vieh zu einer Herde zu sammeln, so möge er auch helfen, es allen Leuten heil zurückzugeben...

Der Himmel war geschmeichelt, von diesem reinherzigen Gebet, wohlwollend schaute der Beskid drein und der Wind kämmte das Gras auf der Alm, so sorgsam, wie eine Mutter den Kopf ihres Kindes...

Schon den dritten Tag geht über der Weide ein feiner Nieselregen hernieder. Die Gipfel haben sich in Rauch gehüllt, der Himmel hat sich bewölkt, und die Berge sind in grauem Nebel verschwunden. Die Schafe bewegten sich kaum, ihre Vliese waren schwer, vollgesogen mit Wasser wie Schwämme. Die Kleider der Hirten waren naß und kalt und steif geworden. Ein bißchen wohlig fühlte man sich nur in der Hütte, wo die Schafe gemolken wurden.

Iwan lehnt sich im Sitzen an ein Brett und hält zwischen seinen Beinen einen hölzernen Melkeimer. Neben ihm sitzt ein Ziegenhirt mit schwarzen, zerzausten Haaren. Jedem seiner Worte läßt er einen Fluch folgen. Weiter weg sitzen andere Schafhirten. Ungeduldige Schafe, mit Eutern, schwer von Milch, drängen sich aus dem Gehege in die Melkhütte, um schneller gemolken zu werden.

»Wartet, ihr Armen, so geht es nicht! Immer schön der Reihe nach!«

»Los! Los!« ruft hinten zornig der Treiber in das Geblöke der Schafe hinein und peitscht mit der nassen Rute.

»Los! Los!« muntern die Hirten die Schafe auf und machen die Öffnung frei, durch die die Schafe in die Melkhütte stürzen.

»Ach, daß dich der ...«, flucht der Ziegenhirt, ohne seinen Fluch zu Ende zu bringen: in solcher Stunde soll man lieber nicht den Wolf aus dem Walde rufen!

Mit geübtem Griff packt Iwan das Schaf am Rücken und zieht es rückwärts zum Melkeimer. Willig steht das Schaf da und spreizt plump seine Beine. Ach, wie dumm es ist! Steht da und hört, wie die Milch in den Melkeimer fließt.

»Los!« peitscht der Treiber hinten.

»Los! Los!« rufen ihrerseits die Hirten. Die Schafe, die schon gemolken sind, fallen wie betäubt im Gehege auf das Gestein. Sie legen den Kopf auf die Beinchen und blecken die nackten, greisenhaften Lippen.

»Los! Los!« Iwans Hände kneten ununterbrochen die warmen Schafseuter; über seine Hände rinnt Schafsmilch, die nach Fett riecht, und läßt aus dem Melkeimer süßen, öligen Duft aufsteigen.

»Los! Los!«

Wie närrisch springen die Schafe hinein, spreizen ihre Beine über den Melkeimern, und zehn Hirtenhände kneten die warmen Euter. Kläglich blökt die vom Regen durchnäßte Schafherde beiderseits der Melkhütte, ins Gehege fallen entkräftete Schafe. Die dicke Milch klingelt förmlich im Melkeimer und fließt im warmen Strom sogar über die Ärmel.

»Los! Los!«

Der Ziegenhirt lächelt seinen Ziegen nur mit den Augen zu. Sie sind ganz anders als die Schäfchen, sie haben ein viel feurigeres Herz. Sie fallen nicht halbtot nieder wie die schwachen Schafe, sondern stehen fest auf ihren dünnen Beinen. Neugierig erheben sie die Hörner und blicken in den Nebel, als ob sie dort etwas sehen und ihre spärlichen Bärtchen zittern munter...

Die Schafgehege stehen leer. Stille und Öde ringsum. Vielleicht gibt es irgendwo in den tiefen Tälern, dort, wo die, Berge ihren Ursprung nehmen, noch Lachen und Stimmen. Doch daran ist kaum zu glauben. Hier, auf der Alm, wo der Himmel die menschenleeren Weiten bedeckt, die einsam, nur für sich leben, herrscht ewige Stille.

Nur in der Hütte knistert ein Feuer, das nicht erlöschen will, und schickt seinen blauen Rauch auf die Reise. Die gemolkene Milch ruht gewichtig im hölzernen Gefäß, über welches sich der Oberhirt jetzt beugt. Er hat alles für die Käsebereitung hergerichtet. Von den hoch angebrachten Brettern, wo große, runde Käselaibe trocknen, weht der Wind auf den Oberhirten herab; doch auch er kann den Geruch von Kohle, Käse und Schaffellen nicht aus der Hütte vertreiben; auch der Oberhirt riecht so. Neue Zuber und Fäßchen warten stumm in der Ecke. Man braucht aber nur daran zu klopfen, um ihre Stimme zu hören. Die kalte Molke blinkt mit ihren grünen Augen im Zuber. Der Oberhirt hat sich inmitten dieses Hausrates niedergelassen und gleicht einem Vater in Gesellschaft seiner Kinder. Alles, was es hier gibt, die schwarzen Holzbänke und Wände, das Feuer und der Rauch, die Zuber und Fäßchen, ist ihm ganz vertraut, denn alles haben seine warmen Hände hundertmal berührt.

Die Milch wird bereits dick. Doch ist, wie man so sagt, ihre Zeit noch nicht gekommen. So holt der Oberhirt ein an seinem Gürtel befestigtes Bündel Holzklötzchen hervor und beginnt zu zählen. Diese Holzklötzchen sind ein hölzernes Buch; in dessen Seiten eingeritzt ist, wieviel Schafe wem gehören. Der Kummer drückt ihm Falten in die Stirn. Beharrlich zählt er... »Mossijtschuk hat vierzehn Schafe, folglich muß er...«

Draußen hört man die Stimme des Feuerwartes:

Schäflein liebes, krumme Hörner, Wenn du'n Widder fragst,
Soll der Widder dir Heu bringen, das du, Schäflein, magst.

»Der hört ja überhaupt nicht mehr auf!« ruft der Oberhirt zornig und beginnt von neuem zu zählen.

Weiß man nicht, du Schäflein liebes, was es gibt für'n Winter,
Ob du kehrst heil von den Almen nach Hause wieder?

Der Feuerwart hat das Lied noch im Vorraum zu Ende gesungen und betritt nun die Hütte.

Er beugt sich über das Feuer, selber schwarz von Ruß, und läßt seine weißen Zähne blitzen. Das Feuer knistert still vor sich hin.

Die Milch im Zuber beginnt sich gelblich zu färben und einzudicken. Der Oberhirt beugt sich darüber. Er wirkt sehr ernst, ja beinahe streng. Bedächtig krempelt er seine Ärmel hoch. Bis zum Ellenbogen verschwinden seine nakkten, behaarten Arme in dem Zuber. So verharrt er bewegungslos...

Jetzt muß es ganz still sein in der Hütte. Die Tür ist verschlossen, und sogar der Feuerwart darf es nicht wagen, die Milch zu blicken, und zwar so lange nicht, wie der Oberhirt dort mit seinen Zaubereien am Werke ist. Alles verharrt in stummer Erwartung. Die Fäßchen verhalten noch ihre Stimmen. Sogar die Käselaibe auf den Brettern scheinen sich zu verstecken. Die geschwärzten Wände und Bänke sind eingeschlafen. Das Feuer wagt kaum noch zu atmen, und sogar der Rauch entschläft sacht und schamhaft durch das Fenster. Nur an dem leichten Hervortreten der Sehnen an den Armen des Oberhirten kann man erkennen, daß sich auf dem Boden des Zubers irgendetwas tun muß. Die Arme geraten in Bewegung: sie heben und senken sich, runden die Ellenbogen; die Hände scheinen etwas Rundes zu formen, dann plätschert es wieder, sie schlagen und streicheln etwas. Und plötzlich taucht aus der Tiefe des Gefäßes, aus der Milch ein runder Käselaib auf, wie durch einen Wunder geboren. Der Käselaib wächst, zeigt seine runden, dann seine flachen Seiten und badet im weißen Bade, selbst ganz weiß und geschmeidig. Als ihn der Oberhirt herausnimmt, tropft das grünliche Fruchtwasser mit feinem Klang in den Zuber.

Erleichtert seufzt der Oberhirt auf. Jetzt darf auch der Feuerwart hinschauen. Dem Oberhirten ist ein herrlicher Käse gelungen, ihm zur Freude, den Leuten zur Sättigung.

Die Tür wird aufgerissen. Der Wind weht von den Brettern unterm Dach herab. Die Flammen des Feuers belecken voller Freude den schwarzen Kessel, in dem die Molke ihr Liedchen singt. Inmitten von Rauch und Feuer blitzen die Zähne des Feuerwartes... Als die Sonne sich zum Abend neigt, nimmt der Oberhirt die Trembita und verläßt die Hütte. Nun ertönt in den öden Bergen der triumphierende Ruf der Trembita, der verkündet, daß wieder ein Tag rechtschaffen zu Ende gegangen, der Maisbrei fertig ist und die Melkhütten auf neue Milch warten...

Hnat Chotkevyč
Bei den Opryschken

Die Opryschken begrüßten Marussja und Marussjak wie ein Fürstenpaar. Sie entfachten ein Pistolengeknall, daß sich die leuchtenden Hochalmen mit Qualm bedeckten. Die Freude schäumte über alle Ufer.

Zum Mittagessen setzten sie sich alle um einen großen Stein. Sie kochten Fleisch, fischten das Fellhaar mit den Fingern heraus, schnitten dicke Scheiben Schinkenspeck und knüppelharte Würste auf, legten mehrere Käsesorten auf große Blätter, rührten einen Maisbrei an - kurz: sie bereiteten einen Schmaus wie zur Kirchweih.

Die ausgehungerte Marussja aß wie nie zuvor. Alles kam ihr unglaublich schmackhaft vor, die Opryschken forderten sie höflich zum Essen auf, wie adlige Kavaliere. Und ließ sie den Blick in die Runde schweifen, raubte es ihr den Atem. Bläue, nichts als Bläue - Gipfel an Gipfel standen da wie erstarrte blaue Wellen, und darüberhin zogen verirrte Wolkenschatten. Ein halbdurchsichtiger Schleier hatte die ferne Howerla überzogen, die gedankenvoll aus ihm hervorragte. Grell leuchteten in der Sonne die ›Rippen‹ der Schpyzi-Höhen, und etwas weiter entfernt nahm sich der massive Pip Iwan wie ein erstarrtes Riesentier aus.

Um den Stein herum der prächtigwilde Garten bunt gekleideter Menschen. Hellrote Tuchjacken, kunstvoll gemusterte Pelzwesten, mit Messingplättchen beschlagene Riemen, Hüte mit metalldurchwirkten Bändern und farbigen Auerhahn- und Pfauenfedern geschmückt, Pistolen und Büchsen, die im Binsengras liegen. Etwas abseits ein Haufen Reitsäcke, weidende Pferde, am Lagerfeuer fröhliche Ausrufe, weithin rollendes Lachen. Über diesem seltsamen, buntfarbenen Bild zieht hoch unter der Sonne ein Adler seine Bahn; nur selten dringt sein Ruf aus den weiten Himmelsräumen. Es ist wie im Märchen. Marussja möchte sich die Augen reiben, ob es Wirklichkeit oder ein phantastischer Traum ist. Mit kräftigen Armen preßt der Räuber sie an sich, mit der anderen hebt er ein Glas Schnaps an die Lippen.

»Trink, Marussja, er ist süß.«

Sie wehrt sich mit den Armen. »Ich mag nicht. Ich mag nicht. Ich trinke nie. Hab noch nie getrunken.«

»Was macht's, daß du noch nie getrunken hast? Du warst noch nie auf einer Hochweide, und jetzt bist du oben. Trink! So ist nun mal unser Burschenleben!«

Er beugt sich nach rückwärts und gießt ihr das stinkende Zeug zwischen die Zähne. Es verbrennt ihr die Zunge, sie bekommt keine Luft, muß es jedoch herunterschlucken.

Unter lautem Lachen der Männer sitzt sie einige Augenblicke wie erstarrt mit geöffnetem Mund und aufgerissenen Augen, ohne zu atmen.

»Schau nur, schau, wie eine Forelle!«

»Jetzt kannst du ihr ein Schnippchen vor der Nase schlagen, sie wird es nicht sehen.«

»Iß nur rasch etwas nach, Marussja. Hier hast du Wurst«, und sie drücken ihr in die Finger schwarze Wurst, die wie ein verkohlter Knüppel aussieht und vielleicht vor fünf Jahren geräuchert worden ist. Sie hacken die Wurst mit einer Axt auf einem Holzklotz.

Die Männer konnten sich lange nicht beruhigen, so komisch kam ihnen Marussjas Trinken vor. Bald witzelte der, bald warf ihr jener ein lustiges Wort zu.

»Schau nur, was dieses herrschaftliche Wesen taugt. Unser Frauenvolk gießt den Schnaps in sich hinein und verzieht nicht einmal das Gesicht.«

»Manchmal besser als die Männer.«

»Nicht wahr? Wißt ihr noch, als ich eine Buhle aus Pidscharytsch hatte? Das sag ich euch Brüder...«

Marussja schwirrte der Kopf, sie hatte das Verlangen laut zu lachen und sich hinzuwerfen. Alle Burschen erschienen ihr so lustig und ausgelassen, sie hätte sich gern mit ihnen im Grase gewälzt und herumgebalgt.

Die Opryschken wären auch selbst nicht abgeneigt gewesen, doch kam keiner von ihnen auf diesen Gedanken. Die Sonne erhitzte sie, der Schnaps, das Essen ließen das Blut aufwallen, und die Phantasie beflügelte nur ihre Wünsche. Die Gegenwart einer Frau reizte sie, brachte sie aus dem Gleichgewicht, man wollte irgend etwas ganz Besonderes anstellen, das alle erstaunen würde. Sie schlugen sich gegenseitig kräftig auf die Schultern, wobei sie stets »Brüderchen« sagten, und hänselten Marussja, die tapfer zurückgab und Tränen lachte.

»Weshalb trägst du herrschaftliche Kleidung? Das paßt doch nicht hierher.«

Wirklich, es paßte nicht hierher. In dieser farbenfreudigen Menge, wo jede Linie, jede Bewegung, jeder Farbton schreiend lebhaft war, wo alles flatterte, klirrte und tönte, da erschien ihre in ein einfaches bürgerliches Kleid gehüllte Gestalt wie ein grauer Fleck, der sich im Wald dieser kräftigen Rücken, klafterbreiten Schultern und spatengroßen Handflächen schier verlor. Marussjak sprang auf.

»Hejha, ihr Burschen und Gefährten, hat nicht irgendeiner von euch Frauenkleidung in seinen Reitsäcken? Ich würde es gut bezahlen.«

Die Opryschken sprangen lachend auf zu ihren Säcken. Sie schnürten sie auf, kramten darin und zogen verschiedene Kleidungsstücke heraus. Bald stand vor Marussja ein ganzer Haufen von dem Zeug, das die Opryschken für ihre Buhlen aufbewahrt hatten. Dabei gab es so viel Glasperlen, daß man sich von Kopf bis Fuß hätte damit umhängen können.

Marussja steckte die Arme bis über die Ellbogen in diesen Reichtum und lachte. Die Glasperlen klirrten mit leichtem, hellem Getön, alles war ausgelassen, die Räuber, die Sonne, und sogar die nachdenkliche Howerla am Horizont schien zu lächeln.

»Nun rasch, leg unsere Tracht an.«

»Wo soll ich mich hier umziehen? Doch nicht vor euch?«

»Warum nicht? Wir fürchten uns nicht, haben schon etliche Male im Leben Ähnliches gesehen.«

»Zieh dich hier um, kannst dich sowieso nirgends verstecken.«

Marussja schaute sich um. Wirklich, nirgendwo war eine geschützte Stelle. Soweit das Auge reichte, eine glatte von der Sonne verbrannte Fläche. Man konnte sich bis auf zwanzig Ruten entfernen und blieb trotzdem sichtbar.

Dmytro folgte mit den Augen Marussjas Blick und antwortete ihrem Gedanken lächelnd: »Wir suchen uns schon eine solche Stelle aus, daß man zu uns nicht so leicht gelangen kann. Zieh dich nur um und fürchte dich nicht, es wird dich keiner auffressen.«

In Marussjas Kopf rauschte es. Mit einem herausfordernden Lachen knöpfte sie ihr Kleid auf und warf es ab. Als ihr Rock zu Boden glitt und sie mit zwei Schritten herausstieg und nur im Hemd dastand, ging ein Raunen durch die Männerschar. Beschämt und doch mit dem Gefühl eines Stolzes über dieses unwillkürliche Lob, stand sie eine Weile zaudernd da, die biegsame Gestalt vor dem Hintergrund des blauen Himmels emporstreckend, als ergötze sie sich an sich selbst und erlaube es den anderen zu tun. Dann beugte sie sich schamhaft nieder und wollte sich rasch ankleiden.

»Wart nur, wirf noch das Hemd ab...«

»Bist du wahnsinnig?«

»Weshalb nicht? Ist doch schon gleich...«

Marussja riß einen gewebten Rockteil an sich und begann sich eilig anzukleiden, doch es war nur ein Rockteil unter dem Zeug da, das passende Vorderteil konnte sie nicht finden. Marussja fühlte sich entsetzlich in dem hinteren Rockteil, ihr schien, als sei sie völlig ausgezogen.

»Gebt mir etwas statt einer Schürze.«

»Auch so siehst du gut aus.«

»Warum kann unser Frauenvolk zuweilen ohne Vorderrock herumlaufen?«

»Eure Frauen können's, ich kann es nicht.«

»Sie ist ja Pfarrerin!«

Marussja legte sich den eigenen Rock auf die Knie und saß die ganze Zeit unbeweglich.

Sie schlief diese Nacht wie erschlagen. Der Opryschke hatte das Nachtlager in einer Höhle ausgelegt, zog sie dort hinein und legte sie in völliger Finsternis auf Felle hin. Er selber kroch noch einmal hinaus, deckte den Eingang mit

Zweigen zu und kam zurück.

Drinnen wurde es warm. Der Fellgeruch verstopfte die Nase wie ein Pfropfen. Es war eng und angenehm.

Marussja erwachte in völliger Finsternis. Erst konnte sie nicht begreifen, wieso es dunkel im Zimmer war und weshalb Pfarrer Wassyl neben ihr lag. Dann begriff sie, erinnerte sich... Aber sie wollte weder denken noch überlegen. Sie erhob sich, um Dmytro nicht zu wecken, doch der Opryschke schlief nur leicht.

»Ha? Was? Wer ist's?«

»Schlaf, schlaf, Dmytro. Ich gehe ein bißchen raus.«

»Leg dich hin. Wozu hinausgehen. Leg dich hin.«

Er faßte ihre Hand und schlief so ein. Marussja wartete eine Weile, befreite ihre Hand und kroch aus der Höhle hinaus.

Die Sonne ging gerade auf. Auf den in nächtlicher Kühle erstarrten Höhen wallten wie ein weißes Meer Gebirgsnebel, während die fernen Gipfel bereits rosig schimmerten und an Röte zunahmen. Wie dunkelgrüne Flecken hatten sich die Zwergkiefern launisch auf den Hängen ausgebreitet, das zwischen dem hohen Gras verlorene Gestein nahm sich bläulich aus, und es schien sich ein unsichtbarer Dunst von der Erde zu erheben, der alles mit sich tragen wollte.

Marussja stand betroffen da. Sie hatte bereits Sonnenaufgänge im Gebirge erlebt, doch nicht von solcher Höhe, von wo sie dieses Meer von Schluchten und Gipfeln übersehen konnte. Verzückt streckte sie sich der Sonne entgegen, die allmählich die Hochweide mit ihrer goldenen Flut überströmte.

Ein Schuß erschallte und rollte in hundertfachem Echo über alle Höhen. Wie die Ameisen krochen im Nu die verschreckten Opryschken aus ihren Schlupfwinkeln. Die Sonne blendete sie, sie kniffen die Augen zu und schauten sich beunruhigt nach allen Seiten um.

Ein Riese stand auf der Asche des gestrigen Lagerfeuers und lachte laut. Und sein lautes Lachen prallte genau so wie der Schuß vorhin gegen die Rippen der Gipfel, nahm an Stärke zu und dröhnte wie das Lachen eines lustigen Gottes.

»Der Teufel kotze solche Opryschken aus! Käme ich mit einer Rotte, hätte ich euch alle festgenommen. Wie Küken würde ich euch einfangen.«

»Jurko!«

»Der Sorglose Kopf!«

»Was führt dich hierher?«

Doch Jurko war in Fahrt und schrie das Seine: »Das sind mir Opryschken! Das sind mir Kerle! Das sind mir die ›Schwarzen Burschen‹, die Nachfahren des berühmten Dowbusch!«

Bojtschuk, einer der ältesten Opryschken, küßte sich mit Jurko. »Hej-ha,

Bruder, was bist du alt geworden. Nicht wie ich, der immer jünger wird. Sei uns nicht gram, daß wir keine Wachen aufstellten. Wir hatten gestern Hochzeit.«

»Hej-ha, was für eine Hochzeit?«

»Unser Hauptmann ließ sich mit dieser jungen Frau trauen. Ich war ihr Pope, Pelech war Vorsänger, Kudil Küster, Makohin Brautführer, der Rest waren Gäste. Das war eine Hochzeit, sag ich dir, auch ich möchte so heiraten.«

Marussja wußte nicht, wie sie sich verhalten sollte. Heute hatte sie Hemmungen.

Dmytro nährte sich. Er faßte Jurko um den Rücken und wollte ihn zu Boden werfen. »Was erschrickst du mir die Burschen, du Strolch? Wer will mir da die Burschen schrecken?« Er warf ihn zur Seite.

Doch Jurko stand da, die Beine fest in den Boden gestemmt, als wären sie zwei eingehauene Baumklötze.

Die Opryschken lachten laut. »Hej-ha! Man muß noch eine Menge Maisfladen essen, um diesen Jurko umwerfen zu können.«

»Das ist mir ein Jurko! Wo hat er nur seine Kraft her?«

Marussjak ließ schließlich von Jurko ab. »Ich kämpfe ja nicht... ist ja alles nur Spaß...«

»Du versuch's aber richtig. Nun los, versuch's mal«, lachte Jurko.

»Später, bei anderer Gelegenheit...«

Über Jurkos Kraft waren Legenden bei den Huzulen im Umlauf. Dabei war jeder der Opryschken ein ganzer Kerl, doch keiner hätte es gewagt, mit Jurko anzubändeln. So trug er seine nichtgemessene, nichtgewogene Kraft mit sich, still und unmerklich.

Doch Jurko war, trotz seines schreckenerregenden Aussehens, ein äußerst sanfter Mensch. Er hegte nicht viele Gedanken, doch die wenigen, die ihm durch den Sinn gingen, erlaubten es ihm nicht, seine Kraft willkürlich zu gebrauchen.

Zu allererst suchte Jurko die Wahrheit. Vielleicht sah diese Wahrheit nicht ganz so aus wie bei den anderen Menschen, vielleicht hätten die Menschen gegen diese Wahrheit ganz gerne aufbegehrt, doch davon wurde das Pflichtbewußtsein vor ihren Gesetzen für Jurko nicht geringer. Wenn er einmal befunden hatte, daß diese oder jene Erscheinung des Lebens Wahrheit oder Unwahrheit war, handelte er nur nach den Geboten seiner Gesetzestafel und nahm auf nichts und niemanden Rücksicht.

Das machte ihn unbegreiflich, für alle. Dies ging so weit, daß eigentlich keiner wußte, was Jurko in Wirklichkeit war. Die Opryschken betrachteten ihn als ihren Mann, denn er war wirklich in allen Rotten mitgewesen, erinnerte sich noch an die Kämpfe der »alten Zeiten«, war noch mit den Augenzeugen der Heldentaten von Olexa Dowbusch auf Freibeute gezogen. Doch eines schönen Tages erwachten die Opryschken, und er war nicht mehr unter ihnen. Er verschwand. Er verschwand genau so unerwartet, wie er wieder auftauchte, lange Zeit hörte man nichts von ihm, bis eines Tages die Kunde kam, daß man Jurko da und dort gesehen habe. Schon hatte er irgendwo die Stelle eines Oberhirten angenommen - seine liebste Beschäftigung. Er war ein Oberhirte, wie man seinesgleichen in den Bergen nicht fand. Äußerte er einmal den Wunsch, jemandes Vieh auf den Hochalmen zu weiden, dann konnte er sich der Angebote nicht erwehren. Doch er hatte dabei seinen eigenen Geschmack und zog nicht die Leute, mit denen er zu tun haben würde, in Betracht, sondern einzig die Hochweide. Neigte sich der Sommer seinem Ende zu, gab er sein Vieh ab, nahm von den Leuten dankbaren Abschied und erhob sich auf der Stelle, um weiterzuziehen.

»Jurko, hast du's bei mir schlecht, schmeckt dir das Essen nicht, zuviel Arbeit, zuwenig Lohn?«

»Wieso? Ich hatte es gut bei Euch, aber ich bin's leid und gehe fort. Ich komme schon wieder, wenn ich nicht verrecke.«

Dann brach er auf. Er kehrte nie mehr auf ein und dieselbe Stelle zurück. Bald verdingte er sich zu schwerster Arbeit und schien die Berge umstürzen zu wollen, bald lag er einen halben Winter in irgendeiner Höhle, einem Bärenbau und paffte seine uralte unvermeidliche Pfeife. Dabei qualmte er wie ein Schlot und spuckte unentwegt. Hatte er irgendwo eine halbe Stunde gesessen - und war es zufällig eine Stube gewesen -, dann ließ er einen kleinen See zurück.

Er tauchte dort auf, wo man ihn am wenigsten erwartete, wie beispielsweise an diesem Tage hier, und er kam nie dorthin, wo man ungeduldig seiner harrte. Er wollte keine Macht über sich anerkennen und konnte die Menschen nicht begreifen, die es taten; jeder, der einen Funken Macht in seinen Händen besaß, war bereits sein persönlicher Feind.

»Hej, fände ich eine Fichte, an der ich alle Bürgermeister aufhängen könnte«, hörte man ihn zuweilen laut ausrufen. Doch überall, wohin er kam, war er ein gerngesehener Gast, überall war man seines Kommens froh.

So freuten sich auch die Opryschken über ihn. Sie steckten ihm ihre Fäuste in die Rippen, klopften ihm auf die Schultern und sprachen ihm freundlich zu: »Setz dich, Jurko, willst du was essen?«

»Was werdet ihr mir vorsetzen?«

Abends, als sie sich alle bis zur Übelkeit sattgegessen hatten, entfachten sie ein Riesenfeuer, warfen ganze Fichten darauf, setzten sich rundum und verlangten Geschichten von ihm.

Jurko verstand zu erzählen wie keiner sonst! Dafür war er in der ganzen Umgegend bekannt. Doch sein bestes Repertoire bezog sich auf den berühmten Opryschken Dowbusch. Dowbusch, der Ruhm der ganzen Opryschken-Bewegung und des Huzulenlandes. Dowbusch, das Ideal der jungen Männer, der unsterbliche Held, den jeder der schwarzen Burschen nachzuahmen sich bemühte, dieser Dowbusch erwachte zum Leben in Jurkos Erzählungen - mit seiner ganzen Schönheit, seinen ritterlichen Eigenschaften und unzähligen tollkühnen Abenteuern. Jeder Huzule kannte das Leben des Dowbusch wie sein eigenes, jeder hätte es erzählen können; trotzdem hörte er sich immer wieder diese Geschichte an, ohne es leid zu werden. Denn Dowbusch war kein einzelner Held mehr, Dowbusch, das war das Huzulenvolk selbst.

Alle umringten Jurko. Für Marussja warfen sie einen Haufen Felle, Reitsäcke und Pelzwesten zusammen, als errichteten sie einer Königin einen Thron. Sie fühlte sich auch wirklich als Königin dieses unbändigen Haufens. Zuweilen schien ihr, sie brauchte nur auszurufen: »Hej, geht mit den Waffen aufeinander los!« und Gefährte stürzte sich auf den Gefährten und Blut würde fließen.

Einen riesigen Haufen Zweige warf der diensthabende Opryschke aufs Feuer. Für eine Weile erstarb es, um erneut mit lautem Knistern aufzulodern, und erhellte weit in die Runde die Hochebene, streckte seine hellen Schwerter in den entfernten Wald, schreckte die lauernden Raubtiere.

Jurko begann seine Erzählungen.

Zunächst sprach er von verschiedenen Himmelszeichen, die sich angeblich vor Dowbuschs Geburt gezeigt haben sollen, von der Unruhe aller bösen Fürsten und Geister, von der Freude der einfachen Menschen, daß ihnen ein Führer und Volksfürst geboren wurde. Er berichtete von seinem viel gerühmten Beginn, dem Segen, den er für die geplagten Menschen, und der Strafe, die er für die adligen Peiniger brachte, von der großen Sehnsucht des Dowbusch und seinem seltsamen Tod durch den ewigen Feind des Mannes - das Weib. Von den unzähligen Dowbuschschätzen, den Berghöhen voller Gold, zerstreut im ganzen Huzulenland, die - sollten sie geöffnet werden - den Wert der ganzen Welt aufwiegen könnten...

Lange schon war das Feuer erloschen, die Sterne waren verblaßt, der Himmel schimmerte bereits bläulich, und noch immer lauschten die Männer, ihre Augen unbeweglich in einen Punkt versenkt, gedankenverloren, und eines jeden Herz schlug anders zur Antwort.

Als buntfarbene Kette war eben ihre eigene Lebensgeschichte vor ihnen vorbeigezogen, doch ein ideales Leben, an das sie nie heranreifen würden, sie, die kein »goldenes Haar« und kein »goldenes Gewissen« besaßen. Jeder von ihnen dachte an Dowbusch, jeder wollte ihm ähnlich sein, doch das Leben führte sie in eine ganz andere Richtung.

Die Geschichte war zu Ende, und keiner wußte, was beginnen. Sich schlafen legen oder wieder das Feuer entfachen, Frühstück bereiten und den Tag beginnen.

Marussja war tief bewegt. Sie erhob sich, wickelte sich fest in einen Tuchumhang und entfernte sich. Weit fort ... Niemand hielt sie auf, alle waren voller Gedanken und still.

Sie stand vor einem Abgrund. Endlos erstreckte sich vor ihren Augen der weite Raum in den beginnenden Tag. Einst mußte hier ein steinernes Meer gewesen sein. Die zerklüfteten Wellen dröhnten wohl bis an den Himmel und erstarrten dann auf jemandes zorniges Geheiß – und so stehen sie bis heute in angespannter Stille und warten, daß sich auf ein zweites Wort das steinerne Meer erneut in freiem Wellenschlag erhebt.

Nun ragen dort die erstarrten Gipfel, fern und blauschimmernd; in ihren Tiefen bergen sie die gewaltige Geschichte ihrer Feuergeburt, ihres Todes, jahrtausendealter Menschenleere ... die Geschichte vom Auftauchen des ersten Menschen hier mit seinem tierischen Trieb, zu töten, und seinem Blutdurst ... Nackt raste er hier über diese kahlen Höhen, vergoß Blut von Tieren und Tiermenschen, heulte vor Hunger, malte seinen zottigen Kopf auf der roten Scheibe der Sonne, verschwand, kehrte wieder zurück, um erneut für Jahrtausende zu verschwinden.

Die Winde brachten in Staubkörnern Erde heran, säten sie auf die Steine, andere feindliche Winde wehten diese Staubhäufchen wieder fort, tosten und trugen sie bis unter die Wolken. So kämpften die Winde, sich bald vereinend, bald entzweiend; in Frieden und Feindschaft säten sie Samen in die Felsspalten, wo dann die erste Fichte erstand. Langsam bedeckten sich die nackten Rippen mit dunkelgrünen Fichten, in bösen herbstlichen Nächten stürzten die Bäume, von Blitzen gefällt, in die Tiefe, stürzten in bodenlose Abgründe, die alles schluckten: das Wasser, die Erde, den Stein; sie würden die ganze Welt verschlucken, die unersättlichen! Wieder grinste der nackte Fels und höhnte den Himmel, wieder begannen die Winde ihre eintönige Arbeit. Und so tausendmal.

Die Erde indes altert, altert... Vielleicht ist es bald zu Ende? Ach nein, noch lange nicht! Noch hat der Mensch die Berge nicht von der Stelle gerückt, hat ihre urewige Stille nicht gestört, noch ist er nicht in die Tiefe gedrungen und hat kein neues, kostbares Metall zu Tage gefördert. Auf den endlosen Almhöhen weidet nun der Huzule mit seinem Vieh die Gräser ab, er sprengt das Innere der Berge nicht, er kehrt ihre Wurzeln nicht nach oben.

Die Gipfel schlafen noch in ihrem durchsichtigen, bläulichen Schleier, sie warten... warten, bis das Huzulenvolk ausstirbt und an seine Stelle neue, nicht mit Opanken beschuhte Menschen kommen, hier seltsame Bauwerke errichten, Brücken über die Schluchten schlagen, um sich von einer Höhe zur anderen zu besuchen.

Doch wann wird das sein? Marussja steht in stummer Anbetung, vom fernen Lager der Opryschken dringen Brocken kaum vernehmbarer Lieder herüber. Sie erzählen immer noch von ihm, dem vielgerühmten, unvergeßlichen

Helden des Huzulenlandes - von Olexa Dowbusch.

Strophe reiht sich an Strophe, erzählt in schlichten, zuweilen verschnörkelten Worten, aus denen die Liebe des Huzulen zu seinem Helden spricht, das letzte Liebesabenteuer Dowbuschs, das ihn sein Leben kostete. Seine Geliebte, die schöne Dzwinka, verriet ihn an ihren Mann, den Gendarmen Stefan, der Dowbusch hinterrücks ermordete.

Urewige Sehnsucht tönte in diesen Klängen. Noch waren nicht sehr viele Jahre nach Dowbuschs Tode vergangen, doch sein Lied hatte bereits die jahrhundertealte Pein des Volkes in sich aufgenommen, die herbstliche Wehmut der verlassenen Bergweiden: wenn die Viehherden wieder in die Täler gezogen sind, die Trembitahörner und nächtlichen Schüsse verstummen, das vergängliche menschliche Tun hier aufhört und nur die menschenleeren, endlosen, gelben Weiten zurückbleiben, über die der Wind dahinrast, über die plötzliche Leere verwundert. Er wird die Tür der verlassenen Sennhütte aufschlagen, die Dachrinde einreißen, durchdringend pfeifen. Winzige abgeknickte Zweige werden hoch in der Luft tanzen, die einsam zurückgelassenen Berggeister werden traurig klagen. Der hungrige Wolf wird sich auf der Höhe zeigen, erschauernd vom kalten Wind, und aufheulen... Wie schwerer Draht wird sich das Geheul in die Täler winden, sich im Walde verfangen, den Hasen tiefer in seinen Schlupfwinkel treiben... Vom Himmel indes werden aufgedunsene Wolken herabhängen, um bald ihren feinen Regen niedergehen zu lassen, und graue Mauern rundum aufstellen...

»Liebste, weshalb so in Gedanken?« Er umarmte Marussja, sie von hinten fassend.

Marussja träumte immer noch in den weiten Räumen und erwiderte nichts.

»Gehen wir, ich werde dir etwas zeigen«, sagte er freundlich und führte sie in die Tiefe hinab. Mit den Füßen schob er kleine Steine aus ihrem Weg und machte einen Bogen um die großen.

Sie kamen unter einen flach herabhängenden Felsen. Er stützte sich auf zwei riesige Steinbrocken und hatte eine Höhle gebildet. Der Opryschke hatte Zedernäste hineingetragen, das Lager mit Tuchjacken, Reitsäcken ausgelegt, und es war tatsächlich ein gemütlicher Schlupfwinkel geworden. Sie krochen hinein und unterhielten sich noch lange im Flüsterton.

Die Sonne ging auf, der Raum nahm an Weite zu. Noch mehr Höhen wuchsen rundum auf, sie rückten näher, deutlicher zeichneten sich ihre Umrisse ab, die erst in der Ferne mit dem blauen Himmel eins wurden.

Marussja schlief noch tief wie ein Kind, als der Opryschke frisch, gesund und zufrieden aus der Höhle kroch und seinen breiten Ledergürtel noch eine Weile in der Hand hielt. Dann legte er ihn sich um und stand noch einige Augenblicke da, die schrägen, blauen Schatten betrachtend, die auf die Erde fielen.

Martin Pollack
Karpatenräuber

Eine Fahrt durch das Huzulenland? - Andrij schüttelte warnend den Kopf. Der junge Lemberger Historiker hatte sich bereit erklärt, uns gegen ein mäßiges Entgelt durch die Ukraine zu führen, doch von einer Fahrt über die Karpatendörfer wollte er nichts wissen. In einem Auto mit westlichem Kennzeichen? Das sei ein unvernünftiges Wagnis, das an Tollkühnheit grenze. Wir liefen Gefahr, überfallen zu werden. Man würde uns ausrauben! Ob wir noch nie von den Räubern in den Karpaten gehört hätten?

Wir lächelten nachsichtig. Natürlich hatten wir von den Karpatenräubern schon viel gehört und noch mehr gelesen. Wir erinnerten uns an die zahlreichen Erzählungen, Gedichte und Romane polnischer, ukrainischer und auch deutscher Autoren, die das wilde Leben und den elenden Tod von Oleksa Dowbusz oder auch Dobosz beschreiben, der in der ersten Hälfte des 18. Jahrhunderts in den Waldkarpaten sein Unwesen trieb, polnische Schlösser plünderte und niederbrannte, jüdische und armenische Kaufleute überfiel und auf seinen kühnen Raubzügen mit seiner Bande noch in Ungarn und in der Walachei Schrecken und Angst verbreitete. Und wir hatten auch die Geschichten von Antoszko Rewizorczuk gehört, auch er ein Räuber, der allerdings seine eigene Bande schmählich verriet, um seine eigene Haut zu retten. Wir kannten die Erzählung des ukrainischen Dichters Hnat Chotkewytsch vom braven Huzulenburschen Dmytro Marussjak, der von den österreichischen Behörden bitteres Unrecht erfuhr und sich dann zornentbrannt den Räubern anschloß, um das Unrecht zu rächen und die Unterdrücker seines Volkes zu bestrafen. Aber das gehörte doch längst der Vergangenheit an. Gerade vor Antritt unserer Reise in die nun unabhängige Ukraine hatten wir das Buch des tschechischen Autors Ivan Olbracht über den Räuber Nikola Schuhaj gelesen, einen Deserteur aus dem Ersten Weltkrieg, der nach dem Krieg nicht mehr in die Gesellschaft zurückfand und gemeinsam mit seinem jüngeren Bruder als Räuber sein Glück versuchte und es auch tatsächlich zu einigem Ruhm in diesem Fach brachte, bis er dann von Mitgliedern seiner eigenen Bande erschlagen wurde, die sich von der reichen Belohnung, welche die Behörden auf den Kopf Schuhajs ausgesetzt hatten, verblenden ließen. Das hatte sich im August des Jahres 1921 in der Karpato-Ukraine zugetragen, die damals zur eben gegründeten Tschechoslowakei gehörte. Und dieser Nikola Schuhaj, der ein so unrühmliches Ende fand, war, so berichteten alle Quellen und glaubwürdigen Zeugnisse, der letzte Karpatenräuber gewesen.

Oder doch nicht? Andrij wußte von unvorsichtigen polnischen Händlern zu berichten, die sich in die Gebirgsregion vorgewagt hätten, um den ungebildeten Dörflern in den Waldkarpaten billigen Ramsch aufzuschwatzen, den sie nicht einmal in Lwow oder Drogobytsch mehr loswerden konnten, obwohl dort, angesichts des allgemeinen Warenmangels, sonst alles seinen Abnehmer fand, selbst noch Waren, die in Polen nicht einmal mehr einen Hund hinter dem Ofen hervorgelockt hätten, von einem Käufer gar nicht zu reden. So mancher dieser Händler, so erzählte Andrij mit zufriedenem Grinsen, war unter die Räuber gefallen und konnte von Glück sagen, daß er mit dem Leben davongekommen war. Ja, einige hatten auch ihr Leben verloren oder waren nie wieder aufgetaucht und lagen, so vermutete jedenfalls Andrij, und das war wohl von der Wahrheit nicht allzu weit entfernt, mit eingeschlagenem Schädel in irgendeiner Schlucht oder einem unzugänglichen Waldstück. Die Unsicherheit auf den ukrainischen Straßen, voran in den Waldkarpaten, hatte seit dem Zusammenbruch der kommunistischen Macht solche Formen angenommen, daß sich das polnische Konsulat in Lemberg genötigt sah, die polnischen Reisenden ganz offiziell vor Fahrten zu warnen. Vor allem Nebenstraßen und entlegene Regionen sollten gemieden werden. Es sei ratsam, solche Fahrten, wenn sie denn gar nicht zu umgehen wären, nur im Konvoi von mehreren Autos zu unternehmen, deren Besatzungen einander in Notfällen zu Hilfe eilen könnten.

Auch wir hatten diese Warnungen in polnischen Zeitungen gelesen. Doch wir wußten, daß das Verhältnis zwischen den beiden Völkern überschattet war von den Erinnerungen an Konflikte und das Unrecht, das sie einander in der Geschichte gegenseitig zugefügt hatten. Waren die Berichte von den Räubern daher nicht schändliche Übertreibung, eher auf antiukrainische Vorurteile mancher Polen zurückzuführen denn auf reale Begebenheiten? Andrij verneinte. Die moderne Wegelagerei sei eine Tatsache, leider. Die Kriminellen blockierten wenig befahrene Straßen mit Baumstämmen und Felsen und warteten dann, bis ausländische Reisende, bei denen sie Geld oder Waren vermuteten, des Weges kamen. Wenn diese notgedrungen vor dem Hindernis anhielten, wurden sie überfallen und ausgeraubt.

Gerade so hatten es die einstigen Raubgesellen gemacht, die die Karpaten unsicher machten. Das Räuberunwesen in den Waldkarpaten hat eine lange Tradition. Schon an der Wende vom 15. zum 16. Jahrhundert finden sich in Chroniken und Gerichtsakten die ersten Berichte von Räuberbanden, die durch die unwegsame Weite der Berge streiften. Die ukrainischen Bauern nannten diese Gesellen ›schwarze Burschen‹, wohl weil sie sich, ähnlich wie die Wilderer in den Alpen, die Gesichter schwärzten, um sich unkenntlich zu machen, oder ›Opryschky‹, was sowohl Räuber als auch Rebellen bedeutet, und tatsächlich waren die Räuber in den Augen des einfachen Volkes ja auch stets so etwas wie Rächer der Unterdrückten und Kämpfer um soziale Gerechtigkeit. Die Räuber hielten die Erinnerung wach an die Sloboda, jene mythische Freiheit der Bergbewohner, die in der entlegenen Wildnis der Waldkarpaten bis ins vorige Jahrhundert isoliert lebten, fern von kaiserlichen Gesetzen und Behörden. Die Freiheit war groß in jenen Regionen, aber mindestens ebenso groß war die Armut. Viele Bauern und Hirten flohen vor der Unterdrückung durch die polnischen Adelsherren und später durch die österreichischen Behörden in die Unwegsamkeit der Berge, wo sich ihnen Deserteure aus den verschiedenen Heeren, die damals durch die Karpatenregion zogen, und andere lichtscheue Gestalten anschlossen. So entstanden ganze Banden, die die Handelskarawanen der jüdischen und armenischen Kaufleute ausraubten, die über die Karpatenpässe zogen, und wenn die Bande groß genug und gut bewaffnet war, konnte sie es sogar wagen, befestigte Adelssitze oder kleinere Städte in der galizischen oder ungarischen Ebene anzugreifen, die reiche Beute versprachen. Seinen Höhepunkt erreichte das Raubwesen in den Karpaten im 18. Jahrhundert, als die polnische Adelsrepublik ihrem Untergang entgegensteuerte und das Land von inneren Konflikten und Streitigkeiten zerrissen wurde. Im Jahr 1738 findet sich die erste Nachricht über das Wirken des Räubers Oleksa Dowbusz, Sohn eines armen Kleinbauern in Peczenizyn, einem Dorf in der Nähe von Kolomea, der in den sieben Jahren seines verbrecherischen Wirkens zu einer Gestalt wurde, deren Ruhm in den Waldkarpaten bis heute in Liedern und Legenden besungen wird.

Die Räuberbanden in den Karpaten wurden zu einer solchen Plage, daß der polnische Adel kleine Heere aufstellte, um ihrer Herr zu werden. Der polnische Autor Benedykt Chmielowski machte in seiner Enzyklopädie »Nowe Ateny« (Neues Athen) gar den Vorschlag, die Bevölkerung rund um das Massiv der Czarnahora, des Schwarzen Berges, wo sich das Zentrum des Räuberunwesens befand, kurzerhand auszurotten oder doch abzusiedeln, um das Übel an der Wurzel auszureißen. Und der Kronhauptmann von Tarnopol drohte, alle Dörfer, die Dowbusz und seine Gesellen unterstützten, dem Erdboden gleichzumachen. Ohne die Unterstützung der ortskundigen Bevölkerung waren die bewaffneten Banden chancenlos, das wußte man in den Karpaten schon lange vor Mao Tse-tung oder Ho Chi Minh. Ja, oft gab es gar keine Trennung zwischen heimischer Bevölkerung und Raubgesellen, denn diese waren nur so etwas wie Nebenerwerbsräuber, die im Alltag dem ehrlichen Beruf eines Hirten, Bauern oder Holzfällers nachgingen und sich dem Raubhandwerk nur zuwandten, wenn es die Not verlangte oder der Befehl des Hauptmannes. Darin waren die Karpatenräuber den alpenländischen Wilderern ähnlich, mit denen sie im übrigen auch die Liebe zur Jagd teilten: Die adeligen Waldbesitzer in den Karpaten klagten denn auch über die Wildschützen, die ihnen die kapitalsten Hirsche und die mächtigsten Bären vor der Nase wegschossen. Obwohl die Behörden unnachsichtig gegen die Banden vorgingen, war es nicht leicht, diese aufzuspüren und zu zerschlagen. Oleksa Dowbusz, auch Dobosz oder Doboszczuk genannt, wurde sieben Jahre lang vergeblich gejagt. Die Legende berichtet, daß ihm erst der Verrat seiner Geliebten zum Verhängnis wurde, die Dowbusz in einen Hinterhalt lockte, in dem er von ihrem Mann erschossen wurde. Es war das alte Lied vom edlen Räuber, von Liebe und Verrat und dem tragischen Ende, das sich immer wieder in den Berichten und Erzählungen über die Karpatenräuber findet. Dowbusz durfte da keine Ausnahme machen. Aber die Legende berichtet auch von seinem guten Herzen, das er sich bis zum Ende bewahrte. Als seine Burschen die ungetreue Geliebte und ihren Mann erschlagen wollten, verbot er ihnen das. Es sei bereits genug Blut vergossen worden. Andere Räuber waren da weniger duldsam. Etwa der berüchtigte Wegelagerer Kondralczuk, von dem erzählt wird, daß er sich in ein schönes Bauernmädchen verliebte, das ihn jedoch, trotz aller Schätze, die Kondralczuk ihm bot, schnöde zurückwies. Das kränkte den Räuber ungemein. Als das Mädchen einen anderen Burschen heiraten wollte, überfiel Kondralczuk mit seiner Bande das Dorf und stellte die Braut zur Rede. Diese fiel ihm zu Füßen und flehte um Gnade. Vergeblich. Der verschmähte Liebhaber zückte seinen Topor, die messerscharf geschliffene Stockaxt der Bergbewohner, und spaltete dem unglücklichen Mädchen die Brust, riß ihm das Herz heraus und warf dieses ins Feuer, so daß es zu Asche verbrannte. Damit nicht genug, streute der Wüstling die Asche in einen Humpen Branntwein, den er mit einem, Zug leerte. Das solcherart gewürzte Getränk war allerdings selbst für einen hartgesottenen Gesellen wie Kondralczuk nicht sehr bekömmlich, denn die Legende erzählt, daß er kurz darauf seinem Leben durch einen Schuß in die Brust ein Ende setzte.

Wenn man den Quellen Glauben schenken darf, waren solche blutigen Taten keine Einzelfälle. Durch die Legenden von den Karpatenräubern wälzen sich ganze Ströme von Blut, da rollen Köpfe wie Kegelkugeln, und die Gefolterten stöhnen zum Steinerweichen. Literarische Übertreibung oder brutale Wirklichkeit? Gesicherte Überlieferung ist jedenfalls die Behandlung, die Räubern zuteil wurde, wenn sie von den Behörden gefaßt wurden. Und die war kaum weniger grausam als die Untaten, die den Räubern selber zugeschrieben wurden. Eine eindrucksvolle Schilderung findet sich bei dem polnischen Autor Wladyslaw Serczyk, der die Hinrichtung des Räubers Wasyl Bajurak, eines der Nachfolger von Oleksa Dowbusz, beschreibt:

»Das Gericht befiehlt, daß der genannte Wasyl Bajurak, der mit dem Leben für seine Missetaten bezahlen soll, da er es wagte, die Hand gegen Unschuldige zu erheben und diese ins Jenseits zu befördern, vom Henker zum Richtplatz geführt werden soll, wo ihm bei lebendigem Leib mit der Stockaxt beide Arme beim Ellbogen abgeschlagen werden. Dann soll ihm der Henker mit der Stokkaxt den Kopf vom Rumpfe trennen. Am Ende soll der Übeltäter, um andere davon abzuschrecken, seinem schändlichen Beispiel zu folgen, gevierteilt werden. Sein Leib soll am Galgen am Wegesrand aufgehängt und später in der Erde verscharrt werden. Nur sein Kopf soll länger ausgestellt bleiben.«

Ein besonderes Phänomen der Waldkarpaten waren die jüdischen Räuber. Neben den Huzulen wohnten in den Waldkarpaten auch viele Juden, die von ihren Glaubensgenossen in der Ebene etwas verächtlich ›Bergjuden‹ genannt wurden, was so viel heißen sollte wie ungehobelte, ungebildete Menschen. Und wirklich ähnelten diese Juden in vielem eher den Huzulen, mit denen sie oft in enger Nachbarschaft hausten, als den Bewohnern der Schtetl. Sie waren meist groß gewachsene, kräftige Menschen, die Viehzucht und Ackerbau betrieben und manchmal auch als Räuber ihren Lebensunterhalt fristeten. Zeitgenössische Autoren berichten von einzelnen jüdischen Raubgesellen, die sich räuberischen Huzulen anschlossen, aber auch von ganzen jüdischen Banden, die sowohl Christen als auch ihre eigenen Glaubensgenossen überfielen. Der tschechische Autor Ivan Olbracht, dem wir detaillierte Schilderungen des Lebens in der Karpato-Ukraine verdanken, fand in zeitgenössischen Quellen zahlreiche Berichte darüber. Allein im Jahre 1837 waren die österreichischen Behörden gezwungen, Steckbriefe gegen die Bande eines gewissen Moische Jankl Reisner, der auch bekannt war unter den Namen Schwärzner oder Putschlik, gegen Srul Mendl Schor, gegen Hersch Mendon und gegen Berl Levi zu erlassen.

Alle diese Legenden, Erzählungen und Berichte und noch viel mehr hatten wir gelesen, gewiß, doch das war doch alles Literatur und lag, falls es tatsächlich ein Körnchen Wahrheit enthielt, jedenfalls weit zurück, in einer dunklen Vergangenheit, die mit unserer Zeit nichts mehr verband. Die alten Dörfer waren ebenso verschwunden wie die undurchdringlichen Wälder der Karpaten, und auch die Huzulen, jenes geheimnisumwitterte Hirtenvolk der Waldkarpaten, über dessen Herkunft die wildesten Gerüchte kursierten und von dem man nur so viel wußte, daß es einen ukrainischen Dialekt, vermischt mit rumänischen Worten, sprach, hatte sich längst der traurigen Neuzeit, die die Sowjetmacht in die Ukraine gebracht hatte, angepaßt und versuchte nun verzweifelt, sich von diesem lähmenden Erbe zu befreien und den Anschluß an die neue Welt zu finden, die mit solcher Wucht und Plötzlichkeit die alte kommunistische Ordnung umgestürzt hatte. Räuber, wie wir sie von früher kennen, haben in solchen Zeiten nichts mehr verloren. Wenn es in dieser Region tatsächlich wieder ein paar Wegelagerer geben sollte, dann sind diese nur ein trauriger Abklatsch der einstigen Herrlichkeit, anachronistische Gestalten, die von der Entwicklung bald hinweggefegt werden. Die neue Zeit bringt auch in die Karpaten Begriffe wie Marktwirtschaft, Preisliberalisierung, Privatisierung und Jointventure. Und in ihrer Begleitung die Räuber mit Zukunft: Geschäftemacher, Spekulanten, Businessmenschen.

Grüne Mutter Bukowina

Vince Batthyány

Reise durch einen Theil Ungarns, Siebenbürgens, der Moldau und Buccovina im Jahr 1805

Nach jener Überfahrt befanden wir uns in der Bucovina. Dieses Ländchen, welches im Jahr 1777 von der Pforte abgetreten, und nachher Gallizien einverleibt wurde, zählt 3 Städte und 4 Marktflecken, 265 Dörfer und über 200 000 Einwohner. Die meisten Artikel des Ackerbaues und der Viehzucht, Wachs, Honig, Bier und Branntwein, Wolle und Häute, die Kotzen von Suscava und die Corduane von Viszinicze beschäftigen seinen Verkehr. Aus der Bisztricz gewinnt es Gold, in Kirlibaba Bley, und besitzt, wie ich schon früher erwähnte, auch die meisten der übrigen Metalle.

Czernovicz liegt nicht fern vom Ufer des Pruth, das er oft verwüstet und immer bedrohet. Man sucht ihn daher wegzuleiten, da man überdies hier in sehr geringer Tiefe auf Wasser kommt. Die Stadt selbst bildet nur eine Gasse und bedeckt einen Hügel, den ärmliche Wohnungen umgeben. Unter der türkischen Oberherrschaft bestand Czernovicz bloss aus den letztern. Erst Joseph II. verschaffte ihr ein besseres Aussehen durch Errichtung mehrerer öffentlicher Gebäude und der Kasernen, welche die Helden von Rohyatin bewohnen.[1]

Die Bevölkerung von Czernovicz beträgt gegen 6000 Seelen, unter denen sich Deutsche, Moldauer, Juden, Armenier und Russniaken befinden. Ausser diesen Nazionen hat die Bucovina auch ungrische Bewohner[2], deren Zustand jedoch beweiset, dass unser Vaterland an ihnen wenig verlor. Solche Fälle gehören zu denjenigen, welche gegen die Einführung fremder Colonisten zeugen. Wo es an Freiheit und Erwerb nicht fehlt, dort macht der natürliche Zuwachs der Bevölkerung den künstlichen ganz entbehrlich. Soll hingegen Gewerbfreiheit erst gegründet, ein ganzes Land erst entwildert werden; dann muss man jenes Hülfsmittel ergreifen. Dann kommt es darauf an, dass man einer so grossen Unternehmung gemäss verfahre, und Leute finde, wie diejenigen, die das Meer[3], und 400 Jahre nachher Philipps[4] Tyrannei aus Belgien vertrieb.

Von Czernovicz geht eine Strasse nach Suscava, das ich Ihnen schon früher beschrieb. Die zweite läuft nach der jetzigen Kreisstadt Tarnopol, und eine dritte nach dem einst so berühmten Halitz. Auf der letzteren fuhren wir bis

[1] Nämlich die Garnison-Regimenter, welche im letzten Türkenkrieg in der Schanze von Rohyatin sich gegen einen sehr überlegenen Feind mit grösster Entschlossenheit vertheidigten.

[2] In dem Dorfe Istensegös und Hadikfalva.

[3] Im Jahr 1253.

[4] Des Nachfolgers Carls des V.

Snyatin, und dann nach Vaskoucz. Da es Sonntag war, so sahen wir eine Menge von Landleuten, die sich belustigten. Einige lagen auf der Erde und spielten Karten, andere zechten, die übrigen tanzten. Es wurden nämlich lange Reihen gebildet, die sich abwechselnd näherten und entfernten. Nachher schlossen sie einen Kreis, der sich rechts und links bewegte. Plötzlich zerriss er in einzelne Paare, von denen sich immer eines drehte, während die übrigen stille standen. Unter den Tänzern fiel uns ein Uhlaner durch Gewandtheit und Anstand auf, den jedoch niemand zu bemerken schien. Was schadet diess meiner Kunst, rief er, weil wir ihn desswegen bedauerten. So denken ächte Virtuosen.

Der Landmann dieser Gegend ist eben so übel gekleidet als gebauet. Wenigstens findet man bei ihm weder das blendende Costum, noch den schönen Wuchs der Moldauer von Czernowicz. Solche Unterschiede überraschen nicht in einem Lande von so gemischter Bevölkerung. Die letztere, und der Zustand der Nachbarn erschweren die Civilisation der Bucovina.

Rudolf Wagner
Reisetagebücher des österreichischen Kaisers Franz I.

Die Inwohner von Czernowitz sind Deutsche, Pohlen, Armenier und Moldauer. Die Armenier haben eine eigene Gesichtsbildung und braune Farben. Die Moldauer, besonders die Weiber, sind hübsch. In Czernowitz wird deutsch, pohlnisch und moldauisch gesprochen. Die Bürger sind theils deutsch, theils moldauisch, d.i. mit einem langen zeugernen Rock mit einem Kaffetan von Zeug, mit Pelz ausgeschlagen darüber, oder mit langen Kleidern. Wie die Pohlen mit einer Binde darüber angezogen, sie haben einen Hut oder Pelzmütze auf dem Kopf und Stiefeln. Die vornehmen Damen gehen deutsch gekleidet, meist wie andere Damen, höchstens mit einem Kappel von Tuch auf dem Kopf, das gestickt ist. Die nach moldauischer Art getragen, haben einen Kappel auf dem Kopf, einen gewöhnlichen Frauenrock und darüber einen Kaftan mit kurzen Ärmeln mit Pelz ausgeschlagen. Von dem gemeinen Volk der Gegend sind die Weiber wie in der Gegend von Kutti. Die Männer mit weiszen Hemden, mit ledernen Gürteln, weisze leinerne oder tücherne weisze Hosen und weisze Stücke grobes Tuch um die Füsse, dann Batschkoren oder Stiefeln, weisze Weste mit Pelz das rauhe inwendig, auswendig die glatte Seite, weisze oder braune lange Röcke, aber nicht so lang, wie bei den Pohlen, mit einem Saum von anderer Farbe eingefaszt, auf dem Kopf eine Haube von Pelz wie ein niederer Czako, schwarz.

Die Leute in der Bukowina sind schön, haben einen Schnauzbart und kurzen Bart wie die Römer, die Weiber mitunter schön. Die vornehmen Klassen, als die Edelleute, Massilen, gehen deutsch, die alten moldauisch, mit einem langen Unterkleid, darüber einen Kaftan ohne Ärmel oder mit daran hängenden langen offenen Ärmeln. Der Kaftan und das Unterkleid ist von Seide, ersterer mit einem breiten Brahm von weiszen Pelz ausgeschlagen, wie von Kaninchen. Auf dem Kopf haben sie ein rothes Kappel immer auf, die Haare kurz geschoren, dann darüber eine mit Pelz ausgeschlagene Haube oder runden Hut, dann gelbe Stieffeln. Die Moldauer Weiber sind mit deutschen Kleidern, aber mit einer Binde mit silbernen Beschlägen um den Leib, auf dem Kopf ober den Haaren ein rothes oder weiszes Kappel oben mit einem schwarzen Kappel, um dieses eine Binde mit Blumen, einige nebstdem haben hinten einen geflochtenen, herabhängenden Haarzopf. Von Bojaren sind wenige da. Ein groszer Theil, der seine Güter in der Bukowina hat, wohnt und hat Ämter in der Moldau.

Der Unterthan hat kein Eigentum. Die Gründe gehören den Herren oder den Gemeinden. Diese theilen sie jährlich unter ihre Inwohner zur Cultur aus. Daher wandern sie auch aus, wenn es ihnen im Türkischen besser geht, was auch in den nächsten Kreisen Galliziens geschieht. Auch kommen sie nur dann zurück, wenn es dort schlecht geht. Auch sind die Orte zum Theil entvölkert. Man behauptet, auch in der Moldau würden Meine Unterthanen angesiedelt, daher angeworben und debanchirt. In ihrem Auszerlichen benehmen sich die Unterthanen wie unterdrückte Menschen. Sie kriechen ordentlich auf 4 Füssen theilweis. Die deutschen Colonien bearbeiten ihren Boden sehr gut und düngen ihn auch. Die Armenier Gutsbesitzer ebenso zum Theil. Die Moldauer verbrennen den Dünger und ackern wenig. So z.B. bauen sie den Kukurutz an und eggen ihn nur ein. Indessen fangen sie mit dem Erdäpfelbau an und ist heuer mehr Grund, als voriges Jahr angebaut worden. Doch erzeugt die Bukowina nicht ihren gesamten Bedarf ungeachtet ihres herrlichen Bodens.

...

Sonst geht der Handel überhaupt in Czernowitz sehr stark, vorzüglich mit Putzwaaren und Hauseinrichtungen nach Jassy, die von Wien herkommen und dahin unter dem Namen Leipziger Waare viel abgesetzt werden. Die Handelsleute haben daher viele hier und dort ein Gewölb und sind reich. Ein Beweis dessen sind auch die vielen schönen Häuser, die in Czernowitz seit 20 Jahren gebaut werden.

Max Zelgin
Zar Alexander in Czernowitz

»Alexander ging häufig allein durch die Straßen von Czernowitz spazieren. Damals durfte man aber ohne Paß die Stadt weder betreten noch verlassen, und es waren daher allenthalben Civil- und Militärwachen aufgestellt. Am dritten Tage nach seiner Ankunft ging Alexander zu Fuß nach dem eine halbe Stunde entfernten Ort Horecza, um die dortige Kirche zu besichtigen. Als er allein an das Ende der Stadt gekommen war, hinderte ihn hier ein wachhabender Bürger, den Weg weiter fortzusetzen. Als Alexander darauf bestand, rief ihm der Bürger, da er ihn nicht kannte Schimpfworte zu, und ließ ihn nicht früher gehen, bis dieser ihm eröffnete, daß er Alexander wäre. Der Bürger war keineswegs bestürzt, sondern sprach: ›Euere Majestät hätten mir das früher sagen können und sich meinem groben Benehmen nicht auszusetzen brauchen, wozu ich kraft meines Amtes verpflichtet war ...‹ Alexander war langsam gegangen und später als der Pfarrer (der ihm zu Pferd entgegengekommen war und ohne zu wissen, daß es sich um den Zaren handle, ihn segnete und seinen Weg in die Stadt fortsetzte) angekommen. Vor der Kirche wurde er noch von Hunden aufgehalten, die, aus dem Hause des Kirchendieners herausspringend, ihn überfielen. Der Kaiser vertheidigte sich mit einem Knüttel, den er aus einem Gartenzaun gerissen, bis ihn die Frau des Kirchendieners, die im Garten beschäftigt und auf das Gebell der Hunde herbeigekommen war, befreite ... Der Knüttel, womit Alexander gegen die Hunde sich vertheidigte, wird auch noch heute wie ein Weihgeschenk in der Kirche aufbewahrt.«

Baba Jaudocha-Dokia

Volksglaube aus der Bukowina von Raimund Friedrich Kaindl (Czernowitz)

1. Der März bringt in der Bukowina stets schlimmes Wetter. Wenn es auch anfangs März wärmer wird und der Schnee thaut, so tritt doch um die Mitte des Monats gewöhnlich wieder ein rauher Rückschlag ein. Das thut die Baba Jaudocha, Jewdocha oder Dokia (Dochia), deren Tag auf den 1. März a. St. = 13. März n. St. fällt (Eudoxia).

2. Die Baba Dokia ist ein altes Weib. Sie zieht zwölf Pelze an, und wenn sie dieselben schüttelt, so beginnt es zu schneien. Erst wenn die Zeit der Dokia um ist, darf man gutes Wetter hoffen.

3. Wenn es schneit, so sitzt Baba Jaudocha in ihren zwölf (vierzig) Pelzen am Dache. Kommt aber Sonnenschein, so wirft Jaudocha ihre Pelze ab.

4. Baba Jaudocha hat neun Pelze; schönes Wetter tritt erst ein, wenn sie dieselben abgelegt hat.

5. Die Baba Jaudewcha geht in zwölf Pelze gehüllt mit ihrer Spindel aus. Der Schnee fällt und ihre Pelze werden nass. Sie wirft dieselben ab und erfriert.

6. Die Baba Jaudocha will den jungen März zum Manne. Er begehrt von ihr, dass sie am Dache eine Nacht zubringe; halte sie dies aus, so sei er bereit, ihren Willen zu erfüllen. Sie nimmt den Antrag an; er bläst und stürmt aber, bis sie erfriert.

7. Baba Dokia hat eine Nichte. Sie schickt sie Schafe weiden. Da es aber sehr kalt ist, kehrt das Mädchen heim. Erzürnt zieht nun Dokia ihre Pelze an und treibt die Schafe auf die Weide. Um der Nichte vollends zu zeigen, wie wenig sie die Kälte fürchte, wirft Dokia ihre Pelze ab und erfriert.

8. Ach was! - sagte einst Baba Jaudocha -, wenn ich nur den Januar und Februar überstehe, dem März schlag' ich dann ein Schnippchen.

So ging der Januar und Februar vorüber, und der März kam heran. Da zog die Baba zwölf Pelze an, und stieg auf das Dach ihrer Hütte.

Himmel, wie begann es zu schneien und zu regnen! und dann fror es wieder, dass auf dem Pelze der Alten wohl fünf Finger dick das Eis stand. Da warf sie den obersten Pelz ab und sass nunmehr nur in elf Pelzen auf dem Dache.

Am zweiten Tage wetterte es ohne Unterlass weiter; und daher sah sich die Baba veranlasst, auch den zweiten durchnässten Pelz abzulegen; so ging es Tag für Tag, bis schließlich Jaudocha am zwölften Tage nur noch einen Pelz an hatte.

Und dieser Tag war wahrscheinlich schon ein Frühlingstag. Die Sonne schien klar und es ›duftete schon völlig nach Frühling‹. Und weil es gar so warm war, warf die Baba ihren letzten Pelz ab, denn sie dachte, seiner nicht mehr zu bedürfen. Den Tag über ging das auch wohl an; um Mitternacht trat aber ein so heftiger Frost ein, dass die Alte gar bald mit den Zähnen zu klappern begann. »Leuchte doch, leuchte, mein Morgenrot!« rief sie da einmal nach dem anderen; zuletzt vermochte sie es nicht mehr und erfror.

Seither zieht Baba Jaudocha alljährlich um dieselbe Zeit auf der Erde umher und kehrt den Leuten böswillig den Schnee in die Augen.

9. Einst lebte ein altes Weib; das war die Baba Jaudocha. Jaudocha lästerte aber Gott; sie fürchte sich nicht vor Sturm und Schnee sagte sie. Darauf zog die Baba zwölf Pelze an, nahm ihren Spinnrocken und trieb die Schafe auf die Weide. Dort lag noch hier und da Schnee; daraus machte sich die Jaudocha jedoch nichts; sie hütete ihre Herde und spann. Der liebe Herrgott schickte aber Regen und Schnee. Sie durchnässten den obersten Pelz des Weibes, so dass es denselben abwerfen musste. Dann wurde der zweite Pelz nass, und auch ihn legte die Baba ab. Schnee und Regen liessen aber auch jetzt nicht nach, und so ward Jaudocha immer wieder genötigt, einen Pelz abzulegen. Als sie schliesslich auch den zwölften letzten abgeworfen hatte, erfror sie gar jämmerlich.

Seit der Zeit herrscht um Eudoxia alljährlich veränderliches Wetter mit Schnee, Regen und Sonnenschein. Nähert sich der Eudoxiatag, so sagen die Leute: »Jaudocha zieht ihre zwölf Pelze an.« Ist sie damit fertig, so beginnt das ›Märzwetter‹. Dieses währt zwölf Tage.

Das Zauberei

Eine Umfrage von Raimund Friedrich Kaindl in Czernowitz

In Dobronoutz unweit Sadagura lebte ein armes Weib, dem es gelang ein Teufelei auszubrüten. Nachdem es hinlänglich mit Geld versehen war, trug es das Teufelhühnchen in ein benachbartes Dorf und brachte es dort an den Mann.

Im selben Dorf lebte auch ein armes Weib, das sich aber aus seiner Not nicht heraushelfen konnte. Endlich wurde es von seiner reich gewordenen Gevatterin belehrt, was es zu tun habe, um ebenfalls reich zu werden. Es tat auch acht Tage lang alles, was zum Ausbrüten eines Teufeleies gehörte; endlich wurde es aber ungeduldig und warf das Ei auf den Mist! Am nächsten Morgen erblickte ein anderes Weib auf dem betreffenden Misthaufen ein Hühnchen, welches laut piepte; es erbarmte sich seiner und nahm es nach Hause mit. In der Nacht hört das Weib eine Stimme: »Herrin, Herrin, was soll ich dir bringen?« Da das Weib aber wußte, dass im Hause kein anderer Mensch sei, so antwortete es nicht. Nachdem aber noch zweimal in derselben Weise gerufen worden war, antwortete das Weib ärgerlich: »Ja, ein D ...!« Am nächsten Morgen war das Haus voll davon. Da rief das Weib den Pfarrer und dieser kam auf die Sache. Er ließ ›Saflor‹ sammeln, das Hühnchen wurde darunter gesteckt und verbrannt. Ringsherum waren aber Leute aufgestellt, die nichts entkommen lassen durften. Die Asche wurde in ein sehr tiefes Loch vergraben und der Priester sagte: »Dies war kein Hühnchen, sondern der Teufel.«

Ludwig Adolf Staufe-Simiginowicz
An die Heimat

Bukowina! Bukowina! Land des Segens, Land des Glückes!
Wann genieß' in deinem Anblick ich des sel'gsten Augenblickes?
Fern von dir auf fremden Boden, wie ein Blatt von deiner Buche,
Treiben Sturm mich, Nacht und Wetter, wie zum Hohne, wie zum Fluche.

Bukowina! Bukowina! Land der Gläub'gen, Land der Frommen
Wann betret' ich deine Hallen, deine Tempel mild beklommen?
Meine Sehnsucht wird zur Sünde, Haß und Groll bleicht mir die Wange,
Und wo einst dein Glaube thronte, schleicht des Zweifels gift'ge Schlange.

Bukowina! Bukowina! Land der Freiheit, Land der Lieder!
Wann blick' ich von deinen Alpen singend in die Täler nieder?
Statt des Brausens deiner Flüsse hör' ich sanfte Saiten klingen,
Und des trauten »Frunza verde«[1] fremde zahme Weisen singen.

Bukowina! Bukowina! Land der Freude, Land der Wonne!
Wann begrüß' ich meiner Liebe frühlingliche Morgensonne?
Sieh, nachtnächtlich wein' ich einsam auf dem Kissen, auf dem nassen!
Werd' ich alle wiederfinden, die ich traurig einst verlassen?

Bukowina! Bukowina! Land des Segens, Land des Glückes!
Wann genieß' in deinem Anblick ich des sel'gsten Augenblickes?
Fern von dir auf fremden Boden, wie ein Blatt von deiner Buche,
Treiben Sturm mich, Nacht und Wetter, wie zum Hohne, wie zum Fluche!

[1] Die rumänischen Volkslieder (Doinen) beginnen durchwegs mit diesen beiden Worten, zu Deutsch: ein grünes Blatt.

Karl Emil Franzos
Matthias Zenner

Es sind viele Jahre her, daß mir in einem Czernowitzer Archiv bei der Durchsicht langweiliger Akten, Holztabellen, Abrechnungen und Pläne für die Durchforstung der ungeheuren Wälder der Bukowina, auch der Bericht eines ehemaligen Oberforstmeisters des Landes über eine merkwürdige Begebenheit vor Augen kam. Als ich damals die vergilbten Blätter, denen ein zerlesenes Exemplar des ›Don Carlos‹ beilag, durchsah, war mir zu Mute, als wäre ich auf dem Gang über ein Stoppelfeld auf eine seltsame Blume von scharfem Duft gestoßen, und die weitläufige, trockene und doch in starker seelischer Bewegung geschriebene Aufzeichnung des wackeren Beamten – Guido von Molitor war sein Name – hat mir lange innerlich zu schaffen gemacht. Doch gebe ich den Inhalt hier kurz wieder, denn derlei Geschehnisse darf man, wenn überhaupt, dann nur schlicht und ohne Zutat berichten, aus Ehrfurcht vor dem größten aller Dichter, der sie gestaltet hat, dem Schicksal.

Herr von Molitor war kaum dreißig Jahre alt, als er 1829 zum Oberforstmeister in Czernowitz ernannt wurde. Es schien ihm ein unerhörtes Glück. Aus einem alten katholischen Adelsgeschlecht des Breisgaus stammend, war er, wie damals viele süddeutsche Jungherren seines Glaubens, als Fähnrich in die österreichische Armee getreten, büßte aber schon nach zwei Jahren durch einen Unfall die Sehkraft des linken Auges ein, wurde Forstmann und erhielt einen kleinen Posten in der oberen Steiermark. Daß nun jählings die Wahl für ein so hohes und wichtiges Amt auf ihn fiel, schrieb er in seiner Bescheidenheit – sein Oheim saß als Rat in der Staatskanzlei – der Protektion zu, aber daneben hatte auch seine Tüchtigkeit mitgewirkt, vor allem aber ein Umstand, der ihn nicht schreckte: die Entlegenheit und der wüste Zustand des Ländchens. In den Osten ging nur, wer sich kräftig und entsagungsvoll genug dazu fühlte; die Regierung mußte auf junge Leute greifen, wenn sie die Ämter im ›Bärenland‹ überhaupt besetzen wollte.

Was nun damals eine Reise durch das östliche Österreich bedeutete und wie es dort aussah, wurde ihm dann freilich erst aus eigener Anschauung klar. Dem Rate seines Oheims folgend, hatte er nicht die Post gewählt, sondern sich in Graz ein Steirerwägelchen und ein Zugpferd gekauft, all seine Habe, drunter eine mächtige Kiste voll Bücher, darauf gepackt und kutschierte nun langsam durch Mähren nach Norden; einen Diener mitzunehmen reichten die Mittel nicht. Kaum war er aber in das westliche Galizien gelangt, als er den anscheinend so praktischen Rat tausendfach verwünschte. Es war im April, die Frühlingsregen hatten die ohnehin schlechten Straßen grundlos gemacht; selten ein Dorf, und dann von armseligen, schmutzstarrenden Menschen bewohnt, deren

Sprache er nicht verstand; Tag um Tag dasselbe Bild - der graue Himmel über einem endlos ausgegossenen Meer von Schlamm - und dieselbe Drangsal: Nässe, Bangigkeit und Hunger. So fuhr er, täglich nur etwa drei Meilen, Woche um Woche durch das traurige Land, immer mutloser und, wie sein Bericht sagt, »so recht in der Stimmung, jeden Deutschen zu umarmen«.

Dazu kam es nun freilich nicht, als ihm der ersehnte Landsmann endlich in den Weg lief, aber die Begegnung gestaltete sich doch freundlich genug. Als er eines Tages, schon im Mai, freudiger als sonst von Kolomea her dem Pruth zufuhr -, denn die Sonne schien und rings waren wieder Berg und Wald, die er so lange vermißt hatte - überholte er einen blonden, hochgewachsenen Jüngling, bei dessen Anblick er unwillkürlich stutzte. Das war wohl ein Deutscher und auch ein Forstmann, darauf deutete die freilich arg zerschlissene Tracht, die Büchse über der Schulter. Der Jüngling blickte auf, als Molitor vorbeikam, und grüßte freundlich, nicht etwa unterwürfig, im Gegenteil, es lag etwas ungezwungen Vornehmes in der Art, wie er an sein graues Hütchen griff. Dieses Gehaben und die ungewöhnliche Schönheit der Züge fielen Molitor auf; er ließ seinen Braunen langsamer traben und begann ein Gespräch mit dem jungen Manne. Er war wirklich ein deutscher Forstgehilfe, Matthias Zenner aus der Heilbronner Gegend, der nun nach Czernowitz und von da in die Moldau wollte, um irgendwo als Forstwart oder auch nur als Leibjäger unterzukommen; sein Ränzel habe er vorangeschickt. Herr von Molitor sah ihn erstaunt an; diese Angaben stimmten ja zu der ärmlichen Tracht, aber nicht zu dem Wesen und Antlitz des Jünglings; es waren edle, fein und kühn geschnittene Züge, die an den Adler erinnerten; nur waren die Wangen etwas bleich, die großen blauen Augen blickten scheu und verträumt, um den weichen Mund mit den sinnlichen Lippen lag ein Zug des Harms. Und fast noch mehr als das Antlitz schien die prächtige, feingegliederte Gestalt dem Beamten auf edles Blut zu deuten. Zudem wollte es ihm scheinen, als zwänge sich der Jüngling nur zu einer gewissen Schlichtheit der Redeweise, ja zu einem Anflug der schwäbischen Mundart. Gleichwohl lud ihn Molitor ein, sich zu ihm zu setzen, und sie fuhren nun selbander weiter, immer in eifriger Unterredung.

Das Gefühl, daß sein Begleiter nicht sei, wofür er sich ausgebe, wuchs dabei in dem Beamten von Stunde zu Stunde. Sie sprachen ja nur von Wild und Wald, Land und Leuten, aber die Art, wie der Jäger urteilte und erzählte, deutete nicht allein auf Bildung, sondern auch auf eine Stellung im Leben, von der man weit in die Runde blicken kann. Und nun?! ... Nach Jägersitte besahen sie ihre Waffen. Die Büchse des Jünglings war von prächtiger Arbeit, der Holzschaft reich mit Silber beschlagen, aber mitten aus diesem Beschlag war ein großes kreisrundes Stück ungeschickt mit einem Messer ausgestemmt; da hatte offenbar das Wappen des Besitzers geprangt.

»Französische Arbeit«, sagte der Oberforstmeister. »Offenbar auf Bestellung angefertigt. Wo haben Sie die schöne Waffe her?«

Der Jüngling wechselte die Farbe. »Ehrlich erworben«, sagte er dann kurz, mit gepreßter Stimme.

Eine peinliche Stille folgte. Dann knüpfte Herr von Molitor ein gleichgültiges Gespräch an. Der Jüngling erwiderte befangen und zog plötzlich seinen Paß hervor, der Herr Oberforstmeister müsse doch wissen, gegen wen er so freundlich sei. Der Paß war unzweifelhaft echt und stimmte in allen Einzelheiten.

Als sie am Abend vor einer dürftigen Herberge in Zablotow hielten, sprang der Jäger ab, den Hausknecht zu holen; dabei fiel, von ihm unbemerkt, ein Büchlein aus seinem grauen Wams. Molitor hob es auf; es war ein zerlesenes, mit Bleistiftstrichen bedecktes, aber in Maroquin gebundenes Exemplar des »Don Carlos«. Auf dem Vorsatzblatt stand in feiner, fester Frauenhand das Wort des Posa:

Große Seelen dulden still.

Eugenie.

Stumm gab er dem Jäger das Buch zurück, das dieser errötend an sich nahm. An diesem Abend sprachen sie nicht mehr. Als sich Molitor zu dem kärglichen Nachtessen, Eiern und geräuchertem Schaffleisch, hinsetzte und den Wirt fragte, wo sein Gefährte bleibe, erwiderte dieser, der Jäger habe am Brunnen einige Brotkrumen, die er mit sich geführt, aufgeweicht, hastig verzehrt und dann sein Lager auf dem Heuboden aufgesucht. In dem Beamten regte sich das Mitleid mit dem armen jungen Blut. Er beschloß, sich am nächsten Morgen offen mit ihm auszusprechen.

Aber dazu kam es nicht. Vergeblich lud Molitor den Jüngling ein, das Frühstück mit ihm zu teilen; er habe schon gefrühstückt, war die Antwort. Auch in der Folge fügte sich kein längeres Gespräch wie gestern; der Jäger gab willig und bescheiden Antwort, aber kurz und in möglichst schlichten Worten. Zudem war die Straße schlecht; sie wand sich nun durch das zerklüftete Hügelland am linken Ufer des Pruth; an einer Stelle wäre das Wägelchen fast in den Fluß gestürzt. Da bat der Jäger, ob Molitor ihm nicht die Zügel überlassen wolle, und sie fuhren nun viel rascher und doch sicherer dahin als bisher. Als sie ihre Mittagsstation, den Flecken Sniatyn, erreicht hatten, und sich der Jäger wieder abseit schleichen wollte, hielt ihn Molitor fest. »Sind wir nicht Landsleute?« fragte er so herzlich, daß sich der Jüngling fügte und mit ihm speiste, »mit einer Manier, wie nicht jeder Aristokrat«, sagt der Bericht.

Am Nachmittag, wieder im Wagen, wollte der Beamte abermals seine Absicht ausführen, fing es aber nicht richtig an. Er fragte den Jüngling, wo er die Jägerei erlernt habe. Da sah ihn dieser flehend an, dann griff er mit zusammengepreßten Lippen in seine Brieftasche und zog ein Zeugnis hervor, in dem ein fürstlich hohenzollernscher Förster bescheinigte, daß der Matthias Zenner, 1806 geboren, Sohn eines Häuslers, die Jägerei ordnungsgemäß bei ihm erlernt habe und sich, nur etwa Schreibgeschäfte ausgenommen, für eine Stelle als Forstwart vollauf eigne. Schweigend gab der Beamte das Schriftstück zurück und sann nun vergeblich nach einer neuen, taktvolleren Anknüpfung.

Bei Einbruch der Dämmerung nahmen sie in einer einsamen Schenke Nachtquartier. Das Haus lag am Pruth, dicht hinter dem verfallenden Gemäuer stieg ein bewaldeter Hügel auf. Sie trennten sich bald, aber der Beamte konnte keinen Schlaf finden. Der Mond schien hell in seine Kammer, und das Schicksal, das ihm da begegnet war, erregte ihn so tief, daß es ihm selbst rätselhaft war. Er öffnete das Fenster und starrte in die helle, milde Frühlingsnacht hinaus. Vor ihm erhob sich der Wald: er konnte im klaren Mondlicht jeden Stamm unterscheiden. Rings tiefste Stille. Da klang plötzlich von drüben eine weiche, volle Stimme in sein Ohr:

Ihr wandelt droben im Licht
Auf weichem Boden, selige Genien! ...
Doch uns ist gegeben,
Auf keiner Stätte zu ruhn,
Es schwinden, es fallen
Die leidenden Menschen
Blindlings von einer
Stunde zur anderen,
Wie Wasser von Klippe
Zu Klippe geworfen,
Jahrlang ins Ungewisse hinab.

Herr von Molitor schwärmte für Hölderlin, auch ihm war das »Schicksalslied« vertraut. Aber eben darum erschütterte es ihn in dieser Stunde, in der unwirtlichen Wildnis, aus dem Munde eines Unglücklichen, ins tiefste Herz hinein. »Er soll nicht fallen«, gelobte er sich, »ich will ihn halten.«

Als am nächsten Tage die Türme von Czernowitz vor ihnen auftauchten, führte er seinen Entschluß aus. »Lieber Zenner«, sagte er, »ich weiß ja von meinem neuen Posten noch nichts; aber daß wir immer Mangel an brauchbaren Forstleuten haben, ist mir bekannt. Wollen Sie bei uns eintreten?«

Erglühend starrte ihn der Jüngling an. »Herr Oberforstmeister«, stammelte er dann, und die Tränen stürzten ihm über die Wangen, »das lohne Ihnen Gott ... Sie fragen nicht ... und ich könnte auch nicht antworten ... Aber das eine darf ich beteuern: Sie helfen einem Unglücklichen, nicht einem Verbrecher.«

»Das weiß ich«, erwiderte Molitor. »Und Ihre Papiere sind in Ordnung.«

Am nächsten Morgen begannen sie ihre gemeinsame Tätigkeit. Molitor verwendete Zenner zunächst zu Schreibgeschäften, dann betraute er ihn mit selbständigen Arbeiten, er habe, betont seine Aufzeichnung - sie ist eine Rechtfertigungsschrift, an seinen Oheim, den Staatsrat, gerichtet -, nie wieder einen so tüchtigen, fleißigen, begabten Gehilfen gehabt. Bald wurde dieser auch sein Begleiter auf allen Dienstreisen, ihm geradezu unentbehrlich und gleich lieb als Mensch wie als Beamter. Über das Vorleben des jungen Mannes, dem jeder gut war, der ihn kennen lernte, fiel nie ein Wort. Daß er eine Universität besucht, aber auch offenbar schon trotz seiner Jugend eine größere Forstverwaltung geleitet hatte, war Herrn von Molitor bald klar.

Er hätte Zenner am liebsten dauernd an seiner Seite behalten. Aber dem stand der leise, schüchterne, ja mit rührender Demut ausgesprochene Wunsch seines Schützlings entgegen, irgend eine, und sei es die bescheidenste und mühevollste Försterstelle im Lande zu erhalten. Als Zenner zuerst die Bitte aussprach, regte sich in Molitor wieder das Mißtrauen; fürchtete er selbst in dem weltentlegenen Czernowitz eine Entdeckung? Aber da gestand ihm Zenner, daß er verheiratet sei, sein junges Weib daheim gelassen habe und sich nach ihr sehne. Hier, in der Stadt, könne er ja noch keinen Haushalt bestreiten, wohl aber irgendwo in der Wildnis. Dies kam Herrn von Molitor überraschend, doch versprach er gütig, für ein größeres Gehalt zu sorgen, und konnte dies auch bald tun, ohne seine Pflicht zu verletzen; Zenner war nach zwei Jahren nächst ihm die brauchbarste Kraft der Verwaltung.

Da führte Zenner einen Anlaß herbei, der seinen Wunsch verwirklichte. Die ungeheuren, an fünfzig Quadratmeilen umfassenden Tannenwälder im Süden des Landes waren bisher fast ungenützt geblieben; damals war Holz überall im Lande in Fülle vorhanden, und in die Moldau oder weiter in die Türkei, wo es daran mangelte, konnte man es nicht schaffen; es gab noch keine Straßen. Nun brachte Zenner, nachdem er die Wildnis monatelang durchstreift hatte, einen Plan mit, der ebenso einfach wie trefflich war und dem Lande später, bis auf den heutigen Tag, reichen Segen gebracht hat: der Grenzfluß, die »goldene Bistrizza«, ein Seitenfluß des schiffbaren, in die Donau mündenden Sereth, ließ sich durch wenige Sprengungen schiffbar machen. Mit gleichem Scharfblick fand Zenner eine Stelle, die Felsschlucht Kolbu bei Dorna, wohin sich die Stämme mit Benützung von Bergbächen und Holzrinnen ohne viel Kosten schaffen ließen. Herr von Molitor erkannte die Bedeutung des Planes, aber er sah auch ein, daß ihn nur Zenner selbst verwirklichen könne. Und so reiste dieser im August 1831 mit weitgehenden Vollmachten nach Kolbu, um zunächst bis zum Spätherbst dort zu bleiben, erbaute sich ein Blockhaus in der Wildnis und konnte schon im Oktober melden, daß die wichtigsten Sprengungen beendet seien.

Kurz darauf gönnte sich Herr von Molitor einen längeren Urlaub und reiste nach Wien. Sein Gefährte war diesmal ein Rat des Czernowitzer Kriminalgerichts, Herr von Tschurtschenthaler, der beim Justizminister seine Erlösung aus dem Exil und eine Anstellung in seiner Heimat, Tirol, bewirken wollte. Beide Herren blieben auch in Wien im Verkehr, und Herr von Molitor führte den Rat bei seinen Wiener Verwandten ein. Und hier nun war es, bei einem Ball im Hause des Staatsrats, daß Molitor einen Husarenoffizier sah, bei dessen Anblick er unwillkürlich zusammenschrak. Das war ja Zenner - dieselben Züge, dieselbe Gestalt, die Ähnlichkeit berührte ihn fast unheimlich. Der Oberleutnant wurde ihm vorgestellt, es war ein Graf Albrecht H., aus einem uralten, sehr reichen und bekannten fränkischen Geschlecht. Als ihn Molitor reden hörte, atmete er auf; hier mindestens war ein Unterschied; das Organ klang scharf und hoch. Aber sonst stimmte alles.

Das fiel auch dem Rat von Tschurtschenthaler auf. Er trat auf beide Herren zu und stellte sich dem Offizier vor. »Finden Sie nicht«, fragte er den Oberforstmeister, »daß unser Zenner dem Herrn Grafen ungemein ähnlich sieht?«

Das berührte Molitor unangenehm. »Ich find' es nicht«, sagte er und suchte das Gespräch mit dem Grafen fortzusetzen.

Aber gerade der Widerspruch reizte den Kriminalrat. »O, doch!« rief er, und zum Offizier gewendet: »Sie haben wahrhaftig einen Doppelgänger, Herr Graf! Er heißt Matthias Zenner und ist nun Förster in der Bukowina.«

»Matthias Zenner?« sagte der Graf erstaunt. »So heißt ein Forstanwart auf einem unserer Güter. Sollte der inzwischen fort und zu Ihnen gekommen sein? ... Aber der Mann«, fügte er lachend hinzu, »sieht mir, ohne mir schmeicheln zu wollen, wahrhaftig nicht ähnlich, obwohl er auch groß und blond ist.«

»Der ist's nicht«, erwiderte der Oberforstmeister, dem das Gespräch, so sehr es ihn auch interessierte, immer peinlicher wurde. » ›Matthias‹ und ›Zenner‹ - Namen wie diese kommen eben mehr als einmal vor.«

Das Gespräch nahm nun eine andere Wendung; auch der Graf kam nicht weiter darauf zurück; er schien auf die Mitteilung nicht den geringsten Wert zu legen.

Umso größer war Herrn von Molitors Interesse an der Begegnung. Er suchte schon am nächsten Tage seinen Oheim wieder auf und fragte, ob er ihm nichts Näheres über die Grafen H. mitteilen könne.

Der Staatsrat wußte nicht viel. »Der regierende Graf soll ein recht arger Herr sein. Auch ist da vor einigen Jahren eine Skandalgeschichte passiert, eine Geschichte à la Don Carlos, nur weniger platonisch ...« Und als Herr von Molitor darauf unwillkürlich eine Bewegung machte, fragte er: »Warum interessiert's dich?«

»Verzeih, daß ich dies auch dir nicht sagen kann«, erwiderte der Oberforstmeister. »Es ist nicht mein Geheimnis. Aber mir liegt sehr viel daran, Näheres über diese Geschichte zu hören.«

»Dazu kann ich dir verhelfen«, sagte der Staatsrat lächelnd. »Ich gebe am nächsten Sonntag ein Herrendiner und habe auch den bayrischen Gesandten dazu geladen. Der alte Herr ist schwer zu plazieren, er schwatzt unaufhörlich und läßt seinen Nachbar nie zu Wort kommen. Wenn ich dich neben ihn setze, so ist uns dreien geholfen.«

Die geschah denn auch: der Gesandte war überaus erfreut, einen so geduldigen Zuhörer zu finden. Des langen und breiten erzählte er Herrn von Molitor, der alte Graf sei sein Lebtage ein böser und gewalttätiger Herr gewesen, zudem ein schlimmer Wüstling. Seine beiden ersten Frauen wie die Söhne aus diesen Ehen hätten sehr Schweres von ihm erdulden müssen; die Frauen habe er durch seinen häßlichen Wandel tief gekränkt, die Söhne durch seine Tyrannei. »Kurz, an dem alten Grafen Hugo ist wirklich kein gutes Haar. Sein Ältester, aus erster Ehe, der auch Hugo heißt, ist tödlich mit ihm verfeindet und seit Jahren auf ein Gütchen verbannt. Der Vater wollte ihn mit dem Pflichtteil abfinden und den Ältesten aus zweiter Ehe, Georg, zum Erben machen. Das soll auch ein Prachtmensch gewesen sein, schön und gut, tüchtig und begabt. So rief ihn denn der Alte bald von Heidelberg ab, wo er Jura studierte, und führte ihn in die Verwaltung der Güter ein. Es ging auch famos, da begab sich eine geradezu unerhörte Geschichte. Der junge Mann verliebt sich in ein armes Fräulein, die Tochter eines Obersten in Bayreuth, und verlobt sich heimlich mit ihr. Der Alte erfährt's und verbietet ihm jeden Verkehr mit der Braut, ein so grüner Bursche dürfe noch lange nicht ans Heiraten denken, zudem könne das künftige Haupt der Familie sich seine Frau nicht aus jungem Soldatenadel holen. Darauf Georg: der künftige Herr sei sein Bruder Hugo, und er lasse von dem Fräulein nicht. Nun, eines Tages ist der alte Graf in Bayreuth, sieht sich das Fräulein an, kommt noch einigemal und - seine zweite Frau, die Mutter Georgs und des Husaren, des Albrecht, war nun zwei Jahre tot - wirbt um sie ...«

»Alle Wetter!« rief Herr von Molitor.

»Ja, das ist ein besonderer Herr! Wirbt um sie, und die Eltern zwingen sie. Das Fräulein wirft sich ihm zu Füßen und fleht um Erbarmen, sie liebe ja seinen Sohn. ›Tut nichts, Kindchen‹, erwidert der Unhold, ›es bleibt in der Familie‹. Georg fleht und droht, alles umsonst. Einige Wochen später ist die Hochzeit, Georg sitzt nun bei seinem Bruder Hugo. Und wieder einige Wochen später muß der alte Graf zur Versammlung der Standesherren nach München. Auf dem Wege, weiß Gott wie, kommt ihm ein Verdacht, er kehrt sofort heim. Am Abend kommt er an und findet die beiden, seinen Sohn und seine Frau, in einem Gartenhaus beisammen. Die Frau hat immer geschworen, sie hätten sich nur dorthin verabredet, um Abschied fürs Leben zu nehmen, aber - hehe! - das hätten sie ja wohl auch bei Tage tun können. Nun, gleichviel, es kommt zu einem furchtbaren Auftritt zwischen den beiden, der Vater will sich auf den Sohn stürzen, und der hält sich ihn mit vorgehaltener Pistole vom Leibe, bis die Dienerschaft herbeieilt. Der Alte befiehlt, den Georg aufs Schloß zu schaffen, die Diener fassen ihn denn auch und - lassen ihn im dunklen Park entwischen. Fort war er, und niemand hat ihn mehr gesehen ...«

»Der Vater ließ ihn durch die Gerichte suchen?«

»Freilich, die Steckbriefe flogen nur so nach allen Ecken und Enden, Mordversuch an dem Vater - so die Anzeige des Alten, da muß man ja eingreifen, selbst wenn er nicht Standesherr wäre. Aber alles umsonst! ... Nun, mich kränkt's nicht!«

»Und die junge Frau?«

»Die martert der wüste Mensch nun so langsam zu Tode. Eine wunderschöne Frau; unser Legationssekretär Graf Bray, der sie kennt, gerät in Verzückung, wenn er von ihr spricht. Die arme ... aber wie heißt sie nur ...?«

»Eugenie«, sagt Herr von Molitor unwillkürlich.

»Richtig, Eugenie! Also Sie kennen sie auch? Und da lassen Sie sich die ganze Geschichte von mir erzählen?!«

»Ich weiß selbst nicht, wie ich auf den Namen gekommen bin«, sagt der Oberforstmeister verlegen. »Die Geschichte höre ich heute zum ersten Male.«

Als man sich endlich vom Tisch erhob, ging er eilends heim. Es drängte ihn, allein zu sein, um über die Empfindungen, die in ihm stürmten, ins klare zu kommen. Ruhelos ging er in seinem Hotelzimmer auf und nieder. Als der Morgen dämmerte, stand zweierlei in ihm fest. Er hatte recht daran getan, den Matthias Zenner unter seinen Schutz zu nehmen, und war er dazu tun konnte, sein Leben friedlich zu gestalten, wollte er immer tun. Aber seine - Frau durfte Zenner nicht nach Kolbu kommen lassen ... nein, dies nicht! Schon deshalb nicht, weil dann die Verfolgung von neuem begann, aber auch wenn ihm daraus keine Gefahr erwuchs, es durfte nicht sein ...

Er wollte an Zenner schreiben, und zwar sofort. Wohl zehnmal setzte er die Feder an und warf sie wieder hin. Nein, derlei ließ sich nicht brieflich abtun! Und es war ja auch keine Gefahr im Verzuge; jetzt im Winter, wo Zenner wieder in Czernowitz arbeitete, dachte er gewiß nicht an die Ausführung seines Vorhabens. Und bis zum Frühling war ja Molitor längst wieder daheim.

Es sollte anders kommen. Durch die Art, wie Herr von Molitor die Forstverwaltung der Bukowina geregelt hatte, war die Aufmerksamkeit auf ihn gelenkt worden - und der Oheim Staatsrat stand ihm wohl auch nicht im Wege - kurz, er wurde einer Forstkommission zugewiesen, die eine wichtige Aufgabe im Böhmerwald zu lösen hatte. Darüber verstrichen mehrere Monate; erst im Juni 1832 war Molitor wieder in Czernowitz.

Eine seiner ersten Fragen betraf Zenner.

O, dem gehe es aufs beste, erwiderte der Stellvertreter Molitors, und seiner

Arbeit auch. Seit Ende März sei er wieder in Kolbu, habe dort auch eine Sägemühle eingerichtet, und bereits seit dem Mai gingen Bau- und Feuerungsholz auf der goldenen Bistrizza nach Galatz, wo sie der österreichische Konsul sehr gut verkaufe. Auch persönlich befinde sich Zenner vortrefflich, er habe ja nun auch seine junge schöne Frau bei sich.

Herr von Molitor wurde bleich. »Also doch!« rief er.

»Freilich«, erwiderte der Beamte, »seit etwa zwei Wochen. Er hat sie hier abgeholt, ich habe sie zufällig gesehen. Eine herrliche Frau! – Etwas zart und blaß, aber so schön!«

Ähnlich urteilte Herr von Tschurtschenthaler, der den beiden gleichfalls begegnet war. Er saß nun wieder in Czernowitz; man hatte ihn mit der Versetzung vertröstet, bis er sich »besonders ausgezeichnet« hätte. »Ein prächtiges Paar, wirklich fast aristokratisch«, meinte er. »Und mit der Ähnlichkeit habe ich auch recht gehabt!«

Der Oberforstmeister hatte in den nächsten Stunden und Tagen Mühe, seine Gedanken bei der Arbeit zu erhalten, sie wanderten immer wieder in die Felsschlucht von Kolbu. Was sich dort begab, war ein Frevel vor den Menschen, ob auch vor Gott?! Und wenn ja, was konnte er dagegen tun?

Als er Anfang August seine Aufsichtsreise durch das Land antreten mußte, da bangte ihm vor dem Wiedersehen mit Zenner. Und doch mußte er auch nach Kolbu. Die Einrichtungen bewährten sich ja glänzend, bedurften des Ausbaus; er konnte den Besuch pflichtgemäß nicht unterlassen.

So beschloß er denn, zum mindesten so kurz wie möglich dort zu bleiben. Am Freitag, den 10. August 1832, war er in Dorna und ritt am frühen Morgen des Sonnabends, nur von seinem landeskundigen Kutscher, der ihm als Führer diente, begleitet, nach Kolbu. Die unheimliche Schönheit dieses Waldgebirgs offenbarte sich ihm vielleicht nie so deutlich, wie hier an den Abhängen des Dzumalen. Durch eine Felsschlucht, oft so eng, daß die Reiter absteigen mußten, wand sich der Pfad den wildschäumenden Kolbu entlang, bald hoch oben am Abhang des Bergriesen, der sein Haupt immer in Wolken verbirgt, dann wieder dicht am Bach, immer tiefer in die Berge hinein. Rings nur braunes Felsgestein und die tiefgrüne Wüstenei des Urwalds, die kein Sonnenstrahl ganz durchdringt; immer war Dämmerung um den Reiter, nur hoch oben blinkte das schmale, blaugoldige Luftband zu seinen Häupten. Noch ist wohl niemand diesen vier Stunden langen Pfad gezogen, den nicht zuweilen ein Schauer angeflogen hätte. Herrn von Molitor erfaßte er tief, ihm war's, als ritte er der Grenze allen Lebens zu; immer näher rückten die Felsen zusammen, immer dichter wurde das Dickicht des Urwalds. An einer Stelle schien diese Grenze erreicht; der Bach stürmte in die Tiefen der Erde, ein Felsen sperrte das Tal. Aber mühselig wand sich der Pfad nun diesen Felsen empor, und als Molitor die Höhe erreicht hatte, sah er Kolbu zu seinen Füßen liegen; die breite Schlucht vom

Bach durchströmt, der sich hier mit wildem Rauschen in die Bistrizza ergießt, die mächtigen Wogenschwalls gegen Süden flutet. Tief zu seinen Füßen lagen wie graue Häuflein im Grün des Tals die Sägemühle, das Blockhaus, die Arbeiterhütten; jenseits des Flusses stieg das wüste, nackte Felsgestein der Beda empor, das schon moldauisches Gebiet war. Für Menschen, die sich der Welt verbargen, war dies der rechte Ort - und doch, wo auf Erden entgehen Menschen der Schuld, wo der Vergeltung?

Bedrückten Gemüts ritt Molitor den Abhang hinab, den Hütten zu. Noch hatte er sie nicht erreicht, als ihn Zenner gewahrte und ihm freudig entgegeneilte; feuchten Auges begrüßte er den Gönner, dem er sein neues Leben verdankte. Dann zeigte er ihm stolz die Anlagen. Nach stundenlanger Prüfung konnte Molitor nur sagen: »Alles ist so gut, daß es niemand besser hätte machen können.«

Dann traten sie ins Haus, zum Speisen. Nur zwei Stuben, das Gerät aus ungestrichenem Tannenholz, aber alles blitzblank. Die Hausfrau begrüßte den Gast. Auf ungewöhnliche Schönheit gefaßt, war der Beamte doch einen Augenblick befangen. Eine schlanke Gestalt von prächtigem Ebenmaß der Formen; das tiefschwarze lockige Haar lag um ein Antlitz von rührender Anmut; das feine Näschen, die Weichheit der Züge gaben ihm etwas Kindliches, aber die dunklen, ernsten, tiefen Augen, der herb und edel geschnittene Mund, das wie aus Marmor geformte Kinn erzählten von viel Leid und Kampf und innerer Geschlossenheit. Über der etwas niedrigen Stirn mit den feinen Schläfen stand mitten im bläulich-schwarzen Haar eine weiße Strähne, und die Wangen waren etwas hager, aber schon schimmerte eine leise Röte auf ihnen. Wie eine eben Genesene kam sie ihm vor, und die Art, wie sie ihn begrüßte, dann beim einfachen Mahl von ihrem seligen Leben in der Wildnis erzählte, machte ihm den Eindruck, als ob sie ihm sagen wollte: »Wir sind geborgen, weil du gut warst und nicht gefragt hast. Du wirst auch ferner gut sein, du kannst nicht anders.«

Er verstand sie und vermied jede Frage, jede Anspielung. Nach einer Stunde Beisammenseins wußte er: diese Frau hatte niemals gelogen, sie war wirklich eine »große Seele« und hatte »still geduldet«; auch im Sinn der Menschen war sie erst vor wenigen Wochen schuldig geworden. »Und wie Gott sie richten würde«, schreibt er in seinem Bericht, »war mir nicht klar.« Auch rührte ihn die bekümmerte, sorgende Zärtlichkeit, die in beider Augen aufglomm, wenn sich ihr Blick begegnete. Bewegt schied er von den armen, schönen, selig unseligen Menschen.

Am Abend war er wieder in Dorna, zwei Tage später, am Montag, den dreizehnten August, in Suczawa. Als er dort zum Abendessen in die Stube seines Gasthofs trat, klang ihm sein Name entgegen. Es war Tschurtschenthaler. Auf Molitors Frage, was ihn herbringe, zögerte er einen Augenblick mit der Antwort, sagte dann aber: »Nun, bei Ihnen hat's keine Gefahr. Lesen Sie!« Und er reichte ihm ein Schreiben des Landgerichts zu Bamberg, das durch Vermittlung der Gesandtschaft an das Czernowitzer Kriminalgericht gelangt war. Es bestehe der dringende Verdacht, daß der Förster Matthias Zenner in der Bukowina mit dem wegen versuchten Vatermordes verfolgten Grafen Georg H. identisch sei; das Kriminalgericht wurde ersucht, ihn zu verhaften. Wenn sich die Frauensperson, deren Beschreibung beigefügt sei, in seinem Hause aufhalte, so sei auch sie festzunehmen; es sei seine Stiefmutter, Gräfin Eugenie H.

Totenbleich starrte Molitor auf das Schriftstück; er war keines Wortes mächtig.

»Es geht Ihnen nahe?« fragte Tschurtschenthaler. »Aber was geht's Sie an? Sie hatten ja keine Ahnung! Und nun geben Sie mir einen guten Rat - Sie kennen ja den Mann, die Gegend, wie kriege ich die beiden am sichersten zu fassen? Eine Einöde und jenseits des Flusses die Moldau, wie leicht entwischen sie mir! Und das wäre ein Unglück für mich, ein veritables Unglück. Dann läßt mich der Minister noch zehn Jahre in Czernowitz hocken. Und ich habe mir doch sonst in dieser wichtigen Sache Verdienste erworben« - er hob den Zeigefinger - »große Verdienste! Mir allein ist die Entdeckung zu danken. Sehen Sie nur auch die Anlagen durch. Ihnen entging die Ähnlichkeit Zenners mit seinem Bruder, dem Offizier, Sie leugneten sie sogar; nun, wir Kriminalisten haben scharfe Augen, ich sprach dem Grafen davon. Das merkte er sich natürlich, und als nun die saubere Stiefmutter aus dem Hause verschwunden war, meldete er es dem Vater. Darauf wurde - lesen Sie nur - der Forstwart Zenner verhaftet, leugnete zwar, konnte aber seinen Paß und seinen Lehrbrief nicht vorweisen. Ja, so kam man darauf, dank meinem Scharfblick! Aber wie fange ich's nun Donnerstag an?!«

»Donnerstag?« fragte Molitor.

»Freilich! Und wenn ich morgen noch so früh aufbreche, so kann ich ja in meinem Landauer erst Mittwoch abend in Dorna sein. Und in der Nacht kann ich doch mit meinem Gendarmen nicht durch die Schlucht reiten.«

»Nein«, sagte der Oberforstmeister, er hatte sich mühsam gefaßt. »Den Weg hat noch niemand nachts gemacht. Aber - verzeihen Sie, ich muß auf mein Zimmer. Ich bin todmüde ...«

»Aber, lieber Freund, wo es sich um eine so wichtige Sache für mich handelt ...«

»Und doch muß ich Sie bitten, mich zu entschuldigen, ich kann nicht mehr ...«

Er log nicht; es reichte über seine Kraft, den Mann noch länger anzuhören. Er ging auf sein Zimmer und durchrang da, wie er selbst bekennt, »die kampfreichste Stunde seines Lebens«. Dann war sein Entschluß gefaßt, er mußte die Unglücklichen warnen, zu retten suchen. Dann mochte mit ihm geschehen, wie es seinem Oheim, seinen Vorgesetzten recht schien. Er konnte nicht anders.

Er ließ den Wirt holen und bat ihn um ein Darlehen von tausend Gulden für acht Tage und ein flinkes Pferd. Der Mann, der ihn kannte, stellte ihm beides binnen zwei Stunden zu Gebot. Dann befahl Molitor seinem Kutscher: »Du reitest sofort nach Kolbu. Mittwoch mittags mußt du dort sein. Reitest du das Pferd zu schanden, so liegt nichts daran. Du übergibst Herrn Zenner diesen Brief und kehrst zurück. Ich erwarte dich hier.«

Der Brief enthielt wenige Zeilen, er meldete die Ankunft Tschurtschenthalers und empfahl die Flucht in die Moldau. Die tausend Gulden lagen bei.

Am Sonnabend mittag traf der Bote wieder ein. Er entschuldigte sich, daß er nicht früher gekommen sei, aber Herr Zenner habe ihm die Antwort erst am späten Nachmittag des Mittwochs übergeben. Auch habe er in Dorna erst ein anderes Pferd mieten müssen.

In dem Umschlag lagen die tausend Gulden, das Exemplar des »Don Carlos«, der Brief Molitors und ein kurzes Schreiben: »Wir danken Ihnen aus ganzem Herzen. Ja, wir haben beschlossen, zu flüchten, aber dorthin, wo uns keine Verfolgung erreicht. Mögen Sie so glücklich sein, wie Sie es verdienen. Georg. Eugenie.«

Als Tschurtschenthaler am Donnerstag, den 16. August 1832, in Kolbu anlangte, hatten die Flößer die beiden Leichen eben aus der Flut gehoben. Von einem Schal umschnürt, eng mit den Armen verschlungen, waren die beiden in den Fluß gesprungen. Es mußte wohl gegen Morgen gewesen sein; bis in die späte Nacht hinein hatte Zenner all seine Rechnungen und Tabellen in Ordnung gebracht.

So konnte der Kriminalrat nur eines tun, die Gesetze der Moral und Gerechtigkeit zur Geltung zu bringen: er ließ den Schal aufknoten. Aber die erstarrten Arme ließen sich nicht lösen; wohl oder übel mußte er die beiden in Dorn in ein Grab verscharren lassen.

Klara Blum
Wassilka, die Bäuerin

Die Geschichte Wassilkas ist in der *Bukowina* sehr bekannt. Vielleicht wird sie einmal ein Volkslied werden. Aber heute ist sie noch ebenso wie ihre Hauptgestalt, wie die hochgewachsene Ukrainerin mit den breiten Backenknochen, den Augen von wilder Schlauheit und der einfältigen Nase mitten drin, ein lebendige, eng mit dem Alltag verbundene Tatsache, über die man sich je nach Klassenzugehörigkeit ärgert oder freut, aber über deren Bedeutung noch nicht sehr viel nachgedacht wird.

Wassilka stammt aus der Neu-Bukowina, aus einem der kleinen Dörfer, die einander alle so ähnlich sehen, die in diesem buntscheckigen rumänisch-deutschen, ukrainisch-jüdischen Ländchen durch ihre überall gleiche Armut, Unsauberkeit und Verwahrlosung wieder eine trostlose Einförmigkeit herstellen. Das war Wassilkas Umgebung, war der erste Teil ihres Lebens: Strohdach über dem Kopf, morgens, mittags und abends Maisbrei, hier Mamaliga genannt, schlafen im Schmutz, und dabei ausgezeichnet schlafen, als ständige Kleidung ein unsauberes, aber herrlich gesticktes Hemd und dazu ein dickes dunkles Tuch um den Oberkörper gewickelt. Der Vater Kleinbauer und zugleich Saisonarbeiter, die Brüder Taglöhner im benachbarten Sägewerk. Die Lebensweise stumpf, aber die Phantasie beweglich, lauernd, die Sprache seltsam wild, stoßende Laute, trotziger Tonfall. Die ukrainischen Bauern sind für jeden Fremden ein Rätsel. Sie streben nach keinen besseren Daseinsbedingungen, ja sie ahnen kaum, daß es so etwas gibt, aber sie laufen eifrig in alle Volksversammlungen und folgen, oft ganze Dörfer, der sozialistischen Agitation, sie sind unwissend und doch unzufrieden, bedürfnislos und doch revolutionär, Bauern und doch traditionsfrei. Um diese Widersprüche zu verstehen, muß man ihre Geschichte kennen, die Geschichte eines Volkes, das nie eine eigene Herrenklasse besessen hat, sondern immer als Ganzes aus Kleinbauern, Knechten, Proletariern bestand. Immer wieder von Fremden, von Hetmans, Bojaren, polnischen Adeligen unterdrückt und ausgebeutet, immer wieder in der Rolle des minderwertigen, des verlachten und verachteten Pöbels gegenüber der fremden Erobererklasse, haben sich die Ukrainer eine einzige Leidenschaft bewahrt, die sie bei aller Bedürfnislosigkeit doch stets von neuem in die Reihen des Klassenkampfes treibt: ihren dumpfen Haß gegen jedes Herrentum und jede Unterwerfung, jeden Befehl und jeden Gehorsam. Ungleich leichter ist es, ihre Stimmen für den Sozialismus zu gewinnen als die der rumänischen Bauern, trotzdem sie genau so unwissend und verwahrlost sind. Ihre Armut und Kulturlosigkeit ist ihnen selbstverständlich und bedrückt sie nicht weiter, drückend allein ist für sie das Gefühl der daraus folgenden Knechtschaft. Keine Großbauern gibt es unter ihnen, denen es sich auszahlt, erdgebunden und konservativ zu sein, keine ›Treue zu angestammten Herren‹ hat jemals ihren revolutionären Willen zum besten gehalten. Ihr Nationalismus fällt fast vollständig mit der proletarischen Bewegung zusammen, aus dem einfachen Grund, weil sie ein einziges Volk von Proletariern sind. Auch die dünne, sehr dünne Intellektuellenschichte, die sich in allerletzter Zeit entwikkelt hat, ändert das Bild nicht. Sie geht entweder in gleicher Richtung mit dem Willen der Massen oder sie wird von den Massen hartnäckig abgelehnt. Angesammelter Trotz, verhaltener Jähzorn steckt in dem plumpen Gefüge der ukrainischen Sprache, in ihren stoßenden Lauten, ihren saftigen Flüchen, die nirgend so herrlich wütend, nirgend so herzbefreiend sind, wie in dieser einzigen *hundertprozentigen Plebejersprache Europas*.

Diese echt ukrainische Abneigung gegen Gehorsam und Hörigkeit war bei Wassilka mit besonderer Schärfe ausgeprägt. »Schrei' mich nicht an«, pflegte sie als Kind zu ihrer Mutter zu sagen. »Wenn du schreist, weckst du bei mir den Teufel auf.« Auf ihren Teufel berief sie sich bei jeder Gelegenheit mit großem Erfolg, sie hielt damit ihre Brüder in Schach und jeden, der ihr nahetreten wollte. Als Zehnjährige sah sie einmal zufällig, wie ein Bauer seine Frau schlug. Wassilka rief Leute herbei, rief das halbe Dorf zusammen. Man bedeutete ihr, sie soll ruhig sein, das sei nichts Besonderes, das täte jeder Mann seiner Frau, er hätte sie trotzdem sehr lieb. »Ich werde schon zurückschlagen«, erklärte Wassilka außer sich. »Den Kopf soll er brechen mit so einer Liebe.«

Als Wassilka neunzehn Jahre alt war, wurde sie als *Dienstmädchen* in die Stadt geschickt. Es war zwei Jahre nach dem Krieg und Czernowitz zeigte ein verändertes Gesicht. Zur Zeit seiner österreichischen Staatszugehörigkeit hatte es sich nicht ohne Erfolg bemüht, eine Art Klein-Wien darzustellen. Jetzt, unter der rumänischen Herrschaft, begannen sich die bürgerlichen Gesellschaftskreise immer mehr nach dem Vorbild von Bukarest zu richten. Während in Wien sich die Stellung des Dienstmädchens allmählich in die gebesserte und geschütztere Stellung der Hausgehilfin verwandelte, wurden in Czernowitz die Verhältnisse, milde gesagt, immer patriarchalischer. Wassilka lernte sie vom ersten Tag an gründlich kennen. Daß ihre Arbeitszeit unbegrenzt war, daß sie in einer Kammer voll Ungeziefer schlafen mußte, daß sie zum Essen die schlechtesten Abfälle bekam, das alles wäre ihr nicht weiter aufgefallen. Aber daß sie den Herrschaften die Hand küssen mußte, daß man nie anders als im Kommandoton mit ihr sprach, daß man sich in ihre Privatangelegenheiten einmischte, daß sich die vornehmen Damen bei ihr für ihre Vornehmheit entschädigten und ihrer schlechten Laune mit den gemeinsten Schimpfwörtern, manchmal sogar mit Schlägen Luft machten - das alles waren Dinge, die Wassilka nicht ertragen konnte und wollte. Sie wechselte von Dienst zu Dienst, bald kannten sie die meisten Hausfrauen, persönlich oder vom Hörensagen, und erzählten einander schauernd ihre respektlosen Antworten. Die eine hatte die Gewohnheit, ihre Mädchen, wenn sie vom Einkauf am Markt zurückkamen, blindlings des Diebstahls zu verdächtigen. Das schadete nie und konnte gelegentlich stimmen. »Panji (Herrin)«, entgegnete Wassilka, »wenn ich stehlen wollte, so würde ich es schon gescheiter anfangen. Aber was gibt es bei euch schon zu stehlen? Eure Schulden vielleicht?« - Eine andre konnte es nicht leiden, wenn das Mädchen eine Begründung ihrer Befehle verlangte oder sie über einen Irrtum aufklärte. »Du mußt nicht immer gescheiter sein als ich.« - »Ich muß nicht«, lachte Wassilka, »aber ich bin es!« - »Du freches Luder«, schimpfte die dritte. »Wer bist du eigentlich? Du bist die schmutzige Magd und ich bin deine Herrin.« - »Ich weiß, daß ich keine Herrin bin«, stimmte Wassilka bei. »Ich würde mich auch schämen, so eine Herrin zu sein.«

Eines Abends lehnte Wassilka am Küchenfenster und sah in den Hof hinab. Es war ein schmaler Hof, wie ein tiefes, graues Rohr, und die Last erlittenen Unrechts und angesammelter Wut drängte sie, sich in diese Tiefe fallen zu lassen. Da öffnete sich in der gegenüberliegenden Wand, schräg über ihr, ein Küchenfenster und schräg unter ihr ein zweites und so immer fort im Zickzack, und gedämpfte ukrainische Mädchenstimmen gingen hin und her. - »Du weißt, Domka?« - »Was gibt es, Paraska?« - »Der Herr hat gesagt, wenn ich ihn heute nicht in meine Kammer einlasse, schmeißt er mich hinaus.« - »Das ist kein Geschäft, Paraska. Bei meinen vorigen Herrschaften habe ich den Herrn hereingelassen und nachher hat er mich erst recht hinausgeschmissen.« - »Paraska, der Hilko stirbt vor Sehnsucht nach dir.« - »Schrei nicht so, Marinka, der Herr hat gesagt, so lange ich bei ihm im Dienst bin, duldet er nicht, daß ein Bursch zu mir kommt.« - »Paraska hat eben einen ganz besonders tugendhaften Herrn, was, Marinka?« - »Ah, daß dich der Teufel hole, Domka! So tugendhaft ist meine Herrin auch. Jedesmal, wenn der Herr wegfährt, schläft sie mit einem rumänischen Offizier. Aber wenn sie den Hriz bei mir erwischt, dann spuckt sie mir ins Gesicht.« - »Pst, ihr drei! Wißt ihr, was *meine* Herrin macht? Sie verlangt immer, daß ich ihr die Schuhe anziehe und dann überlegt sie sich die Sache und ich muß ihr das zweite Paar anziehen und dann das dritte und so fort. Mir scheint, es macht ihr Freude, wenn man vor ihr auf dem Boden herumkriecht.« - Immer neue Küchenfenster öffneten sich. In unendlichem Zickzack schimpften und klagten die Stimmen vom Keller bis zum Dach, vom Dach bis zum Keller. Wassilka dachte an keinen Selbstmord mehr. Mit einem Ruck dreht sie sich um und erblickte ihre Herrin, die ihr mit der gewohnten verachtungsvollen Gebärde ihr Nachtmahl, Brot und Wurstrinden, hinwarf. Mit der gleichen, höhnisch nachgemachten Gebärde des Hochmuts, mit einem Lachen der Wut und der Schlauheit warf ihr Wassilka das Essen zurück und zischte: »Behalte dir dein schäbiges Sklavenbrot. Ich bin nicht mehr dein Dienstbote. Wir bleiben nicht eure Dienstboten. Es hat sich ausgedient.« Sprach's, raffte ihr Bündel zusammen und war draußen. Die alte, reiche Frau starrte ihr mit offenem Mund nach. Sie war schwerhörig und hatte kein Wort verstanden...

Wassilka kehrte in ihr Dorf zurück und wurde zuerst Kommunistin, schwankte kurze Zeit zwischen beiden Parteien und entschied sich dann endgültig für die *Sozialdemokratie.* Sie ist ein stiller, klarer Mensch geworden mit ihren breiten Backenknochen, ihren schlauen Augen und der einfältigen Nase mitten drin, sie, der gefürchtete Hausfrauenschreck, eine der verträglichsten und diszipliniertesten Parteigenossinnen. Nur in den Reden, den primitiven und dabei im ganzen Lande berühmten Reden, die sie in Wahlversammlungen, Frauenversammlungen hält, bricht ihre ganze alte Leidenschaft hervor und reißt Tausende mit.

Das ist die Geschichte Wassilkas.

Vielleicht wird sie einmal als Lied gesungen werden. In den wilden, auffahrenden Lauten der ukrainischen Sprache, dieser Sprache des Trotzes, des Jähzorns und der Revolution. In der Sprache, wie sie nur ein Volk sprechen kann, das aus lauter Unterdrückten besteht, lauter Feinden des Befehls und des Gehorsams.

Ein Volk ohne Herren.

Leopold von Sacher-Masoch
Der Besuch beim Wunderrabbi von Sadagora

Es war im Jahre 1857, als ich mit meinem Onkel den Zadik Liebmann von Sadagora besuchte und selbst Gelegenheit hatte, diesen Wundermann und die Chassidim zu beobachten und zu studieren. Mein Onkel war Arzt und ein arger Skeptiker. Er glaubte aber dennoch bis zu einem gewissen Grade an die außerordentlichen Eigenschaften dieses Zadik und verteidigte ihn bei jeder Gelegenheit. Vor allem gab er niemals zu, dass Liebmann ein Betrüger sei.

Sadagora war damals eine kleine Stadt, die fast nur von Juden und Armeniern bewohnt war. Enge Straßen voll Schmutz, Straßen mit dunklen Winkeln, in die niemals ein Sonnenstrahl drang. Kleine Häuser, aus Holz erbaut, mit Kalk beworfen, mit Schindeln gedeckt. In den Straßen arme Juden in Hemdärmeln mit Löckchen an beiden Seiten der Stirn und langen Bärten, Frauen in grünen Kleidern mit gelben Gesichtern, welche ihre Kinder auf dem Arm hatten und uns mißtrauisch betrachteten. Mitten in der kleinen Stadt ein großer Platz und auf diesem das Haus des Zadik, ein hölzernes Haus mit einem Stockwerk, einer hölzernen Freitreppe, mit roten Ziegeln gedeckt. Vor dem Hause stand eine Menge von Menschen, die sich alle still verhielten oder ganz leise miteinander sprachen, und eine Anzahl Wagen aller Art, Schlitten mit kostbaren Decken von Pelzwerk, mit Leinwand überspannte ›Butki‹, wie man die jüdischen Fuhrwerke bei uns nennt, und mit Stroh gefüllte Bauernwagen, vor denen drei kleine magere Pferde eingespannt waren, Pferde, von denen ein französischer Reisender des 19. Jahrhunderts sagt: In Polen spannen die Bauern große Hunde vor ihre Wagen. Vor der Pforte des Heiligtums hielten etwa zehn junge Leute Wache, welche an den Pfosten lehnten. Es waren hübsche Menschen in langen Kaftanen von schwarzem Atlas, mit blühenden bartlosen Gesichtern, den unvermeidlichen kleinen Locken und Kalpaks von Pelz auf dem Kopfe. Sie betrachteten die Leute, welches das Haus ihres Meisters belagerten, mit einem Lächeln, in dem eine gewiße Ironie lag. Wir wurden sofort eingelassen.

Ein junger Chassid mit dem Gesicht eines jungen Fuchses führte uns. Wir stiegen die Treppe empor, passierten ein Vorzimmer und befanden uns in einem großen Raume, in welchem die Damen des Hauses versammelt waren. Es waren die Frau und die Schwiegertochter des Zadik, es waren seine Töchter und seine Nichten. Ich glaubte mich in den Harem des Sultans zu Konstantinopel versetzt. Alle diese Frauen waren schön oder doch hübsch, alle schauten uns halb erstaunt, halb lächelnd mit ihren großen, schwarzen Samtaugen an, alle waren in seidene Schlafröcke und lange Kaftans von Seide oder Samt gekleidet, welche mit kostbarem Pelzwerk besetzt und gefüttert waren.

Man sah alle Farben und alle Arten von Pelzwerk, gelbe und rosa Seide, grünen, roten und blauen Samt, Feh, Hermelin, Marder und Zobel. Die Frauen trugen Stirnbinden mit Edelsteinen, die Mädchen lange Zöpfe, mit Perlen durchflochten. Noch ein Vorsaal, in dem wieder Wächter die Tür hüteten, diesmal Männer mit grauen Bärten, die alte Garde des Zadik.

Endlich wurde ein großer, schwerer Vorhang beiseite geschoben, und wir traten in das große Zimmer, in welchem der Zadik die Bittsteller zu empfangen pflegte. An der Wand, gegenüber dem Eingang, stand ein alter türkischer Diwan, auf dem der Zadik lag. Neben ihm befand sich ein kleines Tischchen, auf dem ein in Leder gebundenes Buch lag. An den anderen Wänden waren noch einige Stühle, ein kleiner Schrank, ein Ofen, in dem ein mächtiges Feuer brannte, sonst nichts. Der Zadik war ein kleiner, magerer Mann mit weißem Haar und langem, weißem Barte. Sein Gesicht war sanft und intelligent. Seine blauen Augen waren sehr merkwürdig. Man konnte in denselben alles finden, was man nur wollte, einen starken Willen, einen durchdringenden Geist, Fanatismus, Güte, Sanftmut, Heiterkeit, Ironie, kurz alles. Der Zadik grüßte uns mit der Hand, ohne sich zu erheben. Einer der Chassidim brachte uns Stühle, ein anderer zündete ihm die Lulka, die lange Pfeife, an, und dann gingen die Wächter hinaus, und wir blieben mit dem Wundermann allein. Mein Onkel sagte ihm, ich hätte viel von ihm gehört, sogar in Wien, wo ich gewesen, spräche man von ihm. Ich hätte den Wunsch, zu sehen, wie er die Bittenden berate und befriedige. Er bat ihn, die Leute einzulassen und mir gleichsam eine Extravorstellung zu geben. Der Zadik sah mich an und lächelte. »Sie sind ziemlich neugierig, junger Mann«, sagte er, »aber ich will Ihre Neugierde befriedigen. Ihre Familie hat immer die Juden protegiert, und auch Sie sind kein Rosche, kein Judenfeind.«

Er klingelte, die Wächter stürzten herein, und der Zadik befahl, die Leute der Reihe nach einzulassen, jedesmal zehn zugleich. Es war interessant, die Bittsteller zu beobachten, welche jetzt voll Ehrfurcht hereintraten, den Zadik demütig grüßten und in der Nähe der Tür stehen blieben.

Da war ein reicher Jude im Pelz mit seinem kranken Kinde, das erbärmlich schrie. Ein anderer im geflickten Talar, welcher unausgesetzt seufzte, ein dritter, reich gekleidet, sehr dick, mit einem roten Gesicht, das wie der Vollmond glänzte. Zwei polnische Bauern in ihren Schafspelzen, eine Armenierin, ein Soldat in weißer Uniform, ein Mennonit, ein deutscher Kolonist und eine hübsche, furchtsame Frau in jüdischer Tracht die sich hinter den anderen versteckte.

Der Zadik sprach mit jedem, und für jeden fand er Trost, Rat, Hilfe. Der erste war der Mann mit dem kranken Kinde. Der Zadik nahm dieses schreiende Kind, und sofort wurde es ruhig. Er hauchte es an, strich es mit den Händen, sprach ein Gebet und gab den Knaben dem Vater zurück. Dann einige

Ratschläge, welche mein Onkel vollkommen richtig fand. Ich hörte später, daß das Kind wirklich gesund geworden war.

Der dicke Mann mit dem roten Gesicht erzählte, daß er nicht mehr schlafen könne, weil ihm jede Nacht der Geist seines verstorbenen Vaters erscheine. »Wer ist denn schuld«, sagte der Zadik, »als du selbst? Dein Vater hat dich auf dem Totenbett ermahnt, die 500 Dukaten zu bezahlen, welche er dem Salomon Tabak schuldig war und über welche Tabak keinen Schuldschein besitzt. Du hast sie nicht bezahlt, also kommt dein Vater nachts, dich zu erinnern. Bezahle die 500 Dukaten, und du wirst Ruhe haben.«

Plötzlich erblickte der Zadik die hübsche Frau, die sich versteckte. Er winkte den anderen, sich zu entfernen, und forderte die Frau auf, sich zu nähern und neben ihm Platz zu nehmen. »Wozu diese jüdischen Kleider?« sprach er, »ich weiß ja doch, daß du eine Christin und eine Edelfrau bist.« Die junge Frau wurde rot und verlangte, allein mit dem Zadik zu sprechen. Er näherte sein Ohr, und sie vertraute ihm ihr Geheimnis an. Offenbar war sie mit seinem Rat sehr zufrieden, denn sie legte ein reiches Geschenk auf den kleinen Tisch nieder und ging mit einem Lächeln hinaus.

Jetzt war es mein Onkel, der den Zadik zu Rate zog. Zwei Juden hatten sich geschlagen. Abel Zwiebel hatte den Isaak Maschorke einen Am-ha'arez, einen Ketzer genannt, und Maschorke hatte den guten Zwiebel geprügelt. Zwiebel hatte infolgedessen die Sprache verloren. Er war stumm wie ein Fisch, und seine Familie hatte sich beim Gericht beklagt, und man hatte meinem Onkel befohlen, den Abel Zwiebel zu untersuchen. War er wirklich stumm geworden durch die Schläge, welche ihm Maschorke gegeben hatte, so war dies für Maschorke, der ein braver, arbeitsamer Mensch war, ein großes Unglück, und er konnte eine schwere Strafe erwarten.

Der Zadik lächelte. »Aber Zwiebel ist nicht stumm«, sagte er, »er spielt nur Komödie, lassen Sie sich nicht durch ihn täuschen. Ich kenne beide. Zwiebel ist ein Taugenichts und Maschorke ein ehrlicher Mann. Man muss ihm helfen.« Der Zadik gab meinem Onkel einen Rat, der ihm sehr gut gefiel, denn mein Onkel liebte solche Späße, und wir begaben uns auf der Stelle nach Snyatin zu Abraham Zwiebel. Wir fanden ihn im Bett, umgeben von seiner trauernden Familie. Mein Onkel setzte sich ruhig an sein Bett und begann ihn auszufragen. »Also Maschorke hat dich geschlagen?« Zwiebel nickte. »Er hat dich sehr stark geschlagen?« Zwiebel nickte zweimal. »Er hat dich so geschlagen, dass du die Sprache verloren hast?« Abel nickte dreimal. »Da ist nichts zu machen«, sagte mein Onkel, »Maschorke wird furchtbar bestraft werden, man wird ihn für ein Jahr in das Gefängnis setzen. Ich muß dich aber noch etwas untersuchen. Zeige mir deine Zunge.« Abel zeigte sie. »Jetzt den Puls.« Abels Hand kam unter der Decke hervor, und mein Onkel fühlte ihm den Puls. Eine feierliche Stille herrschte in dem kleinen Zimmer. Plötzlich sprang Abel in seinem Bette auf und brüllte laut wie ein Stier. Mein Onkel hatte einfach den Rat des Zadik befolgt und, während er den Puls fühlte, den stummen Abel mit einer großen Nadel gestochen. »Oh!« sagte mein Onkel, »ich sehe, daß du gar nicht stumm bist, im Gegenteil hast du eine prächtige Stimme, ich rate dir, singen zu lernen und zur Oper zu gehen.« Damit war die Sache vorüber. Abel war nicht stumm, und der arme Maschorke war gerettet!

Rose Ausländer
Bukowina III

Grüne Mutter
Bukowina
Schmetterlinge im Haar

Trink
sagt die Sonne
rote Melonenmilch
weiße Kukuruzmilch
ich machte sie süß

Violette Föhrenzapfen
Luftflügel Vögel und Laub

Der Karpatenrücken
väterlich
lädt dich ein
dich zu tragen

Vier Sprachen
Viersprachenlieder

Menschen
die sich verstehn.

Mutterland

Mein Vaterland ist tot
sie haben es begraben
im Feuer

Ich lebe
in meinem Mutterland
Wort

Czernowitz

Gestufte Stadt
    im grünen Reifrock
Der Amsel unverfälschtes
    Vokabular

Der Spiegelkarpfen
in Pfeffer versulzt
schwieg in fünf Sprachen

Die Zigeunerin
las unser Schicksal
in den Karten

Schwarz-gelb
Die Kinder der Monarchie
träumten deutsche Kultur.

Legenden um den Baal-Schem
Aus Sadagura: die Wunder

Nach dem roten Schachspiel
wechseln die Farben

Der Walache erwacht -
schläft wieder ein
Ein Siebenmeilenstiefel
steht vor seinem Bett -
    flieht

Im Ghetto:
Gott hat abgedankt

Erneutes Fahnenspiel:
Der Hammer schlägt die
    Flucht entzwei
Die Sichel mäht die
    Zeit zu Heu.

ALFRED GONG
Topographie

Auf dem Ringplatz zertrat seit 1918
der steinerne Auerochs den k. und k. Doppeladler.
Den Fiakerpferden ringsum war dies pferdeapfelegal.
Vom Rathaus hing nun Rumäniens Trikolore
und die Steuerbeamten nahmen Bakschisch
und sprachen rumänisch. Alles andere sprach
jiddisch, ruthenisch, polnisch und ein Deutsch
wie z. B.: »Ich gehe fahren mich baden zum Pruth.«
Auch hatte Czernowitz, wie Sie vielleicht nicht wissen,
eine Universität, an der zu jedem Semesterbeginn
die jüdischen Studenten von den rumänischen heroisch
verprügelt wurden.

Sonst war dies Czernowitz eine gemütliche Stadt:
die Juden saßen im Friedmann bei Fisch und Piroggen,
die Ruthenen gurgelten in Schenken und Schanzen,
die Rumänen tranken vornehmlich im Lucullus
(wo, wie man annehmen darf, auch der junge Gregor von
Rezzori an einem Viertel Cotnar mäßig nippte).
Den Volksgarten nicht zu vergessen, wo sich sonn- und
feiertäglich Soldaten und Dienstmädchen bei vaterländischen
Märschen näherkamen. Wochentags schwänzten hier
Gymnasiasten. (Gelegentlich konnte man dem Schüler
Paul Celan mit Trakl unterm Arm bei den Tulpen
begegnen.)

So ging das halbwegs geruhsam bis 1940.
Da kamen die Sowjets friedlich zu Tank
und befreiten die nördliche Bukowina.
Die Rumänen zogen ohne Schamade
ordentlich ab in kleinere Grenzen.
Die Volksdeutschen zog es reichheimwärts.
Die Juden, bodenständiger, blieben.
(Die eine Hälfte verreckte in Novosibirsk,
später die andere in Antonescus Kazets.)

Die Steppe zog ein und affichierte ihre Kultura.
Die Gräber blieben unangetastet
bis auf weiteren Ukas.

Moses Rosenkranz
Bukowina 1940–1941

Nicht zerworfen in Nationen
durften einst in deinen Grenzen
Völker Bukowina wohnen
sich im Lebensdienst ergänzen.

Heut durch Flaggen aufgeboten
Kirchenfähnlein auch geschieden
wachsen Hügel über Toten
zwischen euch einst eins in Frieden.

Und das arme Land gepriesen
bis zu euch als fromme Stelle
heute darbt es ausgewiesen
als ein Tummelplatz zur Hölle.

Paul Celan
Nähe der Gräber

Kennt noch das Wasser des südlichen Bug,
Mutter, die Welle, die Wunden dir schlug?

Weiss noch das Feld mit den Mühlen inmitten,
wie leise dein Herz deine Engel gelitten?

Kann keine der Espen mehr, keine der Weiden,
den Kummer dir nehmen, den Trost dir bereiten?

Und steigt nicht der Gott mit dem knospenden Stab
den Hügel hinan und den Hügel hinab?

Und duldest du, Mutter, wie einst, ach, daheim,
den leisen, den deutschen, den schmerzlichen Reim?

Georg Heinzen
Wo die Hunde die Namen olympischer Götter trugen

»Was, um Gottes willen, wollen Sie in Tschernowzy?« Der alte polnische Professor sprach aus, was alle Reisenden in dem Sechserabteil des Nachtzuges dachten, der von Posen nach Krakau ratterte. Sie starrten mich an wie einen Verrückten. Die Ukraine schien für diese Polen das Ende der Welt zu sein, die ganz falsche Richtung. Und wie um den bösen sowjetischen Geist zu bannen, packte eine Studentin, die gerade aus Paris zurückkam, wo sie ein halbes Jahr au pair gearbeitet hatte, einen Sechserpack Coca-Cola aus.

»Tschernowzy!« rülpste der finstere Mann am Fenster, der wegen einer Beerdigung von der Ostsee in die Tatra reiste, und verkroch sich in seine Jacke. »Tschernowzy!« fluchte der Soldat neben mir, weil er sich seine Uniform vollgekleckert hatte. Tschernowzy! hämmerten die Räder des Zuges. Tschernowzy...

Czernowitz, das waren Sonntage, die mit Schubert begannen und mit Pistolenduellen endeten. Czernowitz, auf halbem Weg gelegen zwischen Kiew und Bukarest, Krakau und Odessa, war die heimliche Hauptstadt Europas, in der die Metzgerstöchter Koloratur sangen und die Fiaker-Kutscher über Karl Kraus stritten. Wo die Bürgersteige mit Rosensträußen gefegt wurden und es mehr Buchhandlungen gab als Bäckereien. Czernowitz, das war ein immerwährender intellektueller Diskurs, der jeden Morgen eine neue ästhetische Theorie erfand, die am Abend schon wieder verworfen war. Wo die Hunde die Namen olympischer Götter trugen und die Hühner Hölderlin-Verse in den Boden kratzten. Czernowitz, das war ein Vergnügungsdampfer, der mit ukrainischer Mannschaft, deutschen Offizieren und jüdischen Passagieren unter österreichischer Flagge zwischen West und Ost kreuzte.

Czernowitz war ein Traum. Die glückliche Ehe der Habsburger mit dem deutschsprachigen jüdischen Bürgertum, das diesen Außenposten der k.u.k. Donaumonarchie am Rande der bessarabischen Steppe zu einem ökonomischen und vor allem kulturellen Zentrum Osteuropas machte. So gab es keinen Star, von Franz Liszt bis Hans Moser, der nicht gern auf diesem westöstlichen Diwan verweilte und sich von dem typisch Czernowitzer Lebensgefühl aus Toleranz und Leichtsinn verzaubern ließ.

Dieser Walzertraum endete mit dem Ersten Weltkrieg. Czernowitz fiel als Kriegsbeute Rumänien zu, und wer nun auf dem Standesamt das Aufgebot bestellen wollte, mußte einen rumänischen Dolmetscher mitbringen. Aber das polyglotte Cernăuti, wie Czernowitz nun hieß, wo jedes Dienstmädchen drei Sprachen beherrschte, nämlich Deutsch, Polnisch und Ukrainisch, ertrug diese rumänische Zeit mit Gelassenheit. Die Juden feierten wie immer mit den

Deutschen Weihnachten, und wenn die Juden ihr Passah-Fest begingen, aß ganz Czernowitz Matze, das ungesäuerte jüdische Osterbrot.

Unter die Stiefel der Weltgeschichte geriet die Stadt erst 1939 mit dem Abschluß des Hitler-Stalin-Pakts, der Czernowitz der Sowjetunion zusprach. Die deutschen Czernowitzer, die vor fast 200 Jahren vornehmlich aus Schwaben eingewandert waren, mußten mit 50 Kilo Gepäck pro Person »heim ins Reich«. Dann marschierte die Rote Armee in Czernowitz ein. Allerdings kamen die Deutschen bald zurück, als Soldaten, und mit ihnen die Waffen-SS. Und die selektierte die Bevölkerung nach einem Kriterium, das in dem multikulturellen Czernowitz nie eine Rolle gespielt hatte, der Rassenzugehörigkeit.

Die Czernowitzer Juden, die die Deportationen und Exekutionen überlebten, flüchteten nach der Rückkehr der Roten Armee über die nahe Grenze nach Rumänien und später vor der heraufziehenden Ceausescu-Diktatur in alle Welt. Nach London, wie der Ökonom Sir Erich Roll, nach New York, wie der Genetiker Erwin Chargaff, nach Paris, wie der Dichter Paul Celan.

Heute heißt Czernowitz Tschernowzy, hat 290 000 Einwohner und ist eine Bezirkshauptstadt der Ukrainischen Sowjetrepublik. Und als ich nach 38stündiger Bahnfahrt über Berlin, Posen, Krakau und Lemberg in Tschernowzy aus dem Zug steige, befinde ich mich nicht in einer Operette von Johann Strauss, wenn auch noch der k.u.k. Bahnhof so aussieht, als würde gerade die Kaiserin Sissi zur Sommerfrische erwartet. Aber das neue Stück, das hier inszeniert wird, entstammt dem Geist des Sozialismus. Und der zeichnet sich noch immer dadurch aus, daß er alles plant, auch die Gefühle der Touristen. Und bevor ich eine Chance habe, die Szenerie aus Lokomotivendampf, Liebespaaren und Leutnants zu genießen, werde ich schon von einer jungen Frau angesprochen, während mir ein großer Mann meinen Koffer aus der Hand reißt. [...]

Dreiländereck Transkarpatien

Karel Čapek
Die Ballade von Juraj Čup

»Meine Herren, so etwas kommt wirklich vor«, sagte der Gendarmeriehauptmann Havelka, »manchmal zeigt sich nämlich bei Verbrechern eine besondere Gewissenhaftigkeit und ein Sinn für Ordnung. Darüber könnte ich mancherlei erzählen, aber am merkwürdigsten erscheint mir der Fall Juraj Čup. Er ereignete sich, als ich in Jasina in Karpathorußland bei der Gendarmerie diente.

Es war in einer Januarnacht, wir saßen beim Juden und soffen; es waren der Bezirkshauptmann da, irgendein Eisenbahninspektor, alles Leute in höheren Stellungen, und, wie man sich denken kann, auch Zigeuner. Hören Sie, diese Zigeuner, wenn die einem so ins Ohr spielen, immer näher treten, immer leiser fiedeln, wenn sie einen mit ihren Tönen umgarnen, da ... da ... da ziehen sie einem beinah die Seele aus dem Leib; ich sage Ihnen, Zigeunermusik ist ein schreckliches, geheimnisvolles Laster. Als sich diese Töne in mir festgesaugt hatten, da schluchzte ich, da röhrte ich wie ein Hirsch, da stieß ich das Seitengewehr in die Tischplatte, zerschlug Gläser, sang und stieß den Kopf gegen die Wand, verlangte jemand zu lieben oder zu töten – so geht es dem, den die Zigeunermusik behext. Und wie ich so mittendrin war, kam der Schankjude auf mich zu und sagte, draußen warte ein Kleinrusse auf mich.

›Soll er doch warten oder morgen wiederkommen‹, schrie ich, ›ich beweine hier meine Jugend und begrabe meine Träume; ich liebe ein Weib, ein schönes, großartiges Weib – spiel auf Zigeuner, spiel mir den Schmerz von der Seele.‹ Derartige Reden führte ich; das gehörte zu dieser Musik, das Weh und das Saufen. Nach etwa einer Stunde kam der Wirt wieder, der Kleinrusse stehe noch immer da draußen in der Kälte. Nun hatte ich meinen Schmerz und meine Jugend noch lange nicht genug beweint und im Tokaier ertränkt; ich winkte nur mit der Hand wie Dschingis-Khan, mit einer Gebärde, als ob mir alles gleichgültig wäre – spiel nur, Zigeuner, spiel! Und was dann weiter geschah, das weiß ich nicht mehr genau, aber als ich am Morgen aus der Schenke trat, war ein so starker Frost, daß der Schnee unter meinen Füßen wie Glas klirrte, und vor der Kneipe stand in weißen Opanken, in weißen Hosen und weißem Schafpelz noch immer jener Kleinrusse. Und als er mich sah, verneigte er sich tief und murmelte etwas.

›Was willst du, Bacsi?‹ fragte ich ihn. ›Wenn du mich lange aufhältst, kriegst du eins in die Fresse!‹

›Großmächtiger Herr‹, antwortete der Kleinrusse, ›mich schickt der Bürgermeister aus Volova Lehota zu Ihnen. Die Marina Matejová ist ermordet worden.‹

Ich wurde sofort nüchtern. Volova Lehota, das war so eine Siedlung oder schon mehr eine Einöde, dreizehn Häuser, einige Kilometer von hier irgendwo in den Bergen; kurzum, eine schöne Bescherung bei dieser Kälte. ›Herrgott‹, schrie ich, ›und wer hat sie umgebracht?‹

›Ich habe sie getötet, großmächtiger Herr‹, sagte der Kleinrusse demütig. ›Juraj Čup nennt man mich, Dimitri Čups Sohn.‹

›Und du zeigst dich nun selbst an?‹ schrie ich.

›Der Bürgermeister hat es befohlen‹, entgegnete Čup ergeben. ›Juraj, hat er gesagt, melde dem Gendarmen, daß du die Marina Matejová erschlagen hast!‹

›Und warum hast du das getan?‹ brüllte ich.

›Gott hat es so gewollt‹, sagte Juraj, als ob es die selbstverständlichste Sache von der Welt sei, ›Gott hat befohlen: Töte deine leibliche Schwester, die vom bösen Geist besessen ist.‹

›Zum Teufel noch mal‹, sagte ich, ›und wie bist du von Volova Lehota hierher gekommen?‹

›Mit Gottes Hilfe‹, erwiderte Juraj Čup. ›Der Herr hat mich beschützt, damit ich nicht im Schnee umkomme. Gelobt sei sein Name.‹

Wenn Sie eine Ahnung hätten, was ein Schneesturm in den Karpaten bedeutet, wenn Sie wüßten, was das heißt – zwei Meter hohe Schneewehen, und wenn Sie diesen mageren kleinen Mann gesehen hätten, diesen Juraj Čup, der außerdem noch sechs Stunden im Frost vor der Spelunke auf mich gewartet hatte, um sich selbst zu beschuldigen, eine unwürdige Dienerin Gottes, die Marina Matejová, getötet zu haben, was hätten Sie da getan? Ich habe mich bekreuzigt, und auch der Juraj schlug ein Kreuz, aber dann habe ich ihn festgenommen; ich rieb mir das Gesicht mit Schnee ab, schnallte mir die Schier an, nahm noch einen Gendarmen mit, Kroupa hieß er, und wir fuhren hinauf nach Volova Lehota. Und hätte mich ein Gendarmeriegeneral höchstpersönlich angehalten und gesagt: ›Havelka, du Rindvieh, nirgends fährst du hin, bei so einem Schnee kommst du um‹, hätte ich nur salutiert und geantwortet: ›Ich melde gehorsamst, Herr General, Gott hat es befohlen.‹ Und hätte den Weg fortgesetzt. Und Kroupa wäre auch weiter mitgefahren, denn er stammte aus Žižkov; und ich habe noch keinen Žižkover kennengelernt, der nicht dabeisein wollte, wenn es um ein Bravourstück oder um sonst etwas ging. Wir fuhren also los.

Den Weg will ich Ihnen nicht schildern; nur das möchte ich Ihnen sagen, daß der Kroupa zuletzt vor Angst und vor Erschöpfung schluchzte wie ein kleines Kind; an die zwanzigmal dachten wir, daß es nun mit uns zu Ende sei und wir uns nicht mehr von der Stelle rühren könnten. Diese dreißig Kilometer haben wir in elf Stunden zurückgelegt, von einer Nacht zur andern, das erwähnte ich nur, damit Sie sehen, wie beschwerlich es war. Meine Herren, so ein Gendarm hat eine Pferdenatur, wenn der schon niedersinkt und weint, dann muß es so sein, daß es sich nicht mehr schildern läßt. Ich ging wie im

Traum umher und wiederholte mir immer wieder: Diesen Weg hat Juraj Čup zurückgelegt, ein Mensch wie ein Taschenmesser, und dann hat er außerdem noch sechs Stunden im Frost gestanden, weil es der Bürgermeister befohlen hat, Jurai Čup in feuchten Opanken, Juraj Čup im Schneesturm, Juraj Čup mit Gottes Hilfe. Wenn Sie sähen, daß ein Stein statt abwärts aufwärts fällt, würden Sie das ein Wunder nennen; aber keinem fiele es ein, die Wanderung dieses Juraj, der sich selbst zur Anzeige brachte, als ein Wunder zu bezeichnen; dabei liegt darin weit mehr als in dem Stein, der aufwärts fällt. Oder besser gesagt: wer Wunder sehen will, soll sie in den Menschen suchen und nicht in den Steinen.

Als wir endlich in Volova Lehota ankamen, wankten wir nur noch wie Schatten unserer selbst, mehr tot als lebendig. Wir klopften beim Bürgermeister an die Tür, alles schien zu schlafen; dann kroch der Bürgermeister mit dem Gewehr heraus, er war ein bärtiger Riese, und als er uns sah, kniete er nieder und schnallte uns die Schier ab, sprach aber kein Wort. Wenn ich mich daran erinnere, sehe ich erschütternd deutlich seltsame Bilder vor mir: wie uns der Bürgermeister wortlos in eines der Gehöfte führte; in der Stube brannten zwei Kerzen, vor der Ikone kniete ein dunkelgekleidetes Weib, auf dem Bett lag Marina Matejová in weißem Hemd aufgebahrt, den Hals bis zur Wirbelsäule durchgeschnitten; es war eine grauenhafte, aber dabei sonderbar reine Wunde, wie sie entsteht, wenn ein Fleischer ein Tier teilt; und das Antlitz des Weibes war so überirdisch bleich, so weiß wie bei einem Menschen, der bis zum letzten Tropfen ausgeblutet ist.

Wortlos führte uns der Bürgermeister wieder hinaus; als wir in seine Stube traten, hatten sich bereits elf Mann in Schafpelzen eingefunden - ich weiß nicht, ob Sie den widerlichen Geruch dieser Pelze kennen: er ist irgendwie beklemmend und alttestamentarisch. Der Bürgermeister wies uns einen Platz an, hüstelte, verneigte sich und begann: ›Im Namen Gottes, wir beklagen den Tod der Marina Matejová. Der Herr sei ihr gnädig.‹

›Amen‹, sagten elf Bauern und bekreuzigten sich.

Der Bürgermeister begann: Vor zwei Tagen habe er in der Nacht ein leises Kratzen vernommen, als ob draußen jemand an der Tür scharre. Er dachte an einen Fuchs, nahm das Gewehr und öffnete. Auf der Schwelle lag ein Weib. Als er sie aufhob, fiel ihr Kopf nach hinten. Es war die Marina Matejová mit durchgeschnittener Kehle. Die Luftröhre war verletzt, deshalb konnte sie keinen Laut von sich geben.

Der Bürgermeister hatte die Marina in die Stube getragen und sie aufs Bett gelegt; dann hatte er den Hirten befohlen, zu blasen und alle Bauern aus Volova Lehota zu ihm zu rufen. Als sie beisammen waren, wandte er sich an Marina und sagte: ›Marina Matejová, bevor du deine Seele aufgibst, lege Zeugnis ab gegen deinen Mörder. Marina Matejová, habe ich dich getötet?‹ Marina konnte den Kopf nicht bewegen, sie schloß nur die Augen.

›Marina, war es hier dein Nachbar Vlaho, Vasils Sohn?‹

Marina schloß die anklagenden Augen.

›Marina Matejová, war es dieser Bauer Kohut, Vanka genannt? - War es dieser, der Martin Dudas, dein Nachbar? - Marina, war es dieser, Baran, genannt Sandor? - Marina, war es dieser, der hier steht, Andrej Vorobec? - Marina Matejová, war es Klimko Bezuchý, der vor dir steht? - Marina, war es dieser Mann, Stefan Bobot? - Marina, war der, der dich umbringen wollte, Tatka, der Bergbauer, der Sohn Mihal Tatkas? - Marina ...‹

In diesem Augenblick öffnete sich die Tür, und herein trat Juraj Čup, der Bruder der Marina Matejová. Marina erbebte und riß die Augen auf.

›Marina‹, fuhr der Bürgermeister fort, ›wer hat dich getötet? War es dieser hier, Fodor, mit dem Namen Terentik?‹

Aber Marina rührte sich nicht. ›Betet‹, sagte Juraj Čup, und alle Bauern knieten nieder. Dann erhob sich der Bürgermeister und sagte: ›Lasset die Frauen herein!‹

›Noch nicht‹, meinte der alte Dudas. ›Entschlafene Dienerin Gottes, Marina Matejová, gib in Gottes Namen ein Zeichen: hat dich Duro, der Hirte, umgebracht?‹

Es blieb still.

›Marina Matejová, du Seele vor dem Herrn, hat dich Toth Ivan, Ivans Sohn getötet?‹

Atemlose Stille.

›Marina Matejová, im Namen Gottes, hat dich dein eigener Bruder ermordet?‹

›Ich war es‹, gestand Juraj Čup. ›Der Herr hat mir befohlen, Marina, die vom bösen Geist besessen war, zu töten.‹

›Drückt ihr die Augen zu‹, befahl der Bürgermeister. ›Juraj, du gehst nach Jasina und stellst dich den Gendarmen. Du sagst, du habest Marina Matejová getötet. Bis dahin wirst du dich weder hinsetzen noch etwas zu dir nehmen. Geh, Juraj!‹ Dann öffnete er die Tür und ließ die Frauen kommen, die Tote zu beweinen.

Ich kann nicht sagen, ob es der Geruch der Schafpelze oder die Erschöpfung war oder gar die wunderbare Würde, die über allem lag, aber ich mußte hinaus in die Kälte, mir schwindelte; in meinem Inneren war ein Gefühl, das nach außen drängte, als ob ich sagen müßte: ›Kinder Gottes, Kinder Gottes! Wir werden Juraj Čup nach menschlichem Gesetz richten; aber in euch ist Gottes Gesetz.‹ Fast hätte ich mich vor diesen Menschen verneigt; aber das darf ein Gendarm nicht tun, und deshalb ging ich hinaus, um so lange zu fluchen, bis sich meine Gendarmenseele wieder beruhigt hatte.

Das Handwerk des Gendarmen ist ein rauhes Handwerk. Am Morgen fand ich in Juraj Čups Hütte einige Dollarnoten, die Marina von ihrem Mann aus Amerika erhalten hatte. Ich mußte das natürlich melden, und die Juristen machten daraus einen Raubmord. Juraj bekam den Strang; aber ich lasse mir nicht einreden, daß er jenen Weg nur mit menschlicher Kraft zurückgelegt haben soll. Ich kann menschliche Kraft am besten beurteilen. Und ich glaube ein wenig zu wissen, was Gottes Gericht ist.«

Anna Seghers
Bauern von Hruschowo

In alten Zeiten maß man auf den Karpaten den Wert eines Mannes nach den Axthieben, die er brauchte, um einen Baum zu fällen, so stark, daß ihn seine Arme noch eben umfassen konnten. Wie groß muß diese Kraft in den ersten Menschen gewesen sein, die aus den geordneten, ja heiligen Städten der Ebene bis zu dem Waldrand und mitten in die Wälder hineindrangen! Die Kraft, die den Menschen über sich weg zu den phantastischsten Handlungen hinreißt: der Hunger. Wo Menschen einmal hingeraten, da bleiben sie hängen. Die mächtigen Wurzeln der Bäume waren in die Hütten verflochten bis in die Stuben hinein. Die Bauern brachten ihr Holz und Geräte aus Holz in die Städte. Die Wölfe zogen sich zurück, weniger vor den Kugeln als vor dem Holzschlag und dem Knirschen der Sägen und allen Tönen der menschlichen Gemeinschaft. Sie konnten nur hie und da ein Schaf zerreißen und im Winter in die Höfe kommen; die Menschen hatten besser zusammengehalten und waren ihnen überlegen.

Als im achtzehnten Jahrhundert der Rakoczi-Aufstand gegen die Krone ausbrach, waren die Karpatenbauern so stark und mächtig, daß ihre Gefolgschaft ins Gewicht fiel. Der Aufstand ging verloren. Zur Strafe für ihre Hilfe nahm ihnen die Krone den Wald. Sie erklärte den Wald als Krongut und besetzte den Kamm der Karpaten mit Wachttürmen. In der ersten Zeit rotteten sich die Bauern zusammen und brannten die Türme aus. Sie erschlugen die Pachteinnehmer. Sie hielten es für unmöglich, daß ihnen der Wald genommen werde, in den ihre Väter die ersten Pfade hineingehauen hatten.

Ihre Kinder waren nicht umsonst dabei gewesen, wie die Väter getötet oder weggeführt wurden. Sie wehrten sich ebenfalls, aber ihr Wehren war schon etwas Vereinzeltes, etwas Bewundertes. Aus diesen Jahren stammten die Gesetze, welche bestimmten, daß Wilddiebe gehängt und beim Baumfällen betroffene Hände abgeschlagen und mit der Axt auf dem Dorfplatz ausgestellt wurden. Vieler solcher Hände wurden ausgestellt, aber ebenso viele verstekkten die Äxte in den Scheunen.

Das neue Geschlecht von Waldbauern lebte in Hütten aus Lehm und faulem Holz und ließ das magere Vieh auf der Dorfhalde weiden. Es zahlte mit seinem eigenen Blut, aber pünktlich die Pacht. Manchmal holten sich noch welche das Ihrige aus dem Wald. Aber das waren Wagehälse und Wennschon-Dennschon-Kerle, den ersten zu vergleichen, die in alter Zeit heraufgestiegen waren; bloß war jener Weg ein Anfang gewesen, und dieser war ein Ende. Die Waldbauern vergaßen ihren Ursprung, obwohl er nicht weiter zurücklag, als sich sonst Männer ihrer Geschichte erinnern. Ihre Körper hatten nichts mehr, sich dagegenzustemmen und wurden schwach, ihre Gedanken wurden träge.

Im Ersten Weltkrieg wurden die Männer als Grenzler möglichst weit weg, auf ganz entlegene Kriegsschauplätze geschickt. Das Leben floß weiter, in dünnem, aber zähem Faden. Manches der Dörfer wurde weggesprengt mit dem Berg, an dem es klebte. Andere Dörfer dösten im Kanonendonner weiter, unbewegt, in der Gewohnheit des Elends. Manchmal entlockte eine Nachricht dieser oder jener Dorfgasse einen heftigen Schrei. In jedem Schlaf hämmerte der Marsch der Armeen über die Gebirgspässe. Zuweilen in der Nacht öffneten Frauen Türe und Röcke den Flüchtlingen von jenseits der Berge. Die Backenknochen zerspannten die Haut. Der Hunger war schon ein Teil des Lebens, nichts mehr zum Klagen. Der einbrechende Winter mußte alles auslöschen.

Die Woytschuk in Hruschowo lag auf dem Bett, um zu gebären. Eine der Nachbarinnen, steckte Licht an, die andere verscheuchte die Hühner. Dann beugten sie sich über die Frau und redeten ihr zu, zu schreien. Aber die mühte sich stumm, wie man sich müht um Dinge, die einem eins sind und von vornherein zwecklos. Der Mann war vor neun Monaten daheim gewesen, sie wußte längst nichts mehr von ihm. Über dem Gesicht der Nachbarin, weit weg, in verlöschenden Ringen, kreiste das winzige Lichtchen in der unendlichen, ganz vollkommenen Dunkelheit der Welt. Keine von den Frauen hörte Soldatenschritte auf der Dorfstraße. Woytschuk erschien auf der Schwelle seiner Stube gerade in dem Augenblick, in dem in Hruschowo ein Vater in die Wochenstube kommen muß: wenn man die Nabelschnur durchschneidet.

Aus der zusammengebrochenen Armee strömten die Menschen in ihre Heimaten. Woytschuk stutzte, lachte und trat in die Stube. Aller Glanz aus dem ausgesogenen Körper der Frau, aus ihrem ausgewarteten Herzen, glühte auf in zwei winzigen Punkten, in ihren Augenwinkeln. Woytschuk berührte die Frau und drehte sich nach dem Kind. Das Kind wurde gewaschen und in den Korb gelegt. Er setzte sich vor den Tisch und umfaßte den Korb mit seinen beiden Armen. Das dünne Geschrei übertönte alle Schreie in seinem Kopf, Schreie von allen in Todesangst zurückgeworfenen Menschen. Woytschuk hatte aus der Armee noch etwas anderes mitgebracht als Läuse im Pelz. Dieser Korb voll Leben gehörte zu ihm, war von seiner Klasse. Woytschuks Blick blieb schließlich am Alleräußersten hängen, dem Weidenkorb. Er stand plötzlich auf und ging aus der Stube. Er ging in die Scheune und langte sich eine Axt. Er stieg in den Wald und schlug zu.

Drunten auf der Halde lagen ein paar Männer beim Vieh. Beim Klang der Axt schnellten ihre Köpfe zurück, eine Minute lang standen ihre Kinne in der Luft. Ein alter Mann ging zuerst von den anderen weg, den Berg hinauf. Der Baum lag auf der Erde. Woytschuk stemmte sich und hackte die Äste. »Woytschuk!« - »Da bin ich.« - »Was machst du?« - »Eine Wiege.« Dem Alten fiel das Kinn vor Erstaunen herunter. Er vergaß es hochzuziehen, der Speichel lief heraus. Woytschuk hackte weiter. Der Alte fragte: »Darf man das?« Woytschuk drehte sich schnell um. Er fing zu lachen an. Der Alte wischte sich verwirrt mit beiden Fäusten den Speichel aus den Mundwinkeln. Er sah von unten in Woytschuks Augen hinein. In Woytschuks Augen sah der Alte alles in allem: den Wald, wie er war, braune und grüne Falten der Berge, abgerissene Wolken, einen roten Tupfen, das Dorf. Seine Blicke tauchten tief in diesen Augenwald. Er lag nahe und greifbar unter Woytschuks Brauen. Der Alte drehte sein Gesicht weg gegen den Berg. Der Wald war verändert.

Nach einigen Tagen stieg ein Haufen Bauern das alte Bachbett, eine fast senkrechte Mulde, bis zum ersten Wachturm hinauf. Woytschuk war unter ihnen, der alte Sedoriak, Lakata, Iwan Ruschtschuk, lauter frisch Heimgekommene. Der kleine Ruschtschuk, ein Fünfzehnjähriger, wedelte um den Soldatenbruder, betupfte manchmal dessen ledernen Gürtel. Die Kriegsjahre hatten seinen braunen Gliedern nichts zugegeben, hatten sie bloß in die Länge gezogen, zu dürren Strängen. Gestern hatte der plötzlich heimgekommene Bruder mit ungeheurem Knall die Tür aufgeschlagen, aufgeschlagen die taube, in der schimmeligen Stube eingedumpfte Stirn des kleinen Ruschtschuk. Ungeheuer groß hatte der Bruder auf der Schwelle gestanden, hoch über Mutter und Brüdern und Schwestern und Hühnern und Ziegen, in den mächtigsten Schäften der Erde, faustdicke Kotklumpen von fremden Landstraßen. Unter seinen ausgebreiteten Armen entwich durch die offene Tür in einem Zug die aufgespeicherte Luft mit den Seufzern der Mutter, dem Wimmern der kleinen Kinder, dem kranken Blöken des Kälbchens, alle abgestandene Langeweile des Hungers. Der Kleine hielt sich im Steigen dicht am Bruder. Er wunderte sich nicht, daß alles anders war. Er wartete nur noch auf mehr.

Drunten im Dorf horchten die Weiber nach dem Holzschlag. Er holperte zuerst, wurde hartnäckig und gleichmäßig. Das Echo riß sich los und sprang in die Berge. Die Männer hielten ein und horchten verwundert nach dem Echo, das in der Luft erstarrt schien. Sie sahen sich lächelnd an: In den anderen Dörfern waren sie auch in den Wald gegangen. Wie sie am Abend herunterstiegen, Ruschtschuk und Woytschuk voran, wurden sie angerufen. Gendarmen traten in die Mulde. Sie blieben gegeneinander stehen, Gesicht gegen Gesicht. Jeder Punkt schien den gegenüberliegenden Punkt zu wägen. Ihre Blicke verharrten gegeneinander. Die Knöpfe ihrer Röcke schienen sich anzublinken. Ein kleines Lächeln hüpfte aus den Augenwinkeln in die gegenüberliegenden Augenwinkel, welchselte kreuzweise von Augen zu Augen. Inzwischen hatten die Bauern sie eingeholt, blieben im Rücken stehen. Woytschuk setzte den Fuß vor, die Gendarmen traten zur Seite.

Die Lichtung über der Halde wurde breiter. Die Dörfer waren wie ausgedürstet, tranken Holz. Die Hütten waren so morsch, daß sie sich an den Schultern der Menschen aufrecht hielten. Sie faulten zu Ende im Herbstregen. Jeder wollte noch vor dem Winter ein neues Dach. Sie stellten auf die Gräber frische Holzkreuze. Die abgeholzten Plätze waren gut zu Versammlungen. Große Feuer hielten bis in die Nacht die Bauern zusammen. Die Soldaten wußten Bescheid: Die Welt wird ganz anders. In Rußland gibt es einen Lenin, die Erde wird den Herren weggenommen. Wald und Feld wird den Bauern gegeben.

Hinter dem Wald lag das Bergwerk von Akna Slatina. Kranke Hütten froren verdrossen in schmierig-weißem Salzreif. In die schiefen Mäuler der Schenken war ein Brei von Menschen eingestopft, aufgeweicht in Schnaps. Drin verdunsteten ihre Gedanken zu Träumen, ihr Zorn zu Flüchen.

Jetzt kamen auch Arbeiter auf die Holzplätze. Aus dem dicken Menschenknäuel hoben sich Gesichter, Arme und Fäuste. Durch die dicke Luft der Kneipen hämmerten schwarz und weiß die Buchstaben der letzten Aufrufe.

Der einbrechende Winter wickelte noch einmal die wilden Dörfer in Schnee. Im Frühjahr brachten Boten den Umsturz aus Ungarn. Diesseits der Karpaten standen Arbeiter und Bauern zur roten Diktatur. Flugblätter kamen bis in die Wälder, nisteten selbst in der Dorfgasse. Die Dorfgemeinde wählte Woytschuk zum Dorfrichter.

Einige Wochen lang sprang der Schneebach die Mulde herunter. Holzfuhrwerke und Herden rissen neue Wege in die Wälder. Um diese Zeit war früher das Vieh in eine dürftige, klägliche Freiheit getrieben worden. Jetzt kam es auf tiefe, unbekannte Weideplätze. Es drückte seine Hälse gegen die Erde, trunken von der Weide, satten Glanz in den Augen. Der leichte Himmel stieg hoch, erstrahlte und senkte sich wieder, schwer von Sonne. Der Sommer war stiller als das Frühjahr. In den Wachttürmen gingen wieder Lichter an. Über die Landstraßen trappelten Reiter, sie ritten auf fremden, lustigen Pferden und trugen fremde Uniformen. Niemand wußte, wer sie waren. Aber sie waren keine von diesen Waldverschenkern und Landverteilern. Woytschuk wußte, Rumänen. Manchmal fanden die Bauern Flüchtlinge in ihren Holzstapeln versteckt. Sie waren hineingekrochen, schwach vor Hunger hängengeblieben und wagten sich nicht in die Dörfer. Sie brachten Nachrichten, Sturz der Diktatur, Bauern an ihren eigenen Bäumen aufgehängt, Arbeiter in die Flüsse geworfen mit drahtumwickelten Beinen.

In den Tälern wurde der Holzschlag seltener. In der frischen Luft war das frische Pferdegetrappel. Abends auf den Feuerplätzen vermischte sich Angst und Warten in eine Unruhe, die wie ein Schwaden über den Dächern stand. Alles duckte sich flüsternd, im Schatten von etwas Schwerem, Finsterem, das schon ganz nahe war, aber noch nicht zu sehen. Lenin hat sich endlich auf ein Pferd gesetzt und reitet. Er wird nicht mehr lange zusehen, die Herren haben Angst bekommen. In Uschhorod schicken die Fabrikanten Mehl und Tee an die Arbeiterheime. Die Bankiers bieten sich an, der Partei Geld zu leihen. Die Russen stehen vor Warschau. Dann war es vollkommen still, es kam gar nichts mehr, die Zeit war durchgerissen.

Eines Tages kamen fremde Männer nach Hruschowo und fragten nach dem Dorfrichter. Sie traten in Woytschuks Stube, Woytschuk mußte erst aus dem Wald geholt werden. Die Fremden flüsterten zuerst miteinander, schwiegen aber bald, denn die Stube bedrückte sie. Sie sahen sich schweigend um, senkten dann die Lider. In der zunehmenden Dämmerung verschwanden ganz und gar die fremden, unverständlichen Umrisse. Nur die hellen Augen des Kindes blieben im Dunkeln stehen, in der Luft, im Winkel unterm Tisch. Sogar auf dem Ofen gingen auf einmal Augen an; die Fremden rückten dicht zusammen. Woytschuk trat schnaufend ein und machte Licht. Jetzt war alles deutlich: die Frau, das Kind, das Kälbchen und jemand Uraltes auf dem Ofen. Die Fremden legten ein Papier auf den Tisch. Ein neuer Staat war aufgestanden. Er hatte Gesetze erlassen und Grundbücher revidiert. Er forderte von der Gemeinde Hruschowo Pacht für die benutzte Weide und Entschädigung für das gefällte Holz. Woytschuk riß das Papier durch. Die Fremden fragten, ob das der Wille der Dorfgemeinde sei. Woytschuk blies in das Häufchen Schnitzel. Die Fremden gingen zornig weg.

Im folgenden Monat kam, von Gendarmen begleitet, der Exekutor nach Hruschowo. Sie sollten das Vieh eintreiben.

Franz Carl Weiskopf
Heimkehr

Es ist besser, mit den Weisen zu weinen
als mit den Toren zu singen; es ist besser
in Freiheit trockenes Brot zu essen
als in Knechtschaft Kuchen.

Slawische Bauernweisheit

Diese Erzählung spielt in der Zeit großer Verwirrung und Schande, zwischen dem Münchner Handel (von dem Neville Chamberlain, Ministerpräsident Seiner Britischen Majestät, sagte: »Dieses Abkommen sichert den Frieden für unsere Generation!«) und dem Ausbruch des zweiten Weltkriegs, zehn Monate später.

I

Am frühen Morgen hatten sie Ivan Gološín entlassen. Die Uniform mit den Korporalsknöpfen war ihm abgenommen worden, das schöne braune Lederkoppel, die Militärwäsche und die eiserne Ration.

»Du gehörst nach Golovoje, und das haben wir an die Ungarn abtreten müssen«, hatte der Rechnungsfeldwebel gesagt und ihm dabei die noch ausstehende Löhnung, zwei Fünfkronenstücke und einige Nickel, hingeschoben, »es ist ein Befehl von Prag da, wir sollen alle Mannschaftspersonen demobilisieren, die infolge der Grenzveränderung Ausländer geworden sind. Verstehst du? Ach, Unsinn, natürlich verstehst du nichts von diesem verdammten Palawatsch. Wer kennt sich drin überhaupt aus? ... Na, abtreten!«

Ivan hatte seine Zivilkleider angezogen, die breite Hose von Hausleinen, das Hemd aus dem gleichen Stoff und die alte Flauschjacke mit dem schwarzen Brandfleck noch von Vaters Zeiten her. Ein gutes Gefühl, wieder sozusagen in seiner eigenen Haut zu stecken! Dann war er losgewandert, bergab, immer bergab, einen der gewundenen Fahrwege hinunter, die von der Hochebene hinunter in die Karpatenvorberge führen.

Der Abend traf ihn noch auf halbem Weg nach Golovoje an. Eine windschiefe Laubhütte - von den Hütejungen, die sie für den Sommer gebaut hatten, schon verlassen - bot Unterschlupf und Nachtlager. Ivan aß etwas von dem Mundvorrat, den sie ihm in der Kaserne noch mitgegeben hatten, scharrte einen Haufen Laub zusammen und vergrub sich darin.

Er konnte lange nicht einschlafen. Ein Gedanke, der sich wie ein träger Wurm im Kopf bewegte, ließ ihm keine Ruhe. Was bedeutete das alles? Daß der Krieg nicht gekommen war? Daß man ihn nach Hause schickte? Daß Golovoje, sein Heimatdorf, jetzt auf einmal anderswo lag, das heißt: nicht gerade anderswo, aber doch nicht mehr in der Tschechoslowakei ... also doch wohl anderswo ... ach, was!

Durch ein Loch im Laubdach sah Ivan den Mond heraufkommen. Er war schmal und weiß. Die Zweige der Föhren wurden in seinem Licht seltsam blau. So mußten die Bäume in den Bergwäldern aussehen, von denen die Großmütter erzählten - in den Grenzwäldern, wo die Riesenbären hausten und die Todbringenden Töchter des Schneekönigs und die Wurzelgeister und die Seelen der hochherzigen Räuber von anno dazumal.

Ivan schüttelte sich. Wenn er nur schon zu Hause wäre, oder wenigstens in Onokovo bei den Vettersvettern im Heu, wo es immer so angenehm warm war. Aber daheim lag sich's doch am besten. Daheim in dem Bretterverschlag neben dem großen Küchenofen.

Ivan Gološín sah plötzlich das Dorf Golovoje vor sich, greifbar nahe: das Haus von Kyrill Fenčuk mit der großen Weiberstube, den Laden des Leib Hirschkowicz, die Kirche, das Pfarrhaus gleich dahinter, den Tümpel am Dorfende und die Hütte, in der er selbst mit der Großmutter und mit Schwester Marina wohnte. Er sah das Bett, den Ofen, das Dielenbrett über dem Loch, wo die Flaschen mit dem Selbstgebrannten ruhten. Er roch die warme Luft in der Küche, den Duft der Bohnensuppe, die von Marina zu seinem Empfang gekocht werden würde, und die Blume des Selbstgebrannten.

Mit diesen Düften noch in der Nase wachte Ivan auf. Es war kalt. Der Morgen graute. Die schmale weiße Mondsichel verschwand hinter ziehenden Wolkenhaufen. Ivan kroch aus dem Laub, schüttelte sich wie ein Hund, der eben das Wasser verlassen hat, und machte sich auf den Weg.

Vom Land unten war nichts zu sehen; der Nebel verdeckte es. Aber gerade als die Sonne aufging, riß der Wind ein Loch in die weißen Schwaden, und der Kirchturm von Golovoje blitzte auf; man konnte meinen, er blinke eigens herüber.

II

»Tut mir leid«, sagte der ungarische Gendarm, dem Ivan Gološín seine Papiere über den Schlagbaum reichte. Der Schlagbaum war frisch gezimmert und ungestrichen; er sperrte die Straße nach Golovoje oberhalb der neuen Mühle. »Tut mir leid«, sagte der Gendarm nochmals, »du kommst hier nicht herein. Hier ist die Demarkationslinie, und wir dürfen nur Leute herüberlassen, die ein Visum haben oder einwandfreie Staatsbürger sind. Du hast kein Visum und bist noch gestern beim tschechischen Militär gewesen. Da ist nichts zu machen.« Er legte Ivans Entlassungsschein und Soldatenbuch auf den Schlagbaum und steckte die Hände in die Taschen seines Mantels, auf dessen großen Messingknöpfen eine Krone mit schiefem Kreuz zu sehen war. Offenbar erwartete er, daß Ivan etwas erwidern oder fragen werde, aber Ivan stand stumm da und starrte auf die Messingknöpfe.

Da war sie also, die ungarische Stefanskrone, zu der Golovoje jetzt gehörte! Da war die neue Behörde, von der vorhin, im Flecken Kolodna, der tschechoslowakische Grenzposten gesprochen hatte. »Du gehst jetzt von uns, was?« hatte er Ivan nach der Kontrolle gefragt. »Du wirst ein Ungarischer, was?« Und auf Ivans Achselzucken hin: »Na ja, ich weiß, wie das ist. Du hast dein Haus drüben und dein Stück Feld, und wo der Acker liegt, dort gehört auch der Bauer hin. Ist bei allen dasselbe. Also geh, mach's gut. Der Ungar steht unten bei der neuen Mühle. Dort mußt du dich melden. Dort ist jetzt deine Behörde.« Und nun wollte Ivans Behörde ihn gar nicht! Ivan begriff das nicht. Aber er blieb stumm. Mit Gendarmen ist nicht gut Kirschen essen. Man weiß niemals, was sie vorhaben, wie's in ihnen drinnen aussieht. Sie sind unberechenbar wie schwangere Katzen. Zehnmal geht so ein Gendarm an dir vorbei, ohne auch nur deinen Gruß zu beachten, und plötzlich, eines schönen Tages stellt er dich: »Halt! Die Tasche aufmachen! Wo ist der Schnaps? Gesteh nur gleich, daß du heimlich Schnaps brennst, sonst ...« Und wenn du deine Unschuld mit allen Eiden beteuerst und zu jammern anfängst wie ein gichtbrüchiges Weib, bricht er plötzlich in lautes Gelächter aus, weil er nur einen Spaß gemacht hat - aber es kann auch sein, daß er dich festnimmt und bei dir zu Hause das Unterste zuoberst kehrt, um den Selbstgebrannten zu finden. Ah, ja. Und die ungarischen Gendarmen sind womöglich noch ärger als die tschechischen Aijaja.

Während Ivan sich diese Gedanken durch den Kopf gehen ließ, senkte er die Augen und ließ die Arme schlaff hinunterhängen. Aber im Innern war er voller Spannung. Wer weiß, vielleicht meint es der Gendarm gar nicht so. Vielleicht besinnt er sich plötzlich, wird weich oder gleichgültig und sagt: »Na, gut, schau, daß du schon unten bist in deinem Golovoje, aber dalli!«

Doch der Gendarm besann sich nicht eines andern; er wurde nicht weich, sondern knurrte: »Was stehst du noch da, he? Du verstehst doch Ungarisch. Ich habe gesagt: Du darfst nicht herüber.«

»Ja, aber, ich bitte, ich bin doch aus Golovoje.«

»Wo du her bist, ist egal. Wo du hingehörst, das entscheidet. In deinen Papieren steht: heimatzuständig nach Černoholovo, und weil Černoholovo nicht zu uns gekommen ist, hast du auch nichts bei uns zu suchen. Das ist ganz in Ordnung. Und Ordnung muß sein. Wenn wir Černoholovo auch noch kriegen, dann ist die Sache anders, dann gehörst du zu uns. Aber Černoholovo kriegen wir wohl nicht. Wegen der Deutschen. Gottverdammt, was haben die sich eigentlich in unsern Handel mit den Tschechoslowaken zu mischen? Aber so ist das heutzutage: diese Deutschen stecken ihre Nase in alles. Es paßt ihnen nicht, daß wir Ungarn mit den Polen eine gemeinsame Grenze bekommen, also ziehen sie die Linie hier unten und lassen das Land im Norden den Tschechen, obwohl sie's vorher uns versprochen hatten. Und die Italiener, unsere Freunde, kuschen einfach. Schöne Schweinerei das. Was sagst du dazu?«

Ivan Gološín hätte nicht gewußt, was er dazu sagen sollte, doch wurde ihm die Verlegenheit erspart. Die Mühlentür ging auf, und jemand rief: »Wachtmeister, der Gulasch ist fertig.«

Der Gendarm schrie zurück: »Ich komme.« Er nahm den Karabiner vom Schlagbaum, an dem er lehnte, und ging in die Mühle, ohne Ivan auch nur einen weiteren Blick zu schenken.

Ivan Gološín blickte über den Balken hin in das ihm verwehrte Land. Die Straße lief den Wiesenhang hinab, verschwand in einem Wald, kam dahinter wieder zum Vorschein und wurde wieder von einem Wald verschluckt. Vor dem zweiten Wald lag das Dorf, Golovoje - genauso, wie Ivan es gestern im Traum gesehen hatte. Er legte die Hand schattend über die Augen und blickte scharf hinüber. Ja, dort am Dorfende stand seine Hütte mit dem hellen Fleck im tiefbraunen, überhängenden Dach. Wenn jetzt die Großmutter oder Schwester Marina aus der Tür träte und wenn er dann pfiffe, würde der Schall bis hinüber springen, über das ganze Tal.

Doch die Tür der Hütte blieb verschlossen. Die Frauen zeigten sich nicht. Wahrscheinlich saßen sie am Herd und brachten die Wintersachen in Ordnung. Oder sie waren über Land gegangen, zu den Verwandten in Raztoky.

Ein paar Kinder kamen aus dem nahen Wald auf die Straße gelaufen. Sie hatten Zapfen gesammelt. Ivan Gološín kannte sie. Er war ihnen häufig in Agovo begegnet, einem Nachbarflecken, den man von hier aus nicht sehen konnte, durch den jedoch die Straße nach Golovoje hindurchführte.

Ivan winkte den Kindern zu. »Kommt mal her!«

Nach einigem Zögern näherte sich ein struppiger, rotnasiger Junge dem Schlagbaum.

»Kennst du mich?« fragte Ivan.

Der Junge nickte.

»Weißt du, wie ich heiße und wo ich wohne?«

Wieder antwortete der Junge nur durch ein stummes Nicken.

»Also dann geh und sag meiner Schwester Marina, sie soll zur neuen Mühle kommen, ihr Bruder wartet auf sie; der Gendarm läßt ihn nicht durch. Wirst du das behalten?«

Der Junge nickte wortlos wie die ersten beiden Male.

Ob er das Reden verlernt habe, fragte jetzt Ivan Gološín, oder ob er sich fürchte?

»Nein ... nein, nein.«

Der Junge erhaschte das ihm zugeworfene Geldstück im Flug, wie ein hungriger Hund einen Brocken aufschnappt; dann sprang er zurück zu den andern Kindern. Eine Weile tuschelten sie miteinander, starrten Ivan aus großen Augen an, als hätten sie ihn nie zuvor erblickt. Das Kleinste fing plötzlich durchdringend zu heulen an.

Barhäuptig, mit aufgeknöpftem Uniformrock, erschien der Gendarm auf der Schwelle der Mühlentür und schrie: »Was gibt's, zum Teufel?«

Die Kinder nahmen plärrend Reißaus, so eilig, daß sie einen ihrer Körbe zurückließen. Der Gendarm trat auf die Straße und drohte hinter ihnen her. »Ihr seid zum letztenmal im Wald Zapfen sammeln gewesen. Das hat jetzt ein Ende. Ohne Erlaubnis darf niemand mehr ins Holz.« Er versetzte dem Korb einen Tritt, daß die Zapfen nach allen Richtungen auseinanderflogen. Dann wandte er sich gegen Ivan: »Und du, scher dich fort. Aber schnell. Sonst ...« Er machte eine Bewegung, als wolle er nach seinem Säbel greifen, besann sich jedoch sogleich, daß er nicht umgeschnallt hatte, und schloß: »Wenn ich dich nachher noch hier finde, kannst du Amen beten. Kapiert?« Er gab dem umgestürzten Korb noch einen Tritt und ging in die Mühle. Auf seinem Nacken leuchtete, über dem Uniformkragen, eine dicke rote Falte.

Ivan Gološín schaute den Kindern nach. Die waren schon weit. Ob sie der Marina seine Botschaft ausrichten würden? Wenn sie es taten, erzählten sie sicher auch von den Drohungen des Gendarmen. Ob Marina dann trotzdem zu kommen wagte?

Wie die Rangen liefen! Wenn sie wirklich in Zukunft nicht mehr ohne Erlaubnis in den Wald durften, war das schlimm für ihre Eltern, die Häusler von Agovo - denn eine Erlaubnis kostete Geld, das verstand sich von selbst, und Geld gab es gerade noch für die Steuer und ein paar Einkäufe im Laden von Leib Hirschkowicz. So also fing die neue Herrschaft an, die ungarische! Es wurde wieder, wie es zur Habsburgerzeit gewesen war, vor dem achtzehner Jahr. Damals mußte man auch dem Heger und Gendarm für die Erlaubnis zum Holz- und Beerensammeln zahlen. Fett und rund wurden die Behördlichen damals, fett und rund vom Schweiß der armen Leute. Specknacken bekamen sie ... Jawohl, Specknacken, so hatten die großen Räuber ihre Gegner genannt. Was wohl geschähe, wenn einer von ihnen, mit Dolch und Kugelbüchse bewaffnet, hier auftauchte und zur Mühle hinüberriefe: »He, du Spekknacken, komm mal raus und kurbel den Schlagbaum hoch!«

Die Mühlentür knarrte.

Hastig raffte Ivan Gološín seine Papiere, die noch auf dem Schlagbaum lagen, zusammen und machte sich davon. Erst nach ein paar Minuten, knapp vor der großen Straßenbiegung, blieb er stehen und blickte sich um. Kein Mensch war zu sehen. Nur der frischgezimmerte Balken sperrte, fremd und feindlich, die vertraute Straße ab.

Béla Illés
Uzhorod liegt in Marokko

In den auf die Schlacht von Namény folgenden Wochen befaßte sich General Paris nicht mehr mit der Kriegsführung. Er repräsentierte. Am Kriege beteiligte er sich nur dadurch, daß er die nach Frankreich gehenden Meldungen unterzeichnete. Die gegen die Ungarische Räterepublik gerichtete Intervention - die Führung des Angriffs gegen das umzingelte Land von Osten her - übergab er dem rumänischen General Mardarescu als Unterpächter. Mardarescu seinerseits übertrug dieses Geschäft einigen seiner Obersten. Er selbst beschäftigte sich mit der Ausplünderung der ›gesäuberten‹ Gebiete. Diese Arbeit aber verrichtete er mit Sachkenntnis, Begeisterung und beispielhafter Gründlichkeit. Besuchte er eine Musterwirtschaft, entging nicht ein Tier, nicht eine Maschine seiner Aufmerksamkeit. Legte er seine Hand auf eine Fabrik, blieben bloß die nackten Mauern an Ort und Stelle. Hatte er in einem Schloß zu tun, dann trug er nicht nur die ganze Einrichtung weg, sondern ließ auch den Parkettboden mitgehen. Und obwohl Andor Moldován, sein Agent, die auf solche Art erworbenen Sachen billigst verschleuderte, verdiente Mardarescu an diesem ›heiligen Krieg‹ gegen den Bolschewismus dennoch riesige Summen. Gewissenhaft überwies er die Hälfte des Reingewinns dem General Paris: zur Finanzierung des ›ideologischen Kampfes gegen den Bolschewismus‹. Durch diese Abmachung mit Mardarescu hatte Paris also nicht nur Zeit zum Politisieren, sie verschaffte ihm auch die Gelder, die zur Deckung der Kosten seiner glänzenden Hofhaltung erforderlich waren.

Kaminszky lenkte die Aufmerksamkeit des Generals auf eine zweite Verdienstmöglichkeit.

»Man sollte die staatlichen Wälder verkaufen!« regte er an.

Paris befolgte den Rat und verkaufte ein schönes Stück des riesigen Staatswaldes im östlichen Karpatenvorland an einen schwedischen Zündholzfabrikanten. Er beging aber den Fehler, Kaminszky auch nicht mit dem kleinsten Teil an dem Erlös zu beteiligen. General Paris dachte gar nicht daran, und es fiel ihm selbst dann nicht ein, als der Höfer von Ungvár mit unmißverständlicher Offenheit seine Provision forderte. Paris nahm das übel und sagte ihm seine Meinung. Kaminszky nahm die Auffassung des Generals zur Kenntnis und unterrichtete den Rat Lichi, was mit den Wäldern geschah, die Eigentum des tschechischen Staates waren. Lichi, der dem General noch von früher her zürnte, meldete nach Prag. Er berichtete nicht nur über das Schicksal der Staatswälder, sondern über alles, was sich Paris in der ›befreiten Provinz‹ geleistet hatte.

»Anscheinend ist General Paris des Glaubens«, schrieb Lichi unter anderem, daß Uzhorod in Marokko läge.«

In Prag hielt man es für das vernünftigste, Lichi nicht zu glauben. Als die Machenschaften des Generals unerklärlicherweise dennoch in Prag bekannt wurden, mußte etwas getan werden. Zumindest mußte verhindert werden, daß allzuviel darüber gesprochen wurde. Die Regierung fürchtete nicht nur die Franzosen, sondern auch die immer radikaler werdende Arbeiterbewegung, und Masaryk haßte alle Korruption aufrichtig. Etwas mußte also geschehen. Aber was? Was konnte die tschechische Regierung gegen einen französischen General unternehmen, der zu ihrer Unterstützung hergeschickt worden war?

Zum Glück hatten die tschechischen Politiker in der österreichischen Schule gelernt und wußten also, daß man einen Regierungskommissar ernennt, wenn in einer Sache etwas getan werden muß, in der nichts getan werden kann. Einen Regierungskommissar ohne Machtbefugnis, aber mit großer Verantwortlichkeit. Die tschechische Regierung ernannte den ›Helden von Namény‹ zum bevollmächtigten Regierungskommissar in der ruthenischen Frage.

Der Held von Namény war Ernst Sedlatschek. Unleugbar war er das mit vollem Recht. Es war eine Tatsache, daß die Tschechen die Schlacht von Namény gewonnen hatten, und Sedlatschek war in Namény gewesen. Es kann nicht geleugnet werden, daß er von dort mit verbundenem Kopf nach Prag heimgekehrt war. Im übrigen braucht jeder kriegführende Staat Helden, und man nimmt sie, wo man sie kriegt.

So notwendig die Helden im Kriege sind, so unbequem werden sie im Frieden. Sie erlauben sich alles, und eine auf schwachen Füßen stehende Regierung wagt nicht, ihnen etwas zu verbieten. Nach weitverbreiteter Ansicht hat man mit dummen Helden die größten Scherereien. Der Fall Sedlatschek bewies es anders. Der Held von Namény war nicht dumm und dennoch bereitete er der tschechischen Regierung mehr Unannehmlichkeiten als der dümmste Held. Unter dem Titel ›Meine Kriegserlebnisse‹ kritisierte er in einer laufenden Artikelserie nicht nur die Kriegführung, sondern auch die Politik der Regierung. Die tschechische Kriegführung war ihm zu human, die tschechische Politik aber stand für seinen Geschmack nicht im Einklang mit der Politik des großen Verbündeten Frankreich.

Was war darauf zu erwidern? Es war nicht angebracht, der tschechischen Öffentlichkeit mitzuteilen, wie wenig human der Krieg gegen Räte-Ungarn geführt wurde, daß man ganze Dörfer einäscherte, Verwundete erschlug und Frauen und Kinder hängte. Ebensowenig konnte dem tschechischen Volk offen mitgeteilt werden, daß die Politik der Tschechoslowakischen Republik ohnehin von den Franzosen diktiert wurde und daß Tussar, das Haupt der tschechoslowakischen Regierung, ohne Erlaubnis der als ›Beobachter‹ nach Prag entsandten französischen Bankiers nicht einmal aufs Klosett gehen durfte.

Wie die römischen Feldherrn zum Pfluge, so war Sedlatschek vom Kriegsschauplatz ins Kaffeehaus zurückgekehrt, wo er täglich vier bis fünf Stunden Domino spielte. Zwischendurch trank er Kaffee und Bier, rauchte Zigarrren und schimpfte auf die Regierung. Er vergaß nicht, ein Stück Zucker von der Untertasse in die Westentasche zu stecken. Im Kaffeehaus wickelte er auch seine Geschäfte ab, und als Held ebenso wie als Biervertreter. Als Held gab er Erklärungen ab, als Biervertreter, als Generalagent des Pilsner Bierkartells, verdiente er Geld. Viel Geld. Das Geld befriedigte ihn nicht. Wie vor der Schlacht von Namény, so plagten ihn auch jetzt militärische Ambitionen. Kriegsminister wollte er werden. Das ist ein gutes Geschäft in einer pazifistischen Republik.

Wahrscheinlich hätte er sein Ziel erreicht, wenn er nicht ständig an Minister Klein herumgestichelt hätte. Um den Helden von Namény aus dem Wege zu schaffen, schlug ihn Klein als Regierungskommissar für die ruthenische Frage vor. Auf Wunsch Kleins legte die oppositionelle Presse der ruthenischen Frage große Bedeutung bei und überzeugte die öffentliche Meinung, daß »die befreiten ruthenischen Brüder mit Recht fordern könnten, der Held von Namény sollte die Lenkung ihres Schicksals in seine bewährten Hände nehmen.«

Als Sedlatschek diese Artikel las, war er sich sofort klar, woher der Wind wehte; zur Abwehr der niederträchtigen Angriffe Kleins ersann er einen raffinierten Plan. Diesen Plan konnte er nicht verwirklichen. Ein Telegramm rief ihn nach Pilsen.

Der Präsident des Bierkartells empfing seinen Generalvertreter äußerst liebenswürdig.

»Eine große, eine sehr große Aufgabe erwartet Sie, mein lieber Herr Sedlatschek, im Lande der Ruthenen«, sagte er.

»Ich wußte gar nicht, Herr Novák«, lächelte Sedlatschek, daß Sie sich für Politik interessieren.«

»Für Politik? Ph! Ich denke nur an mein Bier und ein wenig ans Theater. Ich gestehe gern, daß ich ein großer Operettenliebhaber bin. Lehár, Fall, Strauß ... Glauben Sie mir, die Wiener Operette hat auf der Welt nicht ihresgleichen, ebensowenig wie das Pilsner Bier unter allen Getränken der Welt seinesgleichen hat. Aber wir kommen vom Thema ab. Wenn Sie, Herr Sedlatschek, Regierungskommissar im Karpatenvorland werden, ist das Bierkartell vor einer großen Gefahr gerettet.«

»Wieso? Wieviel Bier kann man denn in diesem bettelarmen, verlausten, weintrinkenden Ländchen schon absetzen?« sagte Sedlatschek nervös.

»Sehr wenig, fast keines«, gab Novák zu. »Aber darum handelt es sich auch nicht. Schauen Sie mal, hm - wie ich sehe, hat Ihre Zigarre nicht den richtigen Zug. Zünden Sie sich eine andere an - diese dunkle hier. Es ist eine echte Havanna. So, nun ja ... Also, Sie kennen mich, Herr Sedlatschek. Sie wissen, ich bin ein guter tschechischer Patriot und Republikaner, ich habe seinerzeit, unter den Habsburgern, nur aus Zwang den Hofratstitel angenommen. Ja! Ich freue mich von ganzem Herzen, daß wir das Karpatenvorland befreit haben. Ich freue mich darüber nicht nur als guter Patriot, sondern auch als bescheidener Mitarbeiter der tschechischen Bierindustrie. Das Karpatenvorland bedeutet viel Holz, also billige Fässer für uns. Leider aber bedeutet der ruthenische Boden auch eine Gefahr - und leider gerade für die Bierindustrie, diese bedeutendste Quelle unseres Nationalvermögens. Im Karpatenvorland wächst viel und sehr billiger Wein. Und was wird aus der tschechischen Bierindustrie, was wird aus dem besonnenen, arbeitsamen, hochkultivierten tschechischen Volk, was wird aus uns, Herr Sedlatschek, wenn man in jedem Prager oder Brünner Wirtshaus billigen Wein ausschenkt? Wir werden den fluchenden, messerstechenden bolschewistischen Magyaren gleich! Wenn aber Sie, als bevollmächtigter Regierungskommissar des Karpatenvorlandes die dortige Weinproduktion regeln ...«

So kam es, daß die tschechische Regierung auf Wunsch der öffentlichen Meinung den Helden von Namény zum ruthenischen Regierungskommissar ernannte. Und so geschah es, daß Ernst Sedlatschek unter dem Druck des Bierkartells die Ernennung annahm. Und so geschah es schließlich, daß das befreite ruthenische Volk vier Wochen nach dem Zusammenbruch der Ungarischen Räterepublik zwei Herren hatte: einen französischen General und einen tschechischen Bieragenten. Und beide Herren waren - unabhängig voneinander - bevollmächtigte Herren.

Als Sedlatschek in das Karpatenvorland reiste, wußte er nur zu gut, daß man ihn deshalb als bevollmächtigten Regierungskommissar zu Paris schickte, weil Ministerialrat Lichi gegen den französischen General in Prag Beschuldigungen erhoben hatte. Darum beschloß er schon unterwegs von Prag nach Uzhorod, sich mit Lichi anzufreunden. Sobald er aber dessen Bekanntschaft machte, änderte er seinen Entschluß.

Man muß als erstes Lichi den Hals brechen! - entschied Sedlatschek.

Doch bald änderte er auch diesen Entschluß, denn Lichi schien ein allzu harmloser Mensch zu sein.

Lichi sah in dem von Prag entsandten Regierungskommissar einen Verbündeten. Als er zehn Tage nach Sedlatscheks Anskunft zum erstenmal unter vier Augen mit ihm zusammentraf, informierte er ihn weitschweifig und voller Offenheit über die ›marokkanischen‹ Verhältnisse, die im Karpatenvorland herrschten. Sedlatschek hörte seiner Schilderung aufmerksam zu und bedankte sich wärmstens für den Vortrag des kämpferischen Pazifisten. Dann setzte er Lichi auseinander, daß genau so, wie die Ereignisse der letzten Jahre der Militärdiktatur den Boden bereitet hätten, nun die Militärdiktatur die Voraussetzungen für ein wirklich demokratisches Regime schaffe. Die Ausführungen Sedlatscheks waren nicht besonders klar, aber gerade diese Unklarheit wirkte auf Lichi suggestiv. Zum Schluß versuchte Sedlatschek zu beweisen, daß eine Militärdiktatur nur bis zu dem Zeitpunkt besteht, wo die gebildeten Anhänger des Pazifismus und des Humanismus und der Demokratie die Verbindung mit den breiten Volksschichten herstellen.

Lichi nickte eifrig, während er Sedlatschek zuhörte. Als dieser seine Rede beendet hatte, seufzte Lichi tief auf:

»Ja, ja; ich bin mit allen Ihren Ansichten einverstanden, Herr Regierungskommissar. Ihr Plan ist ausgezeichnet. Die Schwierigkeit ist nur, daß das Volk nicht den geringsten Sinn für Humanismus und Pazifismus hat, wenigstens das hiesige Volk nicht. Waren Sie schon in einem ruthenischen Dorf, Herr Regierungskommissar? Nein? Nun, ich aber. Ich wollte das ruthenische Volk für die Demokratie gewinnen. Es war nicht mein Fehler, sondern der Fehler des ruthenischen Volkes, daß meine Bemühungen erfolglos blieben. Ich meinerseits habe alles mögliche versucht. Ja, das habe ich getan.«

»Als ich das erste Mal in ein ruthenisches Dorf kam«, setzte Professor Lichi in einem Ton fort, als stünde er auf einem Katheder, »hielt man mich für einen Gerichtsvollzieher. Es fehlte nicht viel, und man hätte mich verprügelt. Beim zweitenmal nahm ich sicherheitshalber sechs Gendarmen mit, und dennoch fand ich das Dorf leer. Nur ein altes Weib war zurückgeblieben. Vor der Kirche hockend, wartete sie auf uns. Die Gendarmen fingen an, sie auszufragen. Da die alte Hexe mit allen schönen Worten nicht zum Reden zu bewegen war, vergaßen die Gendarmen, daß wir zur Verbreitung erhabener Ideen in das Dorf gekommen waren, und schlugen auf sie ein. Ich warf mich dazwischen, und jetzt erkannte die alte Frau, daß ich es gut mit ihr meinte; sie sah mich gleich aus ganz anderen Augen an. Mit dem Taschentuch, das ich ihr gab, wischte sie sich das Blut aus dem Gesicht und bat mich um ein paar Kreuzer. Sie wollte dafür eine Kerze kaufen; den Namen des Heiligen, dem sie die Kerze weihen wollte, habe ich vergessen. Ich erklärte ihr – einer der Gendarmen diente mir als Dolmetsch – daß sich die Heiligen ums Volk nicht kümmern, und legte ihr den reaktionären Charakter der Religion dar. Ich bewies ihr, daß es für alle Übel im Leben eines Volkes nur zwei Heilmittel gibt: Humanismus und Pazifismus.

›Meinst du es wirklich gut mit uns auf dem Lande?‹ fragte mich die Alte.

›Ja, ich will nichts als euer Wohl.‹

›Nun, dann werde ich dir sagen, wo die Unsrigen sind. Ich werde es dir sagen, wenn du mir zuvor eine Frage beantwortest.‹ Ich kam mir vor, als wäre ich in die Wirklichkeit gewordene Welt der Volksmärchen geraten.

›Ich beantworte dir gern jede Frage, Mütterchen, natürlich beantworte ich sie!‹ versicherte ich ihr. ›Frage nur!‹

Stellen Sie sich vor, was das alte Weib im Sinne hatte! Sie bückte sich, scharrte mit beiden Händen aus dem Straßenstaub Kot hervor, hielt ihn mir unter die Nase und fragte - sie wagte es, mich zu fragen:

›Wenn du es mit dem Volke gut meinst, dann sage mir: In welcher Hand halte ich Pferdemist und in welcher Kuhmist?‹

Lichi beendete seine Geschichte mit einem Seufzer. Was die Gendarmen mit dem alten Weib aus dem Volksmärchen anstellten, erzählte er nicht. Er sagte nur: »Ja, Herr Regierungskommissar, der Humanismus ist ein schönes, ein erhabenes, ein heiliges Prinzip. Aber das Volk, Herr Regierungskommissar, das Volk!«

Es fehlte nicht viel, und Ministerialrat Lichi wäre in Tränen ausgebrochen.

Sedlatschek tröstete den unglücklichen Menschenfreund gütig, fast väterlich, und spornte ihn zum Ausharren an. Er erklärte ihm, daß alle, die aus besseren wirtschaftlichen Verhältnissen, aus einem Industriestaat, aus einem Land mit höherer Kultur ins Karpatenvorland kämen, um das ruthenische Volk zu befreien und es aus seiner aus jahrhundertelanger Fremdherrschaft entstandenen Rückständigkeit zu erheben, daß diese Männer zur Erfüllung ihrer historischen Aufgabe der Hilfe solcher Menschen bedürften, die das Volk in den Karpaten kennen.

»Der natürlichste Mittler zwischen der tschechischen Demokratie und dem ruthenischen Volke wäre die ruthenische Intelligenz«, meinte Sedlatschek. »Aber leider können wir uns dieses Mittlers nicht bedienen. Die ruthenische Intelligenz - es ist traurig, aber wahr - legt ja keinen Wert darauf, uns bei der Verwirklichung unserer edlen Bestrebungen zu unterstützen; sie will uns bloß ausnützen. Die ruthenische Intelligenz deutet die Befreiung des ruthenischen Volkes auf ihre Art. Sie hofft, nun den Platz einzunehmen, den früher die magyarischen Herren besetzt hielten. Die ruthenische Intelligenz nützte uns im Kampf gegen die Habsburger und gegen die magyarischen Großgrundbesitzer aus; sie nützte uns gegen die Bolschewisten aus - und jetzt möchte sie uns einfach abschütteln ...«

»Wir müssen sie davon überzeugen ...«

»Es geht nicht, Herr Rat! Man kann niemanden davon überzeugen, daß seine Interessen nicht mit den gemeinsamen Interessen aller identisch sind. Mit den ruthenischen Intellektuellen können wir leider nicht rechnen. Was sie aber jetzt von mir hören werden, ist - und wenn es auch noch so unsinnig klingt - die einzig richtige, ja die einzig mögliche Lösung der schwierigen Frage, vor der wir stehen. Und wenn Sie ein wenig nachdenken, werden Sie mir sicher recht geben. Wer ist der einzige verläßliche Verbündete der tschechischen Demokratie auf ruthenischem Boden? Der magyarische Herr, der seine Macht eingebüßt hat! ... Lassen Sie mich zu Ende reden, Herr Rat! Die magyarischen Herren können nicht damit rechnen, daß sie sich in der Tschechoslowakischen Republik wieder auf die Schultern des ruthenischen Volkes setzen werden. Deshalb müssen sie zwischen den hochkultivierten tschechischen Demokraten und den hungerleidenden, rückständigen ruthenischen Intelligenzlern wählen. Sie werden uns wählen! Einige von ihnen nennen sich Ruthenen, die wirklich gescheiten Magyaren jedoch behaupten, sie wären Slowaken. Das bedeutet aber nichts anderes, als daß sie sich als unsere nahen Verwandten bekennen. Sie sind es nicht? Ich weiß es. Aber man muß es billigen - und ausnützen, daß sie gerne unsere Verwandten wären. Warum gibt sich, um ein konkretes Beispiel zu nehmen, Kávássy als Slowake aus? Weil er mit uns tschechischen Demokraten zusammenarbeiten möchte, nicht aber mit der ruthenischen Intelligenz, die gegen uns intrigiert. Hier liegt der Hund begraben, Herr Rat! Natürlich müssen wir darauf achten, daß nicht die magyarischen Herren uns, sondern daß wir die magyarischen Herren ausnützen. Dazu wird uns unsere höhere Kultur behilflich sein und weiter der Umstand, daß die Staatspolizei in unseren Händen ist! Immerhin ist Vorsicht, hundertfache Vorsicht geboten!«

Eine Woche nach diesem Gespräch überraschte General Paris den Bevollmächtigten Sedlatschek mit einer Meldung der Geheimpolizei. Ministerialrat Lichi führte hinter geschlossenen Türen halbe Nächte hindurch Verhandlungen mit Kávássy, der sich zwar für einen Slowaken ausgab und Vizepräsident der Nationalversammlung war, aber dennoch ein höchst verdächtiges Element zu sein schien. Er machte sich besonders dadurch verdächtig, daß er häufig Telegramme ins Ausland sandte und von dort solche empfing; Telegramme, die um so verdächtiger erschienen, als sie scheinbar nichts Verdächtiges enthielten.

Die Geheimpolizei bereitete sich auf eine längere Beobachtung Kávássys vor. Auf Sedlatscheks Rat aber ordnete General Paris seine sofortige Verhaftung an. Kávássy versuchte, aus dem Polizeiarrest einen Brief an den Rat Lichi hinauszuschmuggeln. In dem Brief nannte er Paris einen ›marokkanischen Napoleon‹.

Als der General den Brief las, wollte er Lichi ebenfalls verhaften lassen. Sedlatschek mußte seine ganze Beredsamkeit aufbieten, um Paris von dieser gefährlichen Maßnahme abzuhalten. Der General war jedoch nur unter einer Bedingung bereit, Lichi auf freiem Fuß zu belassen: Sedlatschek mußte mit ihm gemeinsam ein Telegramm unterzeichnen, in welchem von der tschechoslowakischen Regierung die sofortige telegrafische Rückberufung dieses überaus verdächtigen Menschen gefordert wurde.

Das Telegramm wurde abgesandt, aber gleichzeitig schickte Sedlatschek dem Ministerpräsidenten Tussar ein ausführliches Memorandum über die Lage im Karpatenvorland. In diesem Memorandum ergriff er Partei für Lichi. Er erklärte, daß Lichi, wenn auch der Schein gegen ihn spräche, durchaus kein Landesverräter, sondern ein Stubengelehrter mit zwei linken Händen sei, der mit seiner praktischen politischen Betätigung dem Lande nur schade und sich selbst zugrunde richte. Sedlatschek bat Tussar eindringlich, den jungen Dozenten, der eines besseren Loses würdig sei, schonend zu behandeln.

Lichi erfuhr, daß ihn Sedlatschek in Uzhorod vor der Verhaftung und in Prag vor dem Ende seiner Karriere gerettet hatte. Daraufhin versicherte er den bevollmächtigten Regierungskommissar in einem langen, schönen, hochtrabenden Brief seiner ewigen Dankbarkeit.

Paris nahm es Sedlatschek ein wenig übel, daß er Lichi hatte laufen lassen. Er beruhigte sich jedoch, als ihm der Bieragent Gelegenheit zu einer Eroberung verschaffte.

»Das ist endlich eine Aufgabe nach meinem Geschmack!« rief der General.

Sedlatschek machte ihn nämlich darauf aufmerksam, daß die rumänische Armee den östlichen Teil des Karpatenvorlandes, den sie im Kampf gegen die magyarischen und ruthenischen Kommunisten besetzt hatte, noch immer besetzt hielt, obwohl sie ihn laut Anordnung des in Paris residierenden Obersten Rates schon längst hätte räumen müssen.

Sedlatschek setzte General Paris taktvoll, aber unmißverständlich davon in Kenntnis, daß er selber keinen Anteil an der Befreiung des Ostkarpatenvorlandes beanspruche. Aller Ruhm dem General! Als Gegenleistung erwartete er von seinem Diktatorkollegen, daß der ihm, dem alten Sozialisten, die unbedingt notwendigen Anordnungen bezüglich der Arbeiterwohlfahrt überließe.

Sedlatschek traf rasche und energische Maßnahmen, um die Löhne der Arbeiter zu erhöhen. Er begann bei den Weinbergarbeitern, bei diesen aber gleich gründlich. Im Verordnungswege erhöhte er die Tagelöhne der in den Weinbergen von Beregszász, Nagyszöllös, Tszaújlak und Umgebung werkenden Arbeiter auf das Fünfzehnfache ihres bisherigen Lohnes; gleichzeitig setzte er ihre tägliche Arbeitszeit von zwölf auf siebeneinhalb Stunden herab. Er konnte also mit vollem Recht behaupten - was er in einem Interview tat -, daß eine so großzügige Lohnerhöhung noch nirgends und von niemand durchgeführt worden sei. Er sorgte dafür, daß die Verordnung nicht auf dem Papier stehen blieb, und verkündete, daß sowohl der Unternehmer, der weniger Lohn zahlte, als auch der Arbeiter, der sich mit weniger als dem vorgeschriebenen Lohn begnügte, mit hohen Gefängnisstrafen zu rechnen hätten.

Diese großzügige Lohnerhöhung trug den Namen des Helden von Namény abermals durch die Lande und wand neue Lorbeeren um sein Haupt.

»Der Held, der die Republik beschützte, erobert jetzt die Republik für das arbeitende Volk.«

Der Journalist, der diesen schönen Satz niederschrieb, fragte sich nach einer Woche, ob er oder ob die übrige Welt verrückt geworden sei. Die Welt, entschied er, sei verrückt geworden, oder zum mindesten die Bevölkerung des Karpatenvorlandes. Denn wie anders war es zu erklären, daß die Weinbergarbeiter des ganzen Komitats gegen diese Lohnerhöhung protestierten?

»Wenn das Volk seinen eigenen Interessen feind ist«, äußerte sich Sedlatschek, »so werde ich diese Interessen gegen den Willen des Volkes schützen!«

Die Gendarmerie trieb die Weinbergarbeiter auseinander und verhaftete zwölf Demonstranten.

Auch die Weinbergbesitzer sandten eine Protestdeputation zu Sedlatschek, der sie wohl empfing, sich aber nicht überzeugen ließ, daß diese epochemachende Lohnerhöhung nicht nur die Unternehmer, sondern auch die Arbeiter zugrunde richten würde; vor allem würde sie die Produktion vernichten, denn wenn die Arbeiter das Führzehnfache ihres bisherigen Lohnes erhielten, kostete allein die Lese mehr, als die ganze Weinernte einbrächte.

Sedlatschek erhielt die Weisung, aus Unternehmern, Arbeitern und Vertretern der Behörden eine gemischte Kommission zu bilden und durch diese das Ausmaß einer gerechten und zweckmäßigen Lohnerhöhung feststellen zu lassen. Sedlatschek gehorchte. Die Verordnung über die Lohnerhöhung hatte er am 16. September erlassen. Die Weisung aus Prag war am 4. Oktober angekommen. Die gemischte Kommission, die Sedlatschek mit größter Umsicht zusammenstellte, nahm ihre Tätigkeit am 29. Oktober auf. Am 8. Dezember wurde endlich der Beschluß gefaßt, daß die Lohnerhöhung das Anderthalbfache des bisherigen Lohnes betragen sollte.

Bis dahin blieben die Trauben an den Weinstöcken hängen. Was abgeerntet worden war, verfaulte.

Dafür schuldete das Bierkartell dem Helden von Nameny großen Dank – und zwar einen Dank, der sich leicht in Ziffern errechnen ließ; aber auch die Linkspresse gab ihrer positiven Beurteilung Sedlatscheks Ausdruck und nannte den Helden von Nameny einen ›großen Idealisten‹. Die Presse der Banken bewies in ernst gehaltener ›wissenschaftlicher‹ Aufmachung, daß der mit Erfolg durchgeführte Lohnkampf der Arbeiter erstens den Arbeiter selber treffe und zweitens die Produktion vernichte. »Die utopischen Bestrebungen Sedlatscheks liefern einen wertvollen Beweis dafür, daß die wahren Freunde der Arbeiterschaft jene sind, die sich den sozialistischen Bestrebungen widersetzen.«

Nur das deutschsprachige Blatt der mit den Kommunisten sympathisierenden ›Marxistischen Linken‹, der Reichenberger ›Vorwärts‹, hielt Sedlatschek nicht für einen Idealisten.

»Wenn einer«, meinte der ›Vorwärts‹, »in Prag auch nur versuchte, was sich Sedlatschek in Uzhorod geleistet hat, würde man ihn erschlagen!«

»Das stimmt«, sagte Sedlatschek, als er den ›Vorwärts‹ las. »Nur, daß ich weiß, was die Reichenberger nicht wissen: Uzhorod liegt in Marokko.«

Andrzej Stasiuk
Expedition ins Niemandsland

Diese Strecke ist bekannt für Raub und Diebstahl. Sogar die Zöllner auf der ukrainischen Seite verstehen es, den Reisenden Geld abzupressen oder Dinge zu konfiszieren, die ihnen gefallen. Soweit der Reiseführer. Natürlich beschlossen wir auf der Stelle, dorthin zu fahren. Umso mehr, als die Ungarn keinen anderen Grenzübergang zur Ukraine haben als Zahony. Während wir in der Station Zahony auf den Zug über die Grenze warteten, bereiteten wir uns auf eine ›Erpressung‹ vor, indem wir in diversen Taschen verschiedene Beträge in allen Währungen steckten, die wir besaßen. Hier ein Dollar, dort zwei, da zehn, für den Fall, dass sich einer als besonders unbestechlich erwies. Außerdem slowakische Kronen, Forint und sogar rumänische Lei, weil man ja nie wissen kann, was die Jungs gerade brauchen. Wir tranken uns mit dem letzten Körte Mut an und verdrängten den Gedanken, dass es der letzte in unserem Leben sein könnte.

Der Zug fuhr ein, zwei Waggons plus Lokomotive. In den ersten Waggon luden Burschen und Mädchen Waschmaschinen, Kühlschränke, Herde, Reifen, Hälften und Viertel von Autos sowie andere Gegenstände des täglichen Gebrauchs. Im anderen Waggon waren wir und hundert weitere Reisende. Außer uns sprachen alle ungarisch, ukrainisch, russisch, zigeunerisch und, wenn mich meine Ohren nicht täuschten, rumänisch.

Uns gegenüber saß eine Frau. Sie hatte nur ihren Reisepass dabei und eine Fünfliterflasche Öl. Nach der ungarischen Kontrolle rollte der Zug auf der Grenzbrücke über die Theiß. Da kam es im Durchgang zwischen den beiden Waggons zu einem Zwischenfall. Ein kahl geschorener Bursche schlug auf einen zweiten Glatzkopf ein. Dann mischten sich noch Mädchen ein, und es entstand ein solches Durcheinander, dass man nichts mehr sehen konnte. Einer musste allerdings der Verlierer sein, weil nach einer Weile eines der Mädchen in unser Abteil kam und um eine Flasche Wasser bat, um den Verletzten ins Bewusstsein zurückzuholen und zu verbinden. Es sah nach einem privaten Konflikt aus, weshalb wir ruhig sitzenblieben und die Aussicht genossen.

Dann erschien der ukrainische Grenzwächter mit dem Zollbeamten. Verzweifelt versuchte ich, mich zu erinnern, wohin ich die diversen Beträge gesteckt hatte. Vor Angst hatte ich alles vergessen, und es bestand die Gefahr, dass ich bei Bedarf wie der letzte Idiot fünfzig Bucks herausholen würde, die ich dann, einmal vorgezeigt, nicht mehr wegstecken könnte. Die Grenzbeamten kamen immer näher, und in leichter Panik knüllte ich fünfzig Lei in der Faust zusammen, das ist gerade so viel, wie in Bukarest eine Schachtel Zündhölzer kostet. Schließlich kam der Grenzer zu uns, und ich reichte ihm die

Pässe. Er sah sie flüchtig an, steckte sie in die Tasche und sagte auf Ukrainisch: »Ihr meldet euch im Bahnhof von Cop bei mir.«

Im Bahnhof von Cop wurden die Waren entladen. Die Leute reichten über die Köpfe hinweg Kühlschränke und Viertel und Hälften von Autos nach draußen. Die beiden Glatzköpfe schleppten in bestem Einvernehmen gemeinsam einen Fernseher. Wir entdeckten im Gewühl unseren Grenzer. Er nickte uns ein wenig schläfrig und gelangweilt zu. Wir folgten ihm und ich rief mir ins Gedächtnis, wo ich die hundert Dollar versteckt hatte. Er geleitete uns wie Verurteilte durch den Saal der Zollabfertigung.

Wir passierten die Zollpforte, die Passkontrolle, kämpften uns durch die Menge, und plötzlich waren wir auf der anderen Seite. Dort händigte uns der Cicerone die gestempelten Pässe aus und sagte: »Ich wollte nicht, dass ihr in der Schlange stehen müsst. Habt ihr Hrywny?« »Nur Dollar«, verplapperte ich mich. Er schaute sich um und rief mit einer Kopfbewegung einen kleinen Kerl herbei, der eine Plastiktüte in der Hand hielt. Der Grenzer sagte: »Wechsle für sie, aber zu einem ordentlichen Kurs.« Die Tüte war voller Hrywny, mit Gummibändern zu Bündeln geschnürt. Der Grenzer fragte, ob wir noch etwas brauchten, dann wünschte er uns eine gute Reise.

Deutsche Kolonisten in Wolhynien

Schlafende Soldaten im Hügel

Ein Bauer fuhr mit einer Fuhre voll Hafer auf der Straße von Luzk nach Rowno, um den Hafer dort zu verkaufen. Aber unterwegs, da kam er an einen Hügel. Er wollte jetzt halt machen, um die Pferde zu füttern. Da kam ein Mädchen aus diesem Hügel heraus auf ihn zu und bat ihn, er soll den Hafer hier abladen, sie bezahle ihm dasselbe Geld, das er auch in der Stadt bekommen möchte. »Gut, ich bin damit einverstanden!« Aber sie wollte, er soll den Hafer noch in den Hügel hineintragen. Das Mädchen ging voran und sagte ihm noch: er soll aufpassen, denn dort drinnen sind Soldaten ohne Köpfe und auch Pferde ohne Köpfe. Er darf keinen davon berühren, das könnte ein großer Schaden sein. Er tat es auch, wie das Mädchen ihm befohlen und ging mit. Er fand dort viele Soldaten mit Wunden und ohne Kopf, auch die Pferde lagen dort neben ihnen. Aber beim letzten Sack Hafer, da stieß er einen Soldaten an den Fuß. Dieser stand auf und fragte: »Ist es denn schon an der Zeit, wir sind doch kaum erst hergekommen!« Zu was es schon Zeit sei, das fragte er nicht und ich weiß es auch nicht, wahrscheinlich meinte er die Zeit zum Kriege. Da sagte das Mädchen: »Nein, es ist noch nicht die Zeit!« und verlangte weiter, er soll sich zur Ruhe begeben. Der Soldat legte sich auch gleich hin und schlief weiter. Der Bauer aber erhielt sein Geld und fuhr nach Hause. Das ist geschehen nicht lange nach dem Weltkriege. Es sollen dies die deutschen und russischen, wie auch die österreichischen Soldaten sein, die hier in Wolhynien während des Krieges gefallen sind. Das hab ich heuer zu Weihnachten zu Hause gehört.

Alfred Karasek-Langer, Sagen der Deutschen in Wolhynien und Polesien.

Scheinbare Hexen

Es war einmal ein Mann, der hieß Kaaz, der war ein großer Lügner. Eines Tages ging er in einer Kolonie in ein Haus und bat um ein Glas Milch. Die Hauswirtin erzählte ihm mit Bedauern, daß ihre Milch fast nicht zu gebrauchen ist, sie zieht sich. »Wenn ich dagegen Hilfe bekommen könnte, möchte ich das gern bezahlen.« Der Kaaz sagt: »Das geht nicht mit gewöhnlichen Dingen zu, da hext jemand.« »Wer kann mir da helfen?« »Ich versteh mich drauf. Es wird sie aber eine schöne Summe Geld kosten, denn das ist nicht so einfach!« Sie will ihm geben, was er verlangt. Er sagt ihr: »Mit eurer Milch hext jemand. Die Milch wird nicht eher gut werden, bevor sie nicht wissen, wer die Hexe ist! In der Nacht um zwölf buttern sie, aber nackt. Zünden sie die Lampe an und stellen sie das Butterfaß mitten auf den Flur. Gerade um die zwölfte Stunde, wenn sie buttern werden, will ich dafür sorgen, daß die Person, welche ihnen schadet, kommt.« Nun nahm er von der Wirtin das versprochene Vorgeld und ging. Kaaz ging in der Kolonie weiter. Wie er wieder in ein Haus kommt, um dort auszuruhen, bittet er um Milch, das war sein vornehmlichstes Getränk. Da fängt die Wirtin auch an zu klagen und sagt, daß sich ihre Milch verdorben hätte. »Jemand schadet euch,« sagte der Kaaz, »ihr müßt euch an einen Menschen wenden, der euch helfen kann.« »Wer kann das?« »Ich!« »Wie denn?« »Um die zwölfte Stunde machen sie sich auf, gehen dort und dort hin (und nennt ihr das Haus, wo er zuerst war) unter das Fenster. Dort werdet ihr die Person sehen, welche ihnen an der Milch Schaden zufügt. Sie wird ganz nackt am Butterfaß sitzen und buttern auf dem Flur!« Die Wirtin hört das, glaubt im aufs Wort. Sie hat ihm für den Rat auch Geld gegeben, wartet auf die zwölfte Stunde. In der Nacht macht sie sich auf und geht an den Ort. Sie sieht Licht brennen, geht unter das Fenster und sieht die Nachbarin nackt mitten auf dem Flur buttern. Sie fängt an, an das Fenster zu trommeln und zu schimpfen. Die Frau drinnen hört das, springt auf und läuft hinaus: »Du bists, die mir an der Milch schadet!« »Nein, du bists, die mir die Milch verdirbt!« und sie fangen sich an zu prügeln. Der Wirt wacht von dem Lärm auf, kommt hinaus, da sieht er zwei nackte Weiber, die sich prügeln, – der Kaaz hat auch der anderen befohlen gehabt, sie muß sich nackt hinbegeben, sonst sieht sie es nicht. Der Wirt hat zuerst nicht gewußt, was das soll bedeuten, dann aber hat er seine Frau und die Nachbarin erkannt, hat sie endlich auseinander gebracht. Kaaz aber, der vom Weiten zugeschaut hat, ging fort und belachte sich die Sache fest.

Alfred Karasek-Langer, Sagen der Deutschen in Wolhynien und Polesien.

Christian Bäuerle
Wolhynienfahrt

Unser Dorf Gnidau lag etwa 4 km südlich von Luck, das auch unsere Kreisstadt war. Gnidau war ein Dorf von Deutschen, die aus allen Himmelsrichtungen kamen, um eine neue Existenz aufzubauen. Das Land konnten sie sehr günstig erwerben, bloß es mußte erst gerodet werden, bevor man irgendetwas anbauen konnte. Mein Großvater Christian Bäuerle lebte zu der Zeit in Neudorf/Galizien, er war von Beruf Schmied, aber auch in der Landwirtschaft war er bewandert. Als meinem Großvater bekannt wurde, daß in Wolhynien Bauern angesiedelt wurden, die erst den Wald roden mußten, kam ihm der Gedanke, ich könnte doch die Pflüge und Eggen liefern, damit könnte ich mir doch auch mein Geld verdienen! Mein Großvater überlegte nicht lange, fertigte eine gewisse Zahl Pflüge und Eggen an, verlud sie auf den Ackerwagen, spannte die Pferde vor; dann mußten erst 90 km zurückgelegt werden, bevor das Dorf Gnidau erreicht wurde. Bei der Ankunft in Gnidau wurden die Geräte förmlich vom Wagen gezerrt, weil jeder Bauer bestrebt war, sein schon ausgerodetes Stückchen Land so schnell wie möglich zu bestellen. Nachdem es meinem Großvater klar wurde, daß auch hier Geld verdient werden kann, kam auch sofort der Entschluß, nach Gnidau umzusiedeln, weil es viele Aufträge im voraus gegeben hatte. Aber das Schmiedehandwerk befriedigte meinen Großvater mit seiner Familie nicht, er kaufte sich noch einen Hof von beachtlicher Größe. Mit der Zeit wurden die Aufträge für landwirtschaftliche Geräte weniger, so daß die Landwirtschaft in den Vordergrund getreten ist. Es war natürlich eine schwere Zeit; die Bäume warteten auf das Roden, das Vieh mußte irgendwo untergestellt werden, und für die Familie mußte ja auch eine Unterkunft geschaffen werden, sonst wäre ja das ganze Streben umsonst gewesen.

So wurde gearbeitet, bis der Krieg 1914–18 ausbrach, dann wurden die Bauern, die keine Angehörigen bei der russischen Wehrmacht hatten, nach Rußland evakuiert und mußten sich wieder mühsam ihr täglich Brot verdienen. Wie es in Gnidau aussah, konnte niemand ahnen. Soviel mir bekannt ist, verbrachte meine Mutter die Dauer des Krieges in Wittelsdorf bei Bromberg, wo auch der Bruder von meiner Mutter, Johann Schitthelm, lebte und einen Bauernhof besaß, so daß es auch für meine Mutter leicht war, etwas Eßbares zu erwerben. Als der Weltkrieg 1914–18 ausbrach, war das ein sehr schweres Schicksal für die Deutschen; sie hatten ihre Höfe in Ordnung, für Mensch und Tier vorgesorgt, so daß sie sagen konnten, wir sind aus dem Gröbsten heraus. Aber da kam der Krieg 1914, und die Sorge begann von vorn. Die deutschen Bauern kamen zum größten Teil nach Sibirien, was wohl allen sehr schwer gefallen ist. Die Mutter war also beim Bruder bei Bromberg, Vater war russischer Soldat. Nach kurzer Zeit kam mein Vater in deutsche Gefangenschaft. Als meinem Onkel Johann Schitthelm bekannt wurde, daß mein Vater Valentin Bäuerle in deutscher Gefangenschaft sei, ist es ihm gelungen, den Vater zu sich zu holen und auf dem Bauernhof bei sich zu beschäftigen mit seiner Familie. Das war auch für meine Mutter eine sehr große Freude. So bin ich auch nicht in Gnidau, sondern in Wittelsdorf geboren.

Inzwischen ging auch der Krieg zu Ende. Die Verschleppten kamen allmählich wieder zurück nach Gnidau, und ich kann mir richtig vorstellen, wie enttäuscht sie wohl waren; denn die meisten Gebäude waren abgebrannt oder zerschossen, so daß die Leute wieder vor einem Nichts standen und wieder von vorn anfangen mußten. Bei Verschiedenen kam der Gedanke auf, wir verkaufen und wandern nach Canada, um zu erkunden, wie man dort leben könnte. Aber als die Delegation zurückkam, haben sie jedem abgeraten, nach Canada überzusiedeln, dort gebe es nur Schnee und Eis und sehr starke Kälte, genau wie in Sibirien. Damit war dieser Plan hinfällig, und die Sorge, wie geht es weiter, begann von vorne. Inzwischen hatten aber einige Bauern ihre Höfe schon verkauft, und zwar an Tschechen, Polen und Ukrainer. Als sie nach einigen Tagen die Kaufverträge wieder zurückziehen wollten, war es zu spät. Mein Opa Christian Bäuerle verkaufte den Bauernhof auch, aus dem Grunde, weil er ihn nicht allein bewirtschaften konnte, da meine Eltern, Christine und Valentin Bäuerle, zu der Zeit noch in Wittelsdorf waren. Kurz nach dem Verkauf kehrten meine Eltern nach Gnidau zurück. Meinem Großvater ist es auch gelungen, den Hof wieder zurückzukaufen, indem er dem Tschechen 8 ha Land für 30 Jahre ohne Geld überlassen hat. Die übrigen Bauern, die ihre Höfe verkauft hatten, sind etwa 38 km weiter südlich gezogen und haben dort ein neues rein deutsches Dorf aufgebaut, das sich Pludorf nannte. Auch dort mußte alles noch aufgebaut werden; aber mit viel Mühe, Arbeit und Geduld haben es auch sie wieder geschafft.

Nun mußten meine Eltern wieder von vorne anfangen. Es standen noch das Haus und der Stall, die Scheune war abgebrannt, das Land war mit Unkraut verwuchert. Das Roden der Bäume war abgeschlossen, so daß die Bauern sich ganz dem Aufbau widmen konnten. Anfang der zwanziger Jahre begann mein Vater die Scheune aufzubauen; da er handwerklich sehr geschickt war, benötigte er keinen Zimmermann, sondern bearbeitete das Holz selber. Mit Hilfe der Nachbarn dauerte es nicht lange, und das erste Gebäude stand, so daß die Ernte wieder untergebracht werden konnte. Natürlich gab es immer genügend Arbeit. Im Frühjahr mußte das Land bestellt werden, die Rüben und Kartoffeln wurden sauber gehalten, und nach kurzer Zeit war die Ernte da; weil aber bei den meisten die nötigen Maschinen fehlten, war es bei den Bauern mit sehr viel Arbeit verbunden. Aber auch das wurde bei jedem gemeistert. Auf dem Lande wurden verschiedene Sorten Getreide angebaut, so Weizen, Roggen,

Gerste, Hafer und Buchweizen; aber auch Kleesamen wurde in den zwanziger Jahren gezogen, weil der Kleesamen zu der damaligen Zeit viel Geld brachte; den konnte man für Goldmark verkaufen. Nun war es auch wieder so weit, daß am Stall für das Vieh etwas gemacht werden mußte; es wurden die Schwellen und einige Bohlen ausgewechselt, so daß es wieder möglich war, das Vieh für einige Jahre gut unterzubringen, eine Arbeit jagte die andere. Weil das Land gut bearbeitet wurde, waren die Bauern mit den Erträgen gut zufrieden. So kam auch meinen Eltern der Gedanke, das alte Wohnhaus nicht zu reparieren, sondern ein neues zu bauen. Im Jahre 1926 wurden aus dem Wald mit Hilfe der Nachbarn Baumstämme herangefahren, Steine wurden von der Ziegelei geholt, die zwischen Neustadt und Krasne lag, auch hier haben sich die Nachbarn sehr nützlich gemacht; denn für meinen Vater wäre es unmöglich gewesen, in der Zeit das ganze Material heranzuschaffen. Im Frühjahr 1926 beauftragte mein Vater den Kirchendiener Herrn Schulz und seinen Partner Erich, das Holz maßgerecht zuzuschneiden, was auch sehr gewissenhaft ausgeführt wurde. Das ganze dauerte natürlich einige Wochen, weil alles mit einer Zugsäge gesägt werden mußte. Die Tischlerarbeiten wurden an ein jüdisches Unternehmen vergeben, das die Arbeit sehr gut ausgeführt hat. Im Frühjahr 1927 Anfang Mai wurde angefangen; es war ein ukrainischer Maurermeister, der meinem Vater diesen Bau ohne Mängel übergeben hat (Vf.: s. das Foto aus dem vorigen Jahr!). Das Dachholz hat mein Vater selber bearbeitet. Wir Kinder freuten uns natürlich, endlich in einem neuen Haus zu wohnen. Nun war doch schon viel geschafft: die Familie war wohnlich gut untergebracht, das Vieh stand im Trockenen, und das Getreide konnte man auch in der Scheune unterbrngen. Trotzdem gab es noch kein Ruh und Rasten, die Arbeit nahm nie ein Ende.

Hertha Karasek-Strzygowski
Der Dorfschmied Ferdinand Wolf

Gleich nach meinem Besuch bei Vater Wenzler hatte ich beschlossen, nicht - wie zuerst geplant - mehrere Dörfer zu besuchen, sondern in Blumental zu bleiben, um dieses Dorf eindringlichst zu erleben. Mir war's wohl ein wenig bange zu Mute: dies hier war schwieriger als alles, was ich bisher auf meinen vielen Studienreisen in deutschen Siedlungen des Ostens erlebt hatte. Was ich in dieser kurzen Zeitspanne hier gesehen und gehört, offenbarte mir eine bisher fremde Welt. Die Schicksale dieser Menschen, unfaßbar in ihrer Härte, hatten in Antlitze und Seelen Kerben geschnitten, unerbittlich und endgültig. Würde es mir gelingen, in diesen herben Gesichtern lesen zu lernen, diese veschlossenen, verschreckten Herzen zu verstehen? Würden sie spüren, wie schon eine erste Begegnung mit ihnen mein Herz aufflammen ließ in Liebe und Erbarmen? Ich wußte, es würde meine ganze Kraft und mein ganzes Herz brauche, um sie in einem letzten Verstehen in all ihrer Tapferkeit und Zähigkeit, in ihrer Demut und Treue zu erfassen.

Eine Spannung sondergleichen war in mir. Ich erlebte alles wie im Traum und fieberte doch mit überwachen Sinnen jedem neuen Tag und jedem neuen Erleben entgegen. Gleich der nächste Tag brachte eine Begegnung, seltsam und einzigartig:

Ich kam, etwas außerhalb der Häuserreihen, an einer offenen Schmiede vorbei. Das helle Klingen des Hammers, das weit über die Felder zu hören war, hatte mich angelockt. Da stand ein alter Mann am Amboß, groß, stark und weißhaarig. In seinem verrußten Gesicht leuchteten die blauesten Augen, die ich je gesehn. Seine Kleidung war mehr als ärmlich: das Hemd mehrfach geflikkt, der abgeschabte Lederschurz hatte Risse und Löcher, die Füßte steckten in Lederschlapfen, die fast nur noch aus der Holzsohle bestanden. Trotzdem war etwas Königliches in seiner aufrechten Gestalt, wie er so dastand und an einem Pflug schmiedete. Spielend schwang er den schweren Hammer, es war ein wunderbares Bild von Kraft und Stolz.

Ein junger Bursche mit einem Lederschurz gleich ihm und ebenso verrußt, zog den Blasebalg und schürte das Feuer. Neben dem Amboß hockte auf einer gestürzten Egge ein Ukrainer; gleichmütig kaute er Sonnenblumenkerne und spuckte sie unentwegt im Bogen rings um sich. Er war barfuß, und die Reste seines Hemdes hingen lose über seine schmutzige Leinenhose.

Der Schmied hielt inne in seiner Arbeit, musterte mich ebenso eindringlich wie ich ihn. Und ehe ich ihn noch begrüßen konnte, hatte er seinen Hammer beseitegestellt und kam zu mir ins helle Sonnenlicht.

»Eine Deitschländerin! Ja?« fragte er in freudiger Erregung. »Ich kenn sie alle gleich, die Deitschländer. Alle sind sie so licht und fröhlich, Menschen, die lachen können. Ich hab schon gehört, daß Sie jetzt auch bei uns bleiben! Oskar«, rief er seinem Gesellen zu, »mach fertig! Heut mach ich Feierabend!«

Wir saßen dann auf einem dicken Balken vor der Schmiede. Der Alte sah mich lange nachdenklich an und sagte dann mit einem tiefen Aufatmen: »Ja, an den Leuten, die aus Deitschland kommen, merkt man gleich, was für ein gutes Leben dort sein muß. Die Soldatenjungs zum Beispiel, die um das Dorf gekämpft hatten, wie waren sie alle freundlich! Mit den Kindern haben sie gespielt, die wollten dann die ›deitschen Onkels‹ gar nicht mehr fortlassen. Wir alle wollten gerne das letzte von unseren Vorräten hergeben, um die Soldaten zu laben, abgekämpft wie sie waren. Wie die aber sahen, wie arm alle im Dorf sind, haben sie nichts von den angebotenen Nahrungsmitteln nehmen wollen. Wir konnten nich glauben, daß es so etwas gibt! Und immer wieder hat man sie lachen sehen. Das hat uns so sehr ans Herz gegriffen, daß wir darüber weinen mußten. Mein Gott, wie viele Jahre hat man niemand lachen gesehen, weder jung noch alt. Man hat ja fast vergessen, daß es so etwas gibt.«

Ich merkte gleich, der Alte war etwas anders als Vater Wenzler oder die Frauen bei Mutter Fenske. Er schien trotz seines bäuerlichen Aussehens gewandter und selbstsicherer.

Er erzählte leicht und flüssig mit lebhaften Gebärden und in einer bildhaften und ursprünglichen Ausdrucksweise, und dies geschah nicht nur aus der augenblicklichen Ergriffenheit heraus. Ich mußte mit einigem Geschick seine Erzählungen lenken, um seine überreiche Lebensgeschichte schön der Reihe nach und in ihrer Fülle für mich erfaßbar hören zu können. Sie war trotz des gleichen Schicksals mit seinen Dorfgenossen doch sehr eigentümlich und andersartig:

Er wurde 1875 in der Gegend von Ostrów im Gouvernement Lomźa in Mittelpolen geboren, wo sein Vater eine schöne Wirtschaft hatte. Er war sechs Jahre alt, als sein Vater mit einigen anderen Familien, die auch Polen verlassen hatten, in Blumental einwanderte. Sein Vater hatte viel Geld mit und kaufte gleich neun Hufen Land »alles finstrer Wald. Wenn man wo fahren wollte, mußte man erst mit der Axt den Weg schlagen«, sagte er. Und genauso, wie Vater Wenzler als kleiner Junge, mußte auch er fleißig beim Roden mithelfen, Stumpen verbrennen und eine Zeit in einer Erdhütte wohnen. Aber bald hatten sie ein Haus mit Stall und sechs Kühen und anderem Geziefer und einen Garten mit viel Gemüse und Blumen und über hundert Obstbäumen, »vom Edelsten.« Die waren des Vaters Stolz.

Schon mit zwanzig Jahren heiratete er die Ernestine Weiß und hatte außer der eigenen Wirtschaft von vier Desjatin Land auch noch eine eigene Schmiede; es war die einzige Schmiede weit und breit, er hatte immer Arbeit. Die Frau und seine sieben heranwachsenden Kinder arbeiteten fleißig mit in der Wirtschaft. Für die Pferde und die schwerste Arbeit hatte er einen russischen Knecht, und ein deutsches Mädchen aus dem Nachbardorf half der Frau im Haus und bei den Kindern. Es war bis zum ersten Weltkrieg ein gutes und gleichmäßiges Leben. Aber dann, 1915, erging es ihm wie allen deutschen Wolhyniern; auch er mußte mit seiner Familie sein Heimatdorf verlassen und den Weg nach dem Osten antreten, »in die Verbannung«, wie er sagte.

Er kam mit seiner Frau und sieben Kindern nach Samara-Busuluk und arbeitete drei Jahre in einer Schmiede. Die Frau und vier seiner Kinder starben dort an Typhus, fast alle zur gleichen Zeit. Er war fast irr vor Leid. Er selbst mußte damals sehr plötzlich zum russischen Militär einrücken und die drei letzten Kinder allein zurücklassen. Deutsche Kolonisten nahmen sich ihrer an; so klein wie sie noch waren, mußten sie dort die Kühe hüten, bis er sie nach Kriegsende wiederfand und sie dann gemeinsam nach Blumental zurück durften.

Von seinem schönen Haus standen gerade noch die vier Wände, aber sonst war alles weg. »Nackend und bloß stand ich da«, sagte er, »aber zum Jammern war keine Zeit, wie am schnellsten mußte den Kindern ein Dach über dem Kopf geschaffen werden. Den übrigen Kolonisten ging es ebenso, auch die mußten von Neuem beginnen.« Aber er hatte damals vor dem Abtransport in Eile und heimlich sein Handwerkszeug vergraben. Und trotzdem die Bäume, die ihm den Platz weisen sollten, umgehauen waren, fand er es unversehrt wieder. So konnte er gleich mit der Arbeit in der Schmiede beginnen und kam bald aus der ärgsten Not.

Ein Jahr später heiratete er zum zweiten Male, die Ida Verchow, mit ihr hatte er acht Kinder. In jahrelanger schwerer Arbeit wurde sein Hof wieder so ansehnlich, daß er sich um die Zukunft seiner vielen Kinder nicht sorgen mußte. »Wir haben auch Pfingsten gebacken«, sagte er stolz. Und diese in Wolhynien sehr gebräuchliche Redewendung besagt, daß er ein reicher Mann war. Denn ein altes wolhynisches Sprichwort lautete:

Weihnachten backt jedermann.
Zu Ostern nur, wer kann.
Zu Pfingsten nur der reiche Mann.

Nun hätte er mit seiner Familie trotz der immer höher werdenden Abgaben und Steuern sorgenfrei leben können. Aber um diese Zeit fing die Kollektivierung an, und mit Bangen sahen sie, wie in den deutschen Nachbardörfern die größeren Höfe weggenommen und die Besitzer verschickt wurden. Niemand wußte, wohin. Bald kam auch Blumental dran. Erst die größeren und dann auch die kleineren Höfe wurden liquidiert, die Gebäude abgerissen, Arbeitsgeräte und alles Vieh ins Kolchos geschafft. Die Besitzer mit den Familien wurden verschickt, weit nach dem Osten, nach Archangelsk und Murmansk und

Kasachstan. Genaueres darüber erfuhr man nie. Ganz vereinzelt kam Nachricht von diesen Familien und von den später Verschickten überhaupt nichts mehr.

Im Jahr 1935 kam auch für den Schmied und viele Blumentaler ein schwerer Tag: »Ach Frau«, sagt er in weher Erinnerung, »ich denk es wie heute, was da geschah. In einer grimmig kalten Winternacht kamen die gefürchteten ›Maschinen‹, die Autos, und luden ihn, die Frau und seine acht Kinder auf und aus der Nachbarschaft Männer, Frauen und Kinder, der Reihe nach, an die dreißig Familien. Nur das Notwendigste durften sie mitnehmen. Es ging alles so schnell, daß sie kaum zur Besinnung kamen und er diesmal sein Handwerkszeug nicht vergraben konnte.

»Ach Frau«, sagt der Schmied und stützt seinen weißen Kopf in beide Hände, »wie sie da haben geweint und geschrien, werd ich mein Lebtag denken! Die Kinder in die Betten, oft neugeboren, mein Gott, so einen Jammer hat man nich gesehen vorher. Man wußte ja nich, wie es einem ergehen wird. Es war jedesmal anders, mal die Familien, mal nur die Männer, und man hatte nie gehört wohin. Erst kurz vorher sind manche in den ›Dopor‹ (ins Gefängnis) gekommen. So war jeder wie von Sinnen vor Angst, was mit ihm geschehen würde. Auch der alte Vater. Aber weil er über achtzig war, durfte er bleiben. Zum Abschied sagte er mir nur eines, ich denk es wie heute: Er sagte: ›Un vergiß nich, daß Du ein Deutscher bist.‹ Er hätte es nich gemußt sagen, so etwas kann ein Mensch doch nich vergessen!«

Ein Glück war nur, daß die Familie beisammenblieb. Der Jüngste war auch erst sechs Jahre alt. Wochenlang waren sie unterwegs, kamen erst nach Charkow, dann weiter östlich in einen kleineren Ort. Dort arbeitete er als Schmied. Wieder war es ein neuer Anfang. Doch er war voll Mut und Zuversicht, er war geschickt und hatte immer Arbeit. Aber immer wieder drang man in ihn, er solle ins Kollektiv und in die Partei eintreten und »alles absagen, seinen Glauben lassen!« Er sagte »nein« dazu. Von da an bekam er wenig Arbeit, mit Hunger wollte man ihn zwingen. Einmal war es schon ganz schlimm; zwei Kinder waren völlig entkräftet gestorben und die übrigen voll Hunger. Und kein Stückchen Brot und das letzte Mehl im Haus. Da kam wieder der Kommissar und drängte. Aber er sagte wieder: »Nein«, von Gott könne er nicht lassen, er wolle sein reines Gewissen bewahren. Da meinte der Jud, der dabei war: »Manche Frau gebärt schnell, manche mutschkert lange, man muß Dir noch Zeit lassen.«

An diesem Abend betete der Schmied, Gott möge ihn sterben lassen. Die Frau tröstete ihn und sagte: »Geh schlafen, über Nacht kommt Rat.« »Aber Frau«, sagte zu mir gewendet der Schmied mit bewegter Stimme: »Gottes Wege sind wunderbar. Ich bat ihn in meiner Not um den Tod. Gott der Allmächtige aber sandte mir einen Traum!« Ihm träumte, es kämen zwei Männer mit einem Schlüssel und sagten: »Das ist der Schlüssel vom Vaterhaus in Blumental, nimm ihn.« Am Morgen erzählte er es gleich der Frau, aber die sagte: »Ach, Träume sind Schäume!«

Am dritten Tag aber, als er in der Schmiede stand und kaum noch arbeiten konnte vor Hunger und Schwäche, kamen zwei Männer in die Schmiede; sie sagten, er solle in ihr Dorf kommen, sie bräuchten da einen Schmied. Sie bringen ihm gleich den Schlüssel von der Schmiede, er soll nur kommen. Sie versprachen ihm sogar, daß er Sonntag nicht werde arbeiten müssen. Erst wollte er nicht, aber dann sah er den großen Schlüssel vor sich, dachte an seinen Traum und sagte zu und zog mit seiner Familie gleich mit in dieses Dorf. Und richtig, am Sonntag brachten sie ihm Brot, Butter und Honig, und er brauchte nicht arbeiten. Und weil er fleißig war, hatte er ein ganz gutes Leben und die Kinder genug zu essen, und er war zufrieden.

Vier Monate arbeitete er dort, und in dieser Zeit kam immer wieder einer und drängte. Der Schmied aber wollte ein freier Mensch bleiben, nach seinem Gewissen leben und seinen Glauben nicht aufgeben. Und weil er schon wußte, wie das Lied weiterging, gab er lieber seine sichere Arbeit auf und zog mit seiner Familie in ein anderes Dorf. Und da es ihm dort ähnlich geschah, in ein zweites und drittes, immer näher zu seiner alten Heimat. »Ach Frau«, sagte der Schmied aufseufzend, »es war eine mühsame Wanderschaft, immer mit die vielen Kinders und der Frau, die schon am Verzweifeln war. Aber immer mußte ich an den Traum denken, den Gott mir geschickt hatte. Das gab mir Kraft und Zuversicht.«

Fast sechs Jahre war er unterwegs, von einem Dorf zum anderen, immer näher zu seinem Dorf. Und immer in der Angst, von den Bolschewiken erwischt und zurückgeschickt zu werden. Erst im Sommer 1941 nach der Besetzung dieses Gebiets durch die deutschen Soldaten kam er nach Blumental zurück. Diesmal fand er nicht einmal mehr die leeren vier Wände seines Hauses vor, denn es war in der Zwischenzeit abgerissen und die schönen Balken für ein kleines Kolchoshaus verwendet worden. Ackergeräte, Geschirre, Wagen, Vieh, alles gestohlen, vernichtet. Kein Obstbaum mehr da, wo einmal der gepflegte Garten war, die Felder von Schützengräben zerwühlt und Eigentum des Kollektivs.

Und hier in der Heimat erwartete ihn noch ein anderer, weit größerer Kummer: Hier erfuhr er, daß sein ältester verheirateter Sohn aus erster Ehe zwei Jahre nach ihm verschickt worden war. Plötzlich in der Nacht, mit fünfzehn anderen jungen Männern des Dorfes. Seine Frau war mit fünf kleinen Kindern zurückgeblieben und hatte all die Jahre nichts mehr von ihm gehört ...

Er war nun ein siebenundsechzigjähriger Mann und stand wieder vor dem Nichts. Das wievielte Mal in seinem Leben? Er zählte es nicht und murrte nicht. Und fragte auch nicht, ob es das letzte Mal sein werde. Mit unfaßbarer Zähigkeit und aus der reichen Erfahrung seines harten Kolonistenlebens heraus packte er »mit Gottes Hilfe« wieder an, wohnte nun in einem der kleinen Häuser des Kollektivs und arbeitete Tag für Tag in der Schmiede mit dem eisernen Willen, auch jetzt das beste zu leisten: Und mit der stillen Hoffnung im Herzen, unter dem Schutz der deutschen Besetzung als freier Mensch in voller Sicherheit und bald wieder als echter Kolonist auf eigenem Boden leben und arbeiten zu können.

Durch alle Schicksalsschläge waren weder Mut noch Zuversicht gebrochen. Ja, es schien fast, als hätten diese unfaßbare und heimliche Kräfte in ihm geweckt, als wäre er stolz, vor neue Aufgaben gestellt, seine Tatkraft und seinen Arbeitswillen stets unter Beweis stellen zu können. Aber er prunkte nicht mit diesen Fähigkeiten. Mit einer wunderbaren Demut, die zugleich mit seinem Lebensmut etwas seltsam Packendes hatte, sagte er in seinen Erzählungen immer wieder: »Gott gab mir die Kraft, dies zu tun« oder »Gott beschützte uns« oder »mit Gottes Hilfe war es ein neuer, gesegneter Anfang.« Und zum Schluß seiner Erzählung: »So hat uns Gott wieder heimgeführt!« Es waren dies bei ihm keine leeren Redensarten. Es war ein tiefes Eingebettetsein in seinen Glauben.

Es war lange still um uns, als er seine Lebensgeschichte beendet hatte. Gedankenvoll sah er in die weite verdämmernde Landschaft und sagte, indem er aufstand und mir seine schwere Hand fest auf die Schulter legte: »Ja, Frau, was Gott schickt, muß getragen werden, und man muß es wie am meglichsten machen. Seine Wege sind unerforschlich und wunderbar!« ...

Unter den Kastanien von Kiew

Die Nestorchronik

Die Erzählung von den vergangenen Jahren, woher das russische Land seinen Anfang nahm, wer in Kiew zuerst zu herrschen begann und auf welche Weise das russische Land entstanden ist.

Die Reise des Apostels Andreas durch das russische Land und die Gründung Kiews

Nachdem Andreas in Sinope gelehrt hatte, kam er nach Korsun. Hier hörte er, daß nicht weit von der Stadt Korsun die Dneprmündung sei. Da er nach Rom reisen wollte, fuhr er zur Dneprmündung und von dort den Dnepr aufwärts. Und es geschah, daß er an einer Anhöhe vorbeikam, und er legte an deren Fuße an. Am anderen Morgen stand er auf und sprach zu seinen Schülern, die mit ihm waren: »Seht ihr diese Berge? Über ihnen wird Gottes Gnade erstrahlen. Hier wird einst eine große Stadt sein, und Gott wird viele Kirchen errichten.« Er ging auf die Berge hinauf, segnete sie und stellte ein Kreuz auf. Dann betete er zu Gott und stieg wieder von dem Berg hinab, auf dem später Kiew entstand. Darauf setzte er seine Reise fort, den Dnepr aufwärts.

Er gelangte schließlich auch zu den Slowenen, wo heute Nowgorod liegt, und sah, wie die Leute dort lebten, welche Gewohnheiten sie hatten, wie sie sich wuschen und dabei peitschten. Und er wunderte sich sehr über sie. Dann kam er zu den Warägern, und schließlich gelangte er nach Rom. Hier berichtete er, wo er gelehrt und was er gesehen hatte, und er sagte: »Wunderliches habe ich auf meiner Reise hierher bei den Slowenen beobachtet. Ich sah dort hölzerne Badehäuser, die sie sehr stark heizen. Sie ziehen sich ganz nackt aus und übergießen sich mit Gerberlauge. Dann nehmen sie dünne Ruten und schlagen sich damit so heftig, daß sie kaum noch lebend wieder herauskommen. Daraufhin begießen sie sich mit eiskaltem Wasser und werden wieder frisch und munter. Das tun sie täglich; von niemandem dazu gezwungen, peinigen sie sich selbst. Sie tun das jedoch, um sich zu reinigen, und nicht, um sich zu martern.«

Und alle, die das hörten, wunderten sich darüber sehr.

Nach seinem Aufenthalt in Rom kehrte Andreas wieder nach Sinope zurück.

Abgeschieden lebten die Poljanen und wurden von Leuten ihres Stammes beherrscht. Poljanen gab es nämlich schon vor jener Zeit, da die drei Brüder lebten; sie wohnten mit ihren Stammesangehörigen an festen Orten und hatten ihre eigenen Herrscher. So lebten auch die drei Brüder: der eine hieß Ki, der andere Stschek, der dritte Choriw; ihre Schwester hieß Lybed. Ki hatte seinen

Wohnsitz auf jenem Berg, bei dem sich heute der Boritschowtalweg befindet, Stschek auf jener Höhe, die heute Stschekowiza heißt, und Choriw auf einem dritten Berg, der nach ihm den Namen Chorewiza erhielt. Sie erbauten zu Ehren ihres ältesten Bruders eine Burg und gaben ihr den Namen Kiew. Rings um die Burg erstreckten sich große Nadelwälder; dort jagten sie wilde Tiere. Es waren kluge und verständige Männer, und sie nannten sich Poljanen; seit dieser Zeit leben die Poljanen in Kiew bis auf den heutigen Tag.

Einige Leute aber, die das nicht wissen, sagen, Ki sei ein Fährmann gewesen, denn bei Kiew gab es damals eine Fähre über den Dnepr, und deshalb habe es geheißen: zur Fähre des Ki, also Kiew. Wäre aber Ki ein Fährmann gewesen, so wäre er nicht bis nach Zargrad gezogen.

Ki jedoch herrschte über sein Geschlecht, und als er zum Kaiserhof kam, wurden ihm, wie man berichtet, von jenem Kaiser, der gerade regierte, große Ehren erwiesen. Auf dem Rückwege gelangte Ki zur Donau und fand an einem Ort Gefallen. Er erbaute eine kleine Burg und wollte sich mit seinem Geschlecht dort niederlassen, aber diejenigen, die in dieser Gegend lebten, duldeten es nicht. Die Bewohner dieses Gebietes an der Donau nennen diese Burgruine noch heute Kiewez. Nachdem Ki in seiner Stadt Kiew angekommen war, starb er. Auch seine Brüder Stschek und Choriw und seine Schwester starben dort.

Wassili der Trunkenbold

Hin zogen Ure am blauen Meer,
Es schwammen die Ure übers blaue Meer,
Zur Insel Bujan schwammen die Ure hin,
Über die Insel, die ruhmreiche, streiften sie.
Ihnen entgegen kommt eine Urkuh mit goldenem Horn,
Eine goldhörnige Urkuh mit nur einem Horn,
Und die einhörnige Urkuh, die ist ihr Mütterchen.
»Hei, guten Tag, ihr Ure mit goldenem Horn,
Ihr goldhörnigen Ure mit einem Horn!
Wo wart ihr denn, Ure, und was saht ihr wohl?« -
»In Schachowo waren wir, Mütterchen,
Und in Ljachow auch, der berühmten Stadt;
Und als wir vorbeikamen an Kiew der schönen Stadt,
An der Auferstehungskirche vorbei, dem Gotteshaus,
Da sahen wir ein Wunder gar wunderbar:
Ein Mägdlein kam aus dem Gotteshaus,
Sie trug ein Buch auf dem wilden Kopf,
Schritt bis zum Gürtel in den Dneprstrom,
Legte das Buch auf einen grauen Feuerstein,
Legt' es nieder, las darin und weinte sehr.«
Da spricht zu den Uren ihr Mütterchen:
»Ach, ihr dummen Ure, ihr törichten!
Nicht ein Mägdelein kam aus dem Gotteshaus,
Aus dem Gotteshaus die heilige Jungfrau trat,
Heraus trug die Mutter Gottes das Evangelium,
Sie schritt bis zum Gürtel in den Dneprstrom,
Legte das Buch auf einen grauen Feuerstein,
Legte es nieder, las darin und weinte sehr:
Sie hört' über Kiew Unheil wehn.«

Gegen Kiew der Zar Kudrewanko zieht,
Mit seinem Eidam, dem geliebten, dem Artak wohl,
Mit seinem Sohne, dem geliebten, dem Kontschik wohl.
Und der Artak, der hat vierzigtausend Mann,
Und der Kontschik, der hat auch vierzigtausend Mann:
Kudrewanko aber hat eine Heeresmacht,
Die sich nicht zählen, nicht schätzen läßt.
Die lichte Sonne beschattet war,

Und der goldhelle Mond nicht sichtbar war,
Durch den Ruch der Tataren, den Tatarenruch,
Durch den Dunst all der Pferde, den Pferdedunst,
Als übers Blachfeld dahinzog das große Heer;
Sie stießen die geschmiedeten Speere ein,
Dann wars wie ein Dickicht im dunklen Wald,
Schlugen auf ihre Zelte aus schwarzem Samt.
Kudrewanko trat in sein schwarzes Zelt,
Kudrewanko setzte sich an den Eichentisch,
Kudrewanko setzte sich auf den Riemenstuhl
Und schrieb einen Brief mit schneller Hand,
Und er schrieb nicht mit einer Feder und mit Tinte nicht,
Er nähte ihn mit Gold auf Sammet aus;
Er schrieb den Brief und versiegelt' ihn.
Dann trat Kudrewanko aus dem schwarzen Zelt
Und es schrie Kudrewanko mit lauter Stimm:
»Hoi hallo, meine großen Herren ihr,
Hoi, ihr starken, mächtigen Recken ihr,
Hoi, ihr Helden, ihr mutigen Helden ihr!
Wer von euch reitet wohl nach Kiew, der schönen Stadt,
Wer reitet zum Fürsten Wladimir wohl,
Bringt dem Fürsten meinen Brief in schneller Schrift?«
Keine Antwort erhielt Kudrewanko da.
Alsbald sprach Kudrewanko ein zweites Mal,
Darauf sprach Kudrewanko ein drittes Mal:
»Hoi hallo, meine großen Herren ihr,
Hallo, ihr ekle, unreine Tatarenbrut!
Wer von euch reitet wohl nach Kiew, der schönen Stadt,
Wer reitet zum Fürsten Wladimir wohl,
Bringt dem Fürsten meinen Brief in schneller Schrift?«
Da sprang aus der verfluchten Heeresmacht,
Da sprang aus der riesigen Heeresschar
Heraus ein gar langer Götzenmann.
Er nahm den Brief in die weiße Hand,
Dann sattelt' er rasch sein braves Roß,
Noch rascher er in den Sattel sprang;
Und der Tatare, der ritt nicht den Weg entlang,
Und er ritt in die Stadt nicht durchs Stadttor ein,
Er sprengte über die Mauer hin,
Über die Ecktürme sprengt' er hin.
Geradwegs zur Freitreppe ritt er nun,

Er ritt geradwegs zum Fürstensaal;
Sein Roß ließ er frei im Hofe stehn,
Ließ es laufen, vertraute es niemand an.
Rasch hinauf lief die Treppe der Götzenmann;
Und er fragte nicht nach den Türen und die Türhüter nicht,
Und er fragte nicht nach den Toren und die Torhüter nicht,
Läuft geradewegs in den lichten Saal.
Es betet zu Gott der Tatare nicht,
Verneigte sich auch vor dem Fürsten Wladimir nicht,
Wünscht auch Apraxia, der Königstochter, gute Gesundheit nicht.

Er warf den Brief auf den Eichentisch.
Rasch lief dann hinaus der Götzenmann,
Noch rascher er in den Sattel sprang;
Und der Tatare, der ritt nicht den Weg entlang,
Und er ritt aus der Stadt durch das Stadttor nicht,
Er sprengte über die Mauer hin,
Über die Ecktürme sprengt' er hin
Geradwegs zu der verfluchten Heeresmacht.
Alsbald nahm Fürst Wladimir den Brief in die weiße Hand.

Nahm auf den Brief und er öffnet' ihn,
Er las den Brief, schüttelt' den Kopf dabei,
Schüttelt' den Kopf und weint' bitterlich.
Dann sprach Fürst Wladimir ein solches Wort:
»Hoi hallo, Königstochter Apraxia!
Es rückt an gegen uns eine große Heeresmacht:
Der Zar Kudrewanko rückt gegen uns
Mit seinem geliebten Eidam, dem Artak wohl,
Mit seinem geliebten Sohne, dem Kontschik auch.
Und der Artak, der hat vierzigtausend Mann,
Und der Kontschik, der hat auch vierzigtausend Mann;
Kudrewanko aber selber hat eine Heeresmacht,
Die sich nicht zählen, nicht schätzen läßt.«
Alsbald sprach Fürst Wladimir ein solches Wort:
»So laß uns heut geben ein Ehrenmahl
Unseren Fürsten, Bojaren all,
Den Kaufherrn, Handelsleuten all,
Den mächtigen russischen Recken all,
Den mutigen fahrenden Helden all,
Und den wohlhabenden Bauern all,

Den wohlhabenden Bauern, fleißig beim Ackerbau.«
So gab denn Fürst Wladimir ein Ehrenmal.
Es kamen viele Fürsten, viele Bojaren.
Es kamen viele Kaufherrn und Handelsleut,
Viele wohlhabende Bauern auch,
Wohlhabende Bauern, fleißige Ackersleut,
Und es kamen viele russische Recken auch,
Und die mutigen fahrenden Helden all.
Und alle tranken nach Lust auf dem Ehrenmahl,
Und alle aßen nach Lust auf dem Ehrenmahl;
Und auf dem Mahl waren alle bald froh berauscht.
Fürst Wladimir aber ging auf und ab im Saal,
Den wilden Kopf auf den mächtigen Schultern er hängenließ,
Ließ sinken die klaren Augen zur feuchten Erd,
Wobei er alsbald solche Rede hielt:
»Hoi hallo, ihr meine Herren all,
Hoi hallo, ihr mächtigen russischen Recken,
Hoi all ihr Kaufherrn und Handelsleut,
Hoi ihr wohlhabenden Bauern all,
Ihr wohlhabenden Bauern, fleißig beim Ackerbau,
Hoi, ihr mutigen fahrenden Helden!
Wer reitet von euch wohl ins blache Feld,
Wer schätzt mir wohl ab das Tatarenheer?«
Da verbirgt der Große hinter dem Mittleren,
Der Mittlere hinter dem Kleinen sich,
Nicht vom Kleinen noch vom Großen eine Antwort kommt.
Da sprachs Fürst Wladimir zum zweiten Mal,
Da sprachs Fürst Wladimir auch zum dritten Mal.
Da stand von der weißen Bretterbank,
Von der Bank aus weißem Eichenholz,
Da stand von dem Tisch aus Eichenholz
Auf ein wackrer braver Held
Mit Namen Jung-Dobrynjuschka Nikitinitsch.
Und damals gerade, um jene Zeit,
War nicht da der alte Ilja Muromez:
Verritten war der Alte ins blache Feld.
Da trat Dobrynjuschka ganz nah heran,
da verneigte sich Dobrynjuschka vor dem Fürsten tief:
»Hoi, Sonne Wladimir von Kiew, der Fürstenstadt!
Erlaube, Fürst Wladimir, daß ich ein Wörtchen sag;
Um mein Wort, Fürst Wladimir, richte mich nicht,

Um mein Wort laß mich nicht prügeln, mich henken nicht.« -
»So sprich denn, Dobrynjuschka, was du zu sagen hast.« -
»Bei uns in der Schenke, in der Zarenschenk,
In der großen Kneipe, der Zarenkneip
Sitzt Wassja, ein bittrer Trunkenbold;
Vertrunken hat Wassenka sein Rösselein,
Versetzt hat Wassenka sein Sattelzeug,
Nicht für viel, nicht für wenig, für vierzigtausend grad.«
Dies Wort ließ Fürst Wladimir nicht außer acht,
Nahm um seinen Marder- und Zobelpelz,
Zog auf die bloßen Füße Überschuh
Und lief in die Schenke, die Zarenschenk,
Lief in die Kneipe, die Zarenkneip.
Gelaufen kam Wladimir in die Zarenkneip,
Da schläft auf dem Kachelofen Wassenka,
In eine Matte aus Bast gehüllt;
Wassenka schläft und rauscht wie ein Wasserfall.
Da weckt er den Wassenka, den bittren Trunkenbold:
»Also steh auf, Wassili, bittrer Trunkenbold,
Und komm zu mir, Wassili, zum Ehrenmahl.«
Vom Schlaf erwachte da Wassenka,
Von tiefem Rausche erwacht' er da,
Und da sprach nun Wassili ein solches Wort:
»Hoi hallo, Fürst Wladimir von Kiew, der Fürstenstadt!
Nicht aufstehn, nicht heben den Kopf kann ich,
Und ich habe auch nichts, um mich zu stärken, da,
Nichts gegen den wüsten Kopf hat Wassenka:
Vertrunken ist ja mein Rösselein,
Versetzt ist auch all mein Sattelzeug.«
Da sprach Fürst Wladimir ein solches Wort:
»Hoi, Branntweinverkäufer und Schankwirt du!
Gieß ihm ein einen Becher grünen Weins,
Nicht zu klein, nicht zu groß, anderthalb Eimer stark.«
Der goß ihm ein einen Becher grünen Weins,
Nicht zu klein, nicht zu groß, anderthalb Eimer stark.
Fürst Wladimir, der nahm den Becher grünen Weins,
Reicht' ihn dem Wassenka, dem bittren Trunkenbold.
Wassili ergriff ihn mit einer Hand,
Wassili leert' ihn in einem Zug,
Vom Kachelofen stieg der Wassili nun.
Da sprach Fürst Wladimir ein solches Wort:

»Hoi, Branntweinverkäufer und Schankwirt du!
Gieß ihm ein einen Becher grünen Weins,
Nicht zu klein, nicht zu groß, anderthalb Eimer stark.«
Da ward gefüllt der Becher zum zweitenmal,
Gereicht dem Wassili, dem bittren Trunkenbold,
Wassili ergriff ihn mit einer Hand,
Wassili leert' ihn in einem Zug.
Da begann Wassili in der Schenke auf und ab zu gehn,
Zu strecken die Schultern, die mächtigen,
Mit den weißen Händen zu fuchteln nun,
Und dabei sprach Wassili ein solches Wort:
»Eben war ich ein Greis von neunzig Jahrn
Und nun bin ich ein Bursche von zwanzig Jahrn!«
Geführt ward nun Wassili zum Ehrenmahl,
Gesetzt ward nun Wassenka an den Eichentisch;
Man goß ihm ein einen Becher grünen Weins,
Nicht zu klein, nicht zu groß, anderthalb Eimer stark.
Wassili ergriff ihn mit einer Hand,
Wassili leert' ihn in einem Zug,
Man goß ihm ein noch einen Becher grünen Weins,
Nicht zu klein, nicht zu groß, anderthalb Eimer stark,
Und reicht' ihn Wassili, dem bittren Trunkenbold.
Wassili ergriff ihn mit einer Hand,
Wassili leert' ihn in einem Zug.
Da begann Wassili in der Halle auf und ab zu gehn,
Zu strecken die Schultern, die mächtigen,
Mit den weißen Händen zu fuchteln nun,
Und dabei sprach Wassili ein solches Wort:
»Hoi hallo, Fürst Wladimir von Kiew, der Fürstenstadt!
Vertrunken ist ja mein Rösselein,
Versetzt ist ja all mein Sattelzeug;
Nicht reiten kann ich ins blache Feld,
Nicht abschätzen kann ich die Tatarenmacht.«
Sprach Fürst Wladimir ein solches Wort:
»Bei wem ist versetzt dein Sattelzeug?« –
»Ja, versetzt ist das Sattelzeug bei dem Schankwirt doch.«
Da sprach Fürst Wladimir zu Dobrynjuschka Nikitinitsch:
»Hoi hallo, Jung-Dobrynjuschka Nikitinitsch!
Geh doch mal hin in die Zarenschenk,
Zu dem Branntweinverkäufer und Schankwirt geh:
Er soll herausgeben des Recken Sattelzeug.«

Dobrynja verweigerte den Gehorsam nicht,
In die Zarenschenke ging der Dobrynjuschka,
Um zu holen des Recken Sattelzeug.
Dobrynja kam in die Zarenschenk,
Da spricht Dobrynja ein solches Wort:
»Hoi hallo, Branntweinverkäufer und Schankwirt du!
Also heraus gib das Sattelzeug
Des Wassili, des bittren Trunkenbolds.«
Der Schankwirt verweigerte den Gehorsam nicht:
Die goldnen Schlüssel der Schankwirt nahm,
Schloß die eisenbeschlagne Scheune auf,
Gab heraus des Recken Sattelzeug,
Gab heraus seine drei scharfen Säbel auch,
Gab heraus die drei Lanzen, die geschmiedeten,
(Nicht zu groß, nicht zu klein, jede dreißig Ellen lang),
Gab heraus seinen festen Bogen, den schnellenden,
Gab heraus den Köcher mit den Pfeilen, den gehärteten.
Darauf ging der Schankwirt in den Pferdestall,
Führte heraus das Reckenroß,
Das Roß des Wassili, des bittren Trunkenbolds,
Gab alles dem Dobrynjuschka Nikitinitsch.
Dobrynja nahm nun das brave Roß,
Führte das Roß auf Wladimirs Hof,
Dann ging Dobrynjuschka zum Ehrenmahl,
Ging hin mit des Recken Sattelzeug.
Da sprach Wassili, der bittre Trunkenbold:
»Hoi hallo, Fürst Wladimir von Kiew, der Fürstenstadt!
So gib mir denn jetzt zwei Gehilfen mit:
Zum ersten den Dobrynjuschka Nikitinitsch,
Zum zweiten den Aljoschenka, den Popensohn;
Und nun laß uns treten auf den hohen Balkon,
Betrachten laß uns die Tatarenmacht.«
Sprach Fürst Wladimir ein solches Wort:
»So geh denn, Wassili, auf den hohen Balkon.«
Da ging Wassili auf den hohen Balkon;
Er nahm mit seinen festen Bogen, den schnellenden,
Es nahm auch ein Fernrohr der Recke mit.
So gingen sie nun auf den hohen Balkon,
Durch das Fernrohr schaute nun Wassenka,
Doch konnt' er kein Ende der Macht erschaun;
Da bekam Wassili einen großen Schreck.

Nun erblickte Wassili das schwarze Zelt,
Da spannt' er seinen festen Bogen, den schnellenden,
Zog an die seidene Bogenschnur,
Tat darauf einen Pfeil, einen gehärteten,
Und den Pfeil, den besprach nun Wassenka:
»Hoi hallo, du mein Pfeil, mein gehärteter!«
Nun fliege, mein Pfeil, unter dem Himmel hin;
Fall nicht ins Wasser, auf die Erde nicht,
Fall dem Kudrewanko auf die weiße Brust,
Durchbohr Kudrewankos wildes Herz.«
Da flog hin sein Pfeil, der gehärtete,
Fiel nicht ins Wasser, auf die Erde nicht,
Fiel dem Kudrewanko gerade auf die weiße Brust,
Durchbohrte Kudrewankos wildes Herz.
Da geriet in Verwirrung die Heeresmacht:
Kudrewanko fiel von dem Riemenstuhl.
Auf machten sich die drei wackeren Recken nun:
Zum ersten Wassili, der bittre Trunkenbold,
Zum zweiten Jung-Dobrynjuschka Nikitinitsch,
Zum dritten Aljoschenka, der Popensohn;
Sie legten Reckenrüstung an
Und ritten hinaus ins blache Feld
Und stürzten sich auf die Tatarenmacht.
Wo sie reiten, da klaffen Straßen bald,
Wo sie einbiegen, ziehen sich Gassen hin;
So schätzten sie ab des Tataren Macht,
Brachten die Schätzung nach der Stadt Kiew, der prächtigen,
Brachten zum Fürsten Wladimir sie.
Bis dahin das Gastmahl nicht fröhlich war,
Alle saßen mit hängendem Kopfe da,
Nun aber gar fröhlich das Gastmahl ward.
Auf und ab ging Fürst Wladimir im Speisesaal,
Schlug mit einem Stiefel an den anderen,
Schwenkte lustig seinen Marderpelz,
Die braunen Locken er flattern ließ,
Die goldnen Ringe er klappern ließ,
Dabei hielt er denn solch eine Rede:
»Hoi hallo, Wassenka, bittrer Trunkenbold!
Geh und nimm dir die Schlüssel, die goldenen,
Schließe die umschmiedeten Truhen auf,
Nimm dir vom Goldschatz, soviel du magst.«

Da sprach Wassili ein solches Wort:
»Hoi, Sonne Wladimir von Kiew, der Fürstenstadt!
Deinen Goldschatz, sieh mal, den brauch ich nicht;
Doch Wein laß mich trinken, ohne daß ich zu zahlen brauch,
Wein laß mich trinken, bis an mein selig End.«
Da sprach Fürst Wladimir ein solches Wort:
»Hoi hallo, Wassili, bittrer Trunkenbold,
So bleibe bei mir, in meinem Dienst;
Iß und trink denn, soviel du magst.«
Dem Lied nach hat er bis zum Tode bei ihm gelebt.

Johannes Bobrowski
Die Taufe des Perun. Kiew 988

Den bösen Holzgott
der in Gewittern fliegt,
das listige Silbergesicht,
sagte Wladimir,
stürzt vom Hügel, fort in den Dnjepr, ein Pferd
schleif ihn am Schweif, der Sand
stäub um ihn,
sagte Wladimir.
So kommen mit Eisenstangen
die Männer, zwölf Männer Wladimirs,
schlagen ihn, und er schreit nicht,
so werfen sie ihn in den Strom.

Feuergott, schwimm.
Er schwimmt.
Er schleudert, eh er davon ist,
den Stab auf die hölzerne Brücke
zornig. Die haarigen Mönche,
die Fremden, erschrecken. Wladimir
steht auf der Brücke, er sieht,
die Armen laufen, die Kinder,
am Ufer hinab.
Steig aus dem Wasser, schrein sie.
Donnerer tritt auf dein Ufer,
rufen die Männer.
Besteig dein Land wie ein Pferd.
Durch die Stromschellen fliegt
am engen Ufer der Perun.
Dann, wo der Strom sich auftut,
die Hügel hinaus an den Wald
ziehen, wild vom Gesträuch,
neigt sich der Wind,
auf die Sandbank führt er das weinende
Silbergesicht.

Dort
blieb er, der Feurige.
Hinter den Schnellen des Dnjepr
in der Finsternis
hob sich der Donnerer auf,
neuen Namens, Elias,
sandte Gewitter aus, Blitze
fing das Hölzerne, trat auf den Stab,
als trät er ein Feuer
aus.

Ewig nun auf der Brücke
währt der Streit. Die Armen
hören ihn reden im tönenden Holz.
Kämpft, sagt er,
kämpft, meine Kinder,
ich kehr nicht zurück.

Osip Mandel'štam
Kiew

I

Die zählebigste Stadt der Ukraine. Die Kastanien stehen voller Kerzen - rosagelbe Federbusch-Knallbonbons. Junge Damen in geschmuggelten Seidenjacketts. Pogromartig Lindenflaum in der nervösen Mailuft. Großäugige, großmündige Kinder. Ein Straßenschuster arbeitet unter den Linden, lebensfroh und rhythmisch... Die alten Milchhandlungen, wo die Ankömmlinge aus dem Norden auf den Donner der Kanonen Petljuras Sauermilch und Weizenbrote nachgegessen haben, stehen noch immer an ihrem Ort. Sie erinnern sich noch an den letzten der Kiewer Snobs, der in den panischen Tagen auf dem Kreststchatik ging, in seinen lackierten Halbschuhbötchen und einem karierten Plaid, und sich in der höflichsten Zwitschersprache unterhielt. Sie erinnern sich auch an Grischa Rabinowitsch, den Billardburschen aus dem Petersburger Café Reuter, der es für einen Augenblick bis zum Chef der Kriminalpolizei und der Miliz gebracht hatte.

Im Zentrum Kiews - riesige Archenhäuser, und an den Eingangstoren zu diesen Giganten, welche die Bewohnerschaft eines ganzen Atlantikdampfers in sich tragen, sind furchteinflößende Warnungen an die Adresse derjenigen angeschlagen, die das Wasser nicht bezahlt haben, dazu irgendwelche mickrigen Zeichen und Zuteilungen.

Ich höre ein Gemurmel unter meinen Füßen. Ist es ein Cheder? Nein... Ein Gebetshaus in einem Keller. Ein gutes Hundert ehrwürdiger Männer im gestreiften Tales haben sich wie Schüler auf die gelben, engen Bänke verteilt. Niemand schenkt ihnen Aufmerksamkeit. Chagall müßte das sehen!

Ja, das Kiewer Haus ist eine Arche, eine vom Sturm geschüttelte, knarrende, die das Leben liebt. Nirgends ist die Erhabenheit des Hausverwalters so fühlbar wie in Kiew, nirgends der Kampf um Wohnraum so romantisch. Hier flüstert man in abergläubischer Furcht: »Diese Näherin versteht ihre Wohnpolitik - der Schachmeister Botwinnik persönlich macht ihr den Hof!«

Jede Kiewer Wohnung ist eine romantische Kleinwelt, zerrissen von Haß, Neid, komplizierter Intrige. In den Durchgangsräumen wohnen demobilisierte Rotarmisten, ohne Wäsche, ohne Besitz - gar nichts haben sie. Die terrorisierten Mieter kochen für sie auf ihren Primuskochern und kaufen ihnen Taschentücher.

Das Kiewer Haus ist eine Arche der Panik und der Verleumdung. Da tritt Dratsch aus dem Haus, um unter den Kastanien spazieren zu gehen - ein winziger Mann mit Rattenkopf.

- »Wissen Sie, wer er ist? Ein illegal arbeitender Advokat. Schiedssprüche sind sein Fach. Sogar aus Winniza kommt man zu ihm gefahren.«

Tatsächlich ist hinter Dratschs Hauswand eine unaufhörliche Gerichtsverhandlung im Gange. Komplizierte Pachtfragen, Unstimmigkeiten zwischen kleinen Geschäftspartnern, allerlei Teilungen, Liquidationen von Schulden aus der Vorkriegszeit - groß und reichhaltig ist die Rechtsdomäne Dratschs. Aus den umliegenden Provinzflecken kommt man zu ihm gefahren. Einen ehemaligen Unternehmer, der bei einem anderen mit hunderttausend Rubeln aus der Zarenzeit verschuldet war, hat er dazu verurteilt, jeden Monat dreißig Rubel zu zahlen - und der zahlt auch.

Das Klubhaus der städtischen Betriebe und des Nahrungsmittelsektors. Auf dem Theaterplakat Nikolaj Erdmans Stück ›Das Mandat‹. Anschließend ein Ball. In der Nacht füllt sich die Straße mit rasendem Gebrüll. Wenn man es nicht gewohnt ist, wird einem angst und bange.

Auf dem Krestschatik und in der Marat-Straße das Gepräge eines bestimmten Warschauer Konditoreiglanzes. Das Hotel »Continental«, einst Zitadelle der verantwortlichen Arbeiter, hat all seine Gipsverzierungen neu erstehen lassen. Aus jedem Fenster ragt ein Neger, der einer Jazzband angehört. Die Blicke der Menge sind auf einen Balkon des ersten Sockes gerichtet. Was ist geschehen? Der Tierdresseur Durow kämmt dort jemanden...

Die Kiewer sind stolz: alle sind sie zu ihnen gekommen! In ihrer Stadt gibt es auf einen Schlag: eine richtige Jazzband, das Jüdisiche Kammertheater aus Moskau, den Theaterregisseur Meyerhold und den Tierdresseur Durow, von den andern gar nicht zu reden.

Der krummbeinige Zwerg aus Durows Truppe führt den berühmten Rechenkünstlerhund spazieren - ein Ereignis! Ein Neger geht mit seinem Saxophon einher - ein Ereignis! Jüdische Dandys, Schauspieler des Kammertheaters, verweilen an der Straßenecke - noch ein Ereignis!

Am hellichten Tage ist auf dem Krestschatik ein Roulette im Gang. Die Stille eines Begräbnisbüros. Glanzlose Vertiefungen des Tisches blitzen elektrisch auf. In magerer Erregung laufen zwei bis drei unansehnliche Klienten hin und her. Bei Tag hatte dieses armselige Roulette etwas Unheilschweres.

Jeder Vorfall entwickelt sich in Kiew zur Legende. So habe ich zum Beispiel mehrere Dutzend Male die Geschichte vom Obdachlosen gehört, der eine Dame mit Handtasche gebissen und ihr eine schreckliche Krankheit übertragen habe.

In prachtvollen Lumpen, aus denen italienische, olivenfarbige Nacktheit hervorschimmert, versehen die Obdachlosen vor den Cafés ihren Dienst. Nirgendwo sonst habe ich so ausgesucht schelmische und malerische Obdachlose gesehen.

In Terrassen türmt sich die große Stadt am Dnepr auf, die alles Unglück überlebt hat.

Die ›Passage‹, Haus-und-Straße, eingeräuchert vom Schwefel des Kriegskommunismus... Und die ruhmreichen Ruinenhäuser... Gegenüber dem ehemaligen Dumagebäude, dem Gouvernementskomitee: das Marx-Denkmal. Nein, es ist nicht Marx, es ist etwas anderes! Vielleicht ein hervorragender Hausverwalter oder ein genialer Buchhalter? Nein, es ist doch Marx.

Das Kiew des Pawel-Galagan-Gymnasiums, des Gouverneurs Funduklej, das Kiew der Leskowschen Anekdoten und der Teestunden im Lindengarten ist da und dort eingestreut in eine sowjetische Kreishauptstadt. Da gibt es bucklige, verästelte Durchgangshöfe, unbebautes Gelände und Schneisen mitten durch den Stein, und ein aufmerksamer Passant, der gegen Abend einen Blick durch ein beliebiges Fenster wirft, wird das kärgliche Abendmahl einer jüdischen Familie sehen - auf dem Tisch das Chala-Brot, Hering und Tee.

II

Ein Straßenbähnchen läuft hinunter zum Podol-Stadtteil. Die Slobodka und die Turuchanow-Insel sind noch unter Wasser. Kleinbürgerliches Pfahlbau-Venedig. Den ganzen Prunk der Oberstadt hat immer der Podol beglichen. Der Podol hat gebrannt. Der Podol ist im Wasser versunken. Der Podol ist von Pogromen verwüstet worden. Man beläßt den Podol in einem betont schäbigen Stil. Eine ganze Straße handelt mit Konfektionskleidung. Aushängeschilder: ›Louvre‹, ›Union‹.

Auf dem Platz der Vertragsabschlüsse, dem Kiewer Jahrmarkt, findet man den hölzernen Spottfinger des Feuerwehrturms, die Markhalle des Landkreises, die Zwiebeltürmchen von klösterlichen Gasthäusern.

Die Verachtung gegenüber dem Podol ist in den Stadtteilen der Bourgeois außerordentlich verbreitet: »Sie schreit, als wär sie im Podol«, »Die hat ihren Hut im Podol gekauft«, »Was wollen Sie von dem? Der treibt Handel im Podol«.

Über die flachen Straßen des Podol bin ich ans Ufer des Dnepr gegangen, zum alten Rosiner, dem unglücklichen Teilhaber eines Sägewerks. Dieser Weise mit Familiensinn und Sippenälteste im Holzgeschäft saß auf einem warmen, rauhen Brett. Zu seinen Füßen lagen Sägespäne, zart wie Tauchentenflaum. Er schnupfte eine Prise Holzstaub und sagte dann:

- Dieser Balken ist krank - schwindsüchtig... Riecht gesundes Holz etwa so?

Und als er mich mit seinen gelben Schafsaugen angeschaut hatte, begann er zu weinen, wie ein Baum weint - mit Harztränen.

- Sie wissen ja nicht, was das ist, das Privatkapital! Das Privatkapital ist ein Märtyrer! - Und der Alte bewegte die Arme zur Seite, um Ohnmacht und Hinrichtung des Privatkapitals darzustellen.

Die Märtyrer des Privatkapitals wahren das Andenken des berühmten Unternehmers Ginsburg, des legendären Hauseigentümers, der als Bettler (die Kiewer lieben starke Ausdrücke) in einem sowjetischen Krankenhaus gestorben sein soll. Doch es läßt sich noch leben, solange es den kräftigen Rosinenwein gibt, der einen beliebigen Tag ins Osterfest verwandelt, dann die dicken, klaren Pflaumenschnäpse, deren Geschmack reines Staunen ist, und die leicht gesalzene Kirschenkonfitüre.

Diesmal sind mir in Kiew keinerlei Gerüchte und geflügelte Hirngespinste begegnet, mit Ausnahme jener festen Überzeugung, daß es in Leningrad zur Zeit schneie.

Eines ist in Kiew ganz schrecklich: die Angst der Menschen vor der Entlassung, vor der Arbeitslosigkeit.

- Ich hatte ein Ziel in meinem Leben. Was braucht denn der Mensch? Ein kleines Arbeitsplätzchen!

Verlieren kann man seine Arbeit bei einer allgemeinen Entlassung (Personaleinsparung) oder aus Gründen der Ukrainisierung (Unkenntnis der Staatssprache) - doch eine zu finden, ist ganz unmöglich. Der oder die Entlassene lehnt sich nicht einmal auf, sondern erstarrt einfach wie ein Käfer, den man auf den Rücken gedreht hat, oder wie eine verbrühte Fliege. Die Krebskranken tötet man nicht, man weicht ihnen aus.

Gekränkte Kiewer Ehefrauen greifen nicht zu Schwefelsäure, um sich an ihren Gatten zu rächen, sondern versuchen, deren Entlassung zu erreichen. Ich habe solche Erzählungen im unheilschwer-romantischen Kiewer Stil vernommen. Hören sie sich einmal in die Sprache der Kiewer Menge hinein: was für unerwartete, was für seltsame Wendungen! Die südrussische Mundart treibt ihre Blüten - Ausdrucksstärke kann man ihr wahrlich nicht absprechen.

- Geh den Kinderwagen nicht im Schatten, geh ihn an der Sonne!

Und wie viele liebenswerte Ausdrücke es gibt, die in singendem Tonfall vorgetragen werden, wie Formeln der Liebe zum Leben: »Sie blüht wie eine Rose«, »Er ist gesund wie ein Stier« - und das in allen Zeiten konjugierte Verb ›besser werden‹.

Ja, groß ist bei den Kiewern die Liebe zum Leben. Am Eingang zu den prachtvollen Gärten am Ufer des Dnepr stehen Zeltbuden mit Medizinalwaagen, und hier gibt es auch einen elektrischen ›Arzt-Automaten‹, der von allen Krankheiten heilen soll. Eine Warteschlange vor der Waage, eine Warteschlange vor dem Automaten.

In der Proresnaja-Straße habe ich Pilgerinnen gesehen. Ein gutes Hundert barfüßiger Bauersfrauen ging da im Gänsemarsch, und ihnen vorauf - ein Mönchlein als Cicerone. Die Frauen gingen vorwärts ohne sich umzusehen, blind für alles, was sie umgab, ohne Neugier und feindselig, als gingen sie durch eine türkische Stadt.

Das heutige Kiew hinterläßt einen seltsamen und bitteren Eindruck. Nach wie vor außergewöhnlich ist bei den kleinen Leuten die Liebe zum Leben – und tief ihre Hilflosigkeit. Die Stadt hat eine große und zählebige Seele. Von einem tiefen, dreifachen Atem ist diese ukrainisch-jüdisch-russische Stadt durchdrungen.

Ein paar wenige Dinge erinnern an die Jahre des epischen Kampfes. Auf dem Krestschatik ragt noch das Gerippe eines sechsstöckigen Riesenbaus empor, in dem durchgehende Zwischenräume klaffen, wie beim Kolosseum – und gegenüber steht ein anderer Riesenbau mit den Aushängeschildern einer Bank.

Der Dnepr fügt sich wieder in sein Bett. Der Raum bricht von überall her in die Stadt ein, und die breite Schneise des Bibikow-Boulevards steht nach wie vor offen – diesmal nicht den feindlichen Horden, sondern den warmen Maiwinden.

Boris Pasternak
Ballade

Zitternd im Fuhrpark die Garagen.
Aufscheint die Kirche, Knochen, hohl.
Über den Park regnen Topase,
Kessel mit blindem Blitzgeloh.
Im Garten Tabak, auf den Trottoiren
Die Menge, drin summt Bienenvolk,
Das Wolkengrolln, Fetzen von Arien,
Regloser Dnepr, nächtliches Podol.

»Gekommen ist er«, geht es rasend
Von Baum zu Baum. Zurückgeholt
Scheint, schwer auf einmal, aus Ekstasen
Schlafloser Duft von Methioln.
»Gekommen«, fliegt's vom Paar zum Paar hin,
»Gekommen«, haucht Geäst verstohln.
Die Blitzflut, der Gewitterkarren,
Regloser Dnepr, nächtliches Podol.

Ein Schlag, ein nächster, die Passage ...
Und in der Kugeln weiches Loh'n
Gleitet Chopins traurige Phrase,
Gleich einem Adler, krank, entthront,
Unter ihm: Dunst von Araukarien,
Doch taub, als hätt emporgeholt
Er etwas, in den Schluchten scharrend,
Regloser Dnepr, nächtliches Podol.

Erzählung ist der Flug des Adlers.
Der Reiz südlicher Harze wohnt
Darin, Gebete und Ekstasen,
Beiden Geschlechtern zu Gebot.
Ein Gleichnis ist sein Flug, ikarisch.
Doch still rieselt vom Fels Podsol,
Und taub, ein Sträfling an der Kara,
Regloser Dnepr, nächtliches Podol.

Für Sie ist die Ballade, Harry.
Nicht Phantasie hat mir geholt,
Was ihr Talent mich ließ erfahren,
Bin meinem Auge nur gefolgt.
In der Erinnerung bewahr ich
Schneesturm der Mitternachtsmethioln,
Das Spiel, den Park am Berg, den Garten,
Regloser Dnepr, nächtliches Podol.

Ivan Drač
An das Werk ›Arsenal‹

Merkst du im harten Kampf erschauernd,
wie deine Kräfte schwächer werden,
dann schmieg dich an die alte Mauer,
wie einst Antäus an die Erde,
rühr ans Gemäuer,
    das zerschossene, -
und ob die Sonne scheint, ob's schneit,
du fühlst, daß Kraft dir zugeflossen ist.
So überwindest du den Feind.
O hehre Brust des »Arsenals«!
Wenn ich dies Heiligtum berühre,
das so viel Schwernisse und Qual
standhaft ertragen hat, so spür ich
den mächtigen Pulsschlag in den Adern
der Mauer; prüfend auf mir ruht
der Blick der Scharten in den Quadern,
und ungestümer wallt mein Blut.
Hoch über Kiew in den Zeiten
die Werksirene hallt beschwingt -
das Ehrgefühl der Arbeitsleute,
ihr Stolz in diesem Ruf erklingt.
Uns zieht es auch in diesen Tagen
zur alten Ruhmesmauer hin,
zur Feste, uneinnehmbar ragend,
wie unser ewig junger Sinn.
Gestein, durch Heldentum gezeichnet!
Ich rühr es an, und mich beschwingt
ein Kräftezustrom ohnegleichen,
wie es Antäus einst erging,
als er sich an die Erde schmiegte...
Wie Sterne - Wunden an der Wand!
Verdreifacht meine Kraft, und sieghaft
ist jäh mein Kampfesmut entflammt!

Mykola Bažan
Morgen

Ein tonlos feiner, steter Regen hängt
steil über Plätzen, Bäumen, Menschenleeren,
die Stille, die rings alles Sein durchtränkt,
er wagt sie nicht mit jähem Guß zu stören.
Noch glaubt die Stadt nicht an ein neues Leben,
ein Laut, ein Schall versetzt sie noch in Beben.

Entlang den Ufern dunkler Häuserzeilen
fließt feierlich der Stille Riesenflut,
das kranke Herz der Stadt, ihr Weh zu heilen,
ein Vorgefühl von Worten groß und gut.

Noch konnten sie nicht zu den Menschen sprechen
dort innen, am geheimsten Zufluchtsort,
in tiefen Gruben, kalten Kellerlöchern,
in Grüften, der Lebendigen bangem Hort.

Noch wohnt der Höllentage finstres Grauen
tief in den Augen, fast schon unbewußt.
Und in den Abflußbrunnen pressen Frauen
noch voller Angst die Kinder an die Brust.

Noch lange wird der graue Dunst nicht weichen
aus dieser Hütte, leer und ausgebrannt,
wo schwarzes Blut noch sickert von der Leiche
des Alten, hingemacht von Feindeshand.

Es hängen Regen, Stille, Rauch wie Tran
rings über Alptraum, Wildnis, Fieberwahn.

Da denke ich: So schaut der Sohn voll Qual
ins Mutterantlitz, auf die harten Falten
des Grams, des Leids, schaut wie zum erstenmal,
schaut, um es unauslöschlich zu behalten.

Die Jahre fliehn, doch dies, es wird nicht schwinden.
Die Schreckensszenen, die durchlebte Pest –
es bleibt in allertiefsten Seelengründen
wie härteste Kristalle eingepreßt.

Nie, nie vergeß ich diesen Tag. Nie jeden
der Schritte, schweigsam, sinnend, schwer wie Blei.
Wir zogen durch die Straßen, durch die Öden
der Plätze und der Parks am Dnepr-Kai.

Wir schritten durch die Stadt, durch Nebelfetzen,
durch Regen, Qualm, Erinnrung, Schmerz und Tod.
Der Duma-Platz, des Trümmermeers Entsetzen
und überm Brandskelett das Fahnenrot.

Ein Riesenleichnam, Scherbenblut der Ziegel,
gekrümmten Stahls gespenstisches Geklirr.
Und sieh, den ruhmvoll Toten schon ein Hügel
in des Krestschatik Stein- und Schuttgewirr.

Wo alte Häuser stehn als nasse Kohlen,
wo giftiger Dampf steigt aus erloschnem Brand,
da starrt der Abdruck schwerer Preußensohlen
aus des Kastaniengartens lockrem Sand.

Das wird bald weggespült vom kalten Regen.
Doch ewig bleibt des Mörderstiefels Schnitt,
der Bestie plumpgestapfter wilder Tritt
im schreienden Gedächtnis klar zugegen!

Ruinen rings. Ich stehe stumm und blaß.
Und keine Träne. Trockner, heller Haß.

Es regnet stärker nun, ich hör die Tropfen
mit warmem Klang an unsre Erde klopfen.
Ein Atemzug der Stadt, ein stilles Schweben ...
Die Stadt, die Stadt beginnt zu leben!

Il'ja Erenburg
Babi Jar

Wozu die Worte und was soll die Feder,
wenn dieser Stein auf meinem Herzen liegt?
Wie ein Sträfling die Eisenkugel
schlepp ich an fremdem Erinnern.
Einst wohnte ich in Städten
freundlich mit den Lebendigen,
auf grauen Halden, jetzt,
hebe ich Gräber aus,
vertraut mit allen Schluchten,
und jeder Abgrund ist mein Haus.
Einst küßte ich
dieser geliebten Frau die Hände,
und sah sie lebend
nicht ein einziges Mal.
Mein Kind! Mein Rotbäckchen!
Und meine Brüder ihr!
Aus jeder Grube höre ich
euch nach mir rufen.
Wir erheben uns, mühsam,
und suchen knochenscheppernd
die nach Brot und Parfüm duftenden,
noch lebendigen Städte.
Löscht die Lichter, laßt die Fahnen herab.
Wir kamen zu euch, wir, die Abgründe.

Semën Šurachovyč
Der kleine Junge

Ich weiß nicht, wodurch mir dieser Junge auffiel. Ein kindlich begeistertes Schmunzelgesicht, in den klaren Augen unbändige Neugier, die jeden Augenblick mit tausend überraschenden Fragen herausplatzen konnte, abstehende Ohren, der Mund halb offen - ein Junge wie tausend andere.

Erst in dem Augenblick, in dem das fröhliche Lächeln auf seinem blassen Gesicht erlosch, zeigte sich in seinen Augen, wie verwunderlich dies bei einem sieben, acht Jahre alten Kind auch anmuten mochte, tiefer Ernst, sogar Bitterkeit.

Der Junge hatte die Hand einer großen, schönen Frau angefaßt, die alle Menschen mit gutmütigen, müden Augen ansah. So blickt ein Mensch, der nach bitteren Qualen und schweren Erlebnissen zur Ruhe kommt.

Es war am Morgen eines Maitages. Die Stadt hatte in der Nacht kaum geschlafen. Gegen Mitternacht war die freudige Botschaft des Sieges eingetroffen. Wie die Menschen davon erfahren hatten, blieb ungewiß. Aber sie wußten, daß der Krieg endlich zu Ende war, und die ganze Nacht hatte es in der Stadt wie in einem aufgestörten Bienenstock gesummt und gebrodelt. Bei Tagesanbruch spien die Häuser eine lärmende Menschenmenge aus, belebten sich alle Straßen und erfüllten sich mit Stimmengewirr.

Die Frau mit dem Jungen stand am Rand des Gehsteiges unter einer breitkronigen Kastanie, die bereits ungestüm ihre grünen Blätter entfaltete. Hinter ihnen ragte das verräucherte, rußige Skelett eines Gebäudes empor. Ich betrachtete es und konnte mich nicht darauf besinnen, was es früher gewesen war. Eine Schule? Ein Hotel? Die Straße führte etwas bergab, unten waren noch mehr feuerzerfressene Fassaden zu sehen. Dahinter begann das Trümmerdickicht des Krestschatyks.

Über die Ströme der Menschen hinweg, die sich in beiden Richtungen auf der Straße ergossen, hallten von Balkon zu Balkon fröhliche Rufe. Auf den Balkons wurde gesungen, wurden Bilder, Fahnen und Teppiche befestigt.

Aus dem nahen Lazarett traten mehrere verwundete Soldaten auf die Straße. Voraus trugen zwei einen jungen Soldaten mit verbundenen Beinen. Er war von Kopf bis Fuß weiß und rief mit dünner Stimme »Hurra!« Alle lachten und antworteten ihm mit glücklichen, übermütigen Zurufen. Dann kamen Sanitäter gelaufen und holten, ebenfalls lachend, die Verwundeten ins Lazarett zurück.

Scharen ausgelassener Jungen schwirrten wie die Spatzen auf und stürmten mit wüstem Gekreisch von einer Straßenseite auf die andere. Auf den Gehsteigen wurde es ihnen zu eng.

Durch die lärmerfüllte Straße erschallte die Stimme eines Rundfunksprechers, der ein zweites und ein drittes Mal die so lange ersehnte Nachricht von der Beendigung des Krieges und vom Sieg bekanntgab.

Moskau sprach. Das Herz eines jeden Menschen sprach.

Der Junge blickte in die Runde. Seine Augen erstrahlten in hellster Freude. Unruhig wandte er den Kopf bald hierhin, bald dorthin, zog die hochgewachsene Frau an der Hand, und ich hatte den Eindruck, er werde die Hand sogleich loslassen und der laut jauchzenden Jungenschar nachlaufen.

Aber er blieb auf seinem Platz stehen. Nur ein einziges Mal lugte er dorthin, wo die ungebärdigen Jungen herumtollten. Da sah ich, wie sich sein Gesicht wie von heftigem Schmerz verzog und tiefer, unkindlicher Kummer seinen Blick trübte.

»Mama«, sagte der Junge, »und jetzt schießen sie nur noch Salut?«

»Ja, Söhnchen«, antwortete die Frau, in Gedanken versunken.

»Und nun fallen keine Bomben mehr auf uns wie damals?«

»Nein, jetzt fallen keine Bomben mehr«, sagte die Frau düster, und ihre Stimme zitterte.

»Hurra-a!« rief der Junge glückstrahlend, ergriff mit beiden Händen die Hand seiner Mutter und tanzte auf einem Bein umher.

Unter seiner Achselhöhle rutschte eine Krücke heraus und fiel polternd auf die Gehsteigkante.

Der Junge tanzte auf einem Bein. Er hatte nur eins.

Pjatrus' Broūka
Kiew

Kiew, du Frühlingsstadt, sonnüberdacht,
wieder umfängst du den liebenden Freund.
Wie bist du gewachsen in warmgrüner Pracht,
von der Morgenreinheit des Dnepr umschäumt!
Sonnig glänzt silberner Tau an den Zweigen
der schön gewundnen Kastaniengirlanden.
Fern lockt der Karpaten Gipfelreigen,
fern hör ich die Wogen des Schwarzmeers branden.
Du teilst mit dem Volk alle Schicksalswenden,
Kiew, du Seele der Ukraine!
Du Stadt lichter Jugend, du Stadt der Legenden -
wie ich deine menschliche Liebe fühle,
ich, der ich zu deinen Söhnen mich zähle!
Kiew, des Ukrainervolks Seele!

Maksym Ryl'skyj
Herbstliches Kiew

Ich habe, Kiew, oft dich preisen hören.
Begeisterung weckst du zu jeder Zeit.
Nicht leere Schmeichelei sind solche Worte –
Bestätigung nur deiner Herrlichkeit.

Bedeckt ist der Asphalt mit welken Blättern,
er lugt hervor dazwischen selten nur.
Gebräunt sind schon von welkem Gras die Rasen,
und Tag und Nacht pocht Regen endlos, stur.

Und jäh von unserer Heimat Abschied nehmend,
ziehn jene Vögel in ein fernes Land,
die die Gelehrten Mauersegler nennen,
und die ich Schwalben hab als Kind genannt.

Doch glüht noch hell die flammend rote Canna,
die Georgine unser Herz erfreut...
Es kam die Zeit der längst ersehnten Arbeit
und nicht des Kummers, der Verluste Zeit.

Der Herbst als fürsorglicher Hauswirt schüttet
die Speicher voll mit seiner Ernte Gold
und, nichts verbergend, öffnet er die Weiten
und prunkt mit Wintersaatfeld, jung und hold.

Was für ein Glück, daß unser altes Kiew
so jung und freudig ist im Herbsteskleid
beim Bau von neuen Häusern und Betrieben
in ew'ger Arbeit voller Regsamkeit.

Volodymyr Drosd
Der einsame Wolf

Es war ein richtiger goldener Herbsttag. Im klaren, kalten Himmel hingen einzelne Kastanien- und Ahornblätter.

Ich blieb eine Weile neben dem Operneingang stehen und atmete tief den etwas bitteren Duft des Herbstes ein, dann ging ich gemächlich die Wladimirskaja-Straße entlang zur Sophienkathedrale. Die kleine Straße dahinter lag still und hell. Viktoria wird es hier gefallen, dachte ich flüchtig. Im zweiten Stock angelangt, war ich ganz aufgeregt, sogar die Hände schwitzten. Die breite Treppe stieg sanft an, ein kupferroter Streifen säumte das schokoladenbraune Geländer. Die Wohnungstür war mit dunklem Kunststoff überzogen. Ich nahm die wohltuende Atmosphäre des Hauses begierig auf, als stünde mein Umzug hierher unmittelbar bevor. Dann wischte ich mir die Hände mit dem Taschentuch ab und klingelte. Eine junge Frau im Trainingsanzug öffnete. Ich lächelte so freundlich wie möglich.

»Entschuldigen Sie, ich komme wegen des Wohnungstausches.«

»Mein Mann ist nicht zu Hause. Sie sollten das lieber mit ihm besprechen.«

»Entschuldigen Sie, können sie mir die Wohnung nicht zeigen?« Ich blickte sie flehentlich an. »Damit ich nicht noch einmal herkommen muß.«

»Bitte«, sagte sie nach einigem Zögern. Offensichtlich weckte mein Äußeres Vertrauen. »Aber bei uns ist nicht aufgeräumt. Ich bin erst gestern von einer Dienstreise zurück. Die Küche ist zehn Quadratmeter groß. Heißes Wasser gibt es nicht - nur einen Badeofen. Das Zimmer ist sonnig, zweiundzwanzig Quadratmeter, der Balkon blickt auf den Hof.« Sie rasselte es gewohnheitsmäßig herunter, offenbar war ich nicht der erste, dem die Frau ihre Wohnung empfahl. »Und was haben Sie anzubieten? Wir müssen im Stadtkern des alten Kiew wohnen. Mein Mann ist Künstler, sein Atelier liegt ganz in der Nähe. Nehmen Sie Platz.«

»Ich glaube, wir werden uns einig.« Ich ließ mich bereitwillig in den Sessel sinken.

Im Zimmer lag ein Teppich, darauf ein roter Reifen - die Frau hatte vor meinem Kommen wahrscheinlich Gymnastik gemacht. Ich musterte ihre blendende Figur fast gleichmütig - jetzt war ich ein anderer. An den Wänden hingen Entwürfe. In der Ecke stand ein Regal voller Bücher. Über das Sofa war eine schöne Huzulendecke gebreitet. Die kann ich nicht durch einen Preiszuschlag herumkiegen, dachte ich bekümmert, die hier nicht.

»Ich hab ganz in der Nähe eine sehr schöne Zweizimmerwohnung, die Decke ist drei Meter achtzig hoch, der Korridor mißt zwölf Quadratmeter, die Zimmer sind kleiner, aber voneinander durch den Korridor getrennt.«

Das Zimmer war wirklich sonnig, ein goldgelbes Rechteck von Licht lag auf dem Teppich, überzogen vom Schattengitter der Gardine. Die Frau saß an einem runden Mahagonitischchen.

»Die Wohnung wird Ihnen gefallen. Die Fenster blicken auf eine kleine Grünanlage. Die Luft ist wie in der Datsche. Einkaufsmöglichkeiten einen Block weiter, bis zum Kreschtschatik sind es zehn Minuten zu Fuß. Ich komme mit der Schwiegermutter nicht aus, deshalb wollen wir ausziehen. Wir haben ein Bad, die Küche ist weißgekachelt. Die Fenster aller Räume sind breit, es ist hell wie auf der Straße. Das Parkett ist neu und kürzlich erst versiegelt. Fährt man mit dem nassen Lappen drüber, glänzt es wie Gold. Ein Kronleuchter ist auch vorhanden.«

Ich spürte, daß sich meine Phantasie erschöpfte, schrieb mir die Telefonnummer auf und verabschiedete mich. Wir vereinbarten, daß ich abends anrufen und sie zu uns einladen sollte. Ich trat mit einem Gefühl ins Treppenhaus, als wohnte ich schon lange hier.

Aufs Geratewohl schlenderte ich hierhin und dorthin, blieb bei den schönsten Häusern stehen, blickte in die Fenster, an denen schmucke Gardinen prangten, wählte in Gedanken Wohnungen aus und sah mir den passenden Hof an, in den kein Straßenlärm drang. Meine besondere Vorliebe galt großen Häusern mit weinumrankten Balkons in stillen Straßen mit schmucken kleinen Gärten in den Höfen.

Längst war es Zeit, Mittag zu essen. Bald würde Wika aus der Vorlesung kommen. Im Restaurant bestellte ich die teuersten Gerichte, den teuersten Kognak und die besten Zigaretten.

Von einem Telefon im Vorraum wählte ich die Nummer des Direktionszimmers.

»Ja bitte«, dröhnte Georgi Wassiljewitschs Stimme aus dem Hörer.

»Entschuldigen Sie.« Ich sprach, so tief ich konnte, damit er meine Stimme nicht erkannte. »Kann ich Viktoria Georgijewna sprechen?«

»Viktoria Georgijewna, Sie werden verlangt.«

Ich hörte Absätze übers Parkett klappern und dann endlich eine Stimme:

»Ja bitte?«

»Ich bin's. Ich möchte Sie sehen.«

»Was fällt Ihnen ein, ich komme gerade aus der Vorlesung, ich kann nicht.«

»Den ganzen Tag laufe ich durch Kiew und denke nur an Sie. Zwingen Sie mich nicht, Banalitäten zu wiederholen. Sie haben einen analytischen Verstand, Sie verstehen alles. Ich muß Sie sehen. Sonst ...«

»Ich hab heute wirklich sehr viel zu tun.«

»Sonst suche ich Sie zu Hause auf. Sie wissen, ich hab nichts zu verlieren, und mir ist egal, was Georgi Wassiljewitsch denkt.«

»Andrej ...«

»Ich hasse Spielerei und sage Ihnen jetzt, was ich empfinde. Seien auch Sie bitte aufrichtig. Wenn Sie mich nicht sehen wollen, dann bitte. Sie verstehen, wie schwer mir diese Worte fallen. Aber ich will keine Almosen. Ich würde dann alles tun, damit wir uns nie mehr begegnen. Ich verschwinde, löse mich auf - und Sie werden glücklich sein, Wika. Ich bin ein altmodischer Mensch und empfinde so, wie man vor unserem synthetischen Jahrhundert empfand.«

»Und wie spät ist es jetzt?«

»Fünf nach drei.«

»Die Schneiderin muß gleich kommen. Aber ...« Sie schwankte eindeutig.

»Ich erwarte Sie in einer Stunde in den Anlagen am Goldenen Tor. In einer Stunde am Goldenen Tor.« Ich sagte es fast beschwörend. »Bis nachher.«

»Ich verspreche gar nichts«, antwortete sie, da sie sich besonnen hatte.

»Sie wissen, daß ich dennoch auf Sie warten werde, Wika. Nach vier Uhr in den Anlagen.«

Mißgestimmt trat ich vom Telefon weg.

Scheinbar war alles in Ordnung, ich hatte so geredet und mich so verhalten, wie ich geplant hatte. Ich hatte ihr meine Empfindungen zu verstehen gegeben und Spannung erregt. Die Worte von der Liebe waren abgegriffen wie alte Papierrubel, und sie auszusprechen war mir schwergefallen. Je näher ich dem Büro kam, desto unnatürlicher erschien mir dieses Gespräch mit der Tochter des Direktors, als hätte ich vorgehabt, ihr Blumen zu überreichen, jedoch nur einen abgenutzten Reisigbesen hochgehalten, aus dem nach allen Seiten tote Zweige ragten. Natürlich würde sie mir nicht glauben, weil hinter meinen Sätzen kaum ein Gefühl zu spüren war. Ich bin unfähig, Liebe auch nur zu spielen, ich hatte nur Worte ausgesprochen. Mit diesen Gedanken langte ich im Büro an.

»War der Stellvertreter des Direktors schon hier?« erkundigte ich mich in gleichgültigem Ton beim Pförtner. In diesem Moment war mir alles egal.

»Heute hat er sich noch nicht blicken lassen.«

Ich nahm schweigend die Post und schloß mich im Vorzimmer ein. Die Zeitungen warf ich auf den Tisch der Sekretärin, dann ging ich weiter ins Arbeitszimmer. Die Luft war abgestanden, der Pförtner hatte die Lüftungsklappe über Nacht geschlossen. Es roch nach Zigarren und Kölnisch Wasser. Der Direktor liebte Zigarren und gutes Kölnisch Wasser. Ich ließ mich in seinen Sessel fallen, legte die Beine auf den Tisch und rückte die holzgeschnitzte Schreibgarnitur beiseite, in deren Tintenfaß nie Tinte war, weil Georgi Wassijewitsch Papiere stets mit dem Kugelschreiber unterschrieb. Dann holte ich eine Zigarre aus der Kiste und steckte sie an. Der Duft der Havanna stieg vor mir auf. Ich hörte, wie meine Armbanduhr tickte, legte den Kopf an die Rückenlehne und entspannte mich.

Ich hatte Wika tote Worte gesagt.

Die blasse Sonnenblume des modernen Kronleuchters hing über meinem Kopf, die Decke war grellweiß, die Wände waren salatgrün. Aus dem Köcher der Schreibgarnitur ragte eine Batterie Kugelschreiber. Die lederne Schreibmappe des Direktors lag am Tischrand. Ich schob sie mit dem Fuß zur Mitte neben die Schreibgarnitur. Es war eine ausnehmend kunstvolle Mappe.

Ich hatte Wika tote Worte gesagt.

»Na bitte ... da bin ich.«

Sie stand auf dem Gehsteig auf der anderen Seite des Eisenzaunes. Ich machte zwei schnelle Schritte stieß mich ab und sprang über die knallroten Pfosten und den schmiedeeisernen Zaun des Vorgartens.

»Du bist verrückt, was machst du da?« sagte Wika verwundert, als ich bereits vor ihr stand. »Du bist jedesmal anders, man weiß nie, was von dir zu erwarten ist.«

»Hast du noch immer Angst vor mir?«

»Nein. Vor mir.«

»Ich bin heute friedlich. Befinde mich völlig in einer Selbstanalyse. Ich knabbere mich an.«

»Und, schmeckt's?«

»Mir wird übel. Aber daran bist du schuld. Früher hatte ich nie solche Anfälle.«

»Ich auch nicht«, sagte Wika fast wütend.

»Hast du einen moralischen Komplex?«

»Nein, ich hab einen Wagen. Weißt du schon, wohin wir fahren wollen? Wo man Mädchen am besten verführt?«

»Du bist heute böse, aber schön.«

»Und gestern?«

»Warst du auch schön.«

»Hast du dich in mich verliebt?«

Ich schwieg gekränkt.

»Entschuldige. Aber ich mußte allerhand zusammenspinnen, um herzukommen. Mama macht sich große Sorgen um mich und ist nachgerade eifersüchtig. Sie prüft sogar den Kilometerstand, um zu sehen, wie weit ich gefahren bin. Na bitte.«

»Ich lege Georgi Wassiljewitsch morgen die Kündigung auf den Tisch und bemühe mich um andere Arbeit. Ich will nicht, daß man mir vorwirft, ich hätte ... na, du weißt schon – das Direktorentöchterchen.«

»Morgen ist Sonntag, da geht mein Vater auf Hasenjagd.«

»Dann am Montag.«

»Warum solche großen Opfer? Ich bin fast sicher, daß das hier unser erstes und letztes Stelldichein ist.«

»Du bist grausam.«

»Ich bin nur nicht sentimental wie einige männliche Zeitgenossen.«

Wir gingen über die Straße zu dem gegenüber parkenden Lada. Wika setzte sich ans Lenkrad. Ich ging um den Wagen herum und wollte mich neben sie setzen, aber sie öffnete die hintere Tür.

»Ich hab panische Angst vor Klatsch.«

Sie startete, und der Wagen rollte zwischen den grünen Schachteln des Jaroslawski-Walles dahin.

»Männer sind auch nicht sentimental«, sagte ich, um das Gespräch fortzusetzen. »Sie reflektieren. Was glaubst du, womit ich mich beschäftigt habe, nachdem ich dich angerufen hatte? Ich habe die letzten acht Jahre meines Lebens erbarmungslos ausgelöscht. Na, nicht acht, aber sechs, das heißt, seit ich begriff, daß das Ziel des Lebens das Leben ist. Mir schien auf einmal, was ich heute am Telefon zu dir gesagt habe, wäre ...«

»Mein Gott, mir stehen die Komplexe in der Uni schon bis zum Hals!« unterbrach sie mich. »Jeder grüne Junge hält einen da auf dem Korridor fest und will einem des langen und breiten seine geistige Komplexität erklären. Das Jahrhundert der Reflexionen! Ich hatte Sie für einen Mann gehalten.«

Ich lachte laut.

»Einem Verliebten, als den Sie mich soeben ironisch zu bezeichnen geruhten, muß man seine Schwächen verzeihen. Das Gefühl für eine Frau entspricht einer plötzlichen Revision in einem Geschäft. Der Mann wird wegen Inventur geschlossen. Ein genialer Aphorismus, oder? Fahren wir nach Dorogoshitschi. Dort hinter den Schluchten liegt eine herrliche Herbstlandschaft.« Das klang ehrlich. »Ich sehne mich seit einigen Tagen nach dem Wald, woher mag das kommen?«

Ich überlegte, daß ich gut davonkommen würde, wenn alles damit zu Ende wäre. Nur hätte ich nach dem Mittagessen nicht trinken und mir keine überflüssigen Gedanken machen dürfen.

»Auf nach Dorogoshitschi!« sagte Wika erfreut. »Ich war lange nicht in der Kirillow-Kirche. Die Engel dort sind beeindruckend.«

Der Wagen rollte langsam auf den Platz, verharrte kurz vor dem Lwowski-Tor, schoß dann bei Grün verwegen los und verließ die Stadt. Bald schlossen sich die grünen Hände des Waldes beiderseits der Straße um uns.

Auf einem mit dunklem Kohlenkies bestreuten Waldweg hielten wir. Die weißen Mauern der Kirillow-Kirche schimmerten durch die spärlich stehenden Bäume. Wir gingen an dem Gitter entlang, das am Rand eines steilen Hanges aufhörte. Weit unten wand sich eine Asphaltstraße, Schwerlastzüge krochen dröhnend aufeinander zu. Die grüne Fläche um die Kirche war freigebig mit honiggelben Ahornblättern bestreut. Dort zu gehen wurde immer schwieriger, als reiche einem das Laub bis an die Knie. Ich blieb etwas hinter Viktoria zurück.

»Möchtest du nicht mit in die Kirche?« fragte sie.

»Ich hab keine große Lust. Außerdem ist sie geschlossen. Du hast Pech.« Ich atmete erleichtert auf.

Wir gingen langsam um die Kirche herum zurück zum Wagen.

»Ich hätte dir gern die Engel gezeigt. Ich mag sie sehr. Sie sind nicht besonders kunstvoll, aber sehr schön.«

Der Wagen erklomm eine Anhöhe. Der Wald war hier anders als in der Stadt, hier strahlte er noch im Herbstschmuck. Von der Farbenpracht wurde einem schwindlig. Die dicht mit jungen Eschen und Nußbäumen bewachsenen Hänge loderten in zartesten Farbtönen von Grün bis Gelbrot.

Gedankenlos ging ich über die goldgelbe Pracht, die unter meinen Füßen sanft nachgab, beschleunigte meine Schritte immer mehr und schien abwärts zu gleiten, in den dunklen Schlund der Schlucht. Eine glückselige Schwerelosigkeit erfaßte meinen Körper, der elastisch wurde und ...

»Andrej! ...«

Ich hörte eine menschliche Stimme, blickte mich unwillkürlich um und blieb stehen, als verwehre ein Tau mir den Weg.

Ich stand auf einer kleinen Waldwiese wie in einem alten Dom mit hohem, verschwommen-dunkelblauem Gewölbe und rosa leuchtenden Fenstern. - Die Sonne ging hinter dem Wald unter. Unter dem goldenen Altar des lebendigen Doms leuchtete, von der Abendsonne angestrahlt, Viktorias blasses Gesicht mit den großen Augen. Und ich spürte plötzlich, daß ich sie lieben könnte, wäre da nicht diese Grenzlinie, die aus dem Waldesdickicht heranrückte und sich schon in schweren, gefräßigen Wellen in mich senkte. Ich tat einen Schritt auf Wika zu und lief dann plötzlich, flüchtete vor dem Wald, der mir nachjagte und mich mit seinen Zweigen bei den Schultern packte. Ich schlug fast vor sie hin, umfaßte ihre Knie und stieß in tiefem, echtem Schmerz hervor:

»Rette mich ...«

»Vor wem, Andrej?« fragte sie erstaunt und betont laut.

Ich lachte gekünstelt.

»Hervorragend gespielt, stimmt's? Du standest da wie eine Göttin.«

Wir flüchteten vor dem Wald, aber er trat uns auf die Fersen. Meine Unruhe teilte sich Viktoria mit, sie holte aus dem Motor heraus, was sie konnte. Der Wagen jagte dahin wie eine von Angst getriebene Stute in der Steppe, und die Scheinwerfer, Fenster, Umrisse der Häuser, selbst die Bäume streckten sich und nahmen immer neue, unerwartete Formen an. Noch nie war ich mit solcher Geschwindigkeit durch die Stadt gefahren. Ich saß ganz still, klammerte mich mit beiden Händen an die Rückenlehne des Vordersitzes und stellte die

Beine breit, um bei scharfen Kurven das Gleichgewicht zu behalten. Passanten sprangen auf dem Gehweg entsetzt zurück, entgegenkommende Fahrzeuge blinkten erschrocken mit den Scheinwerfern. Noch vor Erreichen ihrer Straße bremste Wika scharf.

»Ich begreife nicht, was mit mir vorgeht! Es ist ein Gefühl, als wäre ich plötzlich scharfem Wind ausgesetzt. In dir steckt eine finstere Macht, ich will vor ihr fliehen, doch es gelingt mir nicht, wie in einem schrecklichen Traum, wenn einem weder die Füße noch die Seele gehorchen.«

»Vielleicht hab ich mich dem Teufel verschrieben, und er lenkt dich - um meinetwillen?« Ich lachte kalt.

»Du scherzt immer nur, aber ich spüre, daß du anders bist, daß du Theater spielst, dein wahres, lichtes, menschliches Gesicht vor mir verbirgst, ich aber muß wagen, dir die Maske herunterzureißen.«

»Samt der Haut«, sagte ich bekümmert.

»Geschieht dir ganz recht, warum hast du meinen Weg gekreuzt? Ich will nicht, daß du mich anrufst. Ich will dich nicht sehen. Meine Eltern haben für mich alles so schön geplant. Nächstes Jahr beende ich das Institut, gehe in die Aspirantur und heirate einen ordentlichen, positiven Jungen, den ich seit der Kindheit kenne. Meine Eltern besorgen uns eine Genossenschaftswohnung. Nach Verteidigung des Diploms bringe ich ein Kind zur Welt. Dann nehme ich meine Doktorarbeit in Angriff. Du zertrümmerst alles, du bist ein böser Geist, ich bin die Verkörperung des Guten und der Unschuld.« Sie lachte. »Mach's gut, meine Bekannten brauchen nicht erst Stielaugen zu machen.«

»Auf Wiedersehen, ich gehe heute mal zu den Pragnimaks.«

Ich stieg aus dem Wagen, legte den Mantel über den Arm und warf den Wagenschlag zu. Wika stand auf dem Gehsteig, auf den Kotflügel gestützt, und ihr dicker Wollpullover und die grauen Hosen verschmolzen mit der Farbe des in der Abenddämmerung hellgrau wirkenden Wagens. Der Wind schaukelte eine Straßenlaterne nach oben, und als das Licht auf ihr Gesicht fiel, sah ich ihre schuldbewußten, traurigen Augen. Sie wirkten wie die eines Kindes, das sich etwas hatte zuschulden kommen lassen. An uns vorbeigehende Leute blikkten sich um. Plötzlich kam sie zu mir gelaufen und legte mir die langen, schlanken Arme um den Hals.

»Entschuldige.«

Ich strich ihr mit zitternder Hand über das Haar, das im Nacken zu einem festen Knoten geschlungen war, und entwand mich schroff der warmen Schlinge ihrer Arme. Das war effektvoll, außerdem fürchtete ich, rührselig zu werden. Vorerst konnte ich mir keine Gefühlsausbrüche leisten. Das mochte später kommen. Dann einmal, wenn ich ich selbst sein würde, wenn diese finstere Heimsuchung von mir fallen würde. Mit großen Schritten bog ich in die dunkle Parkallee. Hinter mir schloß sich laut ein Wagenschlag, und der Wagen fuhr ab.

Aber das war das letzte Mal, morgen würde ich anders sein. Wahrhaftig und gut. Morgen würde ich mir erlauben zu lieben und nicht nur so tun, als liebte ich. Morgen würden meine Worte nicht falsch klingen, und ich würde ihr sagen ... Angst packte mich plötzlich: Wenn es aber dann schon zu spät war umzukehren? Ich sah Wika unter dem gelbroten Gewölbe des lebenden Doms im Schein der Abendsonne am Rand der Waldwiese stehen, und meine Angst wich, weil ich, solange sie dort stand, stets würde zurückblicken und zu ihr zurückkehren können. Vorerst aber mußte ich spielen, die Eintrittskarten waren verkauft, gleich würde sich der Vorhang heben.

Jevhen Hucalo
Haare, rötlich wie Herbstlaub

Gestern war ich bei einer Frau, die ich anscheinend liebe. Wieder sprachen wir davon, wovon wir schon früher gesprochen hatten: Daß wir einander vergessen müßten, daß wir es auch vergessen würden. Als ich aber in ihre gütigen, hellen und vor Erregung geweiteten Augen blickte, auf die vom Küssen leicht geschwollenen Lippen, in ihr Gesicht mit den feinen, etwas strengen Zügen – das vierte Jahrzehnt hatte sie bereits berührt –, dachte ich: Ich werd sie nicht vergessen können. Und sie dachte wohl das gleiche. Obwohl wir beide wußten, daß es besser war, auseinanderzugehen, um uns selbst und dem Dritten, der zwischen uns stand, kein Leid zuzufügen.

In der Straßenbahn dachte ich daran, wie sie weggegangen war: eine kleine Straße fast im Zentrum von Kiew, auf einer Seite mit Schwarzpappeln bewachsen und auf der anderen durch einen Holzzaun begrenzt, hinter dem ein tiefer, leerer, grauer Graben verläuft. Sommersprossengleich übersät herbstliches Laub den Asphalt. Sonne und Schatten beben unter den Pappeln, sie aber geht, ohne sich umzusehen. Früher hatte sie sich immer umgeblickt, war ein Stück gegangen, hatte sich wieder umgedreht, und ihre weiten Augen hatten dabei geleuchtet. Diesmal aber schritt sie geradeaus, tat keinen Blick zurück, nur ihre rotblonden Haare wippten beim Gehen auf den Schultern. Sie hatten einen goldenen Schimmer, sie trug sie mal aufgelöst, mal zu einem Knoten gesteckt. Als sie bereits an der Großbäckerei vorbeiging, dachte ich: Herbst, die Blätter färben sich rötlich, fallen zur Erde. Und ihre Haare sind wie diese Blätter, sie rascheln zwischen den Fingern, und wenn man sie küßt und sie mit den Lippen berührt, sind sie genauso trocken und spröde.

Das schwarze Tuch tief in die Stirn gebunden, stieg eine alte Frau mit einem großen Korb in die Straßenbahn. Sie setzte sich mir gegenüber und starrte mich die ganze Zeit über mit leerem, ausdruckslosem Blick an. Ich sah aus dem Fenster. Die Linden leuchteten, auf den Gesichtern der Menschen lag helle Sonne. Mädchen mit strahlendem Lächeln gingen auf der Straße. Jetzt muß doch Altweibersommer in den Dörfern sein, dachte ich. Er liegt auf dem Unkraut, auf den Erdhügelchen, er schwebt in weißer Trauer in der Luft, legt sich an jemandes Schläfe und schaukelt sacht im leichten Wind ... Schon seit mehreren Tagen herrschte dieses ruhige Wetter, man hoffte, daß es auch morgen oder übermorgen so anhalten werde. Plötzlich war mir, als sei ich schon einmal in dieser Straßenbahn gefahren, dieselbe alte Frau habe mir gegenübergesessen und der Herbst sei wie ein Abschiedslächeln des Sommers. Wann war das gewesen? In welchem Jahrhundert und auf welchem Planeten? Von wem kam ich damals, und zu wem fuhr ich? Plötzlich hatte ich die deutliche Gewißheit, daß ich dieses Glück, das mich wärmte, schon vor langer Zeit gekannt hatte. Die Gewißheit war so felsenfest, daß ich verwundert um mich blickte. Das Rattern der Straßenbahn hatte ich doch schon mal gehört (wann? wo?), die Pappeln mit ihrem lustig bebenden, an Fuchsfellmützen erinnernden Blätterwald waren mir bekannt und vertraut (auf welcher Straße bin ich an ihnen vorübergefahren? auf welchem Planeten?), ebenso das Gefühl des Glücks, des seelischen Friedens, die Gewißheit, daß das alles ewig und unvergänglich sei (geschah mir das vor Millionen von Jahren? mit wem? zu welchem tiefen Geheimnis öffneten sich mir die Türen, aus denen die Dunkelheit unbegreiflicher Ewigkeit mir entgegenwehte?).

Ich stieg aus der Straßenbahn, sah vom Steilhang auf den Dnepr hinunter und nahm alles tief in mich auf: die dunstige Wasseroberfläche, die weite Ebene, die ganz in der Ferne in einen blassen Schimmer gehüllt war, die kühnen Schwünge der Motorboote ... Werde ich mich immer an den Tag erinnern, als ich auf den Telefonanruf wartete, daran, wie wir uns trafen? Werde ich noch jene Küsse spüren, da man mit den Lippen nicht so sehr die Lippen fühlen als sie vielmehr einatmen möchte, ihr ganzes ovales, bräunlich schimmerndes Gesicht, sie ganz und gar einatmen? Ist das der Ausbruch von rasender Verzückung? Ist es das, was wir Leidenschaft nennen? Werde ich mich an jene Worte erinnern, die unbedingt gesagt werden mußten, an die man so wenig glauben durfte nach alldem, was gewesen war, und vor dem, was kommen mußte? Werde ich mich an das Glück erinnern, da die Worte, fähig, tief zu verwunden oder zu kränken, weder verwundeten noch kränkten, weil sie vom Bewußtsein abglitten wie Schnee vom Eis?

Aber vielleicht gerät auch alles in Vergessenheit? So, als wäre nichts gewesen? Es wäre nicht das erste Mal, daß ein wichtiges Ereignis in meinem Leben in der Entfernung verblaßt, mein Gedächtnis sich dagegen an irgendwelche unwesentlichen Details, an bedeutungslose Dinge klammert, an irgend jemandes Lächeln, an den flüchtigen Blick eines Fremden. All das sprudelte urplötzlich und unerwartet aus den dunklen Wassern des Gedächtnisses herauf und verschwand ebenso schnell, um niemals wiederzukehren. Aber irgend etwas aus diesem Chaos verfolgt mich unablässig, drängt sich mir immer wieder auf, und gerade in den unpassendsten Augenblicken. Ich kann diese Erinnerungen nicht mehr ruhig hinnehmen, suche darin nach einem versteckten Sinn, der mir immer wieder entgleitet, von dessen Existenz ich dennoch mehr und mehr überzeugt bin.

Als ich klein war, jagten meine Eltern mir nach ums sonnenüberflutete Haus, wollten mich fangen und zu irgendeinem Onkel bringen. Natürlich waren das nur scherzhafte Drohungen, niemand hätte mich hergegeben, und niemand hätte mich genommen, aber immer habe ich seit damals das Gefühl, daß man mich tatsächlich weggeben wollte. Wer dieser Onkel war, weiß ich nicht, ich habe ihn nie gesehen, aber noch heute ist mir, er könnte, schwarz und unerbittlich, plötzlich aus dem Nichts, aus dem Dunkel nicht endgültig ausgerotteter kindlicher Ängste auftauchen, mich bei der Hand nehmen und entführen. Noch ein zweiter Traum verfolgt mich, uralt und verschwommen, dennoch sehe ich deutlich die Treppe, die vom Dachboden auf den schwach erleuchteten Flur führt, der keinen Ausweg hat. Ich beuge mich über das Geländer, sehe nach unten und soll - ich weiß nicht mehr, warum - in den Flur hinuntersteigen. Noch eine andere Erinnerung: Ein warmer, grauer Weg geht durch die Felder, geheimnisvoll leuchtet der Himmel, keine Menschenseele ist ringsum. Oder: Ein Wald im Vorfrühling, alles ist kahl, dunkel, die Zweige glänzen feucht, an den Birken hängen die ersten Kätzchen, an den Weiden sind sie flaumig und mit einer gelben Schale umgeben. Damals habe ich doch das erste bläulichweiße Schneeglöckchen mitten in einem Schneeflecken gefunden ... Oder nicht? ... Ich komme im Winter aus der Schule im Nachbardorf. Märzstürme auf den Feldern, nasser Schnee verklebt mir die Augen, schneidet ins Gesicht. Wenn wenigstens ein Licht vom Dorf zu sehen wäre! Und plötzlich ein klagender, verzweifelter Schrei hinter mir. Vielleicht eine Katze? Ich gehe schneller, laufe, laufe, bis ich, wie mir scheint, weit genug weg bin, bleibe stehen, lausche, und wieder der Schrei. Ich nehme all meinen Mut zusammen, gehe zurück. Nichts. Kaum habe ich mich wieder umgedreht, da schreit es wieder, ganz nahe. Was war das? Wirklich eine Katze?

Ein Zufall, nichts weiter. Ich weiß, daß man dem keine Bedeutung beizumessen braucht. Man möchte es vergessen, kann es aber nicht. Und unwillkürlich versucht man, hinter alldem einen Sinn zu finden. Aber nicht Details und Zufälligkeiten schwimmen an die Oberfläche, sondern ein Gefühl wird in mir wach, daß ich das alles schon einmal erlebt habe, und bis ins letzte kann ich mir dann vorstellen, was weiter geschieht. Da traf ich unlängst einen alten, grauhaarigen Mann, mit Brauen, buschig wie Taubenflügel, und alles, was er mir sagen wollte, wußte ich schon im voraus. Woher? Warum? Oder man geht durch eine unbekannte Landschaft, in der man noch nie vorher gewesen ist. Plötzlich ist man ganz sicher, den Hügel da schon einmal gesehen zu haben, man weiß, wie üppig das Gras neben der kleinen Pfütze wächst, und allein das Gefühl, daß man die ähnlichen Umstände kennt, war auch schon da. Und wenn dieses Gefühl der Wiederholbarkeit des Seins kommt, wird man innerlich ruhig und gelassen, als hätte man etwas begriffen, was man mit Worten nicht ausdrücken kann.

Aber woher kommen diese Ruhe, diese Gelassenheit?

Wie oft schaue ich auf den mir so vertrauten Dnepr, und doch ist er immer ein anderer. Stets sehe ich den Herbst, einen gelbgefärbten Baum neu. Und noch nie ist jemand durch die alte Kiewer Gasse davongegangen wie sie - schnell, entschlossen, als hätte sie sich endgültig mit etwas Unabänderlichem, mir nicht Bekanntem abgefunden. Ich sah ihr nach und spürte auf den Lippen ihre spröden Haare, die zwischen den Fingern raschelten wie trockenes Laub. Aber es geht mir nicht darum. Wo, auf welchem Planeten, in wieviel Jahren wird jemand anderem dieser Herbst plötzlich so schmerzlich vertraut vorkommen, dieser weiche Monat Oktober mit seinen bebenden Schatten und dem Licht unter den Pappeln, dem aschgrauen, breiten Graben auf der einen Seite der Straße und auf der anderen die kleine Frauengestalt mit den Haaren von der Farbe rötlichen Herbstlaubes? Und ihr nachblickend, wird sich jener ferne Fremde daran erinnern, wie er ihre Haare küßte, die spröde und hart seine Lippen streiften und trocken raschelten.

Andrej Kurkov
Mischa-Pinguin

An diesem kalten Samstag morgen stiegen Viktor, Sergej und Mischa-Pinguin aus dem am Ufer des Dnjepr neben den Klostergärten geparkten roten ›Saporosh‹. Sergej zog einen prallgefüllten Rucksack aus dem Kofferraum und schnallte ihn sich auf den Rücken. Sie stiegen die Steintreppe zum zugefrorenen Fluß hinunter.

Der Dnjepr war mit einer dicken Eisschicht bedeckt. Auf dem Eis saßen im Höflichkeitsabstand voneinander die Eisangler wie unbewegliche, dicke Raben, jeder vor seinem eigenen kleinen Loch.

Viktor, Sergej und Mischa wählten vom Ufer aus einen Weg, auf dem sie die Fischer nicht störten, und wanderten weit auf das Eis des Dnjepr hinaus.

Sie blieben bei jedem nicht besetzten Eisloch stehen, aber entweder war es schon wieder überfroren oder zu klein.

»Gehen wir zur Bucht!« schlug Sergej vor. »Dahin gehen immer die Eisschwimmer ...«

Sie überquerten den Dnjepr, dann den engen Landstrich, den sogenannten Schwanz der Insel.

»Da, sieh mal!« Sergej streckte die Hand nach vorn. »Siehst du den blauen Fleck?«

Sie kamen näher und hatten das riesige Eisloch, an dessen Rändern zahlreiche Spuren von nackten Füßen waren, noch nicht einmal richtig in Augenschein nehmen können, als Mischa nach vorne stürzte und leichthin, ohne jeden Spritzer, ins Wasser tauchte.

Viktor und Sergej stockte der Atem, als sie auf das wallende dunkle Gemisch aus Wasser und Eis starrten.

»Sag mal, können Pinguine unter Wasser sehen?« fragte Sergej.

»Bestimmt ...«, antwortete Viktor. »Falls man da überhaupt was sehen kann.«

Sergej schnallte den Rucksack ab, zog eine alte wattierte Decke heraus und breitete sie zwei Meter neben dem Eisloch aus.

»Setz dich!« rief er Viktor zu. »Jedem sein Vergnügen.«

Viktor setzte sich, und Sergej holte eine Thermosflasche und zwei Plastiktassen aus dem Rucksack.

»Fangen wir mit Kaffee an!« sagte er.

Der Kaffee war ziemlich süß, aber in der Kälte tat er gut.

»Ich habe leider vergessen, auch was mitzunehmen ...«, sagte Viktor mit Bedauern, während er seine Hände an der Kaffeetasse wärmte.

»Macht nichts, dann eben das nächste Mal. Willst du einen Kognak?«

Nachdem er Kognak in den Kaffee gegossen hatte, steckte Sergej den Flachmann wieder in seine Anoraktasche.

»Also dann«, er hob die Tasse hoch. »Auf alles Schöne und Gute im Leben!«

Sie tranken, und die Wärme durchdrang ihre Körper und Gedanken.

»Was meinst du, er wird doch nicht ertrinken?« fragte Sergej und zeigte auf das breite Eisloch.

»Sollte er nicht ...« Viktor zuckte mit den Schultern. »Ich weiß überhaupt nichts von Pinguinen ... Ich habe Bücher gesucht, aber nichts gefunden ...«

»Wenn ich was auftreibe, gebe ich es dir!« versprach Sergej.

Viktor begann, nervös zu werden. Er sah sich nach dem nächsten Angler um, der etwa dreißig Meter entfernt von ihnen hockte. Der Angler saß auf einer Kiste und nahm von Zeit zu Zeit eine große Feldflasche zur Brust.

»Ich gehe mal ein bißchen rum«, sagte Viktor und sah unverwandt zu dem Angler rüber.

»Aber nein, bleib doch hier«, bat Sergej. »Komm, wir trinken noch einen Kognak! Mischa wird schon wieder ans Ufer schwimmen, wo soll er denn hier sonst hin. Er wird ganz sicher nicht ertrinken!«

In dem Eisloch gluckste was, und Viktor sah sofort zu dieser Stelle. Das Gemisch aus Wasser und Eis schwappte auf und nieder.

»Trinken wir auf Mischa!« Sergej hob seine Kognaktasse. »Menschen gibt es viele, Pinguine wenige. Man muß sie schützen!«

Sie nippten am Kognak, und plötzlich gellte in der stillen kalten Luft ein durchdringender Schrei. Viktor und Sergej drehten sich um und sahen, wie etwa fünfzig Meter weiter weg ein Angler von seinem Loch wegsprang und mit beiden Händen auf das Wasser zeigte. Zwei andere Angler liefen zu ihm hin. Ihre kurzen Angeln ließen sie in den Löchern.

»Was hat er bloß?« fragte Sergej.

Viktor drehte sich wieder um, trank genüßlich seinen Kognak und dachte: ›Jeder neue Tag bringt etwas Neues, ganz und gar nicht Vorhersehbares. Und irgendwann bringt ein neuer Tag unvorhergesehene Schwierigkeiten – und vielleicht den Tod.‹

»Sieh nur, sieh nur!« klopfte Sergej ihm auf die Schulter.

Viktor schreckte aus seinen Gedanken auf, sah Sergej an, dann drehte er sich um und sah Mischa-Pinguin, der langsam von der Seite der Insel auf sie zu watschelte.

»Wo ist er nur rausgekommen?« wunderte sich Sergej.

Der Pinguin blieb am Rand der Decke stehen.

»Vielleicht braucht er auch einen Kognak?« scherzte Sergej.

»Nun komm schon, komm her, Mischa!« rief Viktor und klopfte mit der Hand auf die Decke. Mischa watschelte tolpatschig auf die Decke, sah Sergej an, dann sein Herrchen.

Sergej griff wieder in den Rucksack, zog ein Handtuch heraus und wickelte den Pinguin ein.

»Damit er sich nicht erkältet«, erklärte er Viktor.

Der Pinguin stand so eingewickelt fünf Minuten lang still da, dann schüttelte er das Handtuch ab.

Viktor hörte Schritte hinter sich und drehte sich um.

Vor ihm stand der Angler, der ›Besitzer‹ des nächstgelegenen Eislochs.

»Was ist? Er beißt doch nicht«, sagte Sergej.

Der Angler schüttelte den Kopf, ohne den Blick vom Pinguin zu wenden.

»Hören Sie«, sagte er schließlich. »Haben Sie hier einen Pinguin oder sehe ich schon weiße Mäuse?«

»Sie sehen weiße Mäuse«, versicherte Sergej mit absolut aufrichtiger Stimme.

»O Gott!« stieß der Fischer erschrocken aus.

Er wedelte hilflos mit den Händen, machte auf dem Absatz kehrt und lief wieder zu seinem Eisloch.

Viktor und Sergej sahen ihm nach.

»Vielleicht trinkt er jetzt weniger«, meinte Sergej.

»Hör mal, du bist hier nicht im Dienst!« sagte Viktor vorwurfsvoll. »Warum erschreckst du den Säufer!«

»Berufskrankheit«, rechtfertigte sich Sergej lächelnd. »Willst du was essen? Oder noch ein Gläschen Kognak?«

»Noch einen Kognak«, nickte Viktor.

Der Pinguin trippelte ungeduldig von einem Bein aufs andere und klopfte sich mit seinen kurzen Schwimmflügeln auf die Seiten.

»Was will er, muß er mal?« lachte Sergej, während er die Kognakflasche aufschraubte.

Mischa hatte inzwischen die Decke verlassen und stürzte sich mit einem komischen Anlauf wieder in das Eisloch.

Jurij Andruchovyč
Tagebuch eines Demonstranten in Kiew

Montag, 22. November

Die Nacht vom 21. auf den 22. November, die erste nach der Wahl, habe ich mit meinen besten Freunden in meiner Heimatstadt Iwano-Frankiwsk verbracht. Wir trugen orangefarbene Kleidung, der Tisch war festlich gedeckt. Müssig zu sagen, dass wir angespannt auf den Fernsehapparat starrten. »Wir müssen unbedingt wach bleiben«, scherzte jemand. »Die Staatsmacht dreht ihre krummen Dinger immer irgendwann gegen fünf Uhr morgens, wenn alles schläft.« Wir stimmten zu: Auch wenn du dich mit dem Sieg Juschtschenkos schlafen legst, wachst du vielleicht im Land Janukowitschs auf.

Dann malten wir uns aus, wie wir zum Volksaufstand nach Kiew fahren würden. Ich erfand einen etwas unbeholfenen Titel für meinen nächsten Roman: »Auf nach Kiew, für die Freiheit zu sterben«. Gegen 7 Uhr morgens trennten wir uns, denn es hiess, die Zentrale Wahlkommission sei zu müde, um weiter Stimmen auszuzählen, und müsse bis Mittag ausruhen. Das war, wie sich herausstellte, eine der üblichen Lügen: Irgendwann zwischen 10 und 11 Uhr wurde plötzlich verkündet, dass nach Auszählung von 99 Prozent der Stimmen Janukowitsch mit 3 Prozent vorne liege. Doch da standen auf dem Unabhängigkeitsplatz in Kiew, dem Majdan Nesaleschnosti, schon die ersten hunderttausend Menschen, vereint im festen Willen, Wahlfälschung nicht zuzulassen.

Dienstag

Die beunruhigendste Nachricht des Tages: Es gibt Anzeichen, dass auf einem Militärflugplatz in der Nähe von Kiew russische Spezialeinheiten eingetroffen sind. Man kleide sie in ukrainische Uniformen - es soll wohl so aussehen, als werde das von ihnen vergossene Blut unserer Bürger legitim vergossen. Präsident Kutschma vertraue nicht einmal den eigenen Sonderkommandos, heisst es.

Gute Neuigkeiten gibt es auch: Immer mehr Menschen kommen auf den Majdan, dringen nach Kiew ein, obwohl die Miliz die Strassen blockiert. Auf der Bühne Abgeordnete des Europäischen Parlaments, ein Brite und ein Niederländer, ein Konservativer und ein Sozialist. Beide tragen orangefarbene Zeichen, beide sind begeistert von der ukrainischen Bevölkerung. »Eure Staatsmacht ist durch die europäische Prüfung gefallen, aber ihr, die Ukrainer, habt diese Prüfung mit Auszeichnung bestanden«, sagt der Brite. Die Reaktion Hunderttausender auf dem Majdan zeigt, dass sie ihn auch ohne Übersetzung verstehen, so freudig ist ihr vielstimmiges Gebrüll. Der Brite beendet seinen Auftritt mit dem Ruf »Slawa Ukraini«, es lebe die Ukraine, worauf ihm der Majdan mit lang anhaltenden Sprechchören antwortet: »Thank you very much! Thank you very much!« Vielleicht bin ich wirklich ein Agent des imperialistischen Westens, denn in diesem Moment spüre ich in meiner Kehle einen dicken warmen Kloss. Ich bin ins Land meiner Träume gekommen, ohne die Heimat zu verlassen.

Donnerstag, Freitag, Samstag

Es stimmt also, dass die Verkehrspolizei die Zufahrtsstrassen nach Kiew freigegeben hat - ohne Probleme gelangten wir per Auto in die Hauptstadt. Noch am Dienstag waren alle Autos gestoppt worden, die dorthin strebten, um Juschtschenko zu unterstützen - besonders wenn die Wagen westukrainische Nummernschilder hatten.

Eine der Losungen dieses phantastischen Abends lautete: »Die Miliz gemeinsam mit dem Volk!« Wir kamen gerade in dem Moment auf den Majdan, als gleich mehrere Milizeinheiten erklärten, zu Juschtschenko überzulaufen und die Demonstranten vor »jeglichen ausländischen Spezialtruppen« schützen zu wollen. Das rief eine wahre Euphorie unter den Millionen auf dem Platz hervor (ja, Millionen - ich übertreibe nicht, so eine riesige Menschenansammlung habe ich noch nie und nirgends gesehen. Und was interessant ist: Ich habe in diesem dichten Gedränge sechs Tage verbracht, und während der ganzen Zeit wurde ich nicht ein einziges Mal auch nur zufällig gestossen.)

Dann Karneval die ganze Nacht und das Gefühl eines umfassenden Sieges. Eine ganz eigene Geschichte haben die Trommeln vor dem blockierten Gebäude des Ministerkabinetts. Einige Dutzend junge Männer und Frauen klopfen ununterbrochen (bis heute) alle möglichen komplizierten Rhythmen auf Metallfässer - eine Art Trophäen. Die Staatsmacht, so heisst es, habe diese Fässer für die Zeltstadt der von ihr aus dem Donbass (im Osten der Ukraine) zusammengezogenen Bergleute für Janukowitsch bereitgestellt. Zum Feuermachen, denn es herrscht ja bitterer Frost. Aber nachdem die Orangefarbenen mit ihnen geredet hatten, sind sie wohl weggefahren, ihren »neugewählten Präsidenten« seinem Schicksal überlassend. Die Metallfässer aber, Symbol der Sorge der Staatsmacht um das »werktätige Volk«, verwandelten sich in Trommeln des orangefarbenen Sieges.

Die Ästhetik des Leuchtens ist vielleicht das überzeugendste Argument der Demonstranten. Sie sind schön. Es ist wie ein Wettbewerb der Kreativität zum Thema orange-gelb. Kleidung, Frisuren, bemalte Gesichter, Autos, vom altersschwachen Lada bis zum nagelneuen Geländewagen - überall orangefarbene Fahnen, Bänder und Lämpchen. Designer dieser Welt, wo seid ihr alle?

Jemand hat von der Revolution der Mittelschicht gesprochen. Endlich gibt es sie. Wie sich zeigt, haben die Ukrainer im vergangenen Jahrzehnt Geld gespart - für ihre Revolution. Unter den Bedingungen des wildesten Kapitalismus haben sie gearbeitet, anfangs für zehn Dollar im Monat. Haben sich Essen gekauft, dann Wohnraum, dann Autos, Internet und Mobiltelefone. Die sind übrigens ein wichtiger Faktor der gegenseitigen Unterstützung und der solidarischen Verbreitung von Information.

Die Wohnungen meiner Kiewer Freunde haben sich in Nachtlager für auswärtige Demonstranten verwandelt. Allein bei dem Schriftsteller Mykola Rjabtschuk sollen 15 Lemberger untergekommen sein. Gut, dass es in Kiew so viele große Wohnungen gibt.

Die Kiewer demonstrieren nicht nur, sie unterstützen die Revolution auch mit dicker Kleidung und Schuhen, Medikamenten, Zelten, warmem Essen aus Feldküchen, mit Bio-Toiletten. Essen wird von allen Seiten so viel gebracht, dass ein richtiges Überangebot herrscht. Auf Schritt und Tritt bekommt man etwas angeboten, wird man mit typisch ukrainischer gastronomischer Freigebigkeit (und Sturheit) gedrängt, denn mit leerem Magen könne man doch keine Revolution machen und überhaupt bei dieser Kälte nur mit Hilfe von Borschtsch und Brei überleben.

Nicht weit vom Gebäude der Präsidialadministration, wo wir uns den Belagerern anschliessen, verteilt ein junges Paar frisch aus der Verpackung nagelneue Winterhandschuhe. Kind, deine Finger sind ja ganz erfroren, sagt der Mann zu meiner Tochter und drängt ihr fast mit Gewalt ein Paar Handschuhe auf. Und »sie« wollen uns glauben machen, dass all das von den Amerikanern bezahlt wird!

Immer noch Samstag

Es scheint, Javier Solana ist Teil der Technologie der Staatsmacht. Das Erste, was er tut, als er in Kiew ankommt, ist: Er umarmt Kutschma vor laufenden Kameras. Ist er sich überhaupt bewusst, dass er mit diesen Umarmungen dem verbrecherischen Regime das Leben verlängert? Kutschma fühlte sich sofort sicherer und begann, die hinterhältigste seiner Rollen zu spielen: die des nationalen Schiedsrichters, der über dem schmutzigen Gerangel der zwei Wiktors steht. In Wirklichkeit ist aber gerade er die Hauptquelle des Schmutzes, direkter Akteur des russischen geopolitischen Projekts ›Janukowitsch‹.

Seine Taktik ist offensichtlich: Abwarten und Zeit gewinnen. Er hofft, dass der Majdan nicht durchhält, dass die enttäuschten und erschöpften Menschen schliesslich nach Hause gehen, dass nur noch eine Handvoll Verstockter übrig bleibt und dass es durchaus vertretbar sein werde, gegen dieses »Häuflein besessener Extremisten« Gewalt anzuwenden. Die stille Gewalt der Staatsmacht. Gas zum Beispiel.

Nochmals Samstag

Es heisst, die Staatsmacht habe kriminelle Provokateure nach Kiew geschickt. Sie sollen so viele gewaltsame Auseinandersetzungen wie möglich auslösen – Prügeleien, Zusammenstösse, Plünderungen. Das wird es der Staatsmacht erlauben, Gewalt anzuwenden (eben jene russischen Spezialeinheiten in ukrainischen Uniformen?), um die »Anarchie« zu beenden. Diese Provokateure tragen angeblich orangefarbene Bänder und schimpfen laut auf Kutschma und Janukowitsch. Aber man kann sie sehr leicht erkennen: Sie sind dreist, betrunken, die Augen leer. Noch ein unzweideutiges Merkmal: Sie scheuen das Licht und wenden die Gesichter ab, wenn eine Fernseh- oder Videokamera auftaucht. Es heisst, sie seien mit Plastic-Stricknadeln bewaffnet: Mit diesen Dingern kann man in der Menge Kleidung durchstechen und schlimme Wunden zufügen.

Bevor wir zum Majdan gehen, besuchen wir die Redaktion der liberalen Zeitschrift ›Krytyka‹, derzeit eine Art Hauptquartier der protestierenden Intellektuellen. Vor den feindlichen Stricknadeln haben wir uns gewappnet, und zwar mit dem festen Papier und den dichten Worten der ›Krytyka‹-Hefte. Jeder trägt unter seiner Kleidung eine zusätzliche Schicht aus mehreren Exemplaren der Zeitschrift, auf Bauch und Rücken. Uns schützen die Texte von Said, Keenan, Timothy Garton Ash und Andrew Wilson.

Montag

Es ist wie bei einem Pendel: Die Stimmung schwankt zwischen Euphorie und Depression. Zu langer Aufenthalt in der Redaktion von ›Krytyka‹ fördert Unsicherheit und Zweifel. Wir reflektieren und kritisieren, werden von Enttäuschung überwältigt, von Skepsis, Ironie, bestärken uns gegenseitig in unserer Verzweiflung.

In solchen Momenten muss man auf den Majdan gehen. Das ist die beste Therapie gegen Unglauben und Müdigkeit. Ohne den Majdan kann ich nicht mehr leben; keine Nacht, in der ich nicht von ihm träume. Das Wort ›wir‹ nimmt auf dem Majdan eine völlig neue, überraschende Bedeutung an. Wir haben die erste Kälte überstanden, Juschtschenko, Rock'n'Roll und alle Fahnen der Welt sind mit uns.

Für Ende der Woche sagen die Meteorologen Tauwetter voraus.

MÄCHTIGER DNEPR

Taras Ševčenko
Vermächtnis

Mein Gebein sollt ihr einst betten
Hoch auf einem der Kurhane
Mitten in der breiten Steppe,
Auf der Ukraine Plane:
Auf den Dnjepr und seine Schnellen,
Dass an meine Ohren schlage
Das Gebraus der wilden Wellen!

Erst wenn aus der Ukraine
Helles Feindesblut wird fliessen
In des blauen Meeres Tiefen,
Lass die Berge ich, die Wiesen,
Um mich himmelwärts zu schwingen,
Dort selbst vor dem Herrn zu beten...
Aber jetzt – jetzt kenn ich keinen,
Betend vor ihn hinzutreten!

Senkt ins Grab mich und erhebt euch,
Öffnet eurer Fesseln Engen,
Und mit bösem Feindesblute
Sollt die Freiheit ihr besprengen!
Und an jenem hohen Tage,
Da verjüngt euch Freiheit einet,
Schenkt auch meinem Angedenken,
Schenkt ein Wort, ein leises, liebes...

Nachdichtung von Wilhelm Horoschowski

Kosakenlied

Fliesst ins blaue Meer das Wasser
  Hört nicht auf zu fliessen - -
Jagt dem Glück nach der Kosake,
  Will kein Glück ihm spriessen.
In die Welt zog der Kosake,
  Wogt das Meer, das blaue -
Wogt sein Herze, tönt die Dumka[1]
  Warnend durch die Aue:

Wohin ziehst du sonder Fragen?
  In der Obhut wessen
Lässest Vater du und Mutter,
  Liebchen unterdessen?
Fremde Lande - fremde Leute -
  Fremd bist ihrem Herzen -
Keiner wird dein Freuen teilen,
  Keiner deine Schmerzen.

Fern am Strand sitzt ein Kosake -
  Wogt das Meer, das blaue -
Kam sein Glück zu suchen - findet
  Elend nur, das graue...
Weinend sieht er Kranichscharen
  Ziehn zum Heimgestade;
Dicht von Dornen überwachsen
  Sind die Heimatpfade.

[1] Volkslied der Ukrainer

Nikolaj Gogol
Auf der Insel Chortiza

Drei Tage darauf waren sie nahe am Ziel. Die Luft wurde plötzlich kühler; sie spürten die Nähe des Dnepr. Schließlich blitzte er in der Ferne auf, durch einen dunklen Streifen gegen den Himmelsrand abgegrenzt. Er wälzte kalte Wellen, kam immer näher, wurde immer breiter und umfaßte am Ende die halbe Oberfläche der Erde. Es handelte sich um jene Stelle des Dnepr, an der er, bis dahin an den Stromschnellen eingezwängt, endlich die Freiheit gewinnt, breit dahinströmt und wie das Meer rauscht, um die Stelle, an der ihn die in der Mitte verstreuten Inseln noch weiter über die Ufer drängen und seine Fluten sich ungehindert über das Land ergießen, ohne auf Felsen oder Anhöhen zu stoßen. Die Kosaken saßen ab, bestiegen die Fähre und waren nach drei Stunden Überfahrt bereits am Ufer der Insel Chortiza, wo sich damals die Setsch befand, die so oft ihren Platz wechselte.

Am Ufer stritt sich ein Haufen Volk mit den Fährleuten. Die Kosaken brachten das Pferdegeschirr in Ordnung. Taras warf sich in die Brust, zog den Gürtel enger und strich sich stolz über den Schnurrbart. Auch seine jungen Söhne besahen sich von Kopf bis Fuß - ein wenig ängstlich, aber mit einem unbestimmten Wohlgefallen, und alle zusammen ritten in den Vorort ein, der eine halbe Werst von der Setsch entfernt lag. Bei ihrer Ankunft wurden sie von fünfzig Schmiedehämmern betäubt, die in fünfundzwanzig unterirdischen, mit Rasenstücken bedeckten Schmieden hämmerten. Kräftige Gerber saßen auf der Straße, unter den Wetterdächern der Eingänge, und walkten mit ihren starken Armen Rindshäute. Krämer handelten in Zelten mit Feuersteinen, Zündhütchen und Schießpulver. Ein Armenier hatte teure Tücher zum Verkauf ausgehängt. Ein Tatar wendete an einem Spieß Hammelröllchen in Teig. Ein Jude füllte mit vorgeschobenem Kopf aus einem Faß Gorelka ab. Doch das erste, worauf sie stießen, war ein Saporosher, der, Arme und Beine von sich gestrekkt, mitten auf der Straße schlief. Taras Bulba konnte nicht anders als halten und ihn bewundern.

»Ha, wie der sich breitmacht! Teufel auch, welch verwegene Erscheinung!« sagte er und brachte den Gaul zum Stehen.

Es war in der Tat ein ziemlich verwegener Anblick: Der Saporosher lag da wie ein Löwe. Sein stolz zurückgeworfener Schopf maß einen halben Arschin. Die feuerroten Pluderhosen aus teurem Tuch waren - zum Zeichen der völligen Gleichgültigkeit gegen sie - mit Teer beschmiert. Nachdem Bulba sich an ihm genug ergötzt hatte, drang er in der engen Gasse weiter vor. Sie war mit Handwerkern überschwemmt, die ihr Gewerbe unter freiem Himmel betrieben, mit Leuten aller Nationen, die diesen Vorort der Setsch bevölkerten; er erinnerte an einen Jahrmarkt und kleidete und ernährte die Setsch, die nur zu zechen und zu prassen und mit Gewehren zu knallen verstand.

Schließlich hatten sie den Vorort hinter sich und erblickten einige vereinzelte Gebäude, die mit Rasenstücken oder auf tatarische Art mit Filz gedeckt waren. Vor manchen waren Kanonen aufgestellt. Nirgends sah man einen Zaun oder – wie im Vorort – jene niedrigen Häuschen mit Wetterdächern auf kurzen hölzernen Pfeilern. Ein bescheidener Erdwall und ein Verhau aus Baumstämmen, die keine Menschenseele bewachte, zeugten von einer unwahrscheinlichen Sorglosigkeit. Einige kräftige Saporosher, die, die Tabakpfeife zwischen den Zähnen, mitten auf dem Wege lagen, maßen sie ziemlich gleichgültig mit dem Blick und rührten sich nicht von der Stelle. Taras ritt mit seinen Söhnen vorsichtig zwischen ihnen hindurch und sagte: »Guten Tag, Pans!« – »Guten Tag auch!« erwiderten die Saporosher. Über das ganze Feld waren malerische Häufchen bunt gekleideten Volks verstreut. An den gebräunten Gesichtern erkannte man, daß diese Männer in Schlachten gestählt waren und mancherlei Unbilden gekostet hatten. Das also war sie, die Setsch! Das war das Nest, aus dem sie alle hervorgingen, die stolz und stark waren wie die Löwen! Von hier ergoß sich die Freiheit und das Kosakentum über die ganze Ukraine!

Pantelejmon Kuliš
Saporoger Gericht

Die Trommeln wurden geschlagen. Auf dem Beratungsplatz liessen sich die Ausrufer vernehmen: Zum Rat! zum Rat! zum Rat! Alle drängten sich durcheinander und begaben sich dorthin, wo die Trommeln geschlagen wurden. Am meisten beeilten sich zum Rat die Brüder (Benennung der Kosaken zur Unterscheidung von den Bürgern).

»Warum werden denn die Ratstrommeln gerührt?« fragte ein Bruder den anderen, sich durch die Menge hindurch drückend.

»Als ob du's nicht wüsstest?« entgegnete dieser. »Den Kyryło Tur werden sie richten.«

Mitten im Richterkreis stand Kyryło Tur gesenkten Blickes und um ihn herum alle Brüder. Auch das Volk drängte sich vor, um dem Saporoger Gericht anzuwohnen, doch waren die Nysschower nicht diejenigen, die da jeden hätten den Richterkreis betreten lassen, der nicht hineingehörte. Schulter dicht an Schulter gedrängt standen sie in etwa drei Reihen, die Füsse fest gegen den Boden gestemmt. Und da sich noch hinter ihnen die städtischen Kosaken mit den Bürgern und der Menge aufgestellt hatten, blieb in der Mitte keine Spannebreit mehr frei. Wer etwas sehen oder hören wollte, musste über die Köpfe hinweg sehen; viele waren auch auf die Eichen hinaufgeklettert, um von dort aus zuzuschauen.

In der ersten Reihe stand Brachoweckyj, den Hetmansstab in der Hand. Über ihm hielten die Militärfähnriche den Rosschweif und das kreuzförmige Banner. Zu seiner Rechten stand der Militärrichter, den Richterstab in der Hand, zu seiner Linken der Militärschreiber mit dem Tintenfass hinter dem Gurt, die Feder hinter 'm Ohr und Papier in der Hand; und etwas mehr zur Seite die langbärtigen Sitsch-Ältesten. Diese, obgleich sie wegen ihres hohen Alters kein Amt mehr inne hatten, waren bei den Beratungen immer die ersten. Gar mancher von ihnen war selbst Koschowyj (ältester der Saporoger im Lager) gewesen, und deshalb waren sie nun von allen geehrt und geachtet, wie Väter. Es standen ihrer fünf, gleichsam fünf graue zerzauste Tauben standen sie da und liessen die gedankenschweren Köpfe hängen. Die Kurynjer Otamane und die Ältesten schlossen die erste Reihe des Richterkreises ab. Alle standen sie entblössten Hauptes da – wie es sich eben für eine Gerichtsstätte ziemt.

Das Gericht über Kyryło Tur eröffnete Vater Puhatsch. Aus der Reihe tretend, verneigte er sich tief nach allen vier Richtungen, dann noch besonders vor dem Hetman, den Ältesten, den Otamanen und hub an, laut und ernst:

»Herr Hetman, ihr Väter, ihr Herren Otamane und auch ihr Brüder, tapfere Genossen und auch ihr rechtgläubige Christen! Wie besteht denn die Ukraine, wenn nicht durch die Saporoger? Und worauf stützt sich denn der Bestand der Saporoger, wenn nicht auf die hergebrachten uralten Sitten? Keiner könnte bestimmen, wann das kosakische Rittertum seinen Anfang genommen. Es hat seinen Anfang genommen noch zu Zeiten unserer berühmten Vorfahren, unserer Varjagen, die in die ganze Welt, zu Land und zu Wasser, ihren Ruhm hinaustrugen. Und diesen goldenen Ruhm hat noch kein Kosak befleckt - nicht der Kosak Bajda, der in Konstantinopel an einem eisernen Haken hing, auch nicht jener Ssamijło Kischka, der vierundfünfzig Jahre lang auf den türkischen Galeeren gepeinigt wurde - befleckt hat ihn nur ein Taugenichts, ein Hitzkopf, und dieser Hitzkopf steht hier vor euch! ...«

Dann erfasste er Kyryło Tur an den Schultern und drehte ihn nach allen Seiten. »Sieh den guten Leuten hier« - sprach er - »sieh ihnen, entarteter Sohn, ins Gesicht, auf dass es den andern zur Lehre sei!«

»Und was hat dieses Scheusal hier angestellt?« - wandte sich wieder Vater Puhatsch zur Gemeinde »Er hat so etwas angestellt, dass pfui...! Nicht einmal aussprechen kann man es. Mit den Weibern hat das Scheusal angebandelt und dadurch der ganzen Gesellschaft eine Schmach angetan, für ewig. Herr Hetman, Väter, Ihr Herren Otamane und auch ihr Brüder: denket nach, beratschlaget euch und sagt an, wie wir uns von dieser Schmach befreien könnten? Was für eine Strafe über diesen Missetäter hier zu verhängen ist?«

Keiner liess sich ein Wort entschlüpfen; sie alle erwarteten, was der Hetmann sagen würde. Und die Ältesten lassen sich vernehmen: »Sprich, Herr Hetmann, dein Wort ist Gesetz.«

Bruchoweckyj schrumpfte gleichsam zusammen und sprach: »Meine Väter, was wichtiges könnte ich mit meinem niedrigen Verstand ausdenken? In euern grauen, verehrten Köpfen ist aller Verstand! Alle uralten Sitten und Bräuche sind euch bekannt - richtet nun, wie ihr es versteht, und meine Sache ist es, mit dem Hetmansstab das Zeichen zu geben, dann geschehe, was kommen muss. Nicht umsonst habe ich euch aus dem Saporogerland in die Ukraine geführt: so schafft denn Ordnung nach hergebrachter Sitte wie es euch gut dünkt; richtet und strafet, wen ihr nur selbst wollt, und gegen eueren Verstand wird sich der meine nicht auflehnen. Wir alle sind angesichts eurer grauen Haare Kinder und Toren.«

»Na, wenn dem so ist,« - sprachen die Greise - »was ist dann da noch lange zu überlegen? An den Pfahl mit ihm und Stöcke her!«

Der Hetman gab mit dem Stab ein Zeichen. Der Richterkreis bewegte sich. Die Beratung war zu Ende.

Der Sünder Kyryło Tur wurde mit Stricken gebunden und zu dem in der Nähe stehenden Pfahl geführt. An diesem wurde der Arme derart befestigt, dass er sich nach allen Seiten hin wenden konnte, auch liess man ihm überdies die rechte Hand frei, damit der Arme einen Becher Met oder Branntwein trinken konnte; denn so war es bei diesen wunderlichen Nysschowern eingeführt, dass neben dem Pfahl auch ein Fässelchen Branntwein stehen musste und ein Sieb voll Weissbrote - erstens, weil es dem angetrunkenen Sünder nicht so schwer fiel, aus dem Leben zu scheiden, zweitens, weil die Kosaken dann umso hurtiger nach dem Stock griffen. Denn auch Bündel Stöcke lag da. So blieb denn jeder Bruder im Vorbeigehen stehen, trank einen Becher Met oder Branntwein, ass ein Weissbrot dazu, ergriff dann einen Stock, fuhr damit dem Sünder über den Rücken und ging seiner Wege. »Und sie hatten schon diesen verfluchten Brauch« - erzählten sich alte Leute - »so dass, wenn einer sieben Stöcke bekommen, er bestimmt kein Brot mehr essen wird.« Nur selten, sehr selten traf es sich, dass kein einziger Bruder den Becher berührte, sondern vorüberging, als wenn er nichts sehen würde. Dann stand der arme Sünder seine Zeit ab, wurde losgebunden und durchgedroschen. Nur musste der Kosak, dem eine solche Gnade der Gesellschaft zuteil werden sollte, schon ein ganz aussergewöhnlicher Ritter sein. Freilich auch Kyryło Tur war in der Sitsch nicht der letzte, ein feuriger Kosak, kein gewöhnlicher Bruder, ja aber auch sein Verschulden war ein sehr schweres. Ein grösseres Vergehen scheint es überhaupt im Saporogerland nicht zu geben, als dies, ins-Haidekorn-springen.[1] Deshalb kam auch so ein Bruder dahergegangen und griff nach einem Stock, auf dass sich eine solche Sünde unter den Jungen nicht verbreite; er tat es, trotzdem ihm der Kosak leid tat. Es sei denn, dass er beim Anblick des Kyryło Tur sein hartes Saporoger-Herz bezwang. War es denn nicht vorgekommen, dass sie im wilden Feld irgend eine Gefahr zusammen zu überstehen hatten, oder dass einer den anderen aus einer Not befreite? So an Vergangenes zurükkdenkend, liess dann der Bruder die Hand sinken und entfernte sich vom Pfahl, gleichsam nicht er selber.

Überdies wurde Kyryło Tur vor einem bösen Geschick von seinem Freunde Bohdan Tschornohor bewahrt. Dieser, um den Pfahl herumgehend, hält den einen durch flehendes Bitten zurück, denn anderen erinnert er an irgend einen Gefallen, den ihm Kyryło erwiesen, einen anderen hinwieder zankt er aus; und so entfernt sich denn auch jeder, Tschornohors Verbissenheit eingedenk, wie die Katze vom Speck, und mochte er auch noch so gern einen Schnaps trinken. Einen Otamanen anflehend, vergoss er sogar Tränen, der getreue Kamerad Turs. Und in der Sitsch stand eine so innige Kameradschaft in hohen Ehren.

Da geht Vater Puhatsch geradewegs auf den Pfahl zu. Diesen rüstigen, finsteren Greis wagte nicht Bohdan Tschornohor zu bitten, geschweige denn auszuzanken. Und wenn er ihn auch bitten wollte - die Zunge versagte. Wie ein junger Hund sich unter dem Tor verkriecht, sobald er den grossen Nachbar-

[1] Ins Haidekorn springen - sich mit einem Weib abgeben, was im Kosch (Lager) und während der Übungen bei strenger Strafe verboten war. Anm. des Übers.

hund gewahr wird, so trat auch der arme Tschornohor zur Seite, dem rauhen Greis den Weg zu räumen. Dieser aber näherte sich dem Pfahl, leerte einen Becher Branntwein, rühmte auch noch die Güte des Branntweins, ass ein Weissbrot dazu und nahm dann einen Stock in die Hand. »Dreh dich um« - sprach er - »du ... du einer ...!«

Der Armselige dreht sich um und jener hieb ihm mit dem Stock derart auf den Rücken, dass die Knochen nur so knackten. Doch zeigte sich Kyryło Tur als echter Saporoger: keine Miene verzog er, er stöhnte nicht einmal auf.

»Merk dirs, Lump, wie man kosakischen Ruhm ehrt!« sagte Vater Puhatsch, legte den Stock nieder und ging fort.

Petro sah dem von der Ferne zu und sah ein, dass Kyryło Tur viele solcher Geschenke nicht aushalten würde. Der Unglückliche dauerte ihn. Er trat auf ihn zu und fragte, was er der Schwester und der Mutter ausrichten solle.

Bohdan Tschornohor aber glaubte, dieser wolle sich überzeugen, ob Tur einen festen Rücken habe, und schützte den Freund mit dem eigenen Rücken, indem er ans Schwert griff und sprach: »Junge! Ich lasse nicht den erstbesten Hergelaufenen an meinem Freunde sein Mütchen kühlen! Es gibt da eigene Brüder zur Genüge!«

»Auch du scheinst im Schädel nicht viel Hirn zu haben!« - sagte Kyryło Tur. - »Lass ihn zu; das ist eine brave Seele: der da drückt dich nicht in den Sumpf, wenn du sinkst, im Gegenteil, er zieht dich heraus. Du sollst leben, Bruder! Schau, wie schön man bei uns Gäste traktiert! Trinken wir einen Becher Met, Herr Bruder, damit es nicht gar so bitter ist.«

»Trink du allein, Bruder, ich nicht,« - entgegnete Petro - »auf dass mich eure Ältesten nicht am Ende heissen, mich mit dem Stock zu bedanken.«

»Nu, eure Gesundheit, Bruder!« - sagte Kyryło Tur - »ich trinke allein.«

»Was soll ich Schwester und Mutter sagen?« - fragte Petro.

Der Schwester und der Mutter sich erinnernd, senkte Kyryło Tur den Kopf und erwiderte mit den Worten des Liedes:

Wer, Kosaken, sich im Städtchen von euch blicken liesse,
Dass er mir die arme Frau, die alte Mutter grüsse;
Mag sie klagen, mag sie weinen, sie wird nichts erflehen,
Denn ob ihrem Sohne krächzt ein Rabe in den Höhen.

»So wird‹s auch kommen, du entarteter Sohn!« - sprach einer von den Ältesten der Sitsch, der näher getreten war und dem noch drei andere folgten. »Bau nicht darauf, dass die Jungen an dir vorübergehen; wir werden dich schon selber hereinlegen, lass uns nur vorerst einen Becher Branntwein trinken.«

Dann nahm er einen Becher, füllte ihn, trank ihn aus und räusperte sich. Hierauf ergriff er einen Stock und sprach: »Was meint ihr, Väter? Ich glaube, man gebe ihm eins über den Schädel, damit der Lump verende!«

»Nein, Bruder!« - meinte der zweite Greis - »keiner von uns weiss sich zu erinnern, dass man jemals einen Schuldigen über den Kopf geschlagen hätte. Der Kopf ist ein Abbild der Ähnlichkeit Gottes: eine Sünde ist es, gegen ihn den Stock zu erheben. Der Kopf trägt an nichts die Schuld. Aus dem Herzen kommen die bösen Gedanken: Mordsucht, Ehebrechen, Lüsternheit, Diebstahl. Der Kopf, Bruder, ist an nichts schuld.«

»Ja, was tun, Bruder,« - liess sich der dritte Greis vernehmen - »da man doch das Herz mit dem Stock nicht erreichen kann? Und am Rücken tötest du diesen Ochsen auch mit einem Beilstiel nicht. Und es ist schade, einen solchen Sünder in der Welt zurückzulassen: auch ohnedies wird schon, weiss der Teufel, was noch aus den berühmten Saporogern.«

»Hört meinen Rat an!«, - begann der vierte Greis - »wozu in aller Welt kann ein solcher Sünder der rechtgläubigen Christenheit nützen? Haut ihn, den entarteten Sohn! Schade, dass ich nicht mehr den Stock nehmen darf, sonst würde ich so lange dreschen, bis ich den ganzen Schäffel Branntwein ausgetrunken habe. Haut, Väter, den entarteten Sohn!«

Da tranken die Greise, einer nach dem anderen, einen Becher Branntwein, worauf ein jeder einen Stock ergriff und ihn auf Kyryło Turs Rücken niedersausen liess. Sie hatten noch genug Kraft in den alten Händen, denn der Rükken knackte. Ein anderer wäre schon längst zusammengebrochen. Kyryło Tur aber hielt alle vier Stöcke aus, ohne sich zu krümmen; ja, als die Greise fortgegangen waren, scherzte er noch mit seinem Gast.

»Bei uns im Sitschbad« - sagte er - »schwitzt man gut, das muss man uns schon lassen! Nach einem solchen Dampfbad schmerzt der Rücken nicht mehr, auch die Lenden nicht.«

»Was der Frau Mutter sagen?« - fragte Petro abermals.

»Was willst du ihr denn sagen?« - entgegnete Kyryło. »Sag ihr, dass der Kosak nicht wegen der Seele eines Ziegenbockes gestorben ist, das ist alles. Und das Kennzeichen meines Schatzes weiss mein Freund. Einen Teil wird er der Mutter und der Schwester übergeben; den anderen bringt er nach Kijew zur Brüderschaft: dort hat mich die Sünde versucht, nun sollen sie auch dort für meine Seele beten; den dritten Teil wird er nach Tschorna Hora führen: mögen sich dafür die braven Kerle bleierne Bohnen und schwarze Hirse kaufen, damit sie beim Totenturnier die Seele Turs womit zu feiern haben.«

»Stärke dich, Kamerad« - sprach Bohdan Tschornohor - »nun wird keiner mehr die Hand auf dich erheben. Bald werden die Pauken zum Mittagmahl gerührt; da lassen sie auch dich los und du bist ein freier Kosak.«

Petro musste bis Mittag warten, ob er vielleicht doch Kyryłos Mutter und Schwester werde mit einer frohen Botschaft trösten können. Als er auf dem Gerichtsplatz umherging, überzeugte er sich, dass nicht allein Tschornohor es war, der Kyryło Tur in Schutz nahm: viele von den Brüdern, die andern begegneten, griffen an die Schwerter, als wollten sie sagen: »Beeile dich nur zum Branntwein, ich werde ihn schon schnell aus dir herauspressen!« Endlich wurden die Pauken zum Mittagmahl gerührt und ein ganzer Haufen Saporoger warf sich über Kyryło Tur: sie banden ihn vom Pfahl los, umarmten und begrüssten ihn nach dem Dampfbad.

»Schert euch zu des Unreinen (Teufels) Mutter!« - sagte Kyryło Tur. »Hättet ihr nur selbst am Pfahl gestanden, es verginge euch schon die Lust zum Umarmen.«

»Nun, du Teufelssohn!« - sprach Vater Puhatsch nähertretend - »schmeckt der Kosch-Stock? Vielleicht schmerzt dich jetzt so der Rücken, wie jenen Teufel, der den Mönch nach Jerusalem fuhr? Na, entarteter Sohn, lege dir diese Blätter da auf, und morgen ist es verschwunden, wie mit der Hand weggewischt. Auch wir wurden in der Jugend für irgend etwas geschlagen, daher kennen wir die Heilmittel gegen dieses Übel.«

Kyryło Tur wurde von den Brüdern entkleidet, und Petro rieselte es wie Frost unter der Haut, als er dessen weisses Hemd voll Blut sah, das Hemd, das ihm die arme Schwester genäht und verbrämt hatte; es klebte noch an den Wunden. Kyryło Tur presste die Zähne aneinander, um nicht aufzustöhnen, als sie es ihm vom Körper losmachten. Vater Puhatsch selber legte ihm am Rükken irgendwelche breite, mit etwas Klebrigem befeuchtete Blätter auf.

»Na«, - sagte er - »jetzt geh gesund und spring nicht ins Haidekorn, sonst gehst du zugrunde, wie ein Hund!«

Hierauf hoben die Brüder jauchzend die Fässer mit Met und Branntwein in die Höhe, nahmen das Sieb mit den Weissbroten mit und geleiteten Kyryło Tur zum Mittagsmahl.

Das Mittagmahl nahmen die braven Jungen auf dem Rasen ein, unter den Eichen; jeder Kurynj für sich mit seinem Kurynj-Otaman. Die Ältesten speisten zu Mittag im hetman'schen Kurynj; nur Vater Puhatsch kam zum Tisch des Kyryło Tur und das war schon eine hohe Ehre für den ganzen Kurynj. Kyryło Tur trat ihm seinen Otaman-Platz ab und setzte sich selbst neben ihn. Zwei Lyramänner, die ihnen gegenüber sassen, spielten verschiedene Ritterlieder und sangen von Netschaj, Morosenko, Perebyjnos, welche sich in der ganzen Welt eines unbefleckten Ruhmes erfreuten; sie sangen auch vom Berestetschko-Jahr, wie sich die Kosaken plagten und sich plagend die Herzen stählten; auch von der Steppe sangen sie, vom Schwarzen Meer, von der Gefangenschaft auf türkischen Galeeren und von den Trophäen und dem Ruhme der Kosaken. Und trugen dann wieder im Rezitativ vor der Gesellschaft vor, damit sich die Kosakenseele auch hinter dem Tisch emporschwinge.

Vater Puhatsch segnete den Tisch. Alle nahmen das heilige Brot, ein jeder holte den Löffel aus der Tasche hervor (für einen Sitschmann schickte es sich nicht, ohne Löffel herumzugehen, ebenso wenig wie ohne Pfeife), als plötzlich Kyryło Tur um sich sah und sprach: »Ach, Brüder! Mir hat man den Verstand mit Stöcken totgeschlagen, und ihr habt wahrscheinlich schon von Geburt an Hauf im Kopf. Hat man das je gesehen, dass man einen Gast aus dem Kosch hungrig hinausführt?«

»Herr Otaman!« entgegneten sie, »Gott bewahre uns vor solcher Knauserei! Von was für einem Gast redest du da?«

Da kommt aber auch schon Bohdan Tschornohor mit Petro.

»Hier ist mein Gast!« sagte Kyryło Tur. »Der da ist, wenn ihr es wissen wollt, der Sohn des Popen von Pawołotsch, der nämliche, mit dem ich hinter Kijew derartig zusammentraf, dass das Feld lächelte.«

Sämtliche Brüder freuten sich, als sie Schrams Sohn erblickten. Sie hatten schon längst von seiner Tapferkeit gehört. Manche erhoben sich und umarmten ihn wie einen Bruder; andere wieder drückten sich aneinander, um ihm Platz zu machen.

»Setz dich zu mir her, Söhnchen!« redete ihn Vater Puhatsch an. »Du bist ein braver Kosak, ... Eh, du Kosak! Du hast ja keinen Löffel, wie ich sehe. Das ist keine Frucht von unserem Feld! Bei euch Städtischen wird alles unmenschlich gemacht: da wird aus silbernen Schüsseln gegessen und den Löffel im Busen hat der Henker wohl. Macht ihm, Kinder, einen Löffel aus Schilfrohr oder aus Rinde, sonst sagt er dem Vater: »Die verdammten Saporoger haben mich ausgehungert. Der Alte wünscht uns schon ohnedies die Hölle herbei.«

Bei den Saporogern wurde zu Mittag wenig Fleisch verabreicht, stets nur Fische. Das Fleisch mochten die braven Kerle ebensowenig ausstehen wie Mönche. Alles Geschirr war von Holz, auch die Trinkbecher waren von Holz. Am Tisch sitzend, schlürften die braven Brüder Branntwein, Met, Bier, aber keiner betrank sich, so sehr hatten sie sich ans Trinken gewöhnt.

Mehr als die Andern trank diesmal Kyryło Tur: der Arme wollte sich allem Anscheine nach berauschen, damit der Rücken nicht so sehr schmerzte, doch auch der Rausch half nichts. Er wurde nur lustig und als man vom Tisch aufstand und die Brüder anfingen zur Bandura zu tanzen, ging auch er zum Tanz; er schwenkte sich im Kreise und machte solche Wendungen, dass niemand geglaubt haben würde, dieser Kosak sei mit Stöcken geprügelt worden. Eine solche Geduld war sonst den Saporogern nicht eigen.

Nach dem Essen wollte Petro nach Hause gehen, doch hielt ihn Kyryło Tur zurück, indem er sagte: »Warte, Bruder, auch ich fahre mit. Nach einem solchen Dampfbad heisst das nicht genug gerastet haben. Vor der Gesellschaft sich krümmen ist eine Schmach, zu Hause bleibe ich bis morgen liegen.«

Kyryło Tur hielt sich noch eine Weile auf, dann liess er zwei Pferde satteln und fuhr aus dem Kosch, nachdem er dem Freunde vorher etwas zugeflüstert hatte. Unterwegs machte Kyryło verschiedene Dummheiten, zum Schluss meinte er: »Bruder, tritt den Saporogern bei! Was zum Teufel sollst du deine Jahre unter den abenteuerlichen städtischen Kosaken verbringen?«

»Und was meinst du?« erwiderte Petro. »Ich selber habe schon gar manchmal daran gedacht.«

»Ich habe dich lieb, Kosak!« sagte der Saporoger. »Was, zum Teufel, wirst du bei den Städtischen erleben? Deine Städtischen werden gar bald draufgehen...«

Sie fahren vors Haus vor und ihnen entgegen laufen Kyryłos Mutter und Schwester. Wie herzlich erfreut sie waren, lässt sich nicht erzählen! Die Eine erfasst den Zügel des Pferdes, die Andere zieht den Saporoger vom Sitz herab. Er lächelt bloss.

»Schaut her!« sprach er. »Ich hab's euch doch gesagt, ihr sollt euch nicht grämen! Aber, es scheint, euch hat Gott dazu erschaffen, dass ihr ewig jammern sollt.«

Sie wollen ihn umarmen, aber er stösst sie mit den Händen von sich: »Nein,« sagte er. »Das nicht! Die Brüder haben mich ohnedies beinahe aus dem Kurynj gejagt, weil ich nach Weib rieche, wie sie meinten.« Petro aber flüstert er zu: »Mir ist jetzt so zum Umarmen, wie dem Sünder zum siedenden Kessel.«

Petro wollte nun nach Hause gehen, aber Kyryło lud ihn auf einen Becher Branntwein ein. Und auch die alte Mutter und die Schwester Kyryłos verneigten sich und baten ihn, er möchte doch wenigstens in die Stube hineinsehen.

»Nu, Frau Mutter!« begann Kyryło Tur. »Gib uns jetzt einen solchen Schnaps, der selbst dem Teufel zu Kopfe steigen müsste! Und gib gleich ein ganzes Fass her! Für Ritter, wie wir, ist eine Flasche auch für einen von uns zu wenig.«

Tatsächlich wurde aus der Kammer Schnaps geholt, Kyryło Tur aber, anstatt den Gast zu beehren, begann selber den Branntwein zu schlürfen, wie Wasser. Die Mutter fürchtete, er könnte sich übertrinken und wollte ihn ihm wegnehmen, doch er: »Weg, Mutter, weg! Der Mensch ist kein Vieh, mehr als einen Eimer trinkt er nicht aus.«

Und er schlürfte weiter, bis er zum Schwanken kam und bewusstlos zu Boden sank. Alle gerieten in Angst, nur Petro allein kannte die Ursache dessen. Er half den Weibern, Kyryło Tur vom Boden aufzuheben und aufs Bett zu legen. Dann verabschiedete er sich und ging nach dem Vorwerk Hwyntowtschyn, in Gedanken versunken darüber, was er gehört und gesehen.

Marko Vovčok
Maksym Hrymacz

I

Was ich erzählen will, ereignete sich nicht zu unseren Lebzeiten, sondern viel früher, als über die Ukraine Polen und Rußland gleichzeitig geherrscht.

Die Russen beherrschten die diesseitige Ukraine. Die Grenzwache stand nicht allzu dicht und übte auch ihr Amt nicht so streng aus wie z. B. jetzt bei Zbrutschow, und deshalb führten die gewandteren Leute verschiedene Waren den Dnjeper entlang ohne Zoll zu zahlen; hauptsächlich für Seidenstoffe, Sammte, golddurchwirkte Gewänder, duftenden Safran und allerlei anderen Krams, sowie auch in Fässern echtes Gold und Silber. Gegen das Tscherkessenland zu, abwärts von Domontow, lebte in einem Gehöft unweit vom Dnjeper - Maksym Hrymacz. Er ging in Zupans und Saffian, ging in Atlas und war ein Mann von großer Schönheit; vollwangig, schwarzäugig, dunkel und dazu heiter und witzig! An Sonntagen, wenn er unter den Leuten erschien, ward er schier umringt, denn er war auch außerordentlich beliebt.

»Nun,« bemerkte mitunter jemand aus der Gemeinde zu ihm, »Du hast Dich ganz als Herr verkleidet, Bruder!«

»Freilich hab' ich mich herausgeputzt, Brüderchen! Kleidet Euch nur auch so, Leutchen! Die Herren leben sich gut, der Henker hat sie nicht geholt! Aber schon habe ich genug den Hals für Euch hingestreckt, übergenug! Jetzt werde ich gut essen und trinken, werde in schöner Kleidung umhergehen, ganz so wie es sich einem ›Herrn‹ geziemt.«

Im Grunde war er der Beschützer aller. Stieß irgend jemandem aus unserem Dorfe ein Unglück zu, so stand er mit seinem Kopfe für ihn Bürge, um ihn zu retten. Suchte ein Fremder Händel und Streitigkeiten, so kann er sich seines Lebens nicht mehr recht erfreuen; wie ein plötzlicher Sturm kommt er über ihn geflogen und zwingt ihn, vom Schauplatze zu verschwinden. Als einmal ein Adeliger ein Kosakenfeld eingenommen, äscherte er sein Haus ein und ihn selber verdrängte er über den Dnjeper. Wenn er noch am Leben ist, so wird er sich gewiß noch erinnern, welche Art von Drahtknuten beim Herrn Maksym Hrymacz geflochten wurden...

Maksym war Witwer und besaß zwei Töchter. Die eine, Katrja genannt, schon erwachsen, war stolz und schön wie eine Königstocher; die zweite, Tatjana mit Namen, fast noch ein Kind, war flink und behend und glich an Behendigkeit den Eichhörnchen, wenn sie hier und dort im Gehöft erschien oder im Fenster urplötzlich auftauchte. Beide wuchsen im Vaterhause im Überfluß und Reichtum auf.

Um die Mitternachtsstunde glitten die Boote auf dem Dnjeper hin und hielten manchmal bei der alten Weide still; dann führte Herr Maksym die Führer in seine Kemenate und nahm die Waren in Empfang.

Der Name jenes Herrn ist mir entschwunden, welcher alle jene Kostbarkeiten in den Booten übersandte ... Doch hielt er sich in einer Steingrotte zwischen Bergen auf, unweit vom Dnjeper, nur einem Häuflein treuer Kosaken bekannt...

II

Am häufigsten kam der junge Kosak Simon im Boote angefahren. Ein prächtiger Bursche, schlank wie ein Rohr, kühn wie ein Falke; ihn hatte unsere Katrja herzlich liebgewonnen.

Werben um sie reiche Männer, Männer aus guten, ja den besten Familien, einer, ein zweiter, ein dritter, so ist ihre einzige Antwort diese: »Ich will nicht, ich nehme sie nicht!«

»Höre, meine Tochter,« sagt Maksym, »du bist zu wählerisch und zu stolz mein Fischlein! Um dich bewerben sich die ersten Leute im Dorfe, lauter junge und schöne Burschen, weshalb willst du sie nicht?«

»Mir ist ihre Schönheit und Jugend gleichgültig: mein Herz zieht mich nicht zu ihnen.«

»Und zu wem zieht dich dein Herz, mein Kind? Höre mich, meine Tochter! Ich werde dich nicht zwingen einen von ihnen zu nehmen, aber einem Landstreicher gebe ich dich nicht, und wenn er auch den Mond vom Himmel holt, ich gebe dich einem solchen nicht! So wie ich es dir sage, so wird es auch sein. Mein Wort ist das Wort eines Vaters und daß es fest ist, das weißt du!«

»Ich weiß es, Vater! Und wen würdet Ihr Euch wünschen?«

»Einen freien Kosaken, meine Tochter! Der sein eigener Herr ist, sich vor niemandem zu beugen brauchte, einen solchen möchte ich mir wünschen!«

»Und wenn er erst sein eigener Herr werden müßte?«

»Dann ja, dann mit Gott!«

»Nun, ich werde warten.«

»Warte mein Herz, ich wehre es dir nicht. Wer ist er denn? Ich merkte etwas...«

»Wozu braucht Ihr es zu wissen? Zuerst muß er frei werden, und dann könnt Ihr es erfahren.«

»Gut, mein liebliches, Kind, so mag es denn so sein!«

Als Simon von diesem Zwiegespräch erfahren, sprach er: »Was ist zu thun? Wir müssen warten. Mein drittes und zugleich letztes Dienstjahr bei meinem Herrn geht schon zu Ende. Der Hetman wird mich nicht verkürzen, er ist ein achtbarer Mensch. Ich werde ihm für sein Brot und Salz danken, erschaue irgendwo einen schönen Hof und alsdann verneige ich mich auch vor deinem Vater ... nur bleibe mir treu mein Mädchen!«

Sie warten, diese Tauben. Simon fährt nicht auf dem Dnjeper, er fliegt, und wie der Blitz durchfurcht sein Boot die blauen Wogen. Die Kosaken rüsten sich zur Ausfahrt und Simon mit ihnen; sie rüsten sich zu einem Beutezuge.

»Du mein Falke, mein Kosake,« sagt Katrja, sich an ihn schmiegend, »wann kehrst du heim? Bald?«

»Bald, mein Fischlein, bald. Wenn die erste Weichsel in deinem Garten erblüht, der graue Kuckuck ruft, kehr' ich heim zu dir, kehre auf den Fluten des Dnjeper zurück, jedoch nicht als Diener, als freier Kosake, Katrje!«

Im Herbste zogen sie fort und im Frühjahr wurden sie zurückerwartet.

III

Katrja sitzt in ihrer Kemenate, stickt mit Seide Hemden und Handtücher aus und wirft von Zeit zu Zeit einen Blick durchs Fenster, ob der Sturm stark wütet, ob der Schnee stark schmilzt und die Wärme wohl bald eintritt... Schon werden die Eisschollen lebend und schwinden. Heulend schlägt der Dnjeper seine schwarzen und grauen Wogen an die Ufer. Schon grünen die Weiden, es grünt das Schilfrohr, und unsere fröhliche Katrja geht umher, Blick und Gedanken in die Zukunft gerichtet.

Es kommen die Weichseln in Blüte und auch der Kuckuck läßt sich vernehmen. Schon steht der Garten in vollster Pracht! Das Immergrün im schönsten Blau erblüht auf der Erde; es röthen sich die Sternblumen, die Vogelwicke windet sich am Zaune empor und die Wolfskirsche breitet ihre Blätter gemächlich aus; immer aufs neue erblüht der volle Mohn, grau, weiß und roth, und zur Erde hernieder beugen sich tief die blauen Glockenblumen, und üppig hoch wuchert die Raute...

Unter all' diesen Blumen wandelt als schönste Blume Katrja selber, wandelt und wendet die hellen Augen vom blauen Dnjeper nicht ab; sobald des Abends der Mond aufgeht und die Sterne gleichsam gesäet im Wasser aufblinken, ist auch schon Katrja unter der alten Weide am Ufer. Sie schaut scharf vor sich, forschend blickt sie aus, ob nicht ein schwankendes Boot dahergeglitten kommt, von einem lieben, prächtigen Kosaken gelenkt... Es vergeht eine Woche, vergeht die zweite. Einmal sah sie unter der Weide in stiller, sternenheller Nacht, nur die Nachtigall schlug und der Dnjeper brauste. Plötzlich dunkelte etwas unweit von ihr auf, als wie ein schwarzer Kahn ... immer näher kommt es – ein Boot! Wie auf Windesflügeln flog es daher und unwillkürlich streckte sie die Arme aus. Was für ein Kosake lenkte es denn? Simon? Nein, er war es nicht... Bald ist er da beim Ufer; er lehnt sich ans Ruder und pfiff, ein-, zweimal, bis der Vater aus dem Hause trat. Katrja sank fast zusammen hinter der Weide. Der alte Hrymacz war gekommen und fragte: »Welche Nachrichten?«

»Schlimme Herr Maksym, schlimme!«

»Was gibt es also?«

»Vorgestern vor dem Sturm brannte die Birke. (Wenn nämlich die Kosaken einander Nachricht zukommen lassen wollten, zündeten sie eine Birke, oder auch einen anderen Baum am Ufer des Dnjeper an.) Wir bemerkten es und fuhren gestern entgegen... Niemand war da. Zertrümmerte Boote trug der Dnjeper...«

»Und war der Sturm arg?«

»Ich erlebte noch keinen wilderen. Eichen wurden samt den Wurzeln herausgerissen, und aus seinem Bette schleuderte der Dnjeper Sand. Dabei eine finstere, stockfinstere Nacht, auf Augenblicke erhellt von Blitzen. Und wenn es einschlug, donnerten gleichsam alle Berge am Dnjeper auf.«

»Und keine Nachricht?«

»Keine, Herr Maksym! Wir vermuteten, und der Hetman bekräftigte es, daß alle die Unserigen sich mit den Wellen des Dnjeper angetrunken.«

»Und es waren so prächtige Burschen, Brüder! O so prächtige Burschen! – Nun, gehen wir ins Haus.«

»Jetzt ist mein Freier, ein freier Kosake, Vater! Ihr habt es erlebt, daß er befreit wurde!«

Der Alte wandte sich jäh um... Da stand seine Katrja vor ihm, vom Mondlicht umflossen, weiß, in blendender Weiße.

»Der Herrgott ist mit dir, meine Tochter!« rief er und ergriff ihre kalte Hand.

Sie blickte ihm in die Augen, zog ihre Hand aus der seinen und entfernte sich ohne ein Wörtchen zu sagen.

IV

Er führte den Kosaken in die Kemenate, bewirtete ihn, verabschiedete ihn, und dann wandte er sich abermals zur Tochter.

Sie sitzt im Gärtchen und windet einen Kranz aus weißem und rotem Mohn, durchflechtet ihn mit Immergrün; soeben ging die Sonne hinter einer Anhöhe beim Dnjeper auf.

»Du mein Kind, Käthchen!«spricht der Alte sich neben sie setzend, »Der Herrgott sandte ein großes Leid für dein Herz! So erhebe doch dein Köpfchen und blicke den alten Vater an!«

Sie erhob das Köpfchen und sah ihn an.

»O meine Tochter, wie bist du gealtert!«

»Mein Vater, ich bin jung«, flüsterte sie und flocht weiter.

Wie tröstete er sie, wie sprach er in sie hinein! Sie aber flocht ununterbrochen weiter an ihrem Kranze und antwortete ihm mit keinem Worte.

Der Alte ging und rief die jüngere Tochter herbei:

»Tetjanko, gehe zur Schwester mein Fischlein, sie ist im tiefen Leid - du sollst sie trösten!«

»Was gibt es denn, wo ist sie?«

Auch sie lief in den Garten. »Schwester! Katrja-Herzchen, weshalb trauert Ihr? Es ist ja schon bereits Sommer« ... und dabei fiel sie ihr um den Hals.

»Du mein kleines Schwesterchen! Du mein süßer Zwitscherling«, liebkoste Katrja die Kleine.

»O wie schön ist doch Euer Kranz, Schwester! Wie wunderbar schön! Schwesterchen, Herzchen, wann setzt Ihr ihn auf?«

»Abends setze ich ihn auf.«

Sie hing den Kranz an einem Baume über dem Wasser auf, wandelt im Gärtchen umher, die plaudernde Schwester bei der Hand haltend. Es rief der Vater zum Mittagmahl. Sie kam und setze sich ans Tischende. Mit ihren weißen Händen schenkte sie dem Vater den Meth ein und plauderte. Mochte sie auch der Alte mit Fragen ausforschen - von sich sprach sie nichts.

Abends ging sie zum Vater herein und küßte ihm die Hand. Der Alte erfaßte sie beim Haupte: »Katrja, meine unglückliche Tochter! Die Mutter Gottes möge dir gnädig sein!«

Auch an die kleine Schwester trat sie heran, umarmte sie und preßte sie an sich. Dann ging sie wieder in das Gärtchen - und wie wunderschön gekleidet! Das Hemd fein, unendlich fein, und der Rock aus Seide, dazu ein Gürtel mit Silberblumen und hohe Schuhe... Den langen blonden Zopf hatte sie dicht und klein geflochten, und an der rechten Hand blitzte ein goldener Ring. Sie kam ans Wasser und nahm den Kranz vom Baum, den sie am Morgen geflochten und sprach: »Du welktest nicht mein Mohnkranz!«, und mit diesen Worten setzte sie sich diesen Kranz aufs Köpfchen.

Am Uferrand wuchs die Weide - und ihre Äste verzweigten sich tief hinab, bis sie fast den Wasserspiegel berührten. Sie setzte sich auf die hohle Weidenwurzel nieder, stützte den Kopf in das weiße Händchen und überließ sich dem Denken und Sinnen. Dort unter jenen grünen Weidenbaum begrüßte sie den Mond, sie, die Schöne, die Traurige, bekränzt mit dem Mohnkranz.

Als sich der Mond im Wasser wiederspiegelte sprach sie (während ihres Verhältnisses mit Simon war er zu ihr im Mondschein gefahren angekommen): »Der helle Mond ist schon aufgegangen!« Während sie dies sprach, hatte sie einen Weidenast betreten, gieng auf ihm wie auf einem schwankenden Steg ein Stück weiter vor, sah sich dabei nach allen Seiten um und stürzte sich dann geradeaus in die Tiefe...

V

Am nächsten Morgen herrscht im Hause Angst und Verwirrung. Tatjana weint, und der alte Hrymacz geht umher ohne Mütze, halb angekleidet und die Worte: »Wo ist meine Katrja? Wo ist mein liebliches Kind?« kommen ihm nicht aus dem Munde. Man lief zum Fluß... Da schwamm und kreiste bloß der Mohnkranz.

Der alte Hrymacz sperrte sich ab, tat während fünf Jahren keinen Schritt aus seinem Gehöfte; er brach ab mit dem Hetman, nahm keine Waren mehr an und war grau geworden wie jene graue Taube.

Gott ließ ihn noch am Leben als auch um die andere Tochter gefreit wurde. Sie war hoch, majestätisch und schwarzäugig! Es hielt um sie ein prächtiger Mann an, ein junger Sotnik (Anführer einer Abteilung von hundert Mann im Kosakenheere), ein Mann mit einem Antlitz von seltener Schönheit.

Die Hochzeit wurde sehr festlich gefeiert. Von ihrem Hause bis zur Kirche wurde der Weg mit rotem Seidenzeug belegt und die Gäste bekamen aus silbernen Bechern zu trinken.

Und es war ihrer da eine erhebliche Anzahl, der Bewunderung wert! Im Hause, und draußen und beim Tore - ja sie schmückten die ganze Gasse entlang. Eine ganze Woche wurde getanzt. Nach der Hochzeit segnete der Alte die jungen Eheleute und begleitete sie in ihr Heim; dann blieb er aber allein.

Unsägliche Trauer bemächtigte sich des alten Hrymacz in seinem nunmehr vereinsamten Hause. Er blickte nach dem Dnjeper, gedachte der älteren Tochter - und Tränen rollten ihm über den grauen Schnurrbart.

»Katrja, Katrja, du mein wunderschönes Kind! Dein junges Leben habe ich vernichtet!«

Stepan Vasyl'čenko
Im Chutor

Die Nacht brach an.

Die Steppe erstarb, und es dunkelte.

Hastig versteckten sich die letzten Geräusche und das Lärmen eines langen Sommertages. Noch war der blutrote Schein im Westen nicht verloschen, als in der Tiefe des dunklen Himmels, wie ein Stückchen glühender Kohle in der Asche, der Abendstern aufblinkte. Der Mond, der anfangs als unscheinbarer Fleck am klaren Himmel hing, belebte sich unter dem dunklen Flügel der Nacht und begann, mit weißem Zauberfeuer zu scheinen.

Vom Himmel ergoß sich nun ein ganzes Meer stillen Lichts, das alles auf Erden überflutete. Über der Steppe huschte gleich einem leichten Schatten ein blinder Schlaf.

Es war Nacht geworden.

Ähnlich einer kleinen Wolke verschwammen die sich in der Steppe verlierenden Gehöfte am Rande einer tiefen Schlucht.

Die Häuser schimmerten dunkelblau im Mondlicht. In der Schlucht zogen sich lange Schatten entlang.

Stille herrschte im Chutor wie in einem versteinerten Reich aus einem alten Märchen.

Sicheln, Sensen, Fuhrwagen und Pferdegeschirr - alles lag regungslos neben den Häusern, als sei es von kleinen Kindern vor dem Schlafengehen weggeworfenes Spielzeug. In den Höfen standen hochaufragend die neuen Getreideschober. Unweit der Häuser erstreckten sich die Äcker mit ihren glänzenden Stoppeln.

Auf den Feldern dunkelten einem geschlagenen Heere gleich die nicht eingebrachten Getreidegarben, das lose Getreide lag in langen Reihen hingebreitet und, zu einem undurchdringlichen Wald die Stengel zusammengeballt, stand hier und da noch ein Fleckchen ungemähten Weizens.

Über allem lag der durchdringende Duft des frischen Steppenheus.

Wie üppig und schön sah doch die Steppe aus!

In der Schlucht war es still und traurig. Der Mond schien über ihr. Entlang der Schlucht standen, wie auf ein langes Band gereiht, prächtige Weiden. Gespenstische Schatten lösten sich von ihnen und schwammen auf dem taubedeckten Gras im Mondlicht. Irgend etwas schnaubte. Ochsen. Hinter den Ochsen tauchte eine zottige Gestalt auf und blieb in der Schlucht stehen.

Auf dem Kopf hatte sie irgendwelche Stoffetzen zu einem Kranz gebunden. Der lange Bauernkittel war mit einem weißen Lappen umgürtet, an den Füßen trug sie schwere Männerstiefel und in den Händen hielt sie eine Peitsche. Aus diesem Lumpenhäufchen schaute ein marmornes Mädchengesicht mit sehr großen, wunderschönen Augen. Das Mädchen lehnte sich mit der Schulter an den Weidenstamm und hob den Kopf zum Mond. Ihre Augen waren geschlossen, die Arme hingen herab wie bei einer Schlafenden. Sie stand da und lächelte.

Da erbebte plötzlich die schläfrige Luft, und silberne Laute erklangen, vermischten sich und flossen ineinander, schwebten über die Schlucht hinweg und hallten weithin über die Steppe.

Dann lösten sich aus dem Meer der Töne die wohllautenden, gleichsam aus Silber geschmiedeten Worte eines Liedes:

»Im Tale steht der Weizen stolz,
Der Hafer auf dem Berg.
Daß du mich nicht von Herzen liebst,
Schon lange ich bemerk'.«

Das Echo wiederholte jedes einzelne Wort ganz genau, nicht eines entschlüpfte. Das Mädchen verstummte und senkte den Kopf. Wieder war alles still. Nur ganz entfernt noch verwehten und erstarben die letzten Töne des Liedes in der Nacht.

Die Weiden standen bewegungslos. Durch die Zweige schimmerten hier und da ferne Sterne.

Das Mädchen blickte auf und schaute lange in die silbrige Weite. Sie hob die Hand, flüsterte leise etwas und schüttelte kummervoll den Kopf.

Wieder geriet die Luft in Bewegung, und silberne Töne weckten die Steppe.

Das Mädchen kniff die Augen zusammen. Sie träumte und sang.

Dem armen Mädchen in den fadenscheinigen Lumpen kommt es so vor, als sei sie keine Magd, keine Waise... Sie ist die einzige Tochter eines reichen Vaters. Sie besitzt Blusen, mit Seide bestickt, teure Teppiche, Ketten mit silbernen Anhängern... Aber sie bedeuten ihr nichts, denn der junge Kosak liebt sie nicht. Und der Kosak ist so ein prächtiger Bursche, wie es sie heutzutage nicht mehr gibt: Er trägt eine prunkvolle Tracht, die glänzt wie die Sonne. Unter ihm tänzelt ein Rappe, an dessen Hufen goldene Eisen glühen und dessen Steigbügel silbern blitzen. Der Kosak sitzt auf dem Pferd, schön und frei wie der Steppenwind, sie aber steht traurig vor ihm und wirft ihm leise vor, daß er sie nicht von Herzen liebe...

Voller Wehmut erklang die Mädchenstimme, die die wahre Geschichte vom Mädchen und dem treulosen Kosaken in der schlafenden Steppe verbreitete.

»Ei, Jungfer«, rät der Kosak dem Mädchen höhnisch, »leg doch den Hof mit Teppichen aus, damit sich mein Rappe nicht die goldenen Hufeisen beschmutzt, dann werde ich zu dir kommen!«

»Ei, Jungfer, pflanz am Tor eine Weide an, dann komme ich dich besuchen!«

Aber der Kosak kann das Mädchen nicht betrügen. Ihr Herz fühlt die bittere Wahrheit, und in leiser, hoffnungsloser Traurigkeit erklingen die letzten Worte des Liedes:

»Hab' gepflanzet und begossen,
Will doch nicht gedeih'n.
Du bist Lug und Trug, Kosak.
Laß mein Herz allein.«

Das Mädchen stand da, den Kopf an die Weide gelehnt, und wischte sich die Tränen mit dem Ärmel des zerlumpten Kittels ab.

Mit diesem Jammer im Herzen stand sie kläglich und war ganz im Banne der zauberhaften Bilder eines längst vergangenen, längst vergessenen freien und stürmischen Lebens ihrer Heimat.

In dem verstummten Chutor geschah etwas Wundersames: die Menschen erwachten, kamen erstaunt aus den Häusern und hörten dem Lied zu, das von einer unerklärlichen Kraft vom Tal bis zum Chutor herübergetragen wurde.

Da öffnete sich sacht eine Haustür, und auf die Schwelle trat, die Arme vor der Brust verschränkt, die weiße Gestalt eines Mädchens oder einer jungen Frau. Der Mond beschien sie und das Haus.

Am Ende des Chutors, der Steppe zu, schlief ein alter Mann in der Diele seines Hauses. Da schien es dem Alten im Schlaf, als erklänge über ihm eine Saite. Er träumte, doch die Saite sang immer weiter und weckte ihn. Der Alte wachte auf.

Der Mond drang mit seinen blauen Strahlen in die offene Tür, und in der Diele erklang das Lied, dessen Melodie gleich ins Ohr ging. Der Großvater verließ den Vorraum, beugte sich über den Zaun und lauschte.

Es war still im Chutor. Selbst den leisesten Ton hörte man. Alles schlief ringsum, nur in der Schlucht wollte sich jemand nicht dem Schlaf beugen und zerriß die Traumluft mit seiner jungen starken Stimme.

Traurig, mal verhalten, mal lauter werdend, schwang im Tal das Lied das Mädchens, und ohne das der Großvater es bemerkte, schwang er im Takt des Liedes mit, beugte, streckte sich oder legte die Hand an die Brust.

Etwas Seltsames ging mit dem Alten vor: Ihm schien, als faßte eine Hand sein altes Herz und drückte es immerfort ganz sacht, so daß ihm ganz unerklärlich weh zumute ward.

Auf der Wiese am Zaun hatte sich schon eine Gruppe von Weilerbewohnern zusammengefunden. Die Hemden schimmerten weiß, zerzauste Köpfe waren zu sehen, bloße Füße und verschlafene, still glänzende Augen.

Im Mondlicht ähnelten sie Statuen, aus weißem Stein gemeißelt.

In der Mitte saß ein Bursche mit großen schwarzen Augen. Leise und besonnen erzählte er etwas. Die weißen Standbilder neigten sich ihm zu und lauschten.

Seine Stimme klang in dem schweigenden Chutor wie das Murmeln eines kleinen Baches. Der junge Mann sprach von einem merkwürdigen Mädchen, das vor kurzem von einem der weiter weg gelegenen Chutore gekommen war, um sich bei einem Herrn als Magd zu verdingen. Seltsam sei sie, menschenscheu und ängstlich. Sie flechte Blumenkränze, setze sie auf und arbeite den ganzen Tag mit ihnen auf dem Kopfe. Sie versammle auch die Kinder um sich und erzähle ihnen wunderliche Märchen und Träume. Wenn sie aber zu singen beginne, ergreife sie sogleich die Herzen aller.

Zu der kleinen Gruppe schwammen lautlos Schatten heran, ließen sich auf dem Gras nieder und hörten schweigend zu.

Dann begann ein langes Gespräch, leise und nachdenklich, keiner unterbrach den anderen. Man erinnerte sich an alte Sänger und alle möglichen ungewöhnlichen Menschen, die irgendwann einmal unter ihnen lebten. Von Zeit zu Zeit flog in heißen Wellen aus der Schlucht das Lied mit neuer Kraft herbei, berührte die Herzen, und die Leute verstummten. Nach einer Weile wurde das Gespräch fortgesetzt.

Sie erinnerten sich an den Hirten Ilko, der mit seinen Liedern eine junge Gutsbesitzerfrau bezauberte. Welche kraft hatte er in seiner Stimme! Es kam vor, daß er auf einen Hügel stieg, zu singen begann und die Steppe ringsum schöner wurde.

Es geschah sogar, daß die Leute ihre Arbeit unterbrachen und vom Chutor in die Steppe eilten, um Ilko zuzuhören. Ein ehrlicher, braver Mensch war Ilko. Die junge Herrin versuchte ihn zu überreden, mit ihr wegzufahren. Ilko jedoch wollte das Leben ihres Mannes nicht ruinieren und begab sich irgendwohin ans Schwarze Meer. Und seitdem er weg ist, seitdem haben wir kein Sterbenswörtchen mehr von ihm gehört.

In der Schlucht erklang ein neues, schmerzlich-brennendes Lied. Das Mädchen sang von sich, davon, wie bitter ihr Los auf Erden ist. Sie war eine Waise, von unfreundlichen Menschen umgeben. Nirgendwo konnte sie Zuflucht finden. Sie klagte darüber, daß sie keinen Wohlstand kenne, daß die Jahre sinnlos in Diensten und schwerer Arbeit vergingen.

Die Leute hörten ihr noch immer zu und erinnerten sich ihrer anderen Sänger.

All diese Talente kamen aus ihrem Volk, diese heißgeliebten Kinder ihres leidgeprüften Landes, genauso, wie dieses unglückliche, eingeschüchterte

Mädchen. Die Ärmsten unter den Armen, die Ungebildetsten unter den Ungebildeten, sie waren Tagelöhner bei fremden Leuten und Stiefkinder des Schicksals.

Rainer Maria Rilke
Das Lied von der Gerechtigkeit

Als ich das nächste Mal an Ewalds Fenster vorüberkam, winkte er mir und lächelte: »Haben Sie den Kindern etwas Bestimmtes versprochen?« »Wieso?« staunte ich. »Nun, als ich ihnen die Geschichte von Jegor erzählt hatte, beklagten sie sich, daß Gott in derselben nicht vorkäme.« Ich erschrak: »Was, eine Geschichte ohne Gott, aber wie ist denn das möglich?« Dann besann ich mich: »In der Tat, es ist wahr, von Gott sagt die Geschichte, wie ich sie mir jetzt überdenke, nichts. Ich begreife nicht, wie das geschehen konnte; hätte jemand von mir eine solche verlangt, ich glaube, ich hätte mein ganzes Leben nachgedacht, ohne Erfolg...«

Mein Freund lächelte über diesen Eifer: »Sie müssen sich deshalb nicht erregen,« unterbrach er mich mit einer gewissen Güte, »ich denke mir, man kann ja nie wissen, ob Gott in einer Geschichte ist, ehe man sie auch ganz beendet hat. Denn wenn auch nur noch zwei Worte fehlen sollten, ja selbst, wenn nur noch die Pause hinter dem letzten Worte der Erzählung aussteht: Er kann immer noch kommen.« Ich nickte, und der Lahme sagte in einem anderen Ton: »Wissen Sie nicht noch etwas von diesen russischen Sängern?«

Ich zögerte: »Ja, wollen wir nicht lieber von Gott reden, Ewald?« Er schüttelte den Kopf: »Ich wünsche mir so, mehr von diesen eigentümlichen Männern zu vernehmen. Ich weiß nicht, wie es kommt, ich denke mir immer, wenn so einer hier bei mir einträte –« und er wandte den Kopf ins Zimmer, nach der Türe zu. Aber seine Augen kehrten schnell und nicht ohne Verlegenheit zu mir zurück – »Doch das ist ja wohl nicht möglich«, verbesserte er eilig. »Warum sollte das nicht möglich sein, Ewald? Ihnen kann manches begegnen, was den Menschen, die ihre Beine brauchen können, verwehrt bleibt, weil sie an so vielem vorübergehen und vor so manchem davonlaufen. Gott hat Sie, Ewald, dazu bestimmt, ein ruhiger Punkt zu sein mitten in aller Hast. Fühlen Sie nicht, wie alles sich um Sie bewegt? Die anderen jagen den Tagen nach, und wenn sie mal einen erreicht haben, sind sie so atemlos, daß sie gar nicht mit ihm sprechen können. Sie aber, mein Freund, sitzen einfach an Ihrem Fenster und warten; und den Wartenden geschieht immer etwas. Sie haben ein ganz besonderes Los. Denken Sie, sogar die Iberische Madonna in Moskau muß aus ihrem Kapellchen heraus und fährt in einem schwarzen Wagen mit vier Pferden zu denen, die irgend etwas feiern, sei es die Taufe oder den Tod. Zu Ihnen aber muß alles kommen –«

»Ja,« sagte Ewald mit einem fremden Lächeln, »ich kann sogar dem Tod nicht entgegengehen. Viele Menschen finden ihn unterwegs. Er scheut sich, ihre Häuser zu betreten, und ruft sie hinaus in die Fremde, in den Krieg, auf einen steilen Turm, auf eine schwankende Brücke, in eine Wildnis oder in den Wahnsinn. Die meisten holen ihn wenigstens draußen irgendwo ab und tragen ihn dann auf ihren Schultern nach Hause, ohne es zu merken. Denn der Tod ist träge; wenn die Menschen ihn nicht fortwährend stören würden, wer weiß, er schliefe vielleicht ein.« Der Kranke dachte eine Weile nach und fuhr dann mit einem gewissen Stolz fort: »Aber zu mir wird er kommen müssen, wenn er mich will. Hier in meine kleine helle Stube, in der die Blumen sich so lange halten, über diesen alten Teppich, an diesem Schrank vorbei, zwischen Tisch und Bettende durch (es ist gar nicht leicht vorüberzukommen) bis her an meinen breiten, lieben, alten Stuhl, der dann wahrscheinlich mit mir sterben wird, weil er sozusagen mit mir gelebt hat. Und er wird dies alles tun müssen in der üblichen Art, ohne Lärm, ohne etwas umzuwerfen, ohne etwas Ungewöhnliches zu beginnen, wie ein Besuch. Dieser Umstand bringt mir meine Stube merkwürdig nah. Es wird sich alles hier abspielen auf dieser engen Szene, und darum wird auch dieser letzte Vorgang sich nicht sehr von allen anderen Ereignissen unterscheiden, welche sich hier begeben haben und noch bevorstehen. Es hat mir immer schon als Kind seltsam geschienen, daß die Menschen vom Tode anders sprechen als von allen anderen Begebenheiten, und das nur deshalb, weil jeder von dem, was ihm nachher geschieht, nichts mehr verrät. Wodurch aber unterscheidet sich denn ein Toter von einem Menschen, welcher ernst wird, auf die Zeit verzichtet und sich einschließt, um über etwas ruhig nachzudenken, dessen Lösung ihn lange schon quält? Unter den Leuten kann man sich doch nicht einmal des Vaterunsers erinnern, wie denn erst irgendeines anderen dunkleren Zusammenhanges, der vielleicht nicht in Worten, sondern in Ereignissen besteht. Man muß abseits gehen in irgendeine unzugängliche Stille, und vielleicht sind die Toten solche, die sich zurückgezogen haben, um über das Leben nachzudenken.«

Es entstand eine kleine Schweigsamkeit, die ich mit folgenden Worten begrenzte: »Ich muß dabei an ein junges Mädchen denken. Man kann sagen, daß sie in den ersten siebzehn Jahren ihres heiteren Lebens nur geschaut hat. Ihre Augen waren so groß und selbständig, daß sie alles, was sie empfingen, selbst verbrauchten, und das Leben in dem ganzen Körper des jungen Geschöpfes ging, unabhängig davon, von schlichten, inneren Geräuschen genährt, vor sich. Am Ende dieser Zeit aber störte irgendein zu heftiges Ereignis dieses doppelte, kaum sich berührende Leben, die Augen brachen gleichsam nach innen durch, und die ganze Schwere des Äußeren fiel durch sie in das dunkle Herz hinein, und jeder Tag stürzte mit solcher Wucht in die tiefen, steilen Blicke, daß er in der engen Brust zersprang wie ein Glas. Da wurde das junge Mädchen blaß, begann zu kränkeln, einsam zu werden, nachzudenken, und endlich suchte es selbst jene Stille auf, darin die Gedanken wahrscheinlich nicht mehr gestört werden.«

»Wie ist sie gestorben?« fragte mein Freund leise, mit etwas heiserer Stimme. »Sie ist ertrunken. In einem tiefen, stillen Teich, und an der Oberfläche desselben entstanden viele Ringe, die langsam weit wurden und unter den weißen Wasserrosen hin wuchsen, so daß alle diese badenden Blüten sich bewegten.«

»Ist das auch eine Geschichte?« sagte Ewald, um die Stille hinter meinen Worten nicht mächtig werden zu lassen. »Nein,« entgegnete ich, »das ist ein Gefühl.« »Aber könnte man es nicht auch den Kindern übermitteln - dieses Gefühl?« Ich überlegte. »Vielleicht -.« »Und wodurch?« »Durch eine andere Geschichte.« Und ich erzählte.

»Es war zur Zeit, als man im südlichen Rußland um die Freiheit kämpfte.«

»Verzeihen Sie,« sagte Ewald, »wie ist das zu verstehen - wollte sich das Volk etwa vom Zaren losmachen? Das würde nicht zu dem passen, was ich mir von Rußland denke, und auch mit Ihren früheren Erzählungen in Widerspruch stehen. In diesem Falle würde ich vorziehen, Ihre Geschichte nicht zu hören. Denn ich liebe das Bild, welches ich mir von den Dingen dort gemacht habe, und will es unbeschädigt behalten.«

Ich mußte lächeln und beruhigte ihn: »Die polnischen Pans (ich hätte das vorausschicken müssen) waren Herren im südlichen Rußland und in jenen stillen, einsamen Steppen, welche man mit dem Namen Ukraine bezeichnet. Sie waren harte Herren. Ihre Bedrückung und die Habgier der Juden, welche sogar den Kirchenschlüssel in Händen hatten, den sie nur gegen Bezahlung den Rechtgläubigen auslieferten, hatten das jugendliche Volk um Kiew herum und den ganzen Dnjepr aufwärts müde und nachdenklich gemacht. Die Stadt selbst, Kiew, das heilige, der Ort, wo Rußland zuerst mit vierhundert Kirchenkuppeln von sich erzählte, versank immer mehr in sich selbst und verzehrte sich in Bränden wie in plötzlichen, irren Gedanken, hinter denen die Nacht nur immer uferloser wird. Das Volk in der Steppe wußte nicht recht, was geschah. Aber von seltsamer Unruhe erfaßt, traten die Greise nachts aus den Hütten und betrachteten schweigend den hohen, ewig windlosen Himmel, und am Tage konnte man Gestalten auf dem Rücken der Kurgane auftauchen sehen, die sich wartend vor der flachen Ferne erhoben. Diese Kurgane sind Grabstätten vergangener Geschlechter, die die ganze Heide wie ein erstarrter, schlafender Wellenschlag durchziehen. Und in diesem Land, in welchem die Gräber die Berge sind, sind die Menschen die Abgründe. Tief, dunkel, schweigsam ist die Bevölkerung, und ihre Worte sind nur schwache, schwankende Brücken über ihrem wirklichen Sein. - Manchmal heben sich dunkle Vögel von den Kurganen. Manchmal stürzen wilde Lieder in die dämmernden Menschen hinein und verschwinden in ihnen tief, während die Vögel im Himmel verloren gehen. Nach allen Richtungen hin scheint alles grenzenlos. Die Häuser selbst können nicht beschützen vor dieser Unermeßlichkeit; ihre kleinen Fenster sind voll davon. Nur in den dunkelnden Ecken der Stuben stehen die alten Ikone, wie Meilensteine Gottes, und der Glanz von einem kleinen Licht geht durch ihre Rahmen, wie ein verirrtes Kind durch die Sternennacht. Diese Ikone sind der einzige Halt, das einzige zuverlässige Zeichen am Wege, und kein Haus kann ohne sie bestehen. Immer wieder werden welche notwendig; wenn eines zerbricht vor Alter und Wurm, wenn jemand heiratet und sich eine Hütte zimmert, oder wenn einer, wie zum Beispiel der alte Abraham, stirbt, mit dem Wunsch, den heiligen Nikolaus, den Wundertäter, in den gefalteten Händen mitzunehmen, wahrscheinlich, um die Heiligen im Himmel mit diesem Bilde zu vergleichen und den besonders Verehrten von allen anderen zu erkennen.

So kommt es, daß Peter Akimowitsch, eigentlich Schuster von Beruf, auch Ikone malt. Wenn er von der einen Arbeit müde ist, geht er, nachdem er sich dreimal bekreuzt hat, zu der anderen über, und über seinem Nähen und Hämmern wie über seinem Malen waltet die gleiche Frömmigkeit. Jetzt ist er schon ein alter Mann, aber doch ziemlich rüstig. Den Rücken, den er über die Stiefel biegt, richtet er vor den Bildern wieder gerade, und so hat er sich eine gute Haltung bewahrt und ein gewisses Gleichgewicht in den Schultern und im Kreuz. Den größten Teil seines Lebens hat er ganz allein verbracht, sich gar nicht hineinmischend in die Unruhe, die dadurch entstand, daß sein Weib Akulina ihm Kinder gebar und daß diese verstarben oder sich verheirateten. Erst in seinem siebzigsten Jahre hatte Peter sich mit denen in Verbindung gesetzt, die in seinem Hause verblieben waren und die er nun erst als wirklich vorhanden betrachtete. Das waren: Akulina, sein Weib, eine stille demütige Person, die sich fast ganz in den Kindern fortgegeben hatte, eine alternde, häßliche Tochter und Aljoscha, ein Sohn, welcher, unverhältnismäßig spät geboren, erst siebzehn Jahre zählte. Diesen wollte Peter für die Malerei heranbilden; denn er sah ein, daß er bald nicht allen Bestellungen würde entsprechen können. Aber er gab den Unterricht bald auf. Aljoscha hatte die allerheiligste Jungfrau gemalt, aber das strenge und richtige Vorbild so wenig erreicht, daß sein Machwerk aussah wie ein Bild der Mariana, der Tochter des Kosaken Golokopytenko, also wie etwas durchaus Sündiges, und der alte Peter beeilte sich, nachdem er sich oft bekreuzt hatte, das beleidigte Brett mit einem heiligen Dmitrij zu übermalen, welchen er aus einem unbekannten Grunde über alle anderen Heiligen stellte.

Aljoscha versuchte auch nie mehr ein Bild zu beginnen. Wenn ihm der Vater nicht befahl, einen Nimbus zu vergolden, war er meistens draußen in der Steppe, kein Mensch wußte wo. Niemand hielt ihn zu Hause. Die Mutter wunderte sich über ihn und hatte eine Scheu, mit ihm zu reden, als ob er ein Fremder wäre oder ein Beamter. Die Schwester hatte ihn geschlagen, solang er ein Kind war, und jetzt, seit Aljoscha erwachsen war, begann sie ihn zu verachten, dafür, daß er sie nicht schlug. Aber auch im Dorfe war niemand, der sich um den Burschen kümmerte. Mariana, die Kosakentochter, hatte ihn ausgelacht, als er ihr erklärte, er wolle sie heiraten, und die anderen Mädchen hatte Aljoscha nicht danach gefragt, ob sie ihn als Bräutigam annehmen möchten. In die Ssetsch, zu den Zaporogern, hatte ihn keiner mitnehmen wollen, weil er allen zu schwächlich schien und vielleicht auch noch etwas zu jung. Einmal war er schon davongelaufen bis zum nächsten Kloster, aber die Mönche nahmen ihn nicht auf - und so blieb nur die Heide für ihn, die weite, wogende Heide. Ein Jäger hatte ihm einmal ein altes Gewehr geschenkt, das weiß Gott womit geladen war. Das schleppte Aljoscha immer mit, schoß es aber niemals ab, erstens, weil er den Schuß sparen wollte, und dann, weil er nicht wußte wofür. An einem lauen, stillen Abend, zu Anfang des Sommers, saßen alle beisammen an dem groben Tisch, auf welchem eine Schüssel mit Grütze stand. Peter aß, und die anderen schauten ihm zu und warteten auf das, was er übriglassen würde. Plötzlich ließ der Alte den Löffel in der Luft stehen und streckte den breiten welken Kopf in den Lichtsteifen, der von der Tür kam und quer über den Tisch in die Dämmerung lief. Alle horchten. Es war außen an den Wänden der Hütte ein Geräusch, wie wenn ein Nachtvogel mit seinen Flügeln sachte die Balken streifte; aber die Sonne war kaum untergegangen, und die nächtlichen Vögel kamen ja überhaupt selten bis ins Dorf. Und da war es wieder, als tappe irgendein anderes großes Tier ums Haus und als wäre, von allen Wänden zugleich, sein suchender Schritt vernehmbar. Aljoscha erhob sich leise von seiner Bank, in demselben Augenblick verdunkelte sich die Tür von etwas Hohem, Schwarzem; es verdrängte den ganzen Abend, brachte Nacht in die Hütte und bewegte sich in seiner Größe nur unsicher vorwärts. ›Der Ostap!‹ sagte die Häßliche mit ihrer bösen Stimme. Und jetzt erkannten ihn alle. Es war einer von den blinden Kobzars, ein Greis, der mit einer zwölfsaitigen Bandura durch die Dörfer ging und von dem großen Ruhm der Kosaken, von ihrer Tapferkeit und Treue, von ihren Hetmans Kirdjaga, Kukubenko, Bulba und anderen Helden sang, so daß alle es gerne hörten. Ostap verneigte sich dreimal tief in der Richtung, in der er das Heiligenbild vermutete (und es war die Znamenskaja, zu der er sich so, unbewußt, wandte), setzte sich dann an den Ofen und fragte mit leiser Stimme: ›Bei wem bin ich eigentlich?‹ ›Bei uns, Väterchen, bei Peter Akimowitsch, dem Schuster‹, erwiderte Peter freundlich. Er war ein Freund des Gesanges und freute sich dieses unerwarteten Besuches. ›Ah, bei Peter Akimowitsch, dem, der die Bilder malt‹, sagte der Blinde, um auch eine Freundlichkeit zu erweisen. Dann wurde es still. In den langen sechs Saiten der Bandura begann ein Klang, wuchs und kam kurz und gleichsam erschöpft von den sechs kurzen Saiten zurück, und diese Wirkung wiederholte sich in immer rascheren Takten, so daß man endlich die Augen schließen mußte, in Angst, den Ton von der in rasendem Lauf erstiegenen Melodie irgendwo hinabstürzen zu sehen; da brach das Lied ab und gab der schönen, schweren Stimme des Kobzars Raum, welche bald das ganze Haus erfüllte und auch aus den benachbarten Hütten die Leute rief, die sich vor der Türe und unter den Fenstern versammelten. Aber nicht von Helden ging diesmal das Lied. Schon ganz sicher schien Bulbas und Ostranitzas und Naliwaikos Ruhm. Für alle Zeiten fest schien die Treue der Kosaken. Nicht von ihren Taten ging heute das Lied. Tiefer zu schlafen schien in allen, welche es vernahmen, der Tanz; denn keiner rührte die Beine oder hob die Hände empor. Wie Ostaps Kopf, so waren auch die anderen Köpfe gesenkt und wurden schwer von dem traurigen Lied:

›Es ist keine Gerechtigkeit mehr in der Welt. Die Gerechtigkeit, wer kann sie finden? Es ist keine Gerechtigkeit mehr in der Welt; denn alle Gerechtigkeit ist den Gesetzen der Ungerechtigkeit unterstellt.

Heut ist die Gerechtigkeit elend in Fesseln. Und das Unrecht lacht über sie, wir sahns, und sitzt mit den Pans in den goldenen Sesseln und sitzt in dem goldenen Saal mit den Pans.

Die Gerechtigkeit liegt an der Schwelle und fleht; bei den Pans ist das Unrecht, das Schlechte, zu Gast, und sie laden es lachend in ihren Palast, und sie schenken dem Unrecht den Becher voll Met.

O, Gerechtigkeit, Mütterchen, Mütterchen mein mit dem Fittich, der jenem des Adlers gleicht, es kommt vielleicht noch ein Mann, der gerecht, der gerecht will sein, dann helfe ihm Gott. Er vermag es allein, und macht dem Gerechten die Tage leicht.‹

Und die Köpfe hoben sich nur mühsam, und auf allen Stirnen stand Schweigsamkeit; das erkannten auch die, welche reden wollten. Und nach einer kleinen, ernsten Stille begann wieder das Spiel auf der Bandura, diesmal schon besser verstanden von der immer wachsenden Menge. Dreimal sang Ostap sein Lied von der Gerechtigkeit. Und es war jedesmal ein anderes. War es zum ersten Mal Klage, so erschien es bei der Wiederholung Vorwurf, und endlich, da der Kobzar es zum dritten Mal mit hocherhobener Stirne wie eine Kette kurzer Befehle rief, da brach ein wilder Zorn aus den zitternden Worten und erfaßte alle und riß sie hin in eine breite und zugleich bange Begeisterung.

›Wo sammeln sich die Männer?‹ fragte ein junger Bauer, als der Sänger sich erhob. Der Alte, der von allen Bewegungen der Kosaken unterrichtet war, nannte einen nahen Ort. Schnell zerstreuten sich die Männer, man hörte kurze Rufe, Waffen rührten sich, und vor den Türen weinten die Weiber. Eine Stunde später zog ein Trupp Bauern, bewaffnet, aus dem Dorfe gegen Tschernigof zu. Peter hatte dem Kobzar ein Glas Most angeboten, in der Hoffnung, mehr von ihm zu erfahren. Der Alte saß, trank, gab aber nur kurze Antworten auf die vielen Fragen des Schusters. Dann dankte er und ging. Aljoscha führte den Blinden über die Schwelle. Als sie draußen waren in der Nacht und allein, bat Aljoscha: ›Und dürfen alle mitgehen in den Krieg?‹ ›Alle‹, sagte der Alte und verschwand rascher ausschreitend, als ob er sehend würde in der Nacht.

Als alle schliefen, erhob sich Aljoscha vom Ofen, wo er in den Kleidern gelegen hatte, nahm sein Gewehr und ging hinaus. Draußen fühlte er sich mit einem Male umarmt und sanft aufs Haar geküßt. Gleich darauf erkannte er im Mondlicht Akulina, die eilig und trippelnd auf das Haus zulief. ›Mutter?!‹ staunte er, und es wurde ihm ganz eigentümlich zumut. Er zögerte eine Weile. Eine Tür ging irgendwo, und ein Hund heulte in der Nähe. Da warf Aljoscha sein Gewehr über die Schulter und schritt stark aus, denn er gedachte die Männer noch vor Morgen einzuholen. Im Hause aber taten alle, als ob sie Aljoschas Fehlen nicht bemerkten. Nur als sie sich wieder zu Tische setzten und Peter den leeren Platz gewahrte, stand er noch einmal auf, ging in die Ecke und zündete eine Kerze an vor der Znamenskaja. Eine ganz dünne Kerze. Die Häßliche zuckte mit den Achseln.

Indessen ging Ostap, der blinde Greis, schon durch das nächste Dorf und begann traurig und mit sanfter klagender Stimme den Gesang von der Gerechtigkeit.«

Der Lahme wartete noch eine Weile. Dann sah er mich erstaunt ah: »Nun, weshalb schließen Sie nicht? Es ist doch wie in der Geschichte vom Verrat. Dieser Alte war Gott.«

»O, und ich habe es nicht gewußt«, sagte ich erschauernd.

Ivan Hryhurko
Geos und Artimnasa

Die Kombination klebte zwischen den Schulterblättern auf der Haut; der eigene Schatten sah schwer wie Blei aus; der Borstsch war heiß, dampfte aber nicht; die Krähen wollten nicht fliegen und liefen träge wie Hühner herum. Brütende Hitze. Die durchsichtige, helle Wand, die die Sonne wie mit einem Kran aufgerichtet und befestigt hatte, geriet zu Mittag ins Wanken, brach wieder zusammen und bedeckte nun alles mit einer Schneeschicht, mit heißem, dickem, unsichtbarem Schnee.

Die jungen Arbeiter saßen an dem langen, aus vier Brettern gefügten Tisch und aßen Mittag. Schweigend, in sich gekehrt. Ebenso schweigend und in sich gekehrt beobachtete sie von der Essensausgabe aus die Köchin Dina in ihrem weißen gestärkten Kittel. Unter dem Kittel war gewiß nichts weiter als Dinas junger Körper. Saitschenko bemerkte zufällig, wie Frantschuk ihr verstohlen einen Blick zuwarf und, errötend, nicht wagte, sie noch einmal anzusehen.

Der Borstsch schmeckte vortrefflich. In Odessa, wo Saitschenko gelernt hatte, war die Küche auf orientalische Gerichte spezialisiert gewesen, überall konnte man Schaschlyk und Tschebureki kaufen, aber einen richtigen Borstsch gab es dort nicht. Manchmal hatte er unbändigen Appetit auf Borstsch gehabt, wie Mutter ihn kochte. Hier dagegen war es herrlich für ihn. Dina stammte aus einem nahegelegenen Dorf, konnte zu Fuß nach Hause laufen. Sie war ein wortkarges Mädchen, erwiderte nichts, wenn jemand sich mit ihr einen Scherz erlaubte, sondern sah ihn nur mit ihren großen Augen an. Aber das spielte keine Rolle; Hauptsache, daß Dina das Talent besaß, Borstsch zu kochen.

Es war noch eine halbe Stunde Mittagspause, und Saitschenko schlenderte aufs Geratewohl in die Steppe hinaus, streckte sich in den verdorrten Wermut und sah in den Himmel. Im Sonnendunst schwankten Drähte - wie Spinnweben. Auch die Gedanken wurden von grauer Wehmut eingesponnen. Er war Historiker und arbeitete als Schürfwagenfahrer. Mit eigenen Händen wollte er die Geschichte mit schaffen. Mag die verratene Fachrichtung zu neuem Leben erwachen und die Seele umpflügen. Hier wußte niemand, daß er ein Universitätsdiplom besaß. Als er sich für den Lehrgang für Schürfwagenfahrer bewarb, hatte er auch nur das Reifezeugnis vorgelegt. In der Schule hatte er seinerzeit zwar das obligatorische Minimum an Arbeit geleistet, jedoch zu dem Lehrgang hätte man ihn mit dem Hochschuldiplom vielleicht nicht angenommen. Der Aktendeckel mit dem Staatswappen lag ganz unten im Koffer, nur für den Notfall. Ihn vor sich selber geheimzuhalten fiel allerdings schwerer. Im Lehrkombinat hatte er oft bei Unterhaltungen mit den anderen, ohne es zu merken, einen lehrhaften Ton angeschlagen und war von alltäglichen Themen auf längst Vergangenes, auf die Geschichte, zu sprechen gekommen. Da hatten die Kollegen ihn einmal gefragt: »Woher weißt du das alles?« Lachend hatte er geantwortet: »Es hat in früheren Zeiten einen Philosophen namens Tommaso Campanella gegeben. Er rebellierte gegen das kirchliche Dogma des Weltbaus. Deshalb wurde er von den Inquisitoren verfolgt. Sie sagten eines Tages zum ihm: ›Du stehst mit dem Teufel im Bunde. Denn der Kopf eines gewöhnlichen Knechtes Gottes vermag nicht so viel Wissen aufzunehmen, wie du besitzt.‹ Tommaso Campanella antwortete ihnen: ›Um diese Kenntnisse zu erlangen, habe ich in meiner Lampe mehr Öl verbrannt, als ihr Wein getrunken habt.‹« Daraufhin gaben die Kollegen ihm den Spitznahmen Tommaso, und sie hielten ihn gewiß für einen Sonderling. Daran mochte vielleicht sogar etwas Wahres sein.

Zwischen den Masten der Hochspannungsleitung erhob sich ein Hügel. Wenn man ihn von unten, vom Erdboden aus betrachtete, wirkte er gewaltig, reichte bis an die Sonne. Es war ein Skythengrab. Skythen, wo seid ihr geblieben? Ihr wart doch so nah. Einige fünfzig Generationen vor uns. Wohin seid ihr auf euren wilden Rossen geritten?

Er erinnerte sich an die Schüler, denen er Geschichtsunterricht erteilt hatte. Sie hatten ihn mit großen Augen angesehen. Erwachsene blicken prüfend, weil sie den Kern der Rede erfassen wollen, Kinder dagegen nehmen das Leben unbesehen hin, sie beschäftigt noch allein die Oberfläche, die Gestalt der Dinge. In manchen Unterrichtsstunden hatte er nur diese glänzenden Kinderaugen gesehen.

In einer Stunde über die Skythen hospitierte, um der Einsamkeit zu entrinnen, der stellvertretende Schuldirektor, Juchym Juchymowytsch Nestscheret. »Kinder«, sagte Saitschenko zu den Schülern, »das Leben eilt in zwei Richtungen durch uns hindurch - in die Vergangenheit und in die Zukunft. Wir aber stehen am schwierigsten Punkt - in der Gegenwart. Um die Zukunft zu erkennen, müssen wir uns selbst kennen, und um uns zu kennen, müssen wir die Vergangenheit kennen... Wer waren die Skythen? Ihr lest von ihnen im Geschichtsbuch. Dort steht, daß die Skythen Getreide angebaut, Vieh gezüchtet und Handwerk getrieben haben. Aber der altgriechische Historiker Herodot, der das Skythenland durchwandert hat, berichtet uns, daß ihm unter den Skythenstämmen ein Stamm königlicher, überaus kriegerischer Skythen begegnet sei. Was ist mit den königlichen Skythen geschehen? Offenbar kristallisiert sich, reift in den Jahrtausenden der Geschichte der Charakter eines ganzen Volkes ebenso, wie sich der Charakter eines einzelnen Menschen im Laufe des Lebens vervollkommnet. Das ist ein schmerzlicher, aber notwendiger und unaufhaltsamer Prozeß.«

Nach dem Unterricht ließ Nestscheret Saitschenko in sein Arbeitszimmer kommen.

»Verkneifen Sie sich diese Phantastereien«, sagte er trocken. »Die Schule ist dazu da, den Schülern eine bestimmte Summe objektiver Kenntnisse zu vermitteln. Aber Sie servieren den Schülern Ihre privaten Hirngespinste. Es gibt einen Lehrplan. Ich bitte, sich daran zu halten.«

Juchym Juchymowytsch war ein erfahrener Pädagoge, Saitschenko achtete ihn. Beflissener Verfechter der Wissenschaftlichkeit - oder besser eines gewissen Konservativismus -, nahm Nestscheret an, daß manche Pädagogen den Unterricht mit privaten Sentenzen und Realien des außerschulischen Lebens leichtfertig verunreinigten. In den Klassen sollte der Kult der reinen Wissenschaft, der fest gegründeten, zuverlässigen und unanfechtbaren Wissenschaft, herrschen. In unserer Zeit sei es überaus wichtig, wie er meinte, daß jeder Staatsbürger sich mit makellosen Wahrheiten wappne. Andernfalls werde er von einer Bahn in die andere geworfen, aus einem Wirbel in den anderen. Das war sein Credo. Dennoch gingen ihm die jungen Lehrer nicht aus dem Wege, denn Juchym Juchymowytsch besaß ein gutes Herz, und außerdem war in seiner Natur eine gewisse Monumentalität zu spüren, in deren Nähe sich ruhen ließ wie in schattiger Kühle. Der stellvertretende Direktor trug feste Halbschuhe mit derben weißen Plastesohlen; sie, diese Sohlen, waren gleichsam Isolierplatten, die Juchym Juchymowytsch und seine Ideen gegen eine unmittelbare, harte Berührung mit der wirklichen Erde abschirmten.

»Was ist aus den königlichen Skythen geworden?« fragte Nestscheret. »Haben Sie irgendeine Version?«

»Kriege rotten zuerst die Eroberer aus. Die königlichen Skythen waren Eroberer, sie könnten einfach ausgestorben sein.«

Saitschenko unterbrach in seiner Erinnerung. Auf dem Grab stand jemand. Dann stieg noch jemand, eine kleine, zierliche Person, zu ihm hinauf. Archäologen. Sie öffneten die Grabstätten, beeilten sich dabei, weil der Kanal näherrückte... Wenn man vergäße, wer man ist und in welcher Zeit man lebt, könnte man glauben, dort ständen Skythen auf dem Grab.

Saitschenko schloß die Augen und gab sich einem süßen Traum hin. Sein ganzes Ich wuchs, weitete sich bis zum Horizont, wurde feinfühlig und hellhörig. Als erstes erstand ein Name vor ihm, gleichsam aus dem Hauch der Jahrtausende gewebt: Geos. Alsdann erkaltete die Erde, und am Himmel zogen mächtige, zerklüftete, eisige Wolken auf. Hohe, schlanke Bäume, klingendessingendes Steppengras und gebeugt einhergehende Menschen mit blonden Zöpfen und bernsteinfarbenen Adleraugen...

Eine befestigte Siedlung voller Stimmengewirr, Gelärm und Pferdegewieher, dort wird das Fest des Kriegsgottes der königlichen Skythen gefeiert - er wird mit Gottesdiensten und Opfern geehrt. Dorthin will Geos nicht, er tritt an das Grab von Idanfirs und sieht das Gestirn der Nacht aufgehen, heute strahlt es nur mit einer Hälfte, der Rest scheint mit dem Schwert abgehauen zu sein.

Allein mit sich, vergißt Geos, daß er ein tapferer Krieger ist, viele Feinde zu Boden gestreckt und das dunkle Blut der Meder getrunken hat. Vom Himmel strömt ihm Kraft zu, die aber nicht mehr zum Schwert ruft. Unbändig wünscht er sich Flügel, er ringt die Hände, möchte sie zu Flügeln wachsen lassen. Dann würde er den Borysthenes[1] entlangfliegen, alle Stämme aufsuchen und die Zwietracht zwischen ihnen vertreiben, auf das sich ihre Herzen erwärmen und sie nicht wie wilde Tiere, sondern wie Brüder miteinander leben.

Der Wind streicht raschelnd durchs Gras, das Grab schläft seinen steinernen Schlaf. Darin ruhen Idanfirs und seine besten Krieger, die den Opfertod im Rauch gefunden haben, an der Seite des Königs.

Die Sterne hoch am Himmel beben wie ein Blütenflor. Plötzlich ein Schatten, ein Mädchen tritt vor Geos hin.

»Artimnasa?« fragt der Krieger erstaunt. »Weshalb bist du hier?«

»Vater schickt mich. Alle sind am Feuer, nur du fehlst.«

Artimnasa hat eine Stimme, weich wie junges Steppengras, und in den Augen einen scheuen feuchten Schimmer. Auch rings um das Grab schimmern, funkeln - bald hier, bald dort - Augen. Das sind hungrige Wölfe. Aus der Siedlung quillt Blutgeruch in alle vier Winde, und die Wölfe ziehen vor den Wällen wie Wachtposten auf und ab.

Der Wind hat über die menschenleere Einöde spitze Schneekristalle geweht. An dem Grab ist es trostlos, einsam, aber Geos und Artimnasa hält etwas beieinander, etwas Schwaches und Schutzloses; so verbindet das schwache Strahlen der Sterne Himmel und Erde. Er tritt einen Schritt vor, fühlt den heißen straffen Körper des Mädchens.

»Ich will nicht, daß wir dorthin gehen. Dort werfen die Unsrigen Menschen ins Feuer«, sagt er und legt die Hände auf Artimnasas verschneites, gefrorenes Haar; unter seinen warmen Händen schmilzt der Schnee, Tropfen rinnen herab, jäh schmiegt sich das Mädchen an ihn, und die beiden sinken, versinken.

In Artimnasas Augen steht der Abglanz der Sterne, seine Lippen berühren ihre Lider, Worte steigen in ihm auf, doch sie bleiben ungesagt.

Eine Frau - das ist ein Strom, der in die Zukunft fließt. Frauen gebären neue Frauen, der Strom des Lebens hat kein Ende. Aber ihr Stamm braucht Krieger, und die Frauen gebären keine Jungen mehr. Die Zauberer nennen dies ein böses Omen - der Kriegsgott zürne. Also wird man den Mädchen die rechte Brust abschneiden, um sie im Gebrauch des Schwertes zu unterweisen. Eine Frauentruppe flößt allerorten Entsetzen ein, und die Skythinnen sind kühn wie Steppentiger. Artimnasa ist eine Königstochter, ihre Brüste sind unversehrt; sie ist nicht für das Schlachtfeld, sondern für die Liebe, für das Weitertragen des Lebens geschaffen.

[1] Antike Bezeichnung für den Dnepr

Sie kehrten zur Siedlung zurück, als das Feuer schon erloschen war. Mitten aus der Asche ragte ein Akinakes[2], mit der Schneide nach oben. Es war bereits erkaltet. Als es noch rotglühend gewesen war, hatte man Gefangene ins Feuer geworfen, ringsherum getanzt und gebetet, große Fässer zertrümmert, den darin gefrorenen Wein mit den Schwertern zerhackt, die roten Stücke ergriffen und gierig daran gesogen. Dann schwor man sich Blutsbrüderschaft. Sie erwärmten den Wein in einer großen, goldenen Schale. Schnitten einander in die Arme, ließen das Blut in den Wein tropfen und tranken der Reihe nach. Den letzten Schluck nahm der König.

Streng stellte Skopasis nun Geos zur Rede: »Du bist dem Opferfest ferngeblieben. Du verachtest die Brüder und beschwörst den Zorn des Gottes herauf.«

In dichtem Halbkreis standen hinter Skopasis seine Mannen. Vorspringende Backenknochen, barhäuptig, bärtig - Krieger, Weise, Führer des Volkes. In ihren Habichtsaugen irrlichterten Rausch und Zorn.

»Du bist ein wackerer Streiter. Aber vor Gott sind wir alle Knechte.«

Geos dachte daran, daß die Pflüger, die sich am Hypanis[3] entlang angesiedelt hatten, Getreide anbauen und daß ihnen Api, die Göttin der Erde, hilft. Die Kallipinden treiben Handwerk, formen aus Ton prächtiges Geschirr, und ihr Beschützer ist Oitosir, der Gott der Schönheit. Die Sawdaraten und die Geten fahren mit Booten sogar mitten auf den Maeotis[4] hinaus, fangen Fische, und der Gebieter der Gewässer, Famimasada, bleibt ihnen hold. Nur wir leben in Kriegen, dachte Geos, in dem ganzen unermeßlichen Skythenreich verehrt nur unser Stamm den grausamen Gott des Krieges. Die allmächtigen Götter haben die Welt untereinander aufgeteilt und dem schwachen Menschen nur die eine Möglichkeit gelassen - sich einen Gott auszusuchen. Warum haben wir diesen Gott gewählt? Die weisen Zauberer sagen, er weile stets unsichtbar in den Heeren, in Gestalt eines Pferdes oder eines Adlers, manchmal schlüpfe er auch in das Schwert des edelsten, tapfersten Kriegers, und davon müsse jeder Kämpfer träumen. Dereinst aber, so versichern die Seher, wird der Tag kommen, da ihr Gott in Gestalt eines Skythen erscheint. Dies wird das Zeichen dafür sein, daß die Skythen göttliche Macht erlangen, und der Gott wird sich nicht zu schade sein, mit ihnen den Bund einzugehen. Dann werden die Gottmenschen so leben können, wie sie es selber für richtig halten, denn Gott hat über uns keine Macht mehr. Wenn diese Stunde naht, dachte Geos, dann können die Kriege ein Ende haben. Die Feinde werden es nicht wagen, über uns herzufallen, und wir werden der Arbeit, dem Handel und der Liebe leben können. Unsere Männer haben doch starke Arme und unsere Frauen Brüste voll

[2] Kurzschwert
[3] Antike Bezeichnung für den Dnestr
[4] Antike Bezeichnung für das Schwarze Meer

lebenspendender Milch ... aber die weißen Winter und die heißen Sommer werden ins Land gehen, und die Prophezeiung der Weißbärtigen wird sich nicht bewahrheiten. Die blinde Macht des Kriegsgottes wird nicht weichen. Morgen prasselt auf den jungfräulichen Schnee abermals ein Hagel von Pferdehufen, und er wird abermals mit Blut getränkt...

Das von Zöpfen gerahmte Haupt des Geos sank auf die Brust, doch da loderte ein anderes Feuer für den Gott. Dieses Feuer allein hatte zu brennen. Entweder der Gott oder er, Geos. Entweder sind wir Gottmenschen oder nichtwürdige Sklaven im Dienste eines Götzen... Er trat einen Schritt auf das Gefolge des Königs zu, blickte Skopasis mit flammender Kühnheit an und zerriß mit Donnerstimme die gespannte Stille.

»Ich bin der Gott!«

Der Habichtsblick des Skopasis begann zu flackern, der Unterkiefer sank herab, als wäre der dichte Bart aus schwerer Bronze geschmiedet. Die einen zückten die Schwerter, die anderen brachen, wie von einem Hieb gefällt, in die Knie. Worte besaßen noch elementare Gewalt, man vertraute ihnen wie der Waffe, behütete sie wie die Waffe. Eine überirdische Erleuchtung überkam Geos. Dieser Geist verdrängte alles andere aus seiner Brust - die Vorsicht und auch die Angst um das Leben. Solch eine Begeisterung hatte ihn auch früher angewandelt, im Kampf, wenn er mit dem Schwert in der Hand dahingejagt war, berauscht, bereit, die ganze Welt zu zertrümmern. Mitunter hatte Geos den Gott an Grausamkeit übertroffen. Wenn der Gott tatsächlich Gemeinschaft mit den Menschen wünscht, könnte er auch in Gestalt des Geos erscheinen, aber sein Herz wäre dann für zwei nicht stark genug.

»Ich bin der Gott des Krieges!« verkündete er, und alle glaubten ihm und warfen sich auf die Erde. »Heute endet meine Herrschaft über euch. Ich bin zu euch gekommen, um euch das neue Leben zu verkünden. Die Welt ist für den Frieden geschaffen. Lebt fortan ohne Kriege! Dies ist mein letzter Wille.«

»O allmächtiger Herr, wenn uns aber nun die Meder wieder überfallen?«

»Niemand wird die Skythen im Skythenreich bezwingen. Wenn der Feind wie eine Riesenwolke gezogen kommt, werden sich die Gräber auftun und alle zu den Waffen eilen, die aus der Bruderschaftsschale getrunken haben.«

Geos warf sein Schwert fort, trat in die heiße Asche, ergriff den rußigen Akinakes und stieß sich die Schneide in die Brust. Mitten ins Herz bohrte sich die Spitze. Alles im Leben vollzieht sich in einem Kreislauf. Das Schwert des Gottes saß im Herzen des Gottes - der Kreis war geschlossen.

Aus der Finsternis nahte Artimnasa. Geos brach rücklings zusammen, das Gesicht den Sternen zugewandt.

»Leb wohl, Artimnasa. Leb wohl, Göttin der Liebe. Deine Zeit ist gekommen.«

Im Skythenreich war Schnee gefallen. Es wird der Tag anbrechen, und das

Volk wird, wie ein Kind, das laufen lernt, die ersten unsicheren Schritte in das neue Leben gehen...

Jemand rüttelte Saitschenko an der Schulter, faßte ihn unter die Achseln und half ihm auf die Beine. Ein gelber flimmernder Nebel blendete ihn. Mykola sah ihn verstört an.

»Du hast geschlafen! Wie ein Stein. Los, an die Arbeit!«

Tymisch kam zu sich, warf eilig einen Blick zum Horizont. Dort wogte flimmernder Sonnenglast; das Grab der Vorfahren pulsierte wie ein lebendiges Herz, und lebendige Wellen liefen, bäumten sich auf und fluteten, nachdem sie den Horizont umarmt, zurück.

Hryhir Tjutjunnyk
Himmelsrand

Trittspur

Ich steige die lehmige Auffahrt von der einsamen Anlegestelle zum Himmelsrand hoch, und mir scheint, als wäre er zum Greifen nahe, als stünde er hier, zwischen den steilen Abhängen am Dnepr, wie im riesigen Tor, festlich feierlich vor der nahenden Nacht, geschmückt mit dem schmalen fliederfarbenen Hufeisen der jungen Mondsichel und dem einzigen ebenfalls fliederfarbenen Stern.

Es dämmert.

Auf dem von Tau grau schimmernden Gras weiden zwei Pferde im Tal: ein Schimmel und ein Goldfuchs. Sie gehören dem Förster. Von hier sind auch sein Haus über dem Abhang und der geräumige Hof mit der Heufuhre am Tor zu sehen. Mitten auf dem Hof brennt ein Feuer, darüber hängt ein verräucherter Fischerkessel, in dem das Abendessen kocht.

Ich höre die Pferde sanft und bedächtig das junge Gras kauen.

»Grüß euch, Rosse!« sage ich zu ihnen.

Sie heben den Kopf und sehen mich lange mit ihren Mondschattenaugen an, die gütig sind wie bei jedem, der ans Arbeiten gewohnt ist.

Ich habe ein ganzes Stück zu laufen. Aber es macht nichts. Dafür kann ich mich an allem satt sehen und hören.

Ich werde die alten und auch die jungen Frühlingspfade sehen, die sich vom breiten Weg wie die Zweige vom Stamm nach allen Richtungen erstrecken: zu den Dörfern und Gehöften, zum Dnepr und zu den tiefen Hohlwegen, die ins Wasser stürzen; dort schneiden sich die hiesigen Fischer die Haselruten zum Angeln, die Alten suchen Heilkräuter, die Kinder sammeln im Herbst Nüsse und im Frühling Sauerampfer für die Suppe, und die jungen Leute kommen hierher, um Maiglöckchen zu pflücken oder um einfach den neugierigen Blikken der Dorfleute zu entgehen.

Ich werde Gesang hören, denn heute ist Sonntag, und sicherlich stimmt jemand ein Lied an. Und wenn ich weiter gehe, durch Schepeljowka, das kleine Dörfchen an der Straße, werde ich im Schatten der Gärten hinter den Flechtzäunen Geflüster hören. Sie sind noch jung, fast noch Kinder, Schüler, dennoch flüstern sie. Laut reden werden sie nicht. Weil das abendliche Geflüster der Ruf der Jugend, ein Geheimnis, zaghafte Jugendliebe ist.

Weiter weg in dem milchig blauen Dunst liegen große und kleine Seen, an den Ufern dicht bewachsen mit Schilf und Riedgras. Diese Seen kündigen sich schon lange, bevor sie sichtbar werden, an: Flügel klatschen aufs Wasser, eine erschrockene Ente fliegt schnatternd auf zur fliederfarbenen Mondsichel.

Dann werde ich den Weg verlieren. Ich werde zu weit links oder rechts abkommen. Und wenn ich mich darüber nicht freue, werde ich aber auch nicht traurig sein. Wo soll ich nun hin? Alles schlummert ein oder schläft bereits, und ich muß den Weg suchen, ich muß mich mit der Brust auf die Erde legen, die noch warm ist und die noch ganz schwach nach der Sonne riecht, und über die Gräser hinweg in die Ferne schauen. Wenn mein Blick schärfer wird, wenn meine Augen sich an die nächtlichen Nebelschwaden über den Niederungen gewöhnt haben, werde ich wieder den Himmelsrand hinter dem kaum erkennbaren Kosaken-Grabhügel im Flachland sehen und werde weitergehen.

So, mich vorwärtstastend, werde ich auf den Zaun und die Lehmhütte des Wächters Jegor stoßen. Hinter der Umzäunung steigen Wärme und Milchduft empor, Kühe liegen da und seufzen im Schlaf, und der alte Jegor sitzt in seiner Hütte und flicht Körbe aus Weidenruten oder färbt die schon fertigen grün und rot. Grün am oberen Rand, rot ringsum in der Mitte. Oder umgekehrt. Hauptsache, es wird bunt. Die Körbe sind für Jegor Vergnügen und Nebenverdienst.

»Wie für einen Harmonikaspieler die Hochzeit, wo er sich satt spielen, aber auch sich satt essen kann. Der Wächterdienst dagegen ist sozusagen meine rechtmäßige Arbeit, wie bei den anderen Leuten«, sagt er.

Ich mag den alten Jegor sehr, obwohl ich ihn nicht kenne. Ich kenne nicht einmal seinen Namen. »Jegor« habe ich mir selbst ausgedacht. Weil ich mir alle Jegors, die es auf der Welt nur gibt, als kluge und liebe Menschen vorstelle. Ich hätte ihn natürlich ausfragen können, wie er sein Leben gelebt hat, aber ich wollte den wortkargen fleißigen Mann nicht bedrängen, denn so etwas gehört sich ebenso wenig, wie unerlaubt aus einem fremden Brunnen zu trinken oder das Geflüster der jungen Leute im Garten zu belauschen.

Ich kenne nur das Wort, das mir Jegor beiläufig, ohne es zu wissen, geschenkt hat. Im Wort und in dem Ton, wie er es ausgesprochen hat, schwang so viel Güte mit, daß ich gleich wußte, das ist ein guter Mensch. Ist das nicht Grund genug, ihn zu achten?

Der Nebel war damals so stark, daß er den Boden und den Dnepr dicht einhüllte. Ich kannte den Weg nicht, sah nichts und lief auf gut Glück. Plötzlich tauchte ein Mann aus dem Nebel auf, ein Bündel neuer Körbe über der Schulter, mit grauen Augenbrauen, die unter der alten Tuchmütze hervorschauten, Händen wie Schmiedehämmer und mit jugendlich zarten blauen Augen.

»Führt hier irgendwo ein Pfad zur Straße« fragte ich den Mann, nachdem ich ihn gegrüßt hatte.

Der Mann warf das Bündel rot und grün gefärbter Körbe von der Schulter, nahm die Mütze ab, wischte sich die verschwitzte Stirn und den lichten grauen Schopf mit der Hand und setzte die Mütze wieder auf. Erst dann sagte er:

»Du hast es wohl eilig?«

»Ja.«

»Da führt kein Pfad hin, aber eine Trittspur. Halte die Augen offen, und du findest sie.«

»Haben Sie die Körbe auf dem Bauernmarkt gekauft?«

»Ach wo! Was sollte ich mit so vielen? Ich habe sie geflochten und gefärbt, und nun will ich sie verkaufen. Ich bringe sie jetzt nach Hause, weil der Platz in meiner Lehmhütte nicht mehr reicht. Da steht sie meine Hütte, hinter der Einzäunung.«

»Danke schön«, sagte ich.

»Du brauchst mir nicht zu danken«, antwortete der Mann, und als er sein Bündel über der Schulter hatte, lächelte er. »Früher sagte man: ›Hilf mir, Gott!‹ Heute kannst du sagen: Brauchst du Hilfe, hilf auch du dem anderen. Na, mach's gut!«

Als er ein Dutzend Schritte gegangen war (knarr-karr – machten die Körbe auf seiner Schulter), blickte er zurück, und seine Augen waren klug ohne List.

»Halte dich an die Trittspur, denk daran!«

Gut, lieber Jegor. Ich denke bis heute an die Trittspur, an deine alte Schirmmütze über den grauen Augenbrauen und deine nicht listigen Augen.

Birnen aus dem Brunnen

Die alte Marfa hat zwei gleichaltrige Geschwister: den Birnbaum und den Brunnen. Beides stammt noch von ihrem ersten Mann Ulas, der im ersten Weltkrieg gefallen ist. Er hat den Brunnen gegraben und den Birnbaum gepflanzt.

»Das ist wie ein Geschenk von ihm für mich, als er noch jung war, bis zu meinem Tod. Die Birne trägt noch immer, der Brunnen versandet nicht, und das Wasser steht hoch, ich kann es mit dem Haken holen.«

Als ich zum ersten Mal bei der alten Marfa einkehrte, um einen Schluck Wasser zu trinken, mußte ich auch mit dem Haken hantieren – einer dünnen Akazienstange mit einem Haken, der so gebogen war, daß der Eimer nicht abrutschen konnte.

Es war September, und es herrschte so eine brütende Hitze, daß ich wie betäubt herumlief.

»Könnten Sie mir ein Glas Wasser geben?« fragte ich die alte Frau, die unter dem Birnbaum saß und ein Hemd bestickte.

»Wenn ich es nicht könnte, hätte ich hier nicht zu leben brauchen!«

Sie erhob sich rasch, legte ihre Stickarbeit ins Gras und huschte ins Haus, um einen Becher zu holen. Die Alte hatte einen stark gekrümmten Rücken, als hätte sie sich einst zum Gemüsebeet gebückt, um eine Zwiebel auszuzupfen, und wäre nicht mehr hochgekommen.

Als ich das Wasser aus dem Brunnen schöpfte, schlug der Eimer erst dumpf gegen die Birnen, die darin schwammen, dann füllte er sich sachte, und als ich aus dem Holzbecher trank, sagte mir Marfa so gütig, so lieblich, wie man bei uns in der Ukraine spricht, so daß jedes Wort mit Liebe betont wird:

»Trink nach Herzenslust! In dieser Stunde unterwegs zu sein, wer wird davon nicht müde! Die Sonne glüht ja heute.«

Sie schaute aus ihrer Gekrümmtheit zu mir auf und lächelte weise, wie es nur die Alten und die Kinder können. Ich hatte mit dem Wasser zwei Birnen aus dem Brunnen geholt.

»Fallen die selbst da rein?« fragte ich.

»Manche von selbst, aber ich tue auch welche rein, damit sie abkühlen. Mittags kommen die Kinder von der Schule und holen sie sich heraus, die kleinen Schleckermäuler! Essen auch Sie ein paar Birnen vor dem langen Weg! Fischen Sie sich noch welche raus, warm sind sie nicht so knackig.«

Sie saß wieder unter dem Birnbaum und stickte ohne Brille. Ich fragte, ob ihre Augen noch gut sehen.

»So wie früher, als ich jung war«, sagte sie, ohne den Kopf zu heben. »Als ich siebzig oder schon knapp fünfundsiebzig war, sah ich schlecht, so schlecht, daß mein verstorbener Nachbar Tereschko, Gott habe ihn selig, mir eine Brille gekauft hat, als er mal in Kiew war. Und jetzt sehe ich wie ein junges Mädel!« Marfa lachte leise und irgendwie gemütlich und nickte dabei über den roten Kreuzchen auf dem Hemd.

»Wie alt sind Sie denn jetzt, Mütterchen?«

»Sowie ich weiß, bin ich ein Jahr weniger als hundert. Wenn aber ein gescheiter Mensch nachrechnen tät, würden es vielleicht einhundert mit Zipfel. Lange lebe ich schon, ich habe vergessen, seit wann. Ich habe drei liebe Angetraute überlebt. Sehr bald werde ich mich zu ihnen gesellen. Da werde ich alle drei aufsuchen.«

»Wem würden Sie am liebsten begegnen?«

»Alle würde ich gern sehen. Bleiben aber würde ich bei dem letzten. Wenn mich der erste sieht, erkennt er mich nicht, er war noch ganz jung, als er ging.«

Marfa lachte heftig auf, so daß ihre Stirn die Stickerei berührte.

»Vor dem zweiten würde ich mich tief verbeugen. Er liegt nicht weit von hier begraben, in Grebeni. An der Uferböschung haben sie ihn gefunden. Ganz durchlöchert war der Ärmste. Das war im zweiten Krieg. Ich habe ihn damals allein beerdigen müssen. Der dritte paßt eher zu mir, aber nun ist er auch schon jünger als ich. Er war Schmied. So komme ich manchmal aus dem Haus und höre sein Hämmern. Er war nicht mehr bei Kräften, schmiedete aber noch. Dann wurde er krank, mit einem Male ging es ihm elend. Die Leute sagten es mir, ich rannte zur Schmiede, da wurde er mir schon entgegengebracht.

Zu ihm will ich mich legen, er erkennt mich und rückt beiseite.«

»Sticken Sie das Hemd für sich selbst?«

»Für mich, mein Lieber, habe ich schon alles gestickt. Für die anderen. Sie sollen es tragen und an mich denken.«

Um Marfa herum plumpsen die gelben Birnen weich ins Gras. Heiß sind sie.

Marfa legt die Stickerei beiseite, sammelt die Birnen auf und wirft sie in den Brunnen, und die kleinen roten Kreuzchen auf dem Hemd strahlen und lachen der Sonne entgegen.

Als ich gehen wollte, begleitete mich Marfa zum Tor - und steckte mir freigebig heiße gelbe Birnen in die Tasche. (»Die stören ja nicht!«) Ein roter Hahn mit roter ›Hose‹ lief hinterher und sagte immerzu »toko-toko«.

... Unter den Sternen blüht Marfas Birnbaum, schimmert grün das Moos auf dem Strohdach der Kate, und aus den Fenstern schaut nur die Nacht. Ich stehe am windschiefen Tor, blicke zum Hof und lausche so gespannt, daß ich mein eigenes Herz höre. Die alte Marfa darf doch nicht für immer weg sein!

Und plötzlich: »toko-toko« - der Hahn im Schuppen hinter dem Birnbaum - »toko-toko«!

Steppenland

Aleksandr Puškin
Masepa

Was wurde nun - nach hundert Jahren -
Aus jener stolzen Männer Kraft,
Die willensstark und heldenhaft
Und so voll Leidenschaften waren?
Mit ihren Siegen, Nöten, Mühn
Erlosch der blut'gen Spuren Glühn. -
In Rußlands staatlichem Gefüge,
In seinem kriegerischen Los
Erwuchs aus diesem Heldensiege
Nur Peters Denkmal, wahrhaft groß.
Vom Schwedenkönig zeugt hingegen
In Benders ödem Steppenland,
Wo Büffel grasen an den Wegen
Und Mühlenflügel still sich regen
Ringsum als friedensvolle Wand -
Nur eine längst zerstörte Feste
Mit zwei, drei Stufen ganz in Moos.
Da focht er mit dem letzten Reste
Der Diener um sein Heldenlos.
Da hielt er noch dem Türkenheere
Bei dessen wildem Angriff stand
Und warf zuletzt des Degens Ehre
Vor einem Pascha aus der Hand.
Doch sucht der Wanderer am Stabe
Vergebens nach dem Hetmansgrabe,
Vergaß man ihn doch allzubald;
Sein denkt man einmal nur im Jahre,
Wenn feierlich vom Hochaltare
Laut das »Anathema« erschallt.
Doch hat uns noch - mit vielen alten -
Der Kirche friedensvolle Weih
Die Gräber jener andern zwei
Bis auf den heut'gen Tag erhalten,
Und - einst gepflanzt von Freundeshand -
Ragt noch die Reihe alter Eichen,
Den Enkeln als ein Ahnenzeichen,
Vom Dorf Dikanka weit ins Land.

Doch von Maria ... Selbst die Sagen
Enthalten nichts von ihren Klagen,
Von ihrem Ende, ihrem Los,
So ging sie in dem Dunkel unter
Wie ein Verbrechen ... Nur mitunter
Erwähnt's ein blinder Sänger bloß,
Wenn in der Dorfbewohner Kreisen
Melodisch seine Leier klingt
Und er des Hetmans alte Weisen
Dem jungen Volk zur Warnung singt.

Nikolaj Gogol
Die Mainacht oder Die Ertrunkene

Das Dorfoberhaupt

Kennt ihr die ukrainische Nacht? Oh, ihr kennt die ukrainische Nacht nicht! Betrachtet sie nur genau. Von der Mitte des Himmels blickt der Mond herab. Das unermeßliche Gewölbe des Himmels hat sich aufgetan, hat sich noch unermeßlicher ausgedehnt. Sie leuchtet und atmet. Die Erde liegt ganz in silbernes Licht getaucht; die wunderbare Luft ist kühl und schwül zugleich und voller Wonne und verströmt einen Ozean von Wohlgerüchen. Eine göttliche Nacht! Eine bezaubernde Nacht! Regungslos, andächtig und begeistert stehen die Wälder, von der Finsternis umfangen, und werfen riesenlange Schatten. Still und friedlich liegen die Teiche; die Kälte und Finsternis ihrer Wasser sind düster in die dunkelgrünen Mauern der Gärten gebannt. Die jungfräulichen Hecken des Faulbaums und der Vogelkirsche strecken ihre Wurzeln ängstlich in das kalte Quellwasser und lispeln ab und zu mit ihren Blättern, als ob sie zürnten und unwillig wären, daß der schöne Flattergeist, der Nachtwind, sich flugs heranstiehlt und sie küßt. Die ganze Landschaft schläft. Doch in der Höhe atmet alles, ist alles seltsam, alles feierlich. Und auch in der Seele wird alles unermeßlich und seltsam, und Scharen silberner Gesichte tauchen schlank aus ihrer Tiefe empor. Eine göttliche Nacht! Eine bezaubernde Nacht! Und plötzlich wird alles lebendig: die Wälder und die Teiche und die Steppen. Das majestätische Geschmetter der ukrainischen Nachtigall strömt dahin, und sogar der Mond mitten am Himmel scheint ihr zu lauschen ... wie verzaubert schlummert auf der Anhöhe das Dorf. Noch weißer, noch stärker blitzt im Mondschein die Schar der Hütten; noch blendender sind aus der Dunkelheit ihre niedrigen Mauern herausgeschnitten. Die Lieder sind verstummt. Alles ist still. Die gottesfürchtigen Leute schlafen schon. Nur da und dort leuchten noch schmale Fenster. Vor den Schwellen anderer Hütten verzehrt eine verspätete Familie ihr spätes Nachtmahl.

»Ja, ein Hopak wird nicht so getanzt! Wie ich sehe, will's nicht recht vorangehen. Was erzählt da der Gevatter...? Also, hopp trala! hopp trala! hopp, hopp, hopp!« so unterhielt sich ein angeheiterter Bauer mittleren Alters mit sich selber, während er auf der Gasse tanzte. »Bei Gott, ein Hopak wird nicht so getanzt! Was soll ich lügen! Bei Gott, nicht so! Also hopp trala! hopp trala! hopp, hopp, hopp!«

»Der Mann ist verrückt geworden! Man ließe sich's noch gefallen, wenn es irgendein Bursche wäre, aber da tanzt so ein alter Eber den Kindern zum Gespött nachts auf der Straße umher!« rief im Vorübergehen eine alte Frau mit einem Bündel Stroh in den Händen. »Marsch in deine Hütte! Du solltest schon längst schlafen!«

»Ich gehe schon!« sagte der Bauer stehenbleibend. »Ich gehe schon. Ich schere mich nicht um irgendein Oberhaupt. Was denkt er sich eigentlich? Soll seinem Vater das Kind ersticken! Weil er Dorfoberhaupt ist, weil er die Leute in der Kälte mit kaltem Wasser begießt, trägt er die Nase hoch! Nun, Oberhaupt hin, Oberhaupt her. Ich bin mein eigenes Oberhaupt. Gott soll mich totschlagen! Gott soll mich totschlagen! Ich bin mein eigenes Oberhaupt. Ja, so ist es und nicht anders...« fuhr er fort und ging dabei auf die erste beste Hütte zu, blieb vor dem Fenster stehen, fuhr mit den Fingern über die Fensterscheiben und versuchte den hölzernen Riegel zu finden. »Weib, mach auf! Weib, mach schnell auf, sage ich dir! Der Kosak muß schlafen gehen!«

»Wohin willst du, Kalenik? Du bist an eine fremde Hütte geraten!« riefen hinter ihm lachend die Mädchen, die von dem fröhlichen Singen heimkehrten. »Sollen wir dir deine Hütte zeigen?«

»Zeigt sie mir, ihr lieblichen Jungfrauen!«

»Jungfrauen? Hört ihr«, fiel ihm eine ins Wort, »wie ehrerbietig Kalenik ist? Dafür müssen wir ihm seine Hütte zeigen ... aber nein, zuerst tanze uns was vor!«

»Vortanzen...? Ach, ihr spitzfindigen Mädchen!« rief Kalenik gedehnt, indem er lachte und mit dem Finger drohte und torkelte, weil sich seine Beine nicht auf einer Stelle zu halten vermochten. »Und werdet ihr euch dafür küssen lassen? Alle werde ich euch abküssen, alle...« Und er versuchte ihnen mit unsicheren Schritten nachzulaufen.

Die Mädchen erhoben ein mächtiges Geschrei und schwirrten alle durcheinander; aber sie beruhigten sich alsbald und liefen nur auf die andere Straßenseite, weil sie merkten, daß Kalenik nicht allzu flink zu Fuß war.

»Dort ist deine Hütte!« riefen sie ihm noch im Weggehen zu und zeigten auf eine Hütte, die größer als die anderen war und dem Dorfoberhaupt gehörte. Kalenik torkelte gehorsam in die angegebene Richtung und begann wiederum auf das Dorfoberhaupt zu schimpfen.

Aber wer war denn dieses Oberhaupt, das so wenig schmeichelhafte Reden und Worte über sich ergehen lassen mußte? Oh, dieses Oberhaupt war eine gewichtige Persönlichkeit im Dorf. Bis Kalenik das Ende seines Weges erreicht, bleibt uns ohne Zweifel Zeit genug, einiges über ihn zu sagen. Das ganze Dorf greift nach der Mütze, wenn es ihn erblickt; und selbst die kleinsten Mädchen sagen: »Guten Tag.« Wer von den Burschen möchte nicht Oberhaupt sein! Das Oberhaupt hat freien Zugriff in alle Tabaksdosen; und selbst der strammste Bauer bleibt mit gelüfteter Mütze ehrerbietig stehen, solange das Oberhaupt mit seinen dicken und groben Fingern in dessen Tabatiere aus Lindenbast wühlt. In der Bauernversammlung behält das Oberhaupt, ungeachtet dessen, daß seine Macht durch einige andere Stimmen beschränkt ist, immer die Oberhand und schickt fast willkürlich jeden, der ihm gerade paßt, einen Weg auszubessern und zu ebnen oder einen Graben auszuheben. Das Dorfoberhaupt ist mürrisch, streng von Angesicht und macht nicht gern viel Worte. Vor langer, sehr langer Zeit, als die große Zarin Katharina seligen Angedenkens auf die Krim reiste, war er zum örtlichen Reisebegleiter gewählt worden; ganze zwei Tage bekleidete er diese Würde und gelangte sogar zu der Ehre, mit dem Kutscher der Zarin auf dem Bock sitzen zu dürfen. Und seit dieser Zeit hat das Oberhaupt die Gewohnheit, nachdenklich und gewichtig den Kopf zu senken, den langen, nach unten hängenden Schnurrbart zu streichen und unter der Stirn hervor Falkenblicke um sich zu werfen. Und seit dieser Zeit versteht es das Dorfoberhaupt, worüber man auch mit ihm sprechen mag, die Rede jedesmal darauf zu bringen, daß er die Zarin gefahren und auf dem Bock der Zarenkutsche gesessen habe. Das Oberhaupt liebt es mitunter, sich taub zu stellen, besonders dann, wenn es etwas zu hören bekommt, was es nicht hören will. Das Oberhaupt kann keinerlei Stutzerhaftigkeit leiden: es trägt immer einen Kittel aus schwarzem hausgewebtem Tuch, gürtet sich mit einem bunten Wollgürtel, und niemand hat es jemals in einem anderen Anzug gesehen, ausgenommen vielleicht während der Zeit, als die Zarin auf die Krim reiste, denn da trug es einen blauen Schupan nach Kosakenart. Doch an diese Zeit kann sich im Dorf kaum noch jemand erinnern; und den Schupan bewahrt er in der Truhe unter Verschluß auf. Das Dorfoberhaupt ist Witwer; aber es wohnt eine Schwägerin in seinem Haus, die ihm das Mittagessen und das Abendessen kocht, die Bänke wäscht, die Hütte weißt, die Hemden spinnt und das ganze Hauswesen versieht. Im Dorf munkelt man, daß sie mit ihm überhaupt nicht verwandt sei; aber wir haben schon gesehen, daß das Oberhaupt viele Neider hat, die jedes Gerücht über ihn gern in Umlauf setzen. Im übrigen dürfte dazu vielleicht auch der Umstand beitragen, daß es der Schwägerin arg mißfällt, wenn das Oberhaupt auf ein Feld geht, das von Schnitterinnen wimmelt, oder zu einem Kosaken, der eine junge Tochter hat. Das Oberhaupt ist einäugig; aber dafür ist sein anderes Auge ein Schelm und vermag ganz weit draußen im Feld ein hübsches Dorfmädchen zu erkennen. Doch bevor er sein Auge auf ein reizendes Gesichtlein richtet, hält er genauestens Umschau, ob ihn seine Schwägerin dabei nicht beobachtet. Aber wir haben über das Dorfoberhaupt fast schon alles erzählt, was nötig ist; der betrunkene Kalenik dagegen hat noch nicht die Hälfte des Weges zurückgelegt und traktiert das Oberhaupt noch immer mit allen erlesenen Worten, die ihm nur auf seine träge und zusammenhanglos lallende Zunge kommen.

Panas Myrnyj
Die Feldfee

Draussen ist es hoher Frühling. Wo du auch hinblickst - alles ist verwandelt, hat ausgeschlagen, ist erblüht in herrlichen Blüten.

Die helle Sonne, warm und freundlich, hatte auf dem Erdreich erst winzige Spuren hinterlassen: wie eine Maid zu Ostern gefällt sie sich in ihrem prächtigen Kleid. Das Feld - ein unabsehbares Meer - hat überall, wo du nur hinsiehst, einen grünen Teppich ausgebreitet und lächelt nur so. Über ihm hat der Himmel sein blaues Zelt ausgespannt - kein Fleckchen, kein Wölkchen: es ist rein und durchsichtig - und der Blick taucht nur so unter... Gleich geschmolzenem Gold ergiesst sich über die Erde gleissendes Sonnenlicht; auf den Feldern spielt eine Sonnenwelle und unter der Welle schlummert das Bauerngeschick. Es schiesst empor, wird rautengrün ... Ein sanfter Wind weht von den warmen Ländern her, eilt von Feld zu Feld, nährt und labt jedes Pflänzchen... Und sie halten miteinander leise geheimnisvolle Zwiesprache: du hörst nur das Sausen des Roggens und der Gräser. Und hoch oben erschallt das Lied der Lerche: das klingt hinaus wie ein silbernes Glöcklein, erbebt, schlägt um und verklingt in den Lüften... Es wurde unterbrochen von einem Wachtelschlag, der in die Höhe drang und übertönt vom gequälten Gezirp der Heupferdchen, die sich unterbrechend, dann immer wieder irgend einen wundervollen Hymnus zusammen anstimmen, der dringt in die Seele und löst in ihr die Güte, die Innigkeit und die Liebe zu allem. Und du bist wohlauf und liebeselig und frohgemut. Im Herzen geht dein Leid zur Ruh, deinen Sinn beschleichen keine Sorgen und eine frohe Hoffnung bemächtigt sich deiner, du bist guter Gedanken voll und voller Sehnsucht... Du selber möchtest leben und lieben; und wünschest jedermann Glück. Nicht umsonst gehen zu solcher Stunde die Bauern - ob es Sonntag ist oder auch ein anderer Feiertag - ins Feld hinaus, das Getreide zu besichtigen.

Zu eben solcher Stunde, an einem Sonntag und zur Frühstückszeit, ging den Weg, der sich schlängelnd hinzieht von dem grossen Dorf Pisky bis zum einst berühmten Romodna, ein junger Mensch. »Nicht aus wohlhabendem Haus!« - sagte der einfache umgehängte Kaftan. - »Aber ein feiner Charakter!« - entgegnete das saubere, weisse, auf der Brust ausgenähte Hemd, das unter dem Kaftan hervorschimmerte. Die Troddeln des roten Gurts baumelten bis an die Knie herab und die hohe graue Mütze von Reschetplower Pelz, auf die Seite gedrückt, deutete auf einen burschikosen Charakter hin.

Es war auch tatsächlich ein Bursche, der da kam. Auf den ersten Blick schien er ungefähr ein Zwanziger zu sein. Über der Oberlippe war kaum ein schwarzer seidenweicher Flaum hervorgesprossen, welcher dereinst zu einem

Schnurrbart werden sollte; auf dem gleichsam behauenen Kinn war da und dort ein spinnwebedünnes Härchen zu sehen. Die Nase - klein, dünn, ein wenig zugespitzt; schwarze, dunkle Augen - gleichfalls scharf; das längliche Gesicht - kosakisch; weder von hoher noch von kleiner Statur, nur der Rücken ist breit und gewölbt die Brust... Das die ganze Erscheinung. Solchen Burschen begegnet man sehr häufig auf unsern Vorwerken und in unsern Dörfern. Nur eines ist an ihm nicht alltäglich - der überaus feurige Blick, der ist scharf wie der Blitz. Darin leuchtete es wie von ungewöhnlichem Mut und von Seelenstärke, zugleich auch von einer eigentümlich wilden Sehnsucht.

Gemächlich schlenderte er, die Hände auf dem Rücken und mit seinen glänzenden Augen um sich her spähend, blieb zuweilen stehen und liess lange die Blicke auf den grünen Feldern ruhen; dann schritt er weiter, blieb wiederum irgendwo auf einem Hügel stehen und sah aufs Feld hinaus. Und er hatte auch schon das morsche Brücklein überschritten und ging nun mitten durch die Wiesen der Ebene zu. Die Frühlingspfützen waren noch nicht ausgetrocknet - doch sie blühten schon, sie waren schon grün; und morgens und abends quaken Frösche in ihnen. Da blieb er auf einer kleinen Anhöhe diesseits des Brückleins stehen und wandte letzterem das Gesicht zu, sah nach einer Pfütze hin und liess dann den Blick auf dem Getreide ruhen. - Also hier ist das Getreide schöner als hinterm Dorfe dorten, - dachte er bei sich - ja, hier hat's wahrscheinlich stärker geregnet... Dann wandte er sich wieder um und schritt weiter. Der Ebene zuschreitend, bog er vom staubigen Weg ab, dem Berghang zu, und ging mitten durch das grüne Getreide. Kaum war er beim Feld angelangt, da bückte er sich, riss eine Handvoll Getreide mit den Wurzeln aus und besah es, dann liess er den Blick über das Feld schweifen - und in seinem Gesicht spiegelte sich die Freude. - Das da ist meine Arbeit - sprachen gleichsam seine Augen - sie ist nicht unnütz verschwendet: einen Mann hat sie aus mir gemacht, einen Wirt! ... Das herausgerissene Getreide in den Händen drehend, warf er einen Blick nach der anderen Seite der Ackerscheide, um dann wieder sein Feld ins Auge zu fassen. als vergliche er beide Felder mit einander, und sprach laut: - Sie ... auf unserem Feld ist das Getreide schöner als bei Onkel Kabenezj: so dicht ist das meine und schlank, und bei ihm - kaum, dass es von dem Boden absteht, niedrig, gelb, saftlos...

Er hatte kaum das letzte Wort ausgesprochen, da - er horcht. Unweit, hinter dem Korn dort, singt wer... Er hielt den Atem an, spitzte die Ohren, er lauscht... Die Stimme ist zart, geschmeidig und klangvoll, und überallhin dringend, erschallt sie bald in den hohen Lüften, bald schleicht sie sich am Erdboden hin, über das grüne Getreide hinweg, erstirbt irgendwo in fernen Feldern, und ergiesst sich dann wieder in die Seele als unverhofftes Glück...

Der Bursche stand da, wie verzaubert. Ihm schien es, er habe noch niemals eine so frische, geschmeidige Stimme gehört. Aus seinen Auge leuchtete die

Freude; sein Gesicht wurde belebt, als hätte es jemand mit frischem Wasser bespritzt; sein Herz erbebte, als hätte es jemand berührt. »Wer das nur sein mag?« dachte er und folgte der Stimme.

Er mochte etwa zehn Schritte gemacht haben, da verstummte der Sang – der Widerhall allein erscholl noch über seinem Haupte. Er tat noch einen Schritt, noch ... da rauschte es im Getreide, raschelte, als hätte sich etwas in ihm verfangen, schlug sich durch... Noch eine Weile – und aus dem Getreide kam eine Mädchengestalt zum Vorschein... Der Bursche blieb stehen. Einer Wachtel gleich hüpfte das Mädchen mitten durch das Feld. Klein, schwarzbraun, mit Feldblumen bemalt, glich sie in nichts den Dorfsmädchen, die häufig von der Sonne gebräunt, gross sind und sehr plump. Klein, rund, geschmeidig und rührig und mit grünen Kleidern angetan, nahm sie sich mitten im hohen grünen Getreide wie eine Russalka aus...

Und allem Anschein nach hielt sie auch der Bursche anfangs für eine solche Feldfee, denn er stand da wie festgewurzelt, das ohnehin längliche Gesicht noch grösser, und mit weit aufgerissenen verwunderten Augen...

Das Mädchen lief noch ein wenig weiter und blieb stehen. Sie wandte sich, sah ihn aus fröhlichen Augen an, und ihr frisches jugendliches Gesichtchen lächelte. Jetzt fasste sie der Bursche besser ins Auge. Das schwarze Kraushaar, mit Feldblumen bekränzt, wand sich wundervoll um die weisse Stirne, feine Strähne dieses schwarzen glänzenden Zopfes fielen auf das rosige Gesichtchen herab, das war anzusehen wie schwellende Äpfel; aus den schwarzen Sammtaugen schien das Feuer selber zu sprechen... Zwei schwarze Brauen haben sich, gleichsam zwei Blutegel, festgesogen oberhalb der Augen, die waren leicht überschattet von langen dichten Wimpern. Selbst winzig, flink und geschmeidig, mit einem sichtbar fröhlichen Lächeln, lockte sie schon durch das allein zu sich heran. Das grüne, rotgetupfte Boikorsett, der rote Rock in Bouquets, die teuern Korallen um den Hals, die Kreuzlein, die goldenen Dukaten – alles das stand herrlich der schönen Mädchengestalt.

Sie stand dem Burschen gegenüber, wie hingemalt – sie lockte ihn gleichsam mit ihrer seltsamen Schönheit. Ohne von ihr die Augen zu wenden kam er auf sie zu.

»Weshalb gehst du hier herum?« begann sie zuerst.

»Und warum zertrittst du das Getreide?« erwiderte er nicht besonders höflich.

»Wie wenn das dein Getreide wäre?«

»Wessen sonst... Und was?«

»Dass dich ... wie er mich erschreckte! ...« und sie schwieg stille. Der Bursche seinerseits schwieg auch.

»Und wer bist du?« fragte er nach einer Weile, die Worte schluckend. »Wie bist du hier aufgetaucht? »Wo kommst du her? ...«

Das Mädchen bemerkte, wie dies nur Mädchen bemerken, dass seine Stimme stockte; ihre Augen sprühten, begannen ihr Spiel...

»Und was geht das dich an?« fragte sie ihn, mit den Augen zwinkernd.

»Und wozu bist du denn hergekommen, auf fremdes Feld?« sagt er. »Was für eine bist du? Was suchst du hier?« Man hört, wie ihm bei jedem Wort der Atem in der Brust stockt.

»Will ich nicht sa-a-gen!« erwiderte sie gedehnt, indem sie lächelte und mit dem Gesichtchen sich ein wenig vornüberbeugend, verschränkte sie die weichen weissen Hände. »Bin hergekommen, weil ich unweit wohne... Doch wer bist du?«

»Komm hierher!« sagt er lächelnd und zugleich mit den Augen einladend. »Wir setzen uns da her ... plaudern ... und da sag' ich dir auch - wer ich bin.«

In das Mädchen fuhr es wie ein Schuss. Sie klatschte in die Hände, lachte auf und verschwand im üppigen Korn. Dann sprang sie auf die grüne Wiese hinaus, die in ihrer Feldblumenpracht dalag; dann wandte sie sich wieder schief nach links und lief quer durch den Gemüsegarten: wie ein Wiesel einen Baum im Walde, ebenso rasch stieg sie den Hügel hinauf und blieb stehen, und aufatmend lief sie dann wieder wie ein Gespenst hinunter und versteckte sich hinter dem Berge.

Der Bursche rührte sich nicht von der Stelle. Er steht da und folgt ihrer Spur mit noch verwunderteren Augen, als könnte er den Berg durchschauen! ... In seinen Ohren klang noch ihre frische, zarte Stimme, ihr jugendliches, helles Lachen; wie ein Traumgesicht stand sie noch vor seinen Augen, diese geschmeidige, flinke Gestalt; es lächelte ihn an, ihr weisses rosiges Gesichtchen mit den hellen Augen und den schwarzen Brauen; er glaubte sie ganz nah zu sehen, wie sie dastand im grünen Korsett, im roten Rock - wie lebend...

»Was das nur sein mag?« grübelte er. »Ist es wirklich so, oder träume ich? ... Und woher sie wohl sein mag? ... Ist das nicht die Soldatentochter? Aber sie sagten doch, dem Soldaten sei die Tochter gestorben... Hm... Ja auf den Vorwerken gibt's ja so was nicht... Es sei denn, die Chmenkow'sche? - Ist aber auch hübsch weit, um sich von Chmenkows Vorwerk hierher zu verlaufen... Scheint doch eine von einem Vorwerk: und im Dorfe ist ausser der vom Feldvogt keine da, an die man da denken könnte... Also die vom Feldvogt auch nicht: die vom Feldvogt kenne ich - und die vom Feldvogt ist nicht so Eine, die sich fünf Werst vom Dorfe entfernen würde... Wer sie wohl sein mag? ...

Und weil ihm das Grübeln zur Lösung des Rätsels nicht verholfen, stieg er den Hügel hinan, um nachzusehen, wohin das Mädchen gegangen war. Es war schon spät. Das Mädchen war nicht zu erspähen und hüben und drüben schimmerten grün, von Feldern umlagert, die Obstgärten der Vorwerke, herrlichen Blumenbeeten vergleichbar, und mitten aus dem grünen Laub der Weichsel-, Birn-, Pflaumen- und Apfelbäume ragten weisse, nette Häuschen hervor. Der

Bursche stand noch eine Weile auf dem Hügel, ergötzte sich an der Schönheit der Gegend, starrte bald dies, bald jenes Vorwerk an, rief sich ihre Eigentümer ins Gedächtnis, suchte unter deren Töchtern in der Erinnerung - und in Mutmaßungen verloren, kehrte er wieder zurück, nach Hause.

Er trat so leise auf wie auf seinem Wege hierher, vielleicht auch noch leiser, und sann und sann... Und im Herzen - er fühlte es - geschah etwas Unbekanntes, etwas Wunderbares; das war schwer und leicht zugleich, und traurig und fröhlich, und er möchte singen, und möchte weinen... Es fliessen keine Tränen, und die Stimme versagt; eine unverhoffte Trauer erfasst sein Haupt, ein Gedanke jagt den zweiten; nirgends ein Halt, nirgends etwas, darnach man greifen könnte - einem Traumgesicht jagt er nach... Und vor seinen Augen her - ein grünes Korsett, ein roter Rock, ein verlockend lächelnder Blick, ein karmesinroter Mund mit einer Reihe winziger, weisser Zähne, wie Perlen... Wie Frost rieselte es ihm über den Rücken...

»So ist's!« sprach er laut vor sich hin. »Bin ich etwa närrisch geworden, oder gar verrückt? ... Zu Hause ist das Vieh nicht getränkt, und ich schlendre hier umher - sogar auf das Sinnen habe ich vergessen!« Er hob den Kopf in die Höhe und beschleunigte seine Schritte.

Und da war auch schon Pisky. Am äussersten Ende des Dorfes, von der Feldseite her, stand ein winziges Häuschen, mit den Fenstern auf die breite Strasse hinaus. Hinter dem Häuschen standen kleine Ställe; etwas weiter - Baum dicht an Baum - ein Garten; und alles das von einem niedrigen Zaun umgeben. Man konnte es gleich merken, dass diese Wohnstätte keinem besonders reichen Wirt gehörte. Nicht Wohlstand war es, was hier einem auffiel, sondern harte Arbeit. Das Haus, wenn auch alt, ist sauber, weiss - man sieht, dass sich darum die Hände des Wirtes bekümmern; der Hofraum ist reingekehrt; die Staketen sind ganz, wenn auch niedrig, das Einfahrtstor bilden übers Kreuz zusammengeschlagene Bretter.

Unweit von der Haustürschwelle stand ein nicht mehr junges, ärmlich gekleidetes Weib und rief laut die Hühner zusammen, indem sie aus einer Schüssel Getreide ausstreute. Aus dem Stall aber kam eine junge Sau dahergelaufen und ein Borg, die begannen eiligst die Körner zu vertilgen, die Hühner nicht dazu lassend. Anfangs jagte das Weib die ungeladenen Gäste davon, mit dem Rufe »Arja, Glattes, Arja!«, dann klatschte sie in die Hände und stiess nach dem Borg mit dem Fusse; doch als sie sah, dass bei solchen Nimmersätten weder mit Schreien noch mit leichten Schlägen etwas auszurichten war, riss sie den Stock aus dem Besen und fuhr damit auf das »nimmersatte Fressvolk« los, der Breite und der Länge nach, so dass der Stock zersplitterte... »O verflucht, . verdammt! ... Durch die da ist der Stock in Stücke! ...« schrie aus voller Kehle das Weib und warf mit dem zerbrochenen Stock nach dem Schwein.

Eben zu diesem Lärm war der Bursche angekommen. Er hatte noch nicht die Tür hinter sich geschlossen, da fiel auch schon das aufgebrachte Weib über ihn her.

»Wo du nur herumgehst, Tschipka? Wo du nur stecken magst?« sprach sie vorwurfsvoll. »Um welche Zeit er ausgegangen ist! Nicht die Kuh ist getränkt, nicht die Stute, und er schlendert herum...«

»Im Feld war ich, Mutter ... das Gemüse habe ich besichtigt...« entgegnete er.

Die Mutter sah ihm fest ins Gesicht, als wollte sie sich überzeugen, ob das die Wahrheit war. Da hatte sich aber der Sohn umgewandt und ging geradewegs in den Kuhstall.

»Vergeude die Zeit nicht, treib die Kuh zur Tränke, denn sie muss doch auch einmal gemolken werden!« schrie ihn die Mutter bereits von der Flurtür vorwurfsvoll an.

Der Sohn hatte diesen Vorwurf nicht gehört. Er liess die Kuh aus dem Stall heraus, band die Stute von der Krippe los und zur Tränke ging's. Schnell hatte er sie hingetrieben und schnell kehrte er auch zurück. Er trieb das Vieh in den Stall und nahm frisches Gras mit. Das grüne Gras mahnte ihn an das grüne Korsett, schien ihm gleichsam eine bekannte Gestalt...

Rasch warf er das Gras in die Krippe... Es schien ihm, dass aus dem Grase zwei schwarze Augen hervorglühten, wie zwei Kohlen... »Verschwinde, Traumgesicht! ...« schrie er, die Hände vom Gras wegwendend. »Festgehäkelt hat's dich!«

Rasch machte er den Stall zu und ging ins Haus.

Schweigend nahmen sie das Abendbrot ein. Dann gingen sie zur Ruh.

»Wisst Ihr nicht, Mutter - hat der Soldat eine Tochter?« fragt er nach einer Weile.

»Welcher Soldat, mein Sohn?«

»Der neben unserem Feld sein Vorwerk hat.«

»Ich weiß es nicht, mein Kind. Ich weiss, dass eine da war, doch sagten sie, sie wäre gestorben. Was ist denn damit?«

»Ich fragte nur so ... nichts...«

Das Gespräch brach ab. Die Mutter auf dem Fussboden war eingeschlafen. Der Sohn lag auf der Bank. In seinen Kopf kommt kein Schlaf. Schwül ist es ihm und übel, und die Seiten brennen ihn, und da steht sie auch schon vor seinen Augen. »Versinke Verwunschene!« flüstert er. Er drehte sich von einer Seite auf die andere, zog den Kittel über den Kopf. - Nicht einzuschlafen, und fertig...

»Nein, gar so bald erlebst du's nicht, dass ich ins Feld geh'! ...«

Sonntag. Der Tag war etwas trübe. Es regnete nicht, doch hatte sich die Sonne irgendwo versteckt und der Himmel war mit grauen Wolken überzogen.

Die Glocken riefen zur Kirche. Tschipka kleidete sich an und ging mit der Mutter... Sie kamen aus der Kirche und assen zu Mittag. Tschipka tränkte die Stute und die Kuh. Es ist noch früh. Er geht draussen umher und langweilt sich. »Höchstens trinken?« überlegte er. »Ich werde gehen - sie werde ich nicht sehen - mich im Felde zu erholen.«

Er ging. Das Brücklein passierte er, er nähert sich der Wiese. Da hört er dieselbe Stimme... Am ganzen Körper begann er zu zittern, und das Herz klopfte ihm nur so.

»Ny, sieh nur zu ... jetzt wird's nicht so!« lispelte er, »jetzt merkst du's nicht einmal, wies über dich kommt, das Übel! ...« Er stand noch eine Weile da und lauschte. Dann liess er sich in einer Furche nieder und folgte leise auf allen Vieren der Stimme, wie ein Dieb.

Das Mädchen sass am Fusse des Hügels, im grünen Gras und flocht einen Kranz aus Wolfsmilch, Rittersporn und andern Feldblumen, die die Wiese dorten mit einem wunderbaren Teppich bedeckten und mit ihrem Duft die Luft tränkten. Sie sass mit ihrem Rücken der Stelle zugekehrt, von wo Tschipka herangeschlichen kam. Um sie her waren Blumen und Gras verstreut; auf den Knien hielt sie eine volle Schürze dieses Feldreichtums ausgebreitet. Das Mädchen steckte bald die eine, bald die andere Hand in die Schürze, zog Blume für Blume hervor, passte Farbe zu Farbe, flocht sie ineinander und band sie mit einem langen Grashalm zusammen. Doch nahm diese Arbeit nicht alle ihre Gedanken in Anspruch: das Mädchen sang leise vor sich hin. Ein leiser Wind wehte und spielte mit ihren kleinen schwarzen Locken, die unter dem langen dicken Zopf an den Schläfen hervorstanden, er spielte mit dem breiten roten Band, das in den Zopf eingeflochten war und trug ins Feld hinaus das sehnsuchterfüllte Lied... An der wehmütigen Stimme, an dem nachdenklichen Gesicht konnte man merken, dass das Mädchen nicht ohne Sorgen lebte...

»Du sollst leben!« schrie ihr dicht am Ohr Tschipka zu, der von ihrer Rückseite her sich herangeschlichen hatte.

Das Mädchen fuhr auf, erbebte, stand auf, um davon zu laufen, doch nachdem sie die Blumen aus der Schürze fallen gelassen, kam sie zu sich, liess sich ins Gras nieder und begann mit beiden Händen die Blumen aufzulesen und wieder in die Schürze zu werfen diese Herrlichkeiten des Feldes.

»Und wohin willst du jetzt vor mir entrinnen?« fragte sie Tschipka.

»Ich laufe nicht einmal davon ...« entgegnete sie aufatmend und erhob ihre Sammtaugen zu ihm. O-oh ... wie du mich erschreckt hast ... dass dich! ...«

Ganz bezaubert war Tschipka von ihrem funkensprühenden Blick und ihrer frischen, hellklingenden Stimme. »Und wie schön bist du! ... und lieb, und angenehm!« fuhr es ihm durch den Sinn. Schweigend stand er vor ihr da und ergötzte sich an ihrer herrlichen Schönheit. Auch sie schwieg still, sie las die Blumen auf. Er wurde kühner und setzte sich zu ihr hin.

»Was soll das werden?« begann er der Erste, auf den noch nicht fertigen Kranz zeigend.

»Siehst du denn nicht? Ein Kranz!« Sie schrie beinahe.

Und wieder schwiegen sie beide still. Er stützte sich ein wenig auf dem Ellbogen und schielte zu ihrem Gesichtchen hinüber, das durch diese unerwartete Furcht ein wenig unruhig geworden war und wie Flammen sprühte. Sie hatte nur die Blumen aufgelesen und band jetzt die gleichfarbigen zu kleinen Bündelchen. Ringsumher war es still und schön und grün; nur das üppige Korn säuselte mit seinen langen Ähren, als sprächen sie miteinander; zugleich mit der Luft sogen die Lungen auch den Duft der Blumen ein, und es war leicht und angenehm zu atmen...

»Ist das dein Feld?« fragte sie etwas später ängstlich den Tschipka, von dem Kranz die Augen nicht erhebend.

»Mein.«

»Auch das Getreide ist dein?«

»Mein.«

»Auch das dorten hinterm Haus ist dein?«

»Mein.«

»Und ich habe dieses Plätzchen hier sehr lieb... Sieh, was für schöne Blumen darauf wachsen!«

Tschipka fiel es nicht ein, ihr zu antworten, statt dessen aber heftete er seinen Blick auf sie. Das Gespräch brach ab. Einen Augenblick ... zwei ... Tschipka wendet nicht seine Augen von ihr.

»Was siehst du mich so an?« sprach sie, ihm einen Blick zuwerfend – »Sieh mal – was für eine Mode er erfunden hat, wie wenn er mich fressen wollte...«

Tschipka wendet nicht die Augen weg – so angenehm ist es ihm, sie anzusehen.

»Schau nicht!« schrie sie und verdeckte seine Augen mit ihrer Hand.

Tschipka ist gleichsam nicht er selbst... So lieb ist es ihm, dass sie sein Gesicht mit ihrer weissen weichen Hand berührt hat... Wenn er dürfte, würde er hineinbeissen in dieses kleine Fingerchen, das im Lichte wie ein rosiges Blümchen leuchtet... Im Moment hatte sie die Hand entfernt. Lächelnd, bohrte er wieder seine Augen in sie fest.

»Schau nicht! Hörst du... Sonst wende ich mich weg!« In der Tat kehrte sie ihm den Rücken zu.

Tschipka schlich sich wie ein kleines Kind auf die andere Seite und sah ihr weiterfort ins Gesicht.

»A-a-a, Unausstehlicher! ... Klette! schau nicht, sag' ich, schau nicht!« Und begann mit dem Kranze ihn über Kopf und Gesicht zu schlagen.

»Schlag!« dachte Tschipka, »schlag besser ... wenigstens eine Ewigkeit schlag so fort, nur davon jag' mich nicht ... mir ist ja so wohl und lieb bei dir! ...«

Sie bearbeitete ihn mit dem Kranze, er aber lächelte nur... Der Kranz ging auseinander, die Blumenköpfchen fielen ab; die Stauden ins Gras werfend, schrie sie:

»Schau her, was du angerichtet hast! Schau her, was! Siehst du's?« Und die weissen Hände unter den Armen verschränkend, begann sie schon von selbst zu kokettieren...

Tschipka hielt es nicht aus. Wie die Katze über die Maus, fiel er über sie her und sie fest umschlingend, presste er auf ihre Wange einen solchen Kuss, dass ein Schall entstand, wie wenn jemand aus voller Kraft in die Hände geklatscht hätte.

»La-a-ss! ... la-a-a-a-ss!« schrie das Mädchen, sich sträubend. Er drückte sie noch fester an sich, bis sie die Hand ausstreckend, ihm eins übers Gesicht versetzte... Erst dann liess er sie los.

»Hast du mir aber eins versetzt, dass es in der Nase wirbelt!« sagte er, das Gesicht verziehend.

»Warum bist du zudringlich, Unverschämter? ... Weil er ein Mädchen allein im Feld angetroffen, wird er schon frech!« ... sagte sie. Und ihre Augen lachten nur so...

»Dummchen du ... was ist?

»Wie das? Sieh, der Speichel ... be-e!« Und begann mit dem Ärmel den Mund zu wischen.

»Aber nicht gebissen!« lachte Tschipka.

»Das wäre nicht schlecht, wenn du gebissen hättest ... Die Augen herausgekratzt hätte ich dir!«

»Wenn du stark genug wärst!«

»Du hättest's ja gesehen ...«

Das Gespräch verstummte von neuem. Sie starrte irgendwohin, in ferne Weiten, und er - auf sie. Ein Wind kam dahergeweht und zerriss das rauchartige Wölkchen, das die Sonne verdunkelt hatte; diese schwamm hervor in ihrer herrlichen Schönheit und ergoss über sie glänzende Lichtwellen, gleichsam einen heissen Goldregen. Das Korn rauschte und hob die gebückten Ähren empor.

Das Mädchen sah Tschipka geradeaus ins Gesicht, und da sie einmal seinen Augen begegnet war, liess sie ihre dichten Wimpern sinken und fragte:

»Wo warst du, dass ich dich so lange nicht gesehen habe? Warum kamst du nicht her?«

»Nirgends war ich!« leugnet Tschipka, während er bei sich denkt: warum bin ihr hier nicht begegnet?

»Was hast du getrieben?« fragte sie.

»Bei der Wirtschaft ...«

»Hast du noch irgendwo Grundstücke?«

»Nein, keine.«
»Hast du ein Haus?«
»Ja.«
»Auch Vater und Mutter? Brüder und Schwestern?«
»Nur eine Mutter.«
»Und wo wohnst du?«
»In Pisky. Und du, wo?«
»Was geht das dich an?«
»Du hast mich ja auch gefragt ...«
»Wozu hast du's erzählt?«
»Sag wenigstens, wie sie dich heissen?«
»Wie man's Brot tut heissen ...«
»Wessen bist du?«
»Vaters und Mutters ...«
»Wunderschön bist du!«

Er streckte sich mit der Brust auf die Erde hin, stütze das Gesicht in beide Hände und stierte sie eifrig an.

»Hast du dir wirklich vorgenommen, mich zu fressen? ... Was glotzt du mich an?«

»Weil du sehr hübsch bist ...«

Sie lächelte, richtete auf ihn ihre schwarzen Augen, sah ihn an, lockte ihn mit ihnen.

»Geh schon nach Hause ... Wozu bist du hergekommen? Verschlucken wollt er einen, liess den Kranz nicht zu Ende flechten! ...«

»Und warum hast du geschlagen?«

»Warum warst du zudringlich, Unverschämter? ... Fort mit dir! ...« Und erwischte ihn mit ihren Händen an den seinen und versetzte ihm einen Stoss, dass Tschipka mit der Nase ins grüne Gras fiel. Sie stiess eine jugendlich klingende Lache hervor, wie wenn jemand Silber auf einen goldenen Teller fallen liesse.

Tschipka vermochte kaum den Kopf zu erheben, da hörte er rufen:

»Halja! ... Halja! ... Halja! ...«

Erschreckend, fuhr das Mädchen auf. Tschipka schaut bald auf sie, bald nach der Seite hin, von wo die Stimme kam.

»Wer ist das?« fragt er.

»Ich weiss es nicht!« erwiderte sie, und wie eine aufgescheuchte Wachtel, die sich auf einmal aus dem Nest erhebt und in die Lüfte fährt, so sprang sie von ihm weg und war bald im Korn verschwunden.

Sich stützend, erhob sich Tschipka, reckte sich und liess sie dabei nicht aus den Augen ... Wie ein Wind wogte sie durch das dichte Getreide dahin – das teilte sich hinter ihr wie Wellen unter dem Druck einer starken Hand, die das

Boot lenkt. Und weiter über die blühende Wiese hüpfend, kam sie dann auf dem Hügel zum Vorschein und entschwand schliesslich den Augen ... Trippelnden Schrittes eilte ihr Tschipka nach ... Sie verbarg sich hinter dem Berg ... Da beschleunigte er seine Schritte, als verfolgte er einen Dieb, und schoss pfeilschnell den Hügel hinan, dann atmete er auf und blickte in die Ebene hinab. Und was bot sich hier seinen Blicken? Vor einem Vorwerk, zwei Ackerbreiten etwa vom Gipfel des Hügels, auf dem er sich befand, stand ein fettes, gemästetes Weib, vor der Sonne die Augen mit der Hand überschattend und schrie in die ganze Umgegend hinaus: »Halja!« Das Mädchen lief geradeaus auf das Weib zu und schrie schon von der Ferne: »Was wollt Ihr? Da bin ich ja! Da - da - gleich! ... gleich!« Bald stand sie auch schon neben dem Weib und beide begaben sich dann in den Hofraum.

»Nu, jetzt weiss ich, wer du bist!« sagte Tschipka laut und ging frohgemut zurück.

Dieser Umstand stimmte ihn beinahe heiter: von seinem Gesicht verschwand die Versonnenheit, in seinen Augen war keine Trauer mehr, er wurde fröhlicher, heiterer; zuweilen konnte man ihn auch ein Lied summen hören ... Das Glück lockt, hätschelt und liebkost mit guter Hoffnung; lieb lächelt ihn die Welt an, und Tschipka schaut in sie nicht mehr bösen Blickes, mit weichem Herzen lauscht er ihr; er möchte die ganze Welt umarmen, ihr die Tränen wegwischen, ihr Leid beschwichtigen ...

In Gedanken in sich gekehrt, hört er, wie in seinem Kopfe die Angst mit der Hoffnung kämpft: bald ist die Angst von der Hoffnung besiegt, bald die Hoffnung von der Angst ... doch immer gewinnt die Hoffnung die Oberhand! ...

Wie bezaubert hat ihn seit dieser Zeit das Feld. Einen, zwei Tage hält er's aus, dann geht er ... »Vielleicht sehe ich sie wenigstens von der Ferne, wenn es mir nicht glückt, mit ihr zu plaudern« ... Er geht von Acker zu Acker, von der Strasse zum Hügel, vom Hügel zur Strasse; überall späht er nach ihr. »Da hab' ich sie zuerst gesehen ... Da hat sie den Kranz geflochten ... auf jenem Plätzchen dorten hat sie geruht ... da ist sie gelaufen ... mal hier - das merkt man - muss sie unlängst gegangen sein, denn die Spur ist noch frisch! ... Doch sieh, er war noch nicht zu sich gekommen, da sah er sie auch schon zwischen dem Korn dahinhuschen - das Kleid wehte nur so ...«

»Atsch, davon ist sie!« sagte er laut. - »Weit, weit schon ... hinterm Berg ... Nu, sie ist ja auch ein Mädchen!«

Und er kehrt heim nach Pisky, frohgemut und fröhlich, dass er sie wenigstens von ferne gesehen! ...

Ostap Vyšnja
Jahrmarkt

I

Der Tag ist noch nicht angebrochen, da ertönt es draußen bereits mit lauter Stimme:

»Aufstehn zum Jahrmarkt!«

Weremi Wassyljowytsch hält mit seinem Pferdefuhrwerk schon vor der Schule.

Wer zum Jahrmarkt will, muß früh aus den Federn, denn es sind zwanzig Werst bis dahin. Auch möchte man sich ja einen günstigen Platz sichern und keine Minute verpassen.

Einige haben sich bereits am Abend zuvor mit ihren Ochsen auf den Weg gemacht, damit das Vieh unterwegs noch weiden kann, auf dem Markt dann besonders schmuck und wohlgenährt aussieht und ›die ganze Welt‹ kostet.

»Hü, mein Pferdchen!«

Und die Pferdchen traben, Leber, Lippen und Zähne hüpfen, Schwänze fächeln, Räder knarren.

»Hüa ... Hüa, ihr zwei!«

Die Gäule laufen einen schmalen Feldweg entlang, das Korn steht so hoch und dicht, daß die Ähren die Nüstern kitzeln und die Mäuler danach schnappen.

Die Peitsche klatscht über die Rücken. »He, he!«

Auf zum Jahrmarkt!

Morgen. Die Sonne zeigt ihr verschlafenes Gesicht, streut ihre Strahlen über Wiesen und Auen, über Steppen, Koppeln und Gärten ...

So weit das Auge reicht, bis zu dem Wäldchen dort, ziehen Fuhrwerke dahin, bespannt mit Pferden, Ochsen, Kühen ... Leiterwagen, Kastenwagen, kleine Karren, beladen mit Heu und Stroh, mit Federvieh in Käfigen. Ein Schaf mit lockigem Fell bäht, ein Kalb muht, versucht hochzukommen. Hinter den Wagen drein einjährige Hengste, Sterken und Kühe mit ihren Kälbchen, am Schwanz der Mutter festgebunden.

»He! Hü! Hott! Hüa!«

Auf zum Jahrmarkt!

Und sie fahren, fahren, fahren.

Die Straße ist eine riesige, lebendige bunte Schlange, die sich gemächlich dahinwindet ... Wo sie anfängt, wo sie endet, ist nicht gewiß, denn der Kopf ist bereits dort hinter dem Wäldchen, während der Schwanz ganz weit hinterm Hügel sein muß.

Unser Fuhrwerk schwenkt mal nach links, mal nach rechts aus der Schlange aus, holpert über Schollen, raschelt durch Gras ...

»Wünsche Gesundheit, Petrowytsch! Wollen Sie auch zum Jahrmarkt?«

»Aber gewiß! Guten Tag«

»Wollen Sie Ihre ›Holländische‹ losschlagen?«

»Aber gewiß!«

»Gibt sie genug Milch?«

»Mehr als genug!«

»Verkaufen Sie sie nicht zu billig!«

»Na, das wird sich zeigen.«

An den Leitersprossen auf dem Wagen vertäut, ruckt das Ferkel hin und her und quiekt wie wild. Das arme Tier weiß nicht, daß es ab heute nur noch ein Posten im Budget der Hausfrau ist.

»Guck mal, da fährt aber ein vornehmer Herr!«

Der ›vornehme Herr‹ ist ein einjähriger Eber. Er liegt im Käfig auf einem Leiterwagen wie die Kuppel auf dem Kirchturm und grunzt gereizt.

»Wieviel soll der denn kosten?«

»Wirst du auf dem Jahrmarkt erfahren.«

Der Strom von Fuhrwerken wälzt sich in Richtung Jahrmarkt ...

Sie kommen aus Manyliwka, aus Browary, aus Wassyliwka, aus Popiwka, aus Fedoriwka, von allen Vorwerken.

Sie fahren, fahren, fahren ...

Die ganze bunte Schlange überquert den Psjol, ergießt sich auf den Platz, vermischt sich mit der Menge, die bereits ihre Zelte aufgeschlagen hat, und ruft den Pferden, Ochsen und Kühen zu:

»Brrr!«

Endlich am Ziel!

Der Platz füllt sich mit immer mehr Menschen, Kühen, Ochsen, Pferden, Schafen. Diese ganze Masse flutet und flutet und ergießt sich von einer Seite bis an den Psjol, von allen anderen Seiten bis an die Felder, auf denen der Roggen, demütig geneigt, der Sense harrt.

Viele Händler haben ihre Zelte und Buden schon am Vortage aufgebaut. Wie riesige Glucken plustern sie sich in der bunt durcheinanderquirlenden Menge.

Der Platz ist voll von Leiterwagen, Kastenwagen, zweirädrigen Karren, Pferden, Kühen, Schafen, Ochsen, Kälbern, Töpfen, Schüsseln, Hühnern, Wolle, Säcken, Hopfen, Schafpelzen, Stoffen, Stiefeln, Bonbons, Pfefferkuchen, Kwaß, Bier, russischem Wodka, Kämmen, Sensen, Fellen, Riemen, gußeisernen Kochtöpfen, Hanf, Kopftüchern, Leinen, Birkenteer, Petroleum, allem möglichen Trödel, Hemden, Röcken, Teppichen, Schweineborsten, Fässern, Hörnern, Unterhemden, Wachs, Honig, Melasse, Dörrfisch, Heringen, Rädern, Achsen, Glas, Eiern, Schürzen, Piroggen, Speck, Fleisch, Würsten, Bratfisch, Bettzeug, Truhen, Nägeln, Hämmern, Schweinen, Krämern, Zigeunern, Pferdehändlern, Menschen, Kindern und blinden Bettlern.

Und all das bewegt sich, atmet, raucht, spricht, schreit, bellt, muht, meckert, wiehert, käut wieder, gähnt, grunzt, bekreuzigt sich, schwört bei Gott, flucht beeidigt, beriecht, gackert, kakelt, schlägt einander in die Hand, spielt Ziehharmonika, Geige, jammert, trinkt Kwaß, ißt Dörrfisch, stößt miteinander an, knackt Sonnenblumenkerne und fährt Karussell.

Und über alldem Deichseln, Deichseln, Deichseln.

Sie recken sich in die Höhe und rufen: »Wir bieten an ... Wir bieten an.«

Da hängt ein Bauernrock auf einer Deichsel und schreit:

»Hier sind wir!«

Da piepst ein Sieb:

»Hierher! Hierher!«

Da hat sich eine Deichsel in ein Rad verhakt und quietscht:

»Wir sind hier!«

Und sie fahren, fahren, fahren ...

»Nach links! Fahr links ran, sag ich dir!«

»Links! Ich hör bloß immer ›links‹! Die Wölfe solln dich mit deinem ›Links‹ holen!«

»Fahr mehr links, Mann!«

»Brrr!«

Zwei Jochgeschirre haben sich ineinander verkeilt.

»Was, zum Teufel, hast du an meinem Joch zu suchen! Siehst doch, daß ich hier steh!«

»Als ob du allein auf 'm Markt wärst!«

»Tust ja genauso!«

»Verdammt noch mal, hättste nicht ausweichen können?«

»Bist du etwa allein auf 'm Jahrmarkt?«

»Tust ja genauso.«

»Tu ich nicht.«

»Ich hab doch gesagt, du sollst dich mehr links halten. Was, zum Teufel, stößt du an mein Joch!«

»Bist du bloß allein auf 'm Jahrmarkt?«

»Tust ja genauso.«

»Tu ich nicht.«

»Zurück! Zurück! Brrr! Zurück!«

»Versperrst hier den ganzen Markt!«

»Bist du bloß allein auf 'm Jahrmarkt?«
»Tust ja genauso.«
»Tu ich nicht.«
»Na los, links ran! He!«
Die Fuhrwerke sind wieder frei.
Ein Tosen ... Tosen ... Tosen ...
Und über dem ganzen Getöse, das einem grandiosen Orgelkonzert ähnelt, schwebt ohne Unterlaß ein eintöniges Rezitativ:
»Eine milde Gabe, mein Väterchen!
Gebt uns was, um Christi willen!
Gebt, ihr gottgläubigen und rechtschaffenen Christen!
Gebt, ihr Allerliebsten! Liebes Mütterchen, gib uns um Christi Willen!
Gebt, ihr Erben, barmherziges Väterchen!
Und wenn nur eine Seele sich unser erbarmt.
Gebt, die ihr vorübergeht, erhört unser Bitten!
Gebt, was in Euren Händen ist, Mamachen, was Ihr habt:
Denkt an Eltern, Verwandte und Tote,
an die Rettung des Leibes und der Seele.
Gebt von eurer Hände Werk
mit reiner Seele ...
Gebt von dem,
was ihr durch ehrliche Arbeit erworben ...«

Tosendes Orgelkonzert, das zeitweise in irres Geheule übergeht ...
Dann verstummt es, und auf dem Platz ist nur ein tiefes Grollen zu hören.
Eine Minute, zwei, drei ...
Und plötzlich ertönt es dicht neben einem:
»Lumpen! Sammle Lumpen, ihr Weiber! Dafür gibt's Geld! Lumpen! Sammle Lumpen, ihr Weiber!«

»Kwaß! Kalter, aromatischer, süßer Kwaß! Kwaß!«

»Ein Rubel Einsatz – und zwei Gewinn! Immer ran, Leute, immer ran!«

»Rot gewinnt, Schwarz verliert ...«

Das Tosen verebbt ... setzt wieder ein ...
Da müht sich ein rothaariger Blinder mit überschnappender Tenor-Baß-Stimme und Geige, unterstützt von seiner blinden Partnerin, das Getöse mit einem getragenen Psalm zu übertönen:

»Die Nacht kam zum Messias
mit duftender Hand.
Es zogen die traurigen Marien
mit unruhigen Herzen durchs Land ...«

Der Jahrmarkt tost.

Pferde traben, Krämer schreien, Mädchen kreischen, das Karussell dreht sich.

Die Drehorgel auf dem Karussell ächzt und pfeift und schleudert zwischen die Buden, Fuhrwerke, Kälber das Lied vom Kaufmann:

»Lieb ein Mädchen von ganzem Herzen,
könnt mein Leben dafür geben unter Schmerzen ...«

Und unter der krächzenden Musik drehen sich lachend Burschen, Mädchen und Kinder.

»Ein Fünfer! Nur ein Fünfer!«

Jahrmarkt ...

II

Warum brüllt das Vieh auf dem Jahrmarkt immer so hoffnungslos verzweifelt?

Sobald man den Ochsen-, Kuh-, und Schafmarkt betritt, schallt es einem entgegen:

»Mmmuuh! Muuuh! Bääh!«

Steht da so ein grauer Ochse, eine rotbunte Kuh, ein braungelocktes Schaf, guckt nach allen Seiten, und plötzlich geht's los:

»Mmmuuh!«

»Muuuh!«

»Bääh!«

Stimmen sie nur in den allgemeinen Marktlärm ein, oder ist es die Angst vor dem neuen Besitzer?

Und die Schafe?

Klein, wie sie sind, aber wenn sie losblöken, könnte man annehmen, in ihrem Bauch steckte ein Radio, so ungestüm, so durchdringend klingt das.

»Bäääh!«

Wie ein Schuß!

Und was für Farben und Rassen es hier gibt!

Falbe, scheckige, braune, schwarze, mausgraue, kahlgeschorene, mit gewundenen Hörnern, ohne Hörner ...

Ochsen, Zuchtbullen, Jungbullen, Milchkühe, Sterken, gelbe Kühe, Kälber und ganz kleine Kälbchen.

Vorm Wagen, im Joch, auf den Armen der Besitzer, an Pfählen festgebunden.

Da ist ein Holzpflock in die Erde gerammt, am Holzpflock hängt eine Kuh, an der Kuh ein Schwanz und am Schwanz ein Kälbchen ...

Weit und breit kein Besitzer zu sehen. Sozusagen eine Kuh solo!

Kommt einer vorbei, tippt das Rindvieh mit dem Stock an.

»Wieviel soll die denn kosten?«

Wie aus dem Boden gewachsen, taucht ein Strohhut oder eine Schirmmütze neben der Kuh auf und läßt ganz nebenbei fallen:

»Fünfzig!«

Und was für Ochsen es hier gibt!

Also, nur wenig kleiner als die Brücke über den Lopan!

Steht da so einer wiederkäuend am Wagen und hängt seinen Ochsengedanken nach. Woran mag der Graue mit den riesigen Hörnern wohl denken? Daß er nachdenkt, steht fest!

Vielleicht hat er mal in Krementschuk einen Traktor gesehen und glotzt nun melancholisch ins Nichts, während durch seine Hirnfurchen der Gedanke kriecht: Jetzt braucht mich wohl bald keiner mehr. Und läßt ein tiefbeleidigtes »Mmmuuh!« ertönen.

Der Graue hängt seinen Ochsengedanken nach.

Während er so grübelt, kommt ein Fremder, zieht ihm eins mit der Peitsche über und fragt den Besitzer:

»Was soll denn das Paar Truthähne kosten?«

»Na, dreihundert möchten's schon sein.«

»Dreihundert, sagst du?«

»Ja, dreihundert.«

»Da müssen wir ja so lange zählen.«

»Na, wieviel denkst du denn, damit wir weniger zählen müssen?«

Und los geht's.

Sie reißen dem Grauen das Maul auf, ziehen ihm die Zunge heraus, packen ihn an den Hörnern, drücken am Hals herum, messen mit der Peitsche den Abstand zwischen Klaue und Widerrist, ziehen am Schwanz, tasten alles unterm Schwanz ab.

»Dreihundert willst du also?«

»Hast du doch gehört.«

»Na, führ ihn mal rum.«

»Meinetwegen.«

Der Graue wird losgebunden.

»Hü!«

»He, immer mit der Ruhe! Was jagst du ihn denn so?«

»Brauchst gar nicht hinzugucken, der läuft wie 'n Uhrwerk!«
»Jaja, mit dem Gang ist meine Alte gradewegs ins Grab marschiert.«
»Red nicht so 'n Quatsch!«
»Also, im Ernst: Wieviel?«
»Hab ich doch gesagt.«
»Nee, jetzt mal richtig.
»Na, dreihundert, sag ich doch.«
»Für hundertachtzig gibst ihn nicht ab?«
»Geh doch woandershin.«
»Geh ich auch.«
»Geh schon.«
»Sei doch nicht so stur! Ist doch immerhin Geld!«
»Klar sind's keine Glasscherben!«
»Ich geb dir gutes Geld! Kannst du glauben!«
»Tu ich auch.«
»Na, wieviel? Zweihundert?«
»Nee! Aber wenn du willst, dann zweihundertachtzig, und damit basta!«
»Na, hör mal! Zweihundertachtzig! Bist du ganz von Gott verlassen?«
»Bin ich nicht.«
»Zweihundert?« (Peitsche knallt gegen Stiefelschaft.)
»Zweihundertachtzig!« (Peitsche knallt gegen Stiefelschaft.)
»Zweihundert, sag ich.« (Peitsche knallt gegen Stiefelschaft.)
»Jetzt mal im Ernst.« (Peitsche knallt gegen Stiefelschaft.)
»Mach du erst mal Ernst mit deinem Preis!« (Peitsche knallt gegen Stiefelschaft.)
»Guck dir doch das Vieh an! 'ne Karausche und kein Ochse. Ist im Joch brav wie 'n Kind! 'n Gedicht, sag ich dir! Kannst anfassen und drunterkriechen, wo du willst, der läßt alles mit sich machen wie die leibliche Schwester! Ist brav wie 'n Lamm, und du willst bloß zweihundert geben?«
Und wieder ziehen sie den Grauen am Schwanz, reißen ihm das Maul auf, drücken ihn an der Kehle, fassen ihm unter den Schwanz, packen ihn am Widerrist, streicheln ihm den Hals, gehen um das Vieh herum, begucken es von allen Seiten.
»Bei Gott! Zweihundertzwanzig!« (Peitsche knallt gegen Stiefelschaft.)
»Unter fünfundsiebzig geh ich nicht!« (Peitsche knallt gegen Stiefelschaft.)
»Wirklich nicht?« (Peitsche knallt gegen Stiefelschaft.)
»Nein.« (Peitsche knallt gegen Stiefelschaft.)
»Na, dann eben nicht!«
»Na, dann eben nicht!«
Und der Fremde geht ... Vier oder fünf Fuhrwerke weiter ruft er zurück:
»Zweihundertzwanzig?«

»Nein.«

»Schlag lieber ein, sonst packt dich der Teufel bei der Leber!«

»Soll er ruhig!«

Und der Graue steht am Wagen, hängt seinen Ochsengedanken nach, bis es wieder heißt:

»Dreihundert!«

Und so weiter und so weiter ...

Vielleicht kommt der Graue wieder nach Hause. Vielleicht landet er aber auch da drüben bei dem »Herrn« mit dem dünnen, langen Stöckchen in der Hand und dem goldenen Ring am Finger. Dann wird aus dem Grauen ein Beef Stroganoff.

Der Graue steht und hängt seinen Ochsengedanken nach.

Da stehen die Kühe, deren Euter »vor Milch strotzen«!

»Wieviel soll denn die ›Deutsche‹ kosten?«

(Die »Deutsche« ist grau, das Euter hängt wie ein Sack herab und ist voller Mist.)

»Sechzig!«

»Pfui Teufel!«

»Du kannst mich mal!«

Kurz und schmerzlos!

»Wieviel wollen Sie für die ›Madame‹?«

»Achtzig.«

»Das ist ja gar nicht viel!«

»Na, gucken Sie sich die Kuh doch richtig an! Ist doch ein Schmuckstück!«

»Mag sein! So manches Mädchen sieht von außen wie Milch und Honig aus, guckt man ihr aber hinter die Fassade, ist sie zäh wie Leder.«

»Tja, Sie müssen's ja wissen.«

»Na ja, 'n bißchen weniger müßt es schon sein!«

»Tjaa!«

»Was soll denn das ›Kindchen‹ kosten?«

(Das »Kindchen« ist ein rundlich schwarzes Kalb mit winzigen Hörnern.)

»Siebenundzwanzig!«

»Na, dann soll es noch 'n bißchen wachsen!«

»Soll es!«

Und sie flehen, bekreuzigen sich, knallen mit den Peitschen, führen das Tier herum, schwören bei Gott, melken.

Sie kaufen und verkaufen, verkaufen und kaufen, tauschen.

Und ringsum:

»Mmmuuh!«

»Bääh!«

Buden ... Eine ganze Straße von Buden.

»Verkaufsstand« heißt es auf einem roten Stück Stoff, das in der Luft zittert.

Darüber flattern rote Wimpel.

»Vereinigte Konsumgenossenschaft Ostapiwka«.

»VKG Popiwka«.

»VKG Fedoriwka«.

Zwischen den Buden drängen sich die Massen, man kommt kaum vorwärts.

Zu den Hosen, Röcken, Hemden.

»Hält das auch?«

»Das kriegen Sie mit den Zähnen nicht kaputt!«

»Wieviel?«

»Fünfunddreißig.«

»Das ist aber teuer.«

Und sie zerren am Kattun, probieren ihn mit den Zähnen, wägen hin, wägen her.

Hier gibt's Tücher, Blusen, Westen.

Das Reich der Weiber.

»Sie auch hier? Guten Tag!«

»Wünsche Gesundheit!«

»Ist das Stoff für einen Rock?«

»Nein, für ein Hemd. Für Fedko.«

»Wie teuer?«

»Fünfunddreißig.«

»Und ich such was für die Kinder zum Mitbringen.«

Die Bonbons, in buntes Papier gewickelt, mit Schwänzchen an beiden Seiten, sind gar zu verlockend.

»Wie teuer?«

»Drei Kopeken das Stück!«

»Ohoo!«

»Sie können auch zwei für eine Kopeke haben und von denen fünf für eine Kopeke!«

»Und hier gibt's welche für zwanzig! Nehmen Sie die! Süß und lecker.«

»Geben Sie die!«

Kochtöpfe klappern, Sensen klingen, Metallkämme sirren.

»Was kostet denn der Kamm?«

»Wollen Sie einen kaufen, Gevatterin?«

»Aber ja!«

»Nehmen Sie den hier, Tantchen!«

»Der ist zu klein. Ich brauch einen, mit dem ich auch Läuse zerquetschen und Hanf durchkämmen kann.«

»Nehmen Sie den! Damit können Sie sogar einen Tiger zerquetschen!«

»Aber er muß auch glatt sein.«

»Der kostet vierzig!«

»Um Gottes willen!«

»Na, dann nehmen Sie ’n kleineren, der ist billiger.«

Sensen sind Männersache ... Ssst ... Ssst ... Ein Blatt fährt über das andere.

»Hm, ist nicht ganz das Richtige.«

»Was für eine wollen Sie denn?«

Und wieder:

»Ssst ... Ssst ... Ssst!

Einen halben Tag lang wird eine Sense ausgesucht.

»Ssst! Ssst! Ssst!«

»Eier! Frische Eier! Schöne Eier!«

»Lumpen! Sammle Lumpen, ihr Weiber! Lumpen!«

»Bring das Huhn her! Das Huhn hierher!

»Kwaß! Herrlicher Kwaß! Wie’s ihn nur in Moskau gibt!«

»Ein Rubel Einsatz - und zwei Gewinn!«

Die Orgel ächzt ... die Geige wimmert.

Begleitet von dünnen, blassen Sopran der Partnerin, erzählt die Tenor-Baß-Stimme den Rechtgläubigen:

»Der Vogel schwang sich himmelan,
zog unablässig seine Bahn,
Flog über Land und Meere,
zu Gottes Ruhm und Ehre ...«

Jahrmarkt!

Erika Karlowna
Babuschka Luba

Bald war das kleine Haus der Majewskows erfüllt mit Kinderlachen, Toben und Schreien. Als Papa und Mama am Abend heimkamen, fanden sie die ganze Rasselbande um Babuschka Luba versammelt, die zum tausendundeinten Male ihren Lieblingen die Geschichte vom jungen Satko erzählte, der auszog, um das Glück in der Ferne zu suchen, und es dann doch nur in der Heimat fand.

Ein Segen, daß die Majewskows Babuschka Luba hatten.

Was wäre wohl aus den Kindern geworden, die den ganzen Tag keineswegs ohne Aufsicht sein konnten? Gewiß, es gab Kindergärten, aber Mamutschka hätte es niemals übers Herz gebracht, ihre beiden Wildfänge den strengen Erzieherinnen zu überlassen, die den Kindern zwar Gehorsam beibrachten, aber niemals liebevoll ihre Tränen trockneten.

Großmütterchen Luba war eben eine Perle.

Und keineswegs sah man ihr das schwere Leben und die Jahre an, die sie eigentlich zu einer gebeugten Frau hätten machen müssen.

Sie besaß eben einmal die Zähigkeit und die unverwüstliche Kraft der ukrainischen Bäuerin und zum zweiten die praktische Tatkraft von Generationen, die auf eigener Scholle gelebt hatten.

Man sollte eigentlich meinen, Großmütterchen Luba wäre sich in dem großen und betriebsamen Charkow entwurzelt und fremd vorgekommen. Weit gefehlt! Wenn sie mit wackelnden Hüften und zitterndem Doppelkinn durch die Straßen wuchtete, um hier die Grütze und dort den Kohl zu erstehen, machten ihre munteren, von winzigen Fältchen umgebenen Augen einen so lebensfrohen Eindruck, daß jeder ein gutes Wort oder einen Gruß für sie hatte. Die Arbeiter aus den benachbarten Häusern kannten sie alle. Die Straßenkehrerinnen riefen ihr derbe Scherze zu. Studenten, die in wöchentlichen Einsatzbrigaden zum Hafen zogen, senkten lachend die Spaten: »So früh schon auf, Babuschka?«

»Früher als ihr«, schrie Großmütterchen Luba dann mit verschmitztem Lachen über die Straße, »ihr Nichtstuer, ihr Tagediebe.«

Und sie machte, daß sie davonkam.

So verschieden ihr Naturell von dem verschlossenen, mürrischen Wesen Anastasia Davidownas war, hatte sie mit ihr doch eines gemeinsam: sie sprach fast nie über ihre Vergangenheit. Klawa mochte sie noch so mit kindlich-neugierigen Fragen quälen, es kam nie etwas dabei heraus. »Später, Kindchen, später, mein Seelchen«, pflegte sie jedesmal zu sagen. »Werde du erst größer, dann erzähle ich dir viele Geschichten, die ich erlebte.«

Aber sie erzählte auch später nichts.

Was auch hätte sie den Enkelkindern sagen sollen, die in der neuen Zeit aufwuchsen und stolz die Uniform der jungen Pioniere trugen? Hätte es wohl etwas genützt, wenn sie über die gefallenen Söhne und den verbrannten Hof geklagt hätte?

Oh, sie mochte einfach nicht an die goldenen Weizenfelder, den blaugrünen Kohl und den roten Mohn denken. Sie haßte geradezu den Anblick einer Mühle. Und wer würde ihr nachfühlen, daß sie bei jeder blühenden Sonnenblume einen dicken Kloß in der Kehle spürte?

Die Zeiten waren vorbei. Manchmal wohl, in ihren wenigen Mußestunden, stellte sie sich das Grab von Wassili vor, von dem wohl kaum noch etwas übriggeblieben sein mochte. Wassili – Michael war ihm ähnlich. Michael, ihr Jüngster, der ihr von allen neun Söhnen geblieben war und der jetzt als Dozent an der Technischen Hochschule in Charkow ihre heimlichsten Träume erfüllte.

Durfte sie klagen, sie die ebenso hätte verhungern und verkommen müssen, wenn Michael ihr nicht geblieben wäre?

Heimlich schlug sie manchmal das Kreuz. Sie wußte, es war verboten, und man sprach nicht mehr laut von der Madonna, aber unten in der Waschküche, da sah es niemand.

Vielleicht ist es besser so, heilige Muttergottes, dachte sie, als wenn Mischa den Hof hätte übernehmen müssen. Wer weiß, was dann geworden wäre? Zu einem Bauern hätte er nie getaugt. Er hatte immer schon den Kopf fürs Lernen. Ein richtiger Bauer, das war sein Vater. Handfest. Und wo er hinschlug, wuchs kein Gras mehr.

Neunundzwanzig Jahre hatten sie auf ihrem Hof gelebt. Nun ja, es war nicht immer leicht gewesen. Und Wassili kein sanftes Lamm. Besonders in den ersten Ehejahren war ihm der Selbstgebrannte durch die Kehle geflossen wie Wasser. Eijaijai, hatte Wassili toben können!

Dann kamen die Kinder. Eines nach dem anderen. Sieben Buben und zwei Mädchen. »Nitschewo«, hatte Wassili jedes Jahr geschrien, wenn wieder eines an ihren breiten Brüsten sog, »immer tränk sie, Alte, immer gib ihnen. Nächstes Jahr will schon ein anderes trinken«.

Großmütterchen Luba lächelte, wenn sie daran dachte. Aber sie sprach nicht darüber. Wozu auch?

Die Schwiegertochter war zwar nicht schlecht, doch richtig warm wurde man mit ihr nicht. Der Teufel mochte wissen, wie der Mischa mit ihr fertig wurde. Nein, er war doch sanfter als sein Vater.

Als man den toten Wassili brachte, zählte Mischa erst neun Jahre. Mit den anderen saß er verängstigt in der Stube und starrte auf den toten Vater, der seltsam verstümmelt ausgesehen hatte.

Grausam war er gestorben, der Wassili. Aber der Wodka hatte ihm den Tod leicht gemacht.

Eine Kuh möchte ich noch von der Herde haben, dachte Babuschka Luba, von jener Herde, die er damals über den Dnjepr getrieben hatte. Eine einzige von den sanftmütigen Scheckigen, die um das Eisloch standen und aus dunklen Augen auf ihren Herrn glotzten, der brüllend mit dem Leib im Eisloch hing, während der dicke Fellmantel links und rechts um ihn festgefroren war. Als man ihn endlich fand, irrte die Herde klagend über das Eis. Wassili aber hing erstarrt mit halbem Leibe im Eise des Flusses. In der rechten Hand hielt er die leere Wodkaflasche. Man mußte sie ihm aus den Fingern brechen. Die linke Hand fehlte, und auch das Gesicht war von Wölfen angefressen.

Großmütterchen Luba hatte damals den Hof übernommen ohne ein überflüssiges Wort der Trauer. Sie schickte die Kleinsten in die Schule, schuftete mit den übrigen auf den Feldern, und schmiß den Popen zur Tür hinaus, der wissen wollte, es sei nicht gut für eine junge Witwe, wenn sie allein sei.

Der Krieg gegen die Deutschen nahm ihr die Söhne fort. Den verheirateten Töchtern die Männer. Ihre Söhne kamen nicht wieder, bis auf einen, Mischa. Der aber war ein anderer geworden durch den Krieg. Während der Revolution lebte er in Moskau. Was er dort getan hatte, wußte Großmütterchen Luba nicht. Als sie ihn, zerlumpt und ausgehungert, endlich in dieser Riesenstadt ausfindig gemacht hatte, wohnte er in einem kleinen Zimmer mit Anastasia Davidowna und deren Tochter zusammen.

Sie hatte ihm damals nur gesagt, daß der Hof abgebrannt sei. Kein Wort von den Soldaten, die ihn ansteckten, kein Wort davon, daß sie dem ersten, der ihr über den Weg lief, die Mistgabel zwischen die Schulterblätter gejagt hatte, daß er schrie wie ein vergifteter Hund. Sie sprach auch kein Wort über ihre Flucht, ihren furchtbaren und mühseligen Weg von Tscherkassy bis Moskau. Wochen um Wochen, mal mitgenommen von einem mitleidigen Bauern, mal tagelang versteckt im dichten Wald.

Nein, sie sprach nicht darüber. Niemals.

Mochten mit ihr die furchtbaren Bilder der zerstörten Heimat für immer begraben werden.

Besser, sie erzählte den Kindern an langen Winterabenden die Geschichten, die sie wußte. Unerschöpflich war ihr Schatz an Volksmärchen. Wenn sie sprach, brachte ihr kerniger ukrainischer Wortschatz die Enkel zum Jubeln. Besonders Klawa hörte den breiten, bäuerlichen Dialekt mit Vorliebe: »Wie war das, Babuschka Luba, sag das noch mal, was sagte der Ritter zu der Königstochter?« oder »Warum hat die schöne Wassilissa so geweint?«

Es war schon ein Segen, daß Großmütterchen Luba im Hause war.

Was konnte Mamutschka noch viel schelten, wenn sie müde vom schweren Dienst im Hospital nach Hause kam?

Obgleich Michael Wassiliwitsch Majewskow einen sehr guten Posten an der Technischen Hochschule hatte, reichten die Rubel, die er nach Hause brachte, keinesfalls für eine einigermaßen normale Lebensführung aus. So ging Natascha Michailowna Tag für Tag ihrem schweren Dienst als Krankenschwester nach und brach schon frühmorgens auf, um rechtzeitig die Trambahn zu erreichen, die sie in das große Hospital am Stadtrand brachte. Und oft machte sie Überstunden. Sie zählte 34 Jahre, aber sie sah älter aus.

Der Krieg und die Revolution hatten aus ihr eine ernste, verschlossene Frau gemacht. Zwar war es ihr auch früher nicht gegeben gewesen, Gefühle laut und heftig zu äußern, aber sie hatte doch lachen können. Frei und leicht. Jetzt aber verzog sie ihre schmalen Lippen höchstens einmal zu einem Lächeln. Ihre Augen aber blieben daran unbeteiligt. Die lachten nie.

Vielleicht lag es auch daran, daß Michael Wassiliwitsch sie so ehrfurchtsvoll behandelte. Es blieb eine Förmlichkeit zwischen ihnen, die sich im Laufe der Jahre noch verstärkte. Hätte er sie manchmal angeschrien, mit den Türen geschlagen oder sich sinnlos betrunken, es wäre vielleicht besser gewesen. So aber wuchs die Mauer zwischen ihnen, ohne daß sie es merkten. Auch die Kinder lebten jenseits dieser Mauer. Nie kam es zwischen ihnen und den Eltern zu Zärtlichkeiten. Selbst Großmütterchen Luba spürte diese unsichtbare Wand, wenn sie mit Sohn und Schwiegertochter sprach. Unwillkürlich machte sie einen Knicks, wenn sie sagte: »Natascha Michailowna, der Torf ist alle«, oder »Ich glaube, wir müssen wieder einmal eine süße Kascha kochen, die Kinder mögen die salzige nicht mehr.« Man mußte Natascha Michailowna eben nehmen wie sie war.

Verwöhnt war sie nicht, wie man eigentlich ihrer Herkunft nach hätte vermuten können. Sie war nun erstarrt in ihrem Inneren, gleichsam unerlöst. Kam es daher, weil sie in ihren jungen Jahren so viele Leichen hatte sehen müssen?

Als sie sich in den ersten Tagen des Weltkrieges als Krankenschwester ausbilden ließ, ahnte das damals blutjunge Ding sicher nichts von dem Grauen der Front, von den furchtbaren Wunden, die ein Krieg zu schlagen vermag. Sie, die Tochter eines Zaristischen Offiziers, erzogen in den besten Moskauer Internaten, hatte sich wohl nie ganz klar gemacht, daß sie dort draußen in den Feldlazaretten würde Dinge sehen müssen, vor denen die prüden Erzieherinnen ihre Zöglinge behütet hatten wie vor dem leibhaftigen Teufel.

Was sie damals in den ersten Monaten ihres Samariterdienstes empfunden und erlebt hatte, darüber sprach Natascha Michailowna wenig. Aber in der kurzen Zeit hatte sich eine grundlegende Wandlung in ihr vollzogen. »Alle Menschen sind gleich« – das war ihre erste große Erkenntnis inmitten von Sterbenden, Blutlachen und stinkenden Wunden.

Alle Menschen sind gleich, dachte sie später, als der Hunger sie wahnsinnig machte und der Flecktyphus die Soldaten hinraffte ohne Unterschiede. Was war schon Erziehung? Bildung? Ob einer im Schloß oder in der armseligsten

Kate geboren wurde, sterben mußte der Baron neben dem einfachsten Muschik.

Und er starb keineswegs vornehm.

Als die Revolution ausbrach, als die kommunistischen Kämpfer in zähem Ringen das große Rußland eroberten, empfand Natascha Michailowna eine tiefe Befriedigung. Grauen und Blut hatte sie an der Front gesehen. Grauen und Blut schreckten sie nicht. Mochten sich die Leichen in den Massengräbern türmen - aus ihnen wuchs die neue Zeit empor.

In jenen blutigen Jahren in Moskau war es auch, daß sie ihren zukünftigen Mann kennenlernte. Es war ihr gelungen, ihre jammernde und völlig willenlose Mutter, die sie bei Bekannten aufgestöbert hatte, aus der gefährlichen aristokratischen Umgebung herauszubugsieren und in einem verkommenen Mietshaus unterzubringen. Ein Student, der die rote Armbinde und den Stern der Kommune an der Mütze trug, breitete bereitwillig in seinem Zimmer zwei Strohsäcke aus, damit Mutter und Tochter nachts eine Schlafstätte hatten. Die völlig zusammengebrochene Anastasia Davidowna stammelte wochenlang wirres Zeug. Aber kein Mensch kümmerte sich darum. Natascha jedoch ging mit dem Studenten durch die Straßen, las die Anschläge an den Mauern und hörte den Aufruf Lenins auf dem Platz, der später der Rote Platz genannt wurde.

Damals hatte sie zum ersten und letzten Male seit dem elenden Ende des Krieges geweint. Und sie weinte nicht allein. Dicht gedrängt standen die Massen auf dem zertrampelten Schnee. Wie eine Wolke schwebte der Atem von Tausenden über ihren Köpfen.

Die Revolution war zu Ende.

Alles sah sie noch vor sich, wenn sie die Augen schloß. Eine gewaltige Szenerie, die sie niemals in ihrem Leben vergessen würde.

Man hatte einen Riesenkran auf den Platz gefahren. Gigantisch ragte das eiserne Ding in die Höhe, beleuchtet von blutroten Fackeln, die viele Menschen in den Händen hielten. Und oben auf dem Dach des Führerhauses stand Lenin. Klein, ohne Handschuhe, unscheinbar an Gestalt - und doch so gewaltig, so beseelt von innerer Glut und eisenhartem Willen.

»Völker Rußlands!« rief Lenin mit seiner hellen, von der Kälte weithin getragenen Stimme, »Genossen, eine neue Zeit bricht an! Arbeiter und Bauern werden einen Staat schaffen, in dem das Willkürregiment satter Herrscher ein für allemal vorbei ist. Jetzt sind andere an der Reihe. Das Volk wird regieren. Wir, die Kommissare des Volkes, werden Gesetze machen mit eurem Einverständnis. Unter der roten Fahne bringen wir euch die Freiheit, die Gerechtigkeit und die Zukunft. Unter der roten Fahne wird ein anderes, ein neues Rußland wachsen und blühen wie nie zuvor.«

In dem unbeschreiblichen Jubel, der ausbrach, war es plötzlich gekommen, daß sie am Halse des Studenten hing, den sie erst wenige Wochen kannte.

Seine ernsten und begeisterten Augen waren das Echo zu dem Jubel ihres Herzens. Hand in Hand wanderten sie dann durch die belebten Straßen Moskaus, beide von dem Gedanken beseelt, ein neues Rußland zu schaffen, koste es, was es wolle.

So heiratete sie Michael Wassiliwitsch Majewskow, dessen technisches Studium zwar noch nicht ganz beendet war, der aber schon zum Brückenbau nach Charkow versetzt wurde.

Als 1922 ihr erstes Kind, Klaudia, geboren wurde, dozierte er bereits als jüngster Dozent an der Technischen Hochschule.

Es war ein hartes Leben, das die beiden führten. In den ersten Jahren ihrer Ehe hatten sie so gut wie gar nichts voneinander. Hinzu kam, daß sie für die beiden Mütter zu sorgen hatten, die nach Charkow mitgekommen waren.

1926 wurde ihnen ein Sohn geboren. Sie nannten ihn Michael.

Oleksandr Dovšenko
Verzauberte Desna

In dieser kleinen autobiographischen Drehbuchskizze möchte der Verfasser gleich anfangs bekennen: In seine reale, alltägliche Welt beginnen Tag für Tag immer öfter Erinnerungen einzudringen.

Und es sind die ersten Freuden und Schmerzen und der Zauber des ersten kindlichen Entzückens ...

Wie war es doch schön und lustig in unserem Garten! Wenn man aus dem Hausflur hinaustrat und sich umblickte - alles war da grün und üppig! Und wenn der Obstgarten im Frühling erblühte! Und erst zu Beginn des Sommers: Die Gurken blühen, die Melonen blühen, die Kartoffeln blühen! Es blühen die Himbeer- und Johannisbeersträucher, der Tabak, die Bohnen. Und wieviel Sonnenblumen, Mohn, Rüben, Melde, Dill, Möhren! Was hatte unsere unermüdliche Mutter nicht alles in die Erde gesetzt.

»Nichts in der Welt liebe ich mehr, als etwas in die Erde zu setzen, daß es heranwachse. Wenn die Pflanze aus der Erde kommt - das ist meine Freude«, pflegte meine Mutter zu sagen.

Der Garten wurde derart von Pflanzen überwuchert, daß er sie auf der Höhe des Sommers nicht mehr zu bergen vermochte. Dann kletterten sie übereinander, verflochten, drängten sich, rankten sich auf den Stall, auf das Hausdach hoch, stiegen auf den Zaun, und die Kürbisse hingen dann vom Zaun auf die Straße hinab.

Und wieviel Himbeeren - rote und weiße! Und Sauerkirschen und Birnen! Hatte man sich an ihnen satt gegessen, war der Leib den ganzen Tag wie eine Trommel gespannt.

Und es wuchs noch, wie ich mich entsinne, eine Menge Tabak, in dem wir Kleinen wie in einem Wald herumliefen, in dem wir die ersten Schwielen auf unseren Kinderhändchen bekamen. Und den Zaun entlang, hinter dem Wagenschuppen, standen große Johannisbeer- und Holundersträucher und andere uns unbekannte Pflanzen. Dort legten Hühner und anderes kleines Federvieh, die sich vor der Mutter verbargen, heimlich ihre Eier. Wir krochen sehr selten dahin. Sogar am Tage war es dort dunkel, und wir fürchteten die Schlange. Wer von uns hatte in seiner Kindheit nicht Angst vor der Schlange und hat sie dann in seinem ganzen Leben niemals gesehen?

Um das Haus herum, welches im Obstgarten lag, blühten Blumen, und hinter dem Haus gegenüber der Flurtür, gleich bei den Kirschbäumen, befand sich ein alter Gartenkeller mit offener Klappe, der mit Wermut überwachsen war und aus welchem es nach Schimmel roch. Dort im Keller sprangen in der Dämmerung die Frösche. Es gab dort bestimmt auch Schlangen.

Auf dem Keller schlief unser Großvater gern. Unser Großvater sah Gott sehr ähnlich. Wenn ich zu Gott betete, dann sah ich in der Ikonenecke das Bild Großvaters in alten Gewändern aus Silberfolie. Großvater selber jedoch lag auf dem Ofen, hustete leise und lauschte meinen Gebeten. Sonntags brannte vor den Heiligen eine ganz kleine blaue Lampe, in die sich stets eine Menge Fliegen hineindrängte. Das Bild des heiligen Nikolaus war ebenfalls dem Großvater ähnlich, besonders, wenn Großvater sich den Bart gestutzt hatte und vor dem Mittagessen ein Gläschen Schnaps mit Pfeffer zu sich nahm und Mutter darob nicht schimpfte. Der heilige Feodosius hingegen sah Vater sehr ähnlich. Zu Feodosius betete ich nicht, er hatte einen noch nicht ergrauten Bart und in der Hand einen Knüppel, der aus irgendeinem Grunde in ein weißes Tuch eingewickelt war. Aber Gott, der Großvater ähnlich sah, hielt in einer Hand ein kleines Salzfäßchen, und mit den Fingerspitzen der anderen Hand schien er nach einer Knoblauchzehe zu greifen.

Man nannte meinen Großvater, wie ich später erfuhr, Ssemen. Er war von hohem Wuchs und hager, seine Stirn war ebenfalls hoch, das wellige, lange Haar grau und der Bart weiß. Er hatte einen schweren Leistenbruch noch aus seinen jungen Tschumakenjahren, da er als Salz- und Fischhändler seine Ware auf Ochsenkarren von der Krim geholt hatte. Großvater roch nach warmer Erde und auch ein wenig nach Mühle. Er kannte die kirchenslawische Schrift und liebte es, an Sonntagen aus dem Psalter vorzulesen. Weder Großvater noch wir begriffen, was er vorlas, und das erregte uns jedesmal wie ein seltsames Geheimnis und verlieh dem Vorgelesenen einen besonderen, unalltäglichen Sinn.

Mutter haßte den Großvater und hielt ihn für einen Zauberer. Wir glaubten der Mutter nicht und verteidigten den Großvater gegen ihre Angriffe, denn der Psalter war innen nicht schwarz, sondern weiß, und der dicke lederne Einband war braun wie Buchweizenhonig oder ein alter Stiefelschaft. Doch Mutter vernichtete heimlich den Psalter. Sie hat ihn im Ofen verbrannt, Blatt für Blatt, da sie Angst hatte, ihn auf einmal zu verbrennen. Sie fürchtete, daß er explodieren und den Ofen zerstören würde.

Großvater liebte lange Gespräche und gute Worte. Manchmal, unterwegs zum Uferwäldchen, wenn ihn jemand nach dem Weg nach Borsna oder Baturyn gefragt hatte, stand er lange mitten auf der Landstraße und rief, den Peitschenstiel schwingend, dem Reisenden nach:

»Geradeaus und immer geradeaus, biegen Sie nirgends ab ... Ein guter Mensch ist dahingefahren, Gott gebe ihm Gesundheit«, seufzte er sanft, wenn der Reisende schließlich hinter dem Gebüsch verschwunden war.

»Wer war denn jener Mensch, Großvater? Woher kam er?«

»Gott weiß es, woher soll ich es wissen? – Na, warum stehst du wie angewurzelt?« wandte sich Großvater an das Pferd und setzte sich aufs Fuhrwerk.

»Los, weiter ...«

Er war unser guter Geist des Uferwaldes und der Fische. Pilze und Beeren sammelte er besser als wir alle, und er unterhielt sich mit den Pferden, Kälbern, Gräsern, mit dem alten Birnbaum und der Eiche - mit allem Lebendigen, das ringsherum wuchs und sich bewegte. Und wenn wir mal mit dem Netzsack oder der Reuse Fische fingen und sie in die Hütte brachten, lächelte er, schüttelte vorwurfsvoll den Kopf und sagte mit einem Gefühl leiser Trauer und doch versöhnt mit dem Lauf der Zeit: »Sind das Fische? Früher, da gab es Fische, das solltet ihr wissen. Wenn wir mit dem verstorbenen Nasar, Gott hab' ihn selig, losgingen ...«

Hier führte uns Großvater in so märchenhafte Abgründe der Vergangenheit, daß wir aufhörten zu atmen und nach den Mücken an unseren Waden und Hälsen zu schlagen, und die Mücken stachen und tranken unser Blut, bis sie berauscht waren, und der Abend war längst angebrochen, die großen Welse sprangen in der Desna, in der sich die Sterne widerspiegelten, und wir lauschten ohne Unterlaß mit weitaufgerissenen Augen, bis wir uns schließlich ins duftende Heu unter den Eichen an dem verzauberten Strom Desna hineinwühlten, um zu schlafen. Als besten Fisch betrachtete Großvater die Schleie. Er fing sie in den Seen weder mit Netzsack noch mit Reuse; er zog sie einfach wie ein chinesischer Zauberer mit den Armen aus dem Wasser. Sie schienen selber in seine Arme zu schwimmen. Man erzählte, daß er hierfür ein bestimmtes Wort kannte.

Im Sommer lag Großvater recht oft auf dem Gartenkeller in der Sonne, besonders mittags, wenn die Sonne derart glühte, daß wir alle und unsere Katze und der Hund und die Hühner uns im Liebstöckel, in den Johannisbeersträuchern oder im Tabak versteckten. Das war Großvaters größte Freude ...

Über alles in der Welt liebte Großvater die Sonne. Er hat an die hundert Jahre unter der Sonne verlebt und sich nie in den Schatten versteckt. Und so starb er auch, als seine Zeit gekommen war, in der Sonne, auf dem Gartenkeller, in der Nähe eines Apfelbaumes.

Großvater hustete gern. Er hustete manchmal so lange und laut, daß wir trotz aller Mühe, die wir uns gaben, ihn nachzuahmen, ihn davon nicht abbringen konnten. Sein Husten hörte die ganze Dorfecke. Die alten Leute konnten sogar nach Großvaters Husten das Wetter erraten. Zuweilen, wenn die Sonne kräftig brannte, wurde er fast blau vor Husten und brüllte wie ein Wolf oder Löwe, indem er mit beiden Händen an seine Hosenbeine griff, wo er den Leistenbruch hatte, und seine Beine wie ein kleiner Junge in die Höhe bog. Pirat, der neben Großvater im Gras schlief, sprang auf, verzog sich in die Liebstökkelbüsche und bellte von dort Großvater erschrocken an.

»Bell doch wenigstens nicht! Was gibt es da zu bellen?« klagte Großvater.

»Wau - wau!«

»Ach, ersticke doch an einem Knochen! Uhu - uhu!«

Tausende piepsender Flöten begannen plötzlich in Großvaters Brust zu tönen. Der Husten brodelte in seiner Brust wie die Lava im Vulkan, lange und drohend, und erst nach einer Weile, nach den höchsten Tönen, wenn Großvater schon so blau war wie die Blüten der Windenglöckchen, begann der Vulkan zu wirken, und dann flohen wir, wohin es nur eben ging, und hinter uns dröhnten noch lange seine Donner und sein seliges Ächzen.

Als ich einmal vor Großvaters Gebrüll davonlief, sprang ich von den Johannisbeersträuchern genau in den Tabak hinein. Der Tabak war hochgewachsen und dicht, sehr dicht. Er blühte gerade in großen, goldenen Dolden, und wie auf den Gewändern des Popen und über ihnen flogen kaum merklich Bienen umher. Die großen Tabaksblätter schlangen sich sogleich um mich. Ich fiel in das grüne Dickicht und kroch auf allen vieren unter dem Laub zu den Gurken.

Nachdem ich eine Weile mit den Bienen verbracht und an den Knospen der Gurkenblüten gelutscht hatte, stieß ich auf die Möhren. Über alles liebte ich Möhren. Sie wuchsen bei uns überall zwischen den Gurken in geraden, buschigen Reihen. Ich schaute mich um, ob jemand herüberblickte, aber niemand sah mich. Ringsherum nur der einschläfernde Tabak, Mohn, Maispappeln sowie Sonnenblumen. Ein reiner Mittagshimmel, still, still, als wäre alles eingeschlafen. Nur die Bienen summten, und irgendwo hinter dem Tabak vom Gartenkeller her hörte man Großvaters Gebrüll. Da stürzte ich mich wie ein Pirat auf die Möhren. Das Laub war groß, aber die Wurzeln winzig, weiß und gar nicht süß. Ich griff nach der zweiten - diese war noch dünner. Die dritte - noch dünner! Und dabei hatte ich ein Verlangen nach Möhren, daß ich bebte! Eine ganze Reihe habe ich nachgesehen und fand keine einzige, die sich gelohnt hätte. Ich sah mich um - was tun? Da steckte ich alle Möhren wieder in die Erde. »Sie wollen weiterwachsen«, dachte ich und begab mich auf die Suche nach schmackhafteren Dingen.

Lange irrte ich noch im Garten umher. Nach den Möhren sog ich den Honig der Tabak- und Kürbisblüten heraus, die den Zaun entlang standen, versuchte die grünen Blüten der Feldmalve und den weißen Mohn, der noch ganz milchig war, kostete das Harz der Kirschbäume, biß auf dem Apfelbaum an die zehn saure Äpfel an und wollte bereits ins Haus gehen. Plötzlich sah ich - in der Nähe der Möhren bewegte sich Urgroßmutter, Großvaters Mutter. Und ich, wohin sollte ich nur fliehen? Ich brach eine Sonnenblume um, dann eine zweite.

»Wohin? Mögen dir die Beine verdorren!«

Ich - in den Tabak. »Ich laufe schnell in die Himbeeren«, dachte ich, und dann auf allen vieren in den Tabak.« Pirat hinter mir her.

»Wohin? Warum brichst du den Tabak um, mögen dir die Arme und Beine ausgerenkt werden! Mögest du bis zum Jüngsten Tag nicht mehr aus dem

Tabak herauskriechen! Mögest du verwelken, du Taugenichts, wie jene Würzelchen von deinen Zuchthäuslerhänden verwelkt sind!«

Ohne sich in die historische Analyse einiger kultureller Überbleibsel zu vertiefen, muß man sagen, daß bei uns in der Ukraine die einfachen Menschen nicht allzu sehr an Gott glaubten. Sie glaubten eher an die Gottesmutter und an Heilige: an den Wundertäter Nikolaus, an Petrus, Elias, Pantelejmon. Sie glaubten noch an den bösen Geist. Nicht etwa, daß man an Gott zweifelte; aber aus Feingefühl wagte man es nicht, ihn unmittelbar anzurufen. Die einfachen Leute, die gut erzogen waren, zu denen auch unsere Familie gehörte, betrachteten aus Bescheidenheit ihre alltäglichen Sorgen einer göttlichen Einmischung für unwürdig. Darum wandten sie sich mit ihren Gebeten an niedrigere Instanzen, an den erwähnten Nikolaus, an Petrus und andere. Die Frauen hatten ihren eigenen Weg: Sie vertrauten ihre Klagen der Gottesmutter an, und diese überbrachte sie dem Sohn oder dem Heiligen Geist, der Taube. Man glaubte an Festtage. Ich erinnere mich, die Urgroßmutter sagte oft zu mir: »Möge dich das heilige Christfest strafen! Möge dich das Auferstehungsfest strafen.«

Als die Urgroßmutter also durch den Tabak in den Obstgarten laufen wollte, stürzte sie mit aller Wucht auf die Knie. So wie Großvater die Sonne liebte, liebte seine Mutter, die, wie ich später erfuhr, Marussja hieß, Flüche. Sie verfluchte alles, was ihr von die Augen kam: Schweine, Hühner, Ferkel, daß sie nicht quietschen, den Pirat, daß er nicht belle und keinen Schmutz mache. Die Katze wurde von ihr zwei- bis dreimal am Tage verflucht, bis sie mit der Zeit erkrankte und schließlich irgendwo im Tabak verendete.

Die Urgroßmutter war winzig, derart flink und hatte so scharfe Augen, daß sich nichts in der Welt vor ihr zu verbergen vermochte. Drei Tage konnte man ihr nichts zu essen geben, aber ohne Flüche verbrachte sie keinen einzigen Tag. Sie waren ihre geistige Nahrung. Sie flossen von ihren Lippen wie ein unversiegbarer Bach, wie die Verse eines begnadeten Dichters – beim allergeringsten Anlaß. Dann glänzten ihre Augen, und ihre Wangen glühten.

»Mutter Gottes, Himmelskönigin«, rief Urgroßmutter zum Himmel hinauf, »mein Täubchen, meine heilige Märtyrerin, strafe ihn, den Taugenichts, mit deinem heiligen Omophorion. Wie er aus der nassen Erde diese Würzelchen herausgerissen hat, so reiße ihm, heilige Königin, die Händchen und Füßchen heraus und entstelle ihn, breche ihm, heilige Herrscherin, die Fingerchen und Knöchelchen. Himmelskönigin, meine gnädige Fürbitterin, bete für mich und nimm meine Gebete an, daß er nicht in die Höhe wachse, sondern nach unten, und daß er weder den heiligen Kuckuck noch Gottes Donner zu hören bekomme. Heiliger Nikolaus, du rascher Helfer, heiliger Georg, heiliger Gregor auf dem weißen Roß, im weißen Sattel, straft ihn mit Eurer Rechten, daß er keine Wurzeln mehr zu essen kriegt und daß ihn das Fieber und die Krankheiten zerfressen, der Bohrwurm zernagt ...« Urgroßmutter bekreuzigte sich zum Himmel empor, dreimal, so leidenschaftlich und schnell, daß die heiligen Worte nur so dahinklapperten.

Und in den Himbeersträuchern lag ein vom Himmel verstoßener kleiner Engel und weinte ohne Tränen. Aus dem wolkenlosen blauen Himmel war er unerwartet auf die Erde gefallen und hatte sich seine zarten Flügel an den Möhren zerbrochen. Das war ich. Geduckt zwischen den Himbeerstauden hinter den Johannisbeersträuchern, hörte ich wie verzaubert den Gebeten der Urgroßmutter zu. Ich fürchtete, die Finger zu rühren, damit die Gottesmutter mich nicht vom Himmel herab hier in den Himbeeren erblickte. Sogar Pirat blinzelte unter den Johannisbeeren erschrocken zur Urgroßmutter hin.

Ich weiß nicht, womit die Gebete der Urgroßmutter geendet hätten, vielleicht wären mir wirklich die Hände und Füße ausgerenkt worden, hätte nicht plötzlich vom Gartenkeller her die sanfte Stimme Großvaters, der von Urgroßmutters Gebeten wach geworden war, gerufen:

»Mutter, könntet Ihr mir ein Schüsselchen Backobst bringen?« wandte er sich an Urgroßmutter. »Es brennt mir so im Leibe!«

»Ha? Bist du es, der da liegt? Mögest du nicht mehr aufstehen!« Und Urgroßmutters Gewitter richtete sich nun gegen den Gartenkeller.

»Ich bringe es dir gleich, möge dich das Fieber zerfressen, daß du ißt und niemals satt wirst, mögest du bersten, o wärest du als Junge zerplatzt!«

Urgroßmutter ging ins Haus, und Gott blickte ihr vom Gartenkeller nach und lächelte sanft.

Worüber Großvater und Urgroßmutter beim Backobstessen sprachen, habe ich nicht gehört. Mir war es weder nach Backobst noch nach Gesprächen zumute. Leise schlich ich mich ins Himbeerdickicht, fast bis zu den Schlangen, da ich mir keinen Rat mehr wußte, wohin und was tun.

O könnte ich hier zwischen den Himbeeren sterben. Dann würden sie mich suchen, dann würden sie mir nachweinen und nachjammern, mich beklagen, was für ein guter Junge ich doch war, ein heiliges Seelchen. Dann würden sie mich zum Grabe tragen, und ich würde am Grabe wieder lebendig. Aber warum erst am Grabe? Ich würde schon eher lebendig werden und würde aufspringen, und Urgroßmutter würde irgendwohin fortlaufen und nicht mehr zurückkehren, und wir würden uns im Haus auf den Weizenbrei stürzen.

Ich liebte Weizenbrei über alles. Bei uns waren bereits fünf kleine Jungen und zwei Mädchen gestorben. Sie starben noch ganz klein.

Ich wollte ins Haus. Ich kroch am Zaun entlang, hinter dem Misthaufen, an den Kürbissen vorbei, ging leise in den dunklen Hausflur und blieb vor der Haustür stehen. Ich werde gleich hineingehen und alles sehen. Ich erschauerte inwendig, als hätte ich Pfefferminze gegessen.

Ich öffnete die Tür.

Wer unser Haus erbaut hatte und wann es erbaut worden war, welche Meister es gewesen waren - das ist unbekannt. Es schien uns, als hätte es niemand erbaut, sondern als sei es wie ein Pilz zwischen dem Birnbaum und dem Gartenkeller emporgewachsen, und es glich auch einem alten weißen Pilz. Es war ein sehr malerisches Haus. Eines, was an ihm mißfiel, und dies nicht uns, sondern unserer Mutter: Seine Fenster waren in die Erde eingewachsen, es gab weder Schloß noch Riegel. Nichts konnte an ihm geschlossen werden. »Kommen Sie bitte herein, ohne zu fragen.« »Darf man?« »Wir bitten sehr!« Mutter beklagte sich über die Enge, aber uns Kleinen reichte der Raum und die Schönheit, und wenn man dazu noch aus dem Fensterchen blickte, so konnte man die Sonnenblumen und die Birnbäume und den Himmel sehen. Und auf der weißen Wand unter den Ikonen bis zum Schlüsselständer hing eine Reihe schöner Bilder - das Potschajew- und das Lawrakloster, eine Ansicht von Nowoafonsk, das simeon-kanaanitische Kloster in der Nähe der Stadt Suchumi im Kaukasus. Und über den Klöstern schwebten in der Luft Gottesmütter, mit gestickten Handtüchern geschmückt, und weiße Engel wie Gänseriche.

Aber das Bild, welches alle anderen in den Schatten stellte, war eine Darstellung des Jüngsten Gerichts, das Mutter zur Abschreckung ihrer bösen Feinde - der Urgroßmutter, des Großvaters und Vaters - auf dem Jahrmarkt für ein Huhn erstanden hatte. Es war so schrecklich und zugleich so belehrend, daß sogar Pirat Angst hatte, es anzuschauen. Den oberen Teil des Bildes nahmen Großvater und alle Heiligen ein. In der Mitte standen die Toten aus ihren Gräbern auf, die einen gen Himmel, die anderen nach unten fahrend. Am unteren Ende des Bildes und durch seine Mitte hinauf wand sich eine große blaue Schlange. Sie war viel dicker als all die Schlangen, die wir einst in den Kürbissen töteten. Und unterhalb der Schlange brannte alles wie bei einer Feuersbrunst: Das war die Hölle. Dort brannten die sündigen Seelen und alle Teufel. Und ganz unten, in besonderen Kästchen, war so etwas wie eine Aufstellung oder Preisliste der Strafen für bestimmte Sünden hingemalt. Wer log oder andere ärgerte, schmorte im Feuer an der Zunge aufgehängt. Wer die Fasten nicht einhielt, war am Bauch aufgehängt. Wer in der Fastenzeit heimlich Stippmilch aß oder Eier in Speck briet, der mußte mit dem nackten Hinterteil auf einer heißen Pfanne seine Sünden büßen, und wer fluchte, mußte die heiße Pfanne mit der Zunge ablecken. Es gab viele Sünden und viele Strafen, aber aus irgendeinem Grunde fürchtete sie niemand.

Julia Drunina
Wermut

Dieses Thema ist wie eine blutende Wunde.
Ja, ich meine die apokalyptische Schlacht
und die Helden im Höllenbrand ... Bis zur Stunde
sind sie kärglich mit Ehren bedacht.

Den Planeten vor unsichtbarem Desaster
abzuschirmen, das hatte die Welt nicht gekannt.
Mißgebürtige Amok-Atome rasten,
doch die Feuerwehr hielt ihnen stand.

Ach, gewiß gehört jedem ein Orden verliehen,
aber sagte er denn aus, was im Herzen sich drängt?
Und ich seh, wie die Heimat, niederkniend,
ihr Soldatenbanner stumm vor euch senkt.

Nie und nimmer ist unsere Schuld abzutragen ...
Wie die Wermutsteppe im Sonnenlicht gleißt!
... Ich erfuhr erst in jenen Schicksalstagen,
daß der Wermut ukrainisch Tschernobyl heißt.

Nach Odessa fuhr ich übers Meer

Marianne Vincent
Am Schwarzen Meer

Immer noch schwebt der Seufzer Ovids um deine Gestade
der seine Tristia hier sang, aus seiner Heimat verbannt.
Immer noch klingt der flehende Ruf seefahrenden Volkes:
schone uns, gnädiges Meer! an deinem Strande dir zu.
Immer noch gellt der Schrei der entführten Medea
nächtlich im Stürmegebraus aus deinen Fluten empor.
Immer noch blitzt wie das goldne Vließ die Glut deiner Sonne
lastend in quälender Gier nach dem verlockenden Schatz.
Immer noch bist du ein Ende, Pontos Euxenos der Alten,
das unsere Welten begrenzt, zauberhaft, feindlich und fremd.
Immer noch bist du ein Rätsel, du dunkel blauende Tiefe,
die eine Gottheit verbirgt, dräuend in ewigem Zorn.

Immanuel Weissglas
Schwarzmeer-Muscheln

Muscheln, ihr triefenden Klöster,
Pilger voll Wasser und Wind,
Zeitlos erstarrt ein erlöster
Himmel in kalkigem Grind.

Flüssige Fänge der Wogen
Und Neptuns Dreizack, in Zorn,
Haben im Gischt euch gebogen,
Mondkrumm, zu tönendem Horn.

In euch, umbraust wie ein Eiland,
Fanden die Meere ihr Ohr;
Weiß steigt der schwimmende Heiland
Wellengekreuzigt empor.

Muscheln, auf schäumendem Pfade
Hegt ihr den währenden Kern:
Naß von dem Fluten der Gnade,
Strandet ein fließender Stern.

Eduard Bagrickij
Die Schmuggler

Es trägt über Fische
Und Sterne den Kahn:
Drei Griechen, drei Schmuggler,
Odessa sich nahn.
An Steuerbord,
Über dem Abgrund sehr groß:
Janaki, Stawraki
Papa Satyros.
Der Wind heult vorüber,
Schriller er pfeift,
Es schlingert das Boot,
Wenn ein Schaumkamm es streift.
Die Nägel singen,
Daß der Mastbaum erdröhnt:
»Was für eine Sache!«
Begeistert er stöhnt.
Die Sterne bespritzen
Den Haufen Gewinste:
Präservative,
Kognak und Strümpfe ...

Ai, griechisches Segel!
Ai, Schwarzes Meer!
Ai, Meer du, du schwarzes!
Bandit, kreuz und quer!
....
Die Stunde, die zwölfte -
Verschwiegene Zeit -
Drei Grenzer in Wind
Und in Dunkelheit.

Drei Grenzer - sechs Augen.
Sechs Augen und
Eine Motorbarkasse.
Dunkel im Rund.
Drei Grenzer, den Dieb
Fest im Visier:

Werft die Barkasse
Ins Türkische Meer,
Daß das Wasser aufgischte
Unter dem Heck:
»Was für eine Sache!«
Daß unter Deck
Durch alle Rohre
Vom Bug bis zur Schraube
Schieß das Benzin,
Den Flammen zum Raube!

He, Sternennacht, he!
He, du, Schwarzes Meer!
He, Schwarzes Meer, du!
Bandit, kreuz und quer!
....
So wollt auch ich
Durch die Finsternis segeln,
Den Schnurrbart zerzaust,
Am Heck breit mich flegeln,
Sehn über schrägen
Bugspriet den Stern,
Radebrechen
Im Schwarzmeerslang.
Und durch den Wind,
Den kalten und bittern,
Das Motorengetuckre
Des Wachboots wittern.
Oder, besser vielleicht,
Den Colt in der Hand,
Verfolgen den Dieb,
Der im Nebel verschwand ...
Den Wind spürn über
Die Adern streichen,
Die Segel verfolgen,
Die Sterne als Zeichen ...
Und plötzlich,
Finsternis liegt über Deck,
Der bärtige Grieche
Am nachtschwarzen Heck ...
So stürz durch die Adern,

Horizonte zerbrich,
Freudloser Jugend
Zorn, der nie wich!
Daß sternenhaft riesle
Das menschliche Blut,
Daß dem Weltall entgegen
Ich stürm wie ein Schuß,
Daß die maßlosen Wogen
Anstimmen ihr Lied,
Daß mein Mund sich verzerrt,
Wenn er haßerfüllt singt,
Schwer atmend singt
In der schrecklichen Leere:
Ai, Schwarzes Meer, du
Bestes der Meere ...

Isaak Babel'
So wurde es in Odessa gemacht

»Reb Arije Leib«, begann ich zu dem Alten, »reden wir von Benja Krik. Reden wir von seinem meteorgleichen Start und seinem fürchterlichen Ende. Drei riesige Schatten ragen in die Windungen meines Denkens. Da ist der einäugige Froim Gratsch. Der glührote Stahl seiner Taten, hält er keinen Vergleich aus mit dem Werk des ›Königs‹? Da ist Kolka Pakowski. Die schnurgerade Tollheit dieses Mannes, enthielt sie nicht alles, was not tut, Herrscher zu sein? Warum steht Benja Krik allein hoch oben auf der Spitze der steilragenden Leiter, und die anderen hängen unten zwischen den schwankenden Stricken?«

Reb Arije Leib saß schweigend auf der Friedhofsmauer. Rings um uns breitete sich das Grün friedlicher Gräber. Dem Manne, der Antwort erwartet, steht Geduld an. Dem Manne, der Wissen wahrt, ziemt Würde. Reb Arije Leib schwieg lange, ehe er begann.

»Warum er, warum nicht jenne, wollt Ihr wissen? Vergeßt eine Zeitlang, junger Mann, daß Ihr den Zwicker auf der Nas tragt und Herbst in der Seele. Hört auf, Krach zu machen, wenn Ihr hinterm Schreibtisch sitzt, und zu stottern, wenn Ihr unter die Leut kommt. Stellt Euch vor, Ihr macht lieber Krach auf der Straßen und stottert am Papier. Stellt Euch vor, fünfundzwanzig Jahr wärt Ihr alt. Und Ihr wärt der Sohn von Mendel Krik, dem Fuhrknecht. Woran denkt so ein Tate? A gute Flaschen Brannef austrinken, irgendwem eins in die Zähne geben, an seine Pferd denkt er, weiter nix. Was möchts Ihr machen an Stelle von Benja Krik? Nichts möchts Ihr machen. Aber er hat's gemacht. Deshalb war er König und Ihr habt Dreck in der Taschen.

Also er, Bentschik, kommt zu Froim Gratsch, der schon damals nur mit einem Aug auf die Welt gesehen hat. Er sagt zu Froim: ›Nimm mich auf. Ich will mit eurer Partie sein. Die Partie, wo ich bin, gewinnt.‹

Fragt Froim: ›Wer bist du, woher kommst du, was kannst du?‹

›Probier mit mir‹, sagte Benja, ›was brauchen wir kloppen leeres Stroh?‹

›Gut‹, sagt Gratsch, ›was brauchen wir kloppen, probieren wir.‹

Die Banditen machten Ratsversammlung wegen Benja. Vorsitzender war der verstorbene Lewka Ochs.

›Was tut sich bei ihm im Kopf, bei jenem Bentschik?‹ fragt der selige Ochs.

Der einäugige Froim sagt seine Meinung: ›Benja redt wenig, aber wenn er redt, schmeckt's. Wenn er wenig redt, möchte man, er sollt mehr reden.‹

›Wenn er so is‹, sagt der selige Ochs, ›probieren wir ihn am Tartakowski.‹

Probieren wir ihn am Tartakowski, entschied die Versammlung, und wer noch Gewissen hatte, erbleichte bei diesem Beschluß.

Tartakowski hieß bei uns ›Anderthalb Juden‹. Man nannte ihn auch ›Neun

Überfälle‹. ›Anderthalb Juden‹ hieß er, weil kein anderer einzelner Israelit so viel Frechheit und so viel Geld gehabt hat. Um zwei Köpfe war er höher als der längste Schutzmann in Odessa. Schwerer war er als die dickste Jüdin. Aber ›Neun Überfälle‹ nannte man den Tartakowski, weil die Firma Lewka Ochs und Konsorten in sein Kontor nicht achtmal und nicht zehnmal, sondern ausgerechnet neunmal eingebrochen war. Benja, damals war er noch nicht König, sollt die Ehre haben, den zehnten Überfall zu machen. Als Froim Gratsch mit der Entscheidung kam, sagte Benja einfach ja und schmiß die Tür zu.

Der Tartakowski, er hat die Seel von einem Mörder gehabt, aber er war einer von die unseren, von unserem Blut, von unserem Schweiß. Halb Odessa hat in seinem Geschäft gearbeitet. Aber angetan haben ihm unsere Leut auch genug. Zweimal haben sie ihn entführt wegen Lösegeld. Einmal, während dem großen Pogrom, haben sie ihn begraben mit allen Schikanen. Die schwarzen Hundert von der Sloboder Vorstadt waren losgegangen gegen die Juden von der großen Arnautenstraße. Tartakowski entfloh ihnen, und wie er über die Sophienstraße rennt, kommt ihm ein Leichenzug entgegen mit Sängern. Fragt er sie: ›Wer wird da begraben mit Gesang?‹

Antworten sie ihm: ›Das ist der Tartakowski auf dem Wagen.‹ Aber wie die Prozession zum Tor vom Sloboder Friedhof kommt, nehmen unsere Leut das Maschinengewehr aus dem Sarg und geben Schnellfeuer auf die Pogromisten. Wie ›Anderthalb Juden‹ das sieht, ist er zu Tod erschrocken. Nu, welcher Geschäftsmann an seiner Stell wär nicht erschrocken?

Bei einem Mann, den man einmal begraben hat, zum zehntmal einbrechen, ist schon keine schöne Sach. Benja, der damals noch nicht König war, verstand das besser als irgendeiner. Aber er hat zum Gratsch gesagt ja, und am selben Tag schrieb er dem Tartakowski den Brief, den er in solchen Fällen zu schreiben pflegt:

›Hochgeehrter Ruben Davidowitsch! Seien Sie so liebenswürdig und legen Sie am Freitag unter das Faß bei der Regentraufe ... und so, und so. Wenn Sie, wie Sie sich in der letzten Zeit schon öfter herausgenommen haben, ablehnen sollten, könnten Sie sich auf große Enttäuschungen in Ihrem Familienleben gefaßt machen. Sie werden sich erinnern Ihres hochachtungsvollen Benzion Krik.‹

Tartakowski antwortete umgehend:

›Benja, wenn du ein Idiot wärst, möchte ich dir schreiben wie einem Idioten. Aber ich weiß, daß du keiner bist, und Gott soll mich beschützen, daß ich dich dafür halt. Tu nicht so, als ob du ein Kind wärst, das nicht weiß, was in dem Jahr in Argentinien für eine Ernte ist. Es fehlt sich nicht viel, wir bleiben mit unserem ganzen Weizen sitzen ... Also laß solche Dummheiten, Benja. Dein Freund, mehr als du denkst – Ruben Tartakowski.‹

›Anderthalb Juden‹ hatte das Seinige getan. Er hatte geschrieben. Aber die

Post lieferte den Brief nicht an seine Adresse. Benja, ohne Antwort, war wütend. Am nächsten Tag erschien er mit vier Freunden im Kontor von Tartakowski. Sie trugen schwarze Masken und entsicherte Browningpistolen. ›Hände hoch!‹ kommandierte Benja. Dann wandte er sich an den ältesten Angestellten, der weiß wie der Tod dastand: ›Ist Anderthalb Juden im Geschäft?‹

›Nit do‹, antwortete der Angestellte. Es war Muginstein Jossel, der unverheiratete Sohn der Tante Peßja, der Geflügelhändlerin vom Mittleren Platz.

›Dann mach mit Gottes Hilfe den Kassenschrank auf‹, befahl Benja.

Die Räuber legten in den mitgebrachten Handkoffer Papiere, Uhren und Juwelen; Muginstein stand daneben mit hochgereckten Armen, und Benja saß auf dem Schreibtisch und erzählte Geschichten aus dem Leben des jüdischen Volkes.

›Spielt sich der Tartakowski auf als Rothschild‹, wandte sich Benja an Muginstein. ›Erklär mir, Jossel, als Freund, kriegt der Mann von mir einen Geschäftsbrief. Was setzt er sich nicht für fünf Kopeken in die Straßenbahn, fahrt zu mir und trinkt mit meine Leut a Glas Wodka und beißt zu, was Gott uns zu Tisch gibt? Wer hat ihm gehindert, vor mir mit offener Seel zu sprechen? Benja, hätt er gesagt, das und das, hier hast du meine Bilanz, wart ein paar Tag, gib mir Luft, laß mich die Ellbogen rühren. Du verstehst mich, Jossel?‹

›Ich versteh‹, sagt Muginstein, aber er log, denn es war ihm ganz unverständlich, daß ›Anderthalb Juden‹, dieser geachtete reiche Mann, Kaufmann erster Gilde, mit der Straßenbahn hinausfahren sollt, um mit der Familie Mendel Kriks, des Fuhrknechts, Schnaps zu trinken.

In diesem Moment wurde die Tür krachend aufgerissen. Es war Sawka Buzis, einer von Benjas Leuten, besoffen wie eine Wasserleitung.

›Hoho, ihr seid schon bei der Arbeit‹, brüllt Sawka. ›Hab mich verspätet, Benja, sei nicht bös!‹ Und trampelt mit den Füßen und fuchtelt mit dem Revolver herum, und da geht ein Schuß los, und die Kugel sitzt dem armen Muginstein im Bauch.

›Raus aus dem Kontor!‹ schreit Benja, und wirft hinter dem letzten seiner Leute die Tür ins Schloß. Aber dem Sawka Buzis ins Ohr: ›Beim Grab meiner Mutter, Sawka, du wirst neben ihm liegen ...‹

Der unglückliche Sohn der Tante Peßja war nicht gleich tot. Eine Stunde, nachdem er in die Klinik eingeliefert war, erscheint Benja dort in gelben Reithosen, die Hände in den Taschen, und läßt den Primararzt und die Oberin herausrufen.

›Sie erlauben, daß ich mich auf jeden Fall vorstell – Benzion Krik. Ich hab meine Interessen daran, daß der junge Muginstein leben bleibt. Kampferinjektionen, Luftkissen, Einzelzimmer, Sie haben nicht notwendig zu sparen. Wenn nicht, wird für jeden von Ihren Doktoren, und wenn er ist Doktor der Philosophie, nicht mehr herauskommen als drei Arschin Erd zum Begraben.‹

Dennoch starb der arme Muginstein in derselben Nacht. Und jetzt erst erhob ›Anderthalb Juden‹ ein Geschrei über ganz Odesse: ›Wo beginnt die Polizei und wo endet die Macht Benjas?‹

›Die Polizei endet dort, wo Benja anfängt‹, antworteten vernünftige Leute, aber Tartakowski ließ sich nicht beruhigen, bis daß zum Trotz Benjas rotes Automobil auf dem Markt am Mittleren Platz vorfuhr und mit seiner Hupe das Signal aus der Oper ›Bajazzo‹ blies. Dann machte das Auto kehrt und raste zu dem Häuschen, das Tante Peßja bewohnte.

Auf dem Lehmboden in der Küche wälzte sich die Tante und winselte. ›Anderthalb Juden‹ saß daneben, mit den Händen gestikulierend.

›Verbrecher!‹ brüllte er auf, als Benja durch die Tür trat, ›Bandit, Huligan! Die Erd soll dich ausspeien! Heißt sich eine Angewohnheit, auf lebendige Leut zu schießen!‹

›Monsieur Tartakowski‹, antwortete Benja ganz ruhig, ›zwei Tag sind es schon, daß ich nach dem teuren Verstorbenen wein wie nach dem leiblichen Bruder. Schämt Euch, Monsieur Tartakowski, in welcher feuersicheren Kasse habt Ihr Euer Schamgefühl eingesperrt? Ihr habt das Herz, der Mutter unseres teueren verblichenen Jossel lausige hundert Rubel zu schicken?‹

Hier machte Benja eine Pause und schrie dem Tartakowski ins Gesicht: ›Zehntausend Rubel auf einem Sitz werdets Ihr geben, zehntausend Rubel und eine Pension dazu, solang sie lebt, mög sie bis hundertzwanzig Jahr! Und wenn nicht, dann kommt mit mir heraus aus der Wohnung, Monsieur Tartakowski, und setzt Euch zu mir ins Automobil!‹

Da begann ein langer Wortwechsel zwischen beiden. Mit vielen Schimpfreden. Sie einigten sich auf fünftausend bar und fünfzig Monatsrente.

›Tante Peßja‹, rief Benja dem alten Weib zu, das wie ein gekrümmter Wurm auf der Erde lag, ›wenn Euch mein Leben nötig ist, ihr sollt's haben, aber irren kann sich jeder, auch Gott. Es ist ein furchtbarer Irrtum passiert, Tante Peßja. Aber hat sich Gott vielleicht nicht geirrt, wie er die Juden in Rußland angesiedelt hat, wo sie leben wie in der Hölle? Vielleicht wär es nicht besser, wenn die Juden könnten in der Schweiz leben, umgeben von erstklassigen Seen, würziger Gebirgsluft, mitten zwischen die Franzosen? Alles kann sich irren, selbst Gott! Hört mich, Tante Peßja, fünftausend Rubel in die Hand und fünfzig monatlich – hundertzwanzig Jahr sollt Ihr leben! Das Begräbnis vom Jossel wird erster Klasse. Sechs Pferd wie die Löwen, zwei Wagen mit Kränzen, der Chor von der Brodskyschen Synagoge, Minkowski selber wird kommen zu singen ...‹

Das Begräbnis fand am nächsten Morgen statt. Nach dem Begräbnis könnt Ihr fragen die Bettler am Friedhofstor, könnt Ihr fragen die Schamossim in den

Synagogen und die alten Weiber vom zweiten Armenhaus. Solch ein Begräbnis hat Odessa nicht zuvor gesehen, und wird die Welt nicht wieder sehen. Die Polizisten standen da mit schwarzen Zwirnhandschuhen. Die Synagogen waren mit Immergrün bekränzt, die Türen weit geöffnet, alle elektrischen Lampen strahlten. Sechs weiße Pferde schritten vor dem Leichenwagen, von ihren Häuptern wallten schwarze Straußfedern. Sechzig Sängerknaben eröffneten die Prozession und sangen im höchsten Sopran. Die Ältesten der Synagoge der koscheren Geflügelhändler stützten Tante Peßja unter den Armen. Hinter den Ältesten schritt der Vorstand des Vereins jüdischer Handlungsgehilfen, hinter diesem die Rechtsanwälte, die Doktoren der Medizin und die approbierten Hebammen. Links von Tante Peßja gingen die Hühnerhändlerinnen vom alten Bazar, rechts von ihr die angesehenen Milchfrauen vom Bugajewski-Prospekt.

Was ich Euch hier erzähl, red ich wie der Herr im brennenden Busch auf dem Sinai. Darum öffnet, junger Mensch, Eure Ohren für mein Wort. Alles, was ich hab gesehen, hab ich gesehen mit diesen meinen Augen. Hier hab ich gesessen auf der Mauer vom zweiten Friedhof und neben mir haben gesessen Moische, der Lispler, und der kleine Simson vom Leichenbestattungsbüro. Das hab ich gesehen, so wahr ich Arije Leib bin, ein stolzer Jud, der ich aufgewachsen bin in der Begräbnisbranche.

Die Wagen waren vorgefahren bei der Friedhofssynagoge. Der Sarg war auf die Stufen gestellt. Die Tante Peßja hat gezittert wie ein Vogel. Der Kantor Minkowski fangt an zu singen. Sechzig Sängerknaben fallen ein. Und im selben Moment saust das rote Automobil um die Ecke. Es gellt das Signal ›Lache Bajazzo‹. Die ganzen Leut stehen still wie erschlagen. Es schweigen die Bäume, die Sänger, die Bettler. Vier Mann steigen aus dem roten Wagen und gehen langsam zum Sarg hinauf. Sie legen einen Kranz nieder von Rosen, wie sie noch keiner gesehen hat. Und wie das Kaddisch gesagt ist, schieben sich vier stählerne Achseln unter den Sarg und tragen ihn zum offenen Grabe.

Voran schreitet Benja Krik. Hoch aufgerichtet, mit brennenden Augen und gewölbter Brust steht er am Rande des Grabes und breitet langsam beide Arme aus.

›Herren und Damen‹, begann Benja Krik, und die Sonne stand über seinem Haupt wie eine Schildwache mit dem Gewehr, ›Herren und Damen, Ihr seid gekommen, die letzte Ehre zu erweisen einem Mühseligen und Beladenen, der gestorben ist für einen kupfernen Groschen. Herren und Damen! Was hat gesehen unser teurer Jossel in seinem Leben? A paar Dummheiten! Was hat er geschafft? Er hat gezählt fremdes Geld! Für wen ist er gestorben? Er ist gestorben für das ganze werktätige Volk! Es gibt Leut, die sind geweiht dem Tode, und es gibt Leut, die haben noch nicht begonnen zu leben. So kommt geflogen die Kugel, trifft die geweihte Brust, und Jossel ist hin, der in seinem Leben nichts gesehen hat, nichts als a paar Dummheiten. Es gibt Leut, die verstehen zu trinken Branntwein, aber tun tuen sie es alle. Und den ersten, ihnen schmeckt es, nach Leid wie nach Freud. Aber die zweiten, die leiden für alle, die nicht verstehen zu trinken. Darum, Herren und Damen, wenn Ihr habt gebetet für unseren armen Jossel, laßt mich Euch führen zum Grab eines Euch unbekannten, aber schon verstorbenen Mannes Sawka Buzis ...‹

Nach dieser Rede stieg Benja Krik vom Grabhügel herab. Es schwiegen die Menschen, die Gräber und die Friedhofsbettler. Zwei Totengräber trugen einen Sarg von ungestrichenen Brettern und stellten ihn nieder beim nachbarlichen Grab. Da begann der Kantor zögernd zu singen. Warf Benja die erste Schaufel Erde auf den toten Sawka. Und hinter ihm, wie die Schafe, folgten die Rechtsanwälte, die Hebammen und die übrigen Damen. Die ganzen Totengebete mußte der Kantor singen, und alle sechzig Sänger wiederholten sie. Nicht im Leben hätt sich der Sawka geträumt, ein solches Begräbnis, Ihr könnt's glauben dem alten Arije Leib.

Man sagt, daß ›Anderthalb Juden‹ an dem Tag beschlossen hat, sein Geschäft aufzugeben. Ich war nicht dabei. Aber daß nicht der Kantor und nicht der Chor und nicht die Totengräberbrüderschaft für das Begräbnis Geld verlangt hat, das hab ich gesehen mit eigenen Augen, so wahr ich Arije Leib heiß. Aber mehr hab ich nicht sehen können, weil auf einmal die ganzen Leut, kaum daß sie sich vom Grab vom Sawka haben zurückziehen können, begonnen haben zu rennen, als ob's hinter ihnen brennt! Zu Fuß und in Kutschen und in Leiterwagen, wie's trefft. Nur die vier, die im roten Automobil gekommen waren, gingen ruhig zu ihrem Wagen zurück. Noch einmal schneidet die Hupe den lachenden Bajazzo durch die Luft, der Motor springt an und fort sind sie.

›Kkkönig is er!‹ bricht der lispelnde Moische hervor, und gebannt hängt sein Aug an dem fortfliegenden Punkt.

Jetzt wißt Ihr's. Ihr wißt, wer ihn zuerst König geheißen hat. Es war der Moische neben mir auf dem besten Platz auf der Friedhofsmauer. Jetzt wißt Ihr, warum er so nicht genannt hat den einäugigen Gratsch und nicht den tollen Kolka. Alles wißt Ihr. Aber was habts Ihr davon, wenn Ihr vor wie nach den Zwicker tragt auf der Nas und Herbst in der Seele? ...«

Valentin Kataev
Am Sonntag

Der Schriftsteller Woronow nahm den weichen Filzhut ab, wischte sich mit dem Taschentuch den Schweiß von der Stirn und betrat das Postamt. In dem großen, kahlen Raum herrschte Unordnung – offenbar war man gerade mit dem Weißen der Wände fertig, und eine dralle Frau mit üppigem Busen schlurfte, den Rock geschürzt, auf nackten Sohlen über die Dielen und wischte. In der feuchten Kühle roch es nach Kalk, Seife und Siegellack. Die nassen Dielen spiegelten weit geöffnete Fenster, hinter denen junges Blattgrün und blauer Himmel prangten.

»Guten Tag, Ignati Iwanowitsch«, grüßte Woronow und trat an das hölzerne Trenngitter.

Dahinter saß ein Beamter mit gelber Gesichtsfarbe und verräuchertem Schnurrbart. Als er den Schriftsteller erblickte, streckte er lächelnd die Hand aus der Schalteröffnung, um das Päckchen entgegenzunehmen, und sagte: »Ah, willkommen! Nikolai Nikolajewitsch! Haben ja lange nicht zu uns hereingeschaut. Dieser Tage kam ein Einschreiben für Sie. Von der Redaktion der Zeitschrift ›Westnik Jewropy‹. Haben Sie es erhalten?«

»Hab ich, hab ich«, erwiderte Woronow, legte den Hut auf den Schalter und setzte sich auf den Stuhl davor. »Hab ich, wie sollte ich nicht. Merci.«

Er schwieg eine Weile.

»Schaun Sie nur Ignati Iwanowitsch, was für ein Frühling! Nicht? Anfang April, und alles grünt und blüht schon. Die Sonne blüht, das Meer ... Einfach zauberhaft«, sagte er, und das für ein Postamt nicht ganz alltägliche Wort zauberhaft bereitete ihm sichtlich Genuß, »ein erstaunlicher Frühling. Und warm ist es. Sehn Sie meine Stirn, wie mir auf dem Weg hierher zu Ihnen der Schweiß ausgebrochen ist. Uff! Na, wie geht's, wie stehts?«

»Ach, danke, soweit gut. Sie sehn ja, wir machen hier ein wenig Ordnung zu Ostern. Ansonsten lebt sich's ruhig jetzt, ein bißchen eintönig. Die Datschen stehn noch leer, da gibt's nicht viel zu tun. Sonst geht's, Gott sei Dank. Und Sie, Nikolai Nikolajewitsch? Bringen Sie einen Roman?« Er schielte nach dem Manuskript. »Wohl wieder für die ›Sowremenny mir‹?«

»Leider keinen Roman. Nichts Nennenswertes: zwei Erzählungen für die ›Niwa‹.«

»Für die ›Niwa‹ also. Wenn Sie sich bitte herbemühen wollen. Für Sie natürlich per Einschreiben?«

»Einschreiben, Einschreiben«, sagte der Schriftsteller und reichte dem Beamten das Päckchen.

»Wie üblich?« Der Beamte lächelte.

»Wie üblich«, bestätigte der Schriftsteller.

Während Ignati Iwanowitsch das sorgfältig verschnürte Päckchen wog, wobei er die Kupfergewichte mehrmals austauschen mußte, während er bunte Briefmarken mit doppelköpfigen Adlern aufklebte und knallend stempelte, saß Woronow, sich mit einem Tüchlein fächelnd, auf dem Stuhl zurückgelehnt und dachte: All das müßte man mal beschreiben: das Postamt hier und die nackten weißen Waden der Frau, die mit schiefergrauem Lappen den Fußboden wischt, und den feuchten Kalkgeruch und den Frühling am Meer und den Beamten Ignati Iwanowitsch und die hellen, heißen Fensterbretter mit den schläfrig kriechenden Fliegen darauf.

»Macht ganze zweiundvierzig Kopeken«, sagte der Postbeamte, »wenig, nicht wahr. Das letztemal, für den Roman, mußten Sie über anderthalb Rubel zahlen. Ein stattlicher Roman war's. So gewichtig.« Woronow lächelte.

»Ja, er war ganz schön umfangreich.«

»Hier ist Ihr Beleg«, sagte der Beamte und reichte die Quittung durchs Schalterfenster.

»Danke. Da haben Sie einen halben Rubel.«

»Immer her mit dem halben Rubelchen, gleich haben wir es gewechselt. Bitte sehr, acht Kopeken retour. Wollen Sie sich die Mühe machen nachzuzählen.«

»Schon gut.« Woronow lächelte, schüttete das Kleingeld ins Portemonnaie und setzte den Hut auf. »Tja, dann wolln wir mal. Wiedersehn.«

»Auf Wiedersehen, Nikolai Nikolajewitsch. Kommen Sie bald wieder.«

»Ja, ich bringe sicher bald einen neuen Roman. Zwei Rubel schwer. Den schicken wir dann nach Moskau.«

»Machen wir, auch nach Moskau, wird genauestens erledigt.«

»Na, ich muß los. Auf Wiedersehn.«

»Warten Sie, Nikolai Nikolajewitsch«, bat plötzlich der Beamte. »Wir kennen uns nun schon Gott weiß wie viele Jahre, durch meine Hände sind wohl schon gut ein Dutzend Romane und Erzählungen von Ihnen gegangen, ich weiß auch, Sie sind sozusagen ein bekannter Schriftsteller und was nicht alles, aber, stellen Sie sich vor, gelesen hab ich von Ihnen noch gar nichts. Könnten Sie mir nicht mal eins von Ihren Werken zu lesen geben?«

»In der Tat.« Der Schriftsteller lachte. »Genaugenommen sind wir wirklich alte Bekannte.« Er überlegte. »Wissen Sie was? Besuchen Sie mich doch mal nächsten Sonntag. Kommen Sie zu Tisch. Ich geb Ihnen dann eins von meinen Büchern. Sonntags hab ich immer Gäste.«

Woronow gefiel der Gedanke, er spann ihn weiter: »Tatsächlich, kommen Sie nur! Genieren Sie sich nicht. Ich würde mich sehr freuen. Wir kennen uns schon so lange und treffen uns nur, wenn wir Dienstliches zu erledigen haben. Alle werden hocherfreut sein. Also wir erwaten Sie. So zwischen zwei und drei.«

»Danke, ich komme. Ist mir sehr angenehm. Ich komme bestimmt.«

»Tun Sie das. Nun, nochmals auf Wiedersehen.«

Woronow verließ die Post und schlenderte gemächlich auf der Chaussee heimwärts, vorbei an blühenden und duftenden Gärten, hinter denen zeitweise der schneeweiße Stahlmantel und der mit Mennige gestrichene Unterbau des neuen Leuchtturms hervorlugten. Er bewohnte sommers und winters ein eigenes Landhaus am Ufer. Unterwegs schob er den Velourhut in den Nacken, umschlang mit ausgebreiteten Armen den über die Schulter gelegten Spazierstock und überdachte, als wandelndes Kruzifix gewissermaßen, das im Atelier eines Modemalers unter ausgelassenen Bohemiens handelnde nächste Kapitel seines neuen Romans, hatte also schon nach zehn Minuten den Postbeamten vergessen, der bis zum Sonntag pflichtgemäß von acht bis zwölf und von zwei bis sechs, Pakete wiegend und frankierend und Quittungen ausschreibend, hinter seinem Holzgitter saß, sich langweilte, viel rauchte und an Woronow dachte. Er brannte darauf, zu sehen, wie ein so ungewöhnlicher, nahezu mysteriöser, Erzählungen und Romane verfassender Mann, ein Schriftsteller, lebte, dessen Werke in Druckereien gelangten und gedruckt und in Buchhandlungen für teures Geld an völlig Fremde, Unbekannte verkauft wurden.

Am Sonntag wusch und kämmte sich Ignati Iwanowitsch mit besonderer Sorgfalt, wienerte die Stiefel und begab sich um zwei Uhr zu Woronow.

Ihm öffnete die Gattin des Schriftstellers, eine Frau wie die Zarin Katharina II., nur daß sie ein Pincenez trug und sehr liebenswerte Züge hatte. »Sie wollen zu Nikolai Nikolajewitsch?« fragte sie mit forschendem Blick auf Ignati Iwanowitsch. »Von der Post, in Geschäften?«

»Keineswegs, nicht in Geschäften, sondern auf Herrn Woronows liebenswürdige Einladung, mit ihm zu speisen.«

Einen Augenblick lang spiegelten die Augen der Schriftstellersgattin Erstaunen, dann lächelte sie um so liebenswürdiger.

»Ach, so ist das! Sehr erfreut. Ich bin seine Frau. Er ist gerade im Arbeitszimmer. Gehen Sie bitte geradeaus durchs Eßzimmer in den Salon und dann die Tür rechts.«

Sie reichte dem Beamten ihre anmutig gebeugte Hand, die er, aus Furcht, ihr Schaden zu tun, behutsam drückte, jedoch nicht zu küssen wagte. Er durchschritt den ziemlich langen Korridor und passierte einen mit zahlreichen Paletots, Regenmänteln und Hüten behängten Garderobenständer. Das Eßzimmer wirkte festlich: Der sonnige Raum stand voller Blumen in Töpfen und Vasen, die Wände des Salons zierten vom Parkett bis zur Decke farbige Gemälde in verschiedensten, zumeist vergoldeten Rahmen und Leisten. Aus dem Arbeitszimmer drangen laute Männerstimmen und Gelächter. Der Beamte überschritt die Schwelle. Vor ihm stand in blauem Tabaksrauch Woronow, die Hände in den Taschen eines saloppen Künstlersakkos, und stritt sich heftig mit zwei Herren in ausnehmend tiefen, weichen Sesseln. Als Woronow Ignati Iwanowitsch erblickte, nahm er die Hände aus den Taschen, und auch in seinen Augen spiegelte sich etwas wie Erstaunen, doch erinnerte er sich, den Postbeamten selbst eingeladen zu haben, und sofort drückte seine Miene Befriedigung aus.

»Na, das ist ja ausgezeichnet, daß Sie gekommen sind!« rief er, die Hand ausstreckend. »Essen Sie mit uns! Darf ich vorstellen, meine Herren, das ist Herr ... Herr ... Kurz, Ignati Iwanowitsch vom hiesigen Postamt.«

Ignati Iwanowitsch begrüßte die anderen Gäste. Einer von ihnen, ein kleiner Dicker mit mongolischen Äuglein, murmelte zur Begrüßung etwas Unverständliches, ein anderer - ein hakennasiger Hagerer mit Bärtchen, in sportlich-elegantem englischem Jackett mit großen aufgesetzten Taschen und scharfem Blick aus wäßrigen, wie verweinten Augen - reichte ihm die Hand in schneeweiß gestärkter Manschette und nannte deutlich seinen Namen: Karpow.«

Heilig Mutter Gottes, dachte der Beamte voll Entzücken, Karpow persönlich, das Ehrenmitglied der Akademie, Sektion Schöne Literatur! Allerhand!

Er setzte sich auf einen weich gepolsterten Puff in der Ecke und sagte zu Woronow: »Wissen Sie, bei Ihnen ist es ja hier wie in einer Gemäldegalerie.«

Woronow lächelte herablassend, aber auch ein wenig geschmeichelt. »Das sind alles Bilder von meinen Malerfreunden. Zum Beispiel von Karl Franzewitsch.« Dabei wies der Schriftsteller auf den Dicken.

Der Postbeamte erhob sich vom Puff und sagte mit gefälliger Miene: »An-ngenehm!«

Indessen nahm der Hausherr das unterbrochene Streitgespräch wieder auf. »Nein, Ossja«, sagte er, hauptsächlich an das Ehrenmitglied der Akademie gewandt, »Tjutschews Reiz liegt nicht so sehr darin, daß er einfach und leicht schrieb ...«

»Schön, angenommen, er schrieb nicht einfach und leicht.«

»Warte, laß mich meinen Gedanken zu Ende bringen. Vielmehr darin, daß in ihm so etwas Gewichtiges, verstehst du, Gravierendes, Gewaltiges steckt.

›Als Hebe Zeusens stolzem Adler
Den Becher bot im Übermut,
Hab lachend, sagst du, auf die Erde
Verschüttet sie die Donnerglut.‹

Ja, mein Lieber! Da reichen wir beide nicht ran. Diese Bilderkraft!«

Karpow lächelte säuerlich, senkte aber bejahend sein schönes Haupt mit dem stark ausgeprägten Hinterkopf.

Sie sprachen noch lange und viel von Dingen, die Ignati Iwanowitsch nicht ganz verstand, doch hörte er aufmerksam zu, bemüht, sich kein Wort entgehen zu lassen, denn er genoß es, in dem geräumigen, schön eingerichteten Arbeitszimmer mit den riesigen Bücherschränken sitzen und dabeisein zu dürfen, wie sich zwei Schriftsteller und ein Maler unterhielten, von denen einer in ganz Rußland bekannt war.

Immer neue Gäste kamen. Zigarrenrauch füllte die Zimmer, es wurde eng und laut. Die Gespräche kreisten um Musik, Zeitschriften, Schriftsteller, die Sozialdemokratie, um Maler und Schauspieler. Ein Lektor mit bekanntem Namen erschien, mit ihm ein Bariton vom Stadttheater. Alle begrüßten den Postbeamten, und alle blickten einen Moment erstaunt, aber Ignati Iwanowitsch merkte das nicht. Bemüht, sowenig wie möglich im Wege zu sein und sich nicht aufzudrängen, promenierte er, unverwandt lächelnd, von Zimmer zu Zimmer, trat an Gemälde, strich behutsam mit dem Finger über Bilderrahmen und verkrustete Farbschichten auf der Leinwand und kam zu der vagen Überzeugung, dieser glänzenden, ihm so gänzlich neuen Welt ebenfalls teilhaftig zu sein.

Danach wurde ausgiebig an einer langen, reichlich mit Blumen und Kristall geschmückten Tafel diniert. Alles war ausgesprochen schmackhaft und appetitlich, besonders die winzigen, saftigen, goldbraun gebackenen Blätterteigpasteten, gereicht zu einer hinreißenden Bouillon, auf deren schillernder Oberfläche sich des öfteren talergroße goldgelbe Fettaugen bildeten. Von solchen Pasteten konnte man hundert verzehren, ohne sich zu überessen. Ignati Iwanowisch aber genierte sich und aß nur wenig, obwohl er hungrig war. Neben ihm saß ein reizendes junges Mädchen in schlichtem schwarzem Rock und noch schlichterer blauer Bluse. Zum erstenmal im Leben saß er neben einer so anmutigen, blühenden Schönheit. Wie stets bei dergleichen Anlässen war es recht eng am Tisch, und Ignati Iwanowitsch mied ängstlich jede überflüssige Bewegung, um ja nicht seine Nachbarin mit dem Ellenbogen anzustoßen oder etwas aufs steifleinene Tischtuch zu verschütten. Das Mädchen beachtete ihn gar nicht und sprach ihn nur einmal an: »Seien Sie so gut und reichen Sie mir den Salat.«

Er tat es und sah gerührt, wie sie das hölzerne Salatbesteck handhabte und sich die frischen, mit Provence-Öl und Zitronensaft beträufelten Blätter auf den Teller füllte.

Beim Reichen des Salats war Ignati Iwanowitsch ein wenig Öl aufs Tischtuch getropft; um einer Bloßstellung zu entgehen, goß er sich mit der unschuldsvollsten Miene Mineralwasser ein, obwohl er eigentlich Rotwein hatte kosten wollen.

Später ging man in den Salon, wo es noch mehr Blumen und Gemälde zu bestaunen gab als in den anderen Räumen, und nahm Platz auf Sesseln, Diwanen, Chaiselongues und Kanapees. Das junge Mädchen, dem Ignati Iwanowitsch Salat gereicht hatte, ließ sich vom Hausherrn mehrmals bitten, etwas vorzuspielen. Sie lehnte zuerst ab, doch als sich auch die Hausfrau und schließlich alle Gäste aufs Bitten verlegten, willigte sie ein und trat in die Mitte des Raums an den Fenster und Meer vielfältig reflektierenden Flügel. Sie schlug die Noten auf, überflog die erste Seite und begann zu spielen. Der Raum füllte sich mit Tönen, die die verschiedenen Nippsachen auf den Etageren vibrieren ließen. Der Beamte sah zum Fenster hinaus, und während des Mädchens weiße Finger, einen Sturm von Tönen zaubernd, über die Tasten eilten, war ihm, als sei alles - das blaßblaue Meer mit dem Segel am Horizont, des Gartens Grün, die violetten Abendschatten von Bäumen und Gesträuch - nicht nur an sich schön, sondern durch die Musik, und Segel, Bäume, Meer würden schwinden, sobald sie verklang.

Es dunkelte zusehends, viele Gäste verabschiedeten sich bereits. Ignati Iwanowitsch fühlte, auch für ihn wurde es Zeit zu gehen, doch konnte er sich einfach nicht dazu entschließen. Er saß da wie verzaubert. In seinem Hirn jagten sich die Gedanken, seine Nerven, der Musik ungewohnt, vibrierten wie Saiten, im Herzen spürte er süßen, nie gekannten, schmeichelnden Schmerz. Endlich erhob er sich und ging den Hausherrn suchen. Woronow stand wieder im Arbeitszimmer, die Hände in den Taschen seines Sakkos, und unterhielt sich mit einem hochgewachsenen Herrn in neuem langem Gehrock mit seidenen Aufschlägen und hütchenförmigen, seidenbezogenen Knöpfen. Nach seiner strengen Professorenmiene zu urteilen, handelte das Gespräch von ernsten, bedeutsamen Dingen.

»Ich wollte mich verabschieden«, sagte der Beamte.

»Schon? Bleiben Sie noch. Trinken Sie Tee mit uns.«

»Auf keinen Fall, danke nein. Es wird Zeit.«

»Ja, wirklich?«

»Ich kann nicht. Ich muß.«

»Nun, wenn Sie müssen, dann müssen Sie. Das Muß ist eine harte Nuß. Auf Wiedersehn. War nett, daß Sie gekommen sind.«

Ignati Iwanotwitsch wollte bereits aus dem Zimmer, da fiel ihm ein, daß Woronow ihm ein Buch versprochen hatte. Kläglich bat er: »Und das Buch? Sie haben's mir neulich versprochen. Könnten Sie's mir wohl geben?«

»Ach ja, das Buch. Schön. Wenngleich ... Im Augenblick macht sich's schlecht, danach zu suchen, ich weiß gar nicht, wo ich meine Belegexemplare habe. Und - sehen Sie, ich habe Gäste. Machen wir's doch so: Schaun sie in den nächsten Tagen mal herein. Oder in einer Woche, hm ... Sagen wir, Sonntag. Wir erwarten Sie zu Tisch. Bis dahin hab ich dann ... Einverstanden?«

»Wie belieben.«

»Nun, alles Gute.«

Auf dem Weg durchs Eßzimmer begegnete der Postbeamte dem Ehrenmitglied der Akademie und sagte zu ihm: »Ich breche auf. Habe die Ehre, mich zu empfehlen. Sehr angenehm, die Bekanntschaft eines so hervorragenden Mannes gemacht zu haben. Außerordentlich.«

»Sie sehen mich bewegt«, versetzte das Akademiemitglied so deutlich, als drucke er das Wort. »Alles erdenklich Gute.«

Er reichte Ignati Iwanowitsch seine schlanke, feingliedrige Hand. Die Hausfrau suchte der Beamte nicht mehr auf und ging, ohne sich von ihr verabschiedet zu haben.

Die Sonne war längst untergegangen, die Abendröte fernab in der Steppe erloschen, und noch immer schimmerte im Westen ein grünlicher Aprilhimmel hinter den klaren Umrissen von Datschenzäunen und den krausköpfigen Silhouetten junger Akazien; überm Meer glänzte klar, wie frischgebadet, der Mond, und unter ihm die See lag still und fliederfarben bis zum Horizont. Der Postbeamte aber war erregt. Vor dem Einschlafen dachte er an Woronow, an sein Haus, seine Gäste, Gemälde und Blumen, an den Flügel, die kleinen Blätterteigpasteten und das berühmte Ehrenmitglied der Akademie, Sektion Schöne Literatur. Mitleid überkam ihn: mit sich selbst, seiner Armut und Schüchternheit. Und das Bewußtsein, an seinem fast gelebten Leben nichts mehr ändern zu können, drückte ihm als anhaltender ziehender Schmerz aufs Herz und ließ ihn nicht schlafen. Dichten hätte er mögen, in Versen beklagen sein bitteres Los.

Anderntags saß Ignati Iwanowitsch wieder hinter seinem Gitter, klebte Briefmarken und entwertete sie knallend, wog Einschreibsendungen und reichte Quittungen aus dem Schalterloch.

Konstantin Paustovskij
Labyrinthe aus Sperrholz

An den Bürgersteigen blühten die alten Akazien. Ringsum war alles von ihren gelblichen Blüten übersät. Der Oprodkomgub siedelte gegen das Frühjahr aus der Richelieu-Straße mitten ins Dickicht dieser Straßenakazien über - in das Hotel ›Sewernaja‹, das in der Deribassowskaja lag.

In den ersten Jahren nach der Revolution zeichneten sich die Amtsstellen durch eine ungewöhnliche Umzugsfreudigkeit aus. Sie siedelten unentwegt von einem Haus in ein anderes über. Nachdem sich eine Dienststelle geräuschvoll in einem neuen Heim niedergelassen hatte, richtete sie vor allen Dingen eine Unzahl von Sperrholzwänden auf mit ebensolchen, leider nur allzu zerbrechlichen Türen.

Wenn man das Sperrholzlabyrinth einer solchen Dienststelle zu einer geraden Linie ausgezogen hätte, würde die Wand wohl ganz Odessa eingeschlossen haben - die um die Stadt herum verlaufende Portofrankowskaja-Straße entlang.

Die Sperrholzwände, die nirgends bis zur Decke reichten, überschnitten sich unter den seltsamsten Winkeln, teilten Treppenabsätze in zwei Teile und bildeten allerlei dunkle, geheimnisvolle Übergänge, Korridorstümpfe und Ecken. Hätte man von diesen Dienststellen mit ihren zahllosen Zwischenwänden die Dächer abdecken oder das Haus vom Dachboden bis zum Keller senkrecht aufschneiden können, so hätte dem überraschten Zuschauer sich das Bild eines verworrenen menschlichen Ameisenhaufens geboten. Eine besondere Spezies von Menschenameisen bevölkerte es. Sie schrieben den ganzen Tag über Berge von Papieren voll und verbargen sie zur Nacht in Sperrholzverschlägen wie in Waben oder Zellen.

Es gehörte sich, daß man solche Sperrholzwände mit einer Unzahl von Verordnungen, Bekanntmachungen und Wandzeitungen überklebte, die groß wie Bettücher waren.

Man stellte in so einem Sperrholzgang einen Zinkbehälter mit abgekochtem Wasser auf, an den ein Blechbecher angekettet war. Neben dem Behälter bezog eine Botenfrau - Tante Motja oder Tante Raja - Posten, und erst von diesem Augenblick an begann die Dienststelle wirklich zu funktionieren.

Manchmal schien es sogar, daß eine Dienststelle ohne Sperrholzwände und Botenfrauen einfach undenkbar sei und erst dann aufblühen und zum Leben erwachen könnte, wenn ihre Tätigkeit von allen möglichen Tanten Motjas begutachtet worden wäre, sowohl von der eigenen als auch von allen andern aus den benachbarten - befreundeten oder verfeindeten - Dienststellen. Jede dieser Tante Motjas wachte über das Ansehen ihrer Dienststelle. Die Hausregeln waren für sie Gesetzestafeln, die keinerlei Kritik erlaubten; augenscheinlich waren sie der Ansicht, sie seien dem Kommandanten auf einer Art Berg Sinai der Verwaltung von dem Herrn Zebaoth persönlich überreicht worden.

In diesen Labyrinthen aus Sperrholzwänden gab es mancherlei Interessantes zu sehen, so vor allem die Kasse - einen überaus tristen Verschlag mit einem schief eingeschnittenen Fenster.

Im Oprodkomgub stand über dem Kassenschalter mit Blaustift geschrieben:

»Kollegen! Schreiben Sie den Betrag in Worten aus, und bemühen Sie den Kassierer nicht mit dem Schneiden des Geldes! Schneiden Sie selber! (Grundlage: Verordnung für den Oprodkombug Nr. 1807).«

Dieses rätselhafte und einigermaßen unheimliche »Schneiden Sie selber!« erklärte sich sehr einfach: Der Kassierer erhielt das Geld in großen Bogen und mußte viel Zeit aufwenden, um sie in einzelne Scheine zu zerschneiden. Er war dieser Betätigung überdrüssig geworden und dazu übergegangen, das Arbeitsentgelt einfach in großen, noch unzerschnittenen Bogen auszuzahlen.

Die Bogen mit dem aufgedruckten Geld hatten je nach den Scheinen, um die es sich handelte, verschiedenen Wert. So gab es zum Beispiel Bogen mit zwanzig Tausendrubelscheinen, die also 20 000 Rubel wert waren, und andere mit sechzig Zehntausendrubelscheinen, die dementsprechend auf 600 000 Rubel kamen.

Doch der Kassierer konnte die Auszahlungen nicht immer nur mit ganzen Bogen bewerkstelligen. Manchmal war er gezwungen, den erforderlichen Betrag mit der Schere auszuschneiden.

Dagegen lehnte er sich nicht auf; letzten Endes beanspruchte eine solche Operation nicht allzuviel Zeit. Wohl aber gab es Krach, wenn sich gewisse anmaßende Mitarbeiter weigerten, das Geld in ganzen Bogen anzunehmen, und verlangten, daß man es ihnen in fertig geschnittenen Scheinen auszahle.

In solchen Fällen warf der gallige Kassierer das Sperrholzfensterchen seiner Kasse zu und rief von innen: »Was denn noch! Verdorren Ihnen vielleicht die Arme, wenn Sie das Geld auseinanderschneiden? Wenn Sie's nicht selber machen wollen, dann überlassen Sie's doch Ihren Kindern! Sollen sie ihr Vergnügen haben!«

Das war ein zwar wirkungsvoller, aber unzulässiger Kniff - er kam einer psychischen Attacke gleich. Ich habe selber an mir erfahren und mich davon überzeugt, daß das Zuwerfen des Kassenfensters allen Angestellten einen panischen Schrecken einjagte, besonders aber den Kinderreichen und den Alkoholikern. Jedermann überkam die unerklärliche Überzeugung, daß sich das Fensterchen nie wieder öffnen werde, daß alles Geld verteilt sei bis auf die letzte Kopeke und daß es überhaupt keines mehr geben werde.

Vor dem zugeworfenen Sperrholzfenster gab jedesmal selbst der halsstarrigste Geldempfänger klein bei und begann sogar zu bereuen. Dann öffnete der Kassierer wieder den Schalter, sah den Aufsässigen lange und kummervoll über die Brille hinweg an und schüttelte den Kopf.

»Schämen Sie sich, junger Mann!« sagte er. »Krach schlagen, das können Sie, aber den Mitarbeitern der Finanz auch nur ein wenig entgegenkommen und das Geld selber schneiden - dazu reicht es bei Ihnen nicht! Schreiben Sie den Betrag in Worten aus, hier, wo das rote Häkchen ist.«

Um die Mitarbeiter des Oprodkomgub über den Geldumlauf aufzuklären, hatte der Kassierer an die Sperrholzwand vor der Kasse Muster von Sowjetgeld geklebt, das im Lande Gültigkeit hatte, und daneben von solchem, das außer Kurs war.

Es war eine einzigartige Papiergeldsammlung. Sie wurde nur deshalb nicht gestohlen, weil der vorausschauende Kassierer die Scheine mit Tischlerleim ans Sperrholz geklebt hatte und man sie auf keine Weise herunterbekam. Dennoch bemerkte der Kommandant Karpenko gleich am Tage, nachdem die Muster ausgestellt worden waren, daß jemand versucht hatte, ein Stück des Sperrholzes nebst dem daraufgeklebten Geld mit einer Laubsäge herauszusägen.

In jenen Tagen hatten die Geldscheine ihre Beinamen. Die Tausender hießen ›Stücke‹, die Millionen ›Limonen‹. Die Milliarden hatte man auf den klangvollen Namen ›Limonarden‹ getauft. Auch die kleineren Scheine führten die überraschendsten Bezeichnungen: besonders zärtlich hatten die Leute von Odessa das Kleingeld zu 30 und 50 Rubel benannt.

Unter den Geldscheinen ohne Kurswert gab es geradezu phantastische; zum Beispiel Hundertrubelscheine, die auf die Rückseite von Spielkarten gedruckt waren. Sie wurden von irgendeinem Nest in der Ukraine herausgebracht - ich weiß nicht, ob es Tschigirin oder Slawuta war. Es gab in Odessa Scheine mit einer Ansicht der Börse, weißgardistische ›Kolokola‹ und ›Jermaki‹, ukrainische ›Karbowanzy‹, Hundertrubelscheine, die ›Jajeschnizy‹ hießen, ›Schagi‹ und allerlei andere Banknoten und ›kleine Geldzeichen‹, deren Wert durch das zweifelhafte Eigentum der verschiedensten Städte verbürgt wurde - von Kryshopol bis Sosnizy und von Schpola bis Gluchow.

Überhaupt sah die Wand neben dem Schalter recht malerisch aus. Fast jeder Mitarbeiter des Oprodkomgub machte, wenn er sein Geld bekam, das gleiche - er drückte den Bogen mit den Geldscheinen gegen das Sperrholz, legte ein Blatt Papier darauf und rieb aus Leibeskräften auf ihm herum, um das Zuviel an klebriger Farbe vom Geldscheinbogen zu entfernen.

Danach war das Geld sowohl auf dem Sperrholz als auch auf dem Papier so deutlich abgedruckt, daß man davon, wie Witzbolde versicherten, Abzüge herstellen und sie zusammen mit den echten Scheinen in Umlauf setzen konnte.

Nach einem Geldempfang war alles mit Abdrucken von klebrigen Geldscheinen bedeckt. An den Fingern, auf den Tischen, auf Büchern und Papieren fanden wir Nummern von Geldscheinserien und die Unterschrift des Volkskommissars für Finanzen.

Heinrich Böll
Damals in Odessa

Damals in Odessa war es sehr kalt. Wir fuhren jeden Morgen mit großen rappelnden Lastwagen über das Kopfsteinpflaster zum Flugplatz, warteten frierend auf die großen grauen Vögel, die über das Startfeld rollten, aber an den beiden ersten Tagen, wenn wir gerade beim Einsteigen waren, kam der Befehl, daß kein Flugwetter sei, die Nebel über dem Schwarzen Meer zu dicht oder die Wolken zu tief, und wir stiegen wieder in die großen rappelnden Lastwagen und fuhren über das Kopfsteinpflaster in die Kaserne zurück.

Die Kaserne war sehr groß und schmutzig und verlaust, und wir hockten auf dem Boden oder lagen über den dreckigen Tischen und spielten Siebzehn-und-Vier, oder wir sangen und warteten auf eine Gelegenheit, über die Mauer zu gehen. In der Kaserne waren viele wartende Soldaten, und keiner durfte in die Stadt. An den beiden ersten Tagen hatten wir vergeblich versucht auszukneifen, sie hatten uns geschnappt, und wir mußten zur Strafe die großen, heißen Kaffeekannen schleppen und Brote abladen; und dabei stand in einem wunderbaren Pelzmantel, der für die sogenannte Front bestimmt war, ein Zahlmeister und zählte, damit kein Brot plattgeschlagen wurde, und wir dachten damals, daß Zahlmeister nicht von Zahlen, sondern von Zählen kommt. Der Himmel war immer noch neblig und dunkel über Odessa, und die Posten pendelten vor den schwarzen, schmutzigen Mauern der Kaserne auf und ab.

Am dritten Tage warteten wir, bis es ganz dunkel geworden war, dann gingen wir einfach an das große Tor, und als der Posten uns anhielt, sagten wir »Kommando Seltschini«, und er ließ uns durch. Wir waren zu drei Mann, Kurt, Erich und ich, und wir gingen sehr langsam. Es war erst vier Uhr und schon ganz dunkel. Wir hatten ja nichts gewollt, als aus den großen, schwarzen, schmutzigen Mauern heraus, und nun, als wir draußen waren, wären wir fast lieber wieder drinnen gewesen; wir waren erst seit acht Wochen beim Militär und hatten viel Angst, aber wir wußten auch: wenn wir wieder drinnen gewesen wären, hätten wir unbedingt heraus gewollt, und dann wäre es unmöglich gewesen, und es war doch erst vier Uhr, und wir konnten nicht schlafen, wegen der Läuse und dem Singen und auch, weil wir fürchteten und zugleich hofften, am anderen Morgen könnte gutes Flugwetter sein, und sie würden uns auf die Krim hinüberfliegen, wo wir sterben sollten. Wir wollten nicht sterben, wir wollten auch nicht auf die Krim, aber wir mochten auch nicht den ganzen Tag in dieser schmutzigen, schwarzen Kaserne hocken, wo es nach Ersatzkaffee roch und wo sie immerzu Brote abluden, die für die Front bestimmt waren, immerzu, und wo immer Zahlmeister in Mänteln, die für die Front bestimmt waren, dabeistanden und zählten, damit kein Brot plattgeschlagen wurde. Ich weiß nicht, was wir wollten. Wir gingen sehr langsam in diese dunkle, holprige Vorstadtgasse hinein, zwischen unbeleuchteten, niedrigen Häusern war die Nacht von ein paar verfaulenden Holzpfählen eingezäunt, und dahinter irgendwo schien Ödland zu liegen, Ödland wie zu Hause, wo sie glauben, es wird eine Straße gelegt, wo sie Kanäle bauen und mit Meßstangen herumfummeln, und es wird doch nichts mit der Straße, und sie werfen Schutt, Asche und Abfälle dahin, und das Gras wächst wieder, derbes, wildes Gras, üppiges Unkraut, und das Schild »Schutt abladen verboten« ist schon nicht mehr zu sehen, weil sie zu viel Schutt dahingeschüttet haben...

Wir gingen sehr langsam, weil es noch so früh war. Im Dunklen begegneten uns Soldaten, die in die Kaserne gingen, und andere kamen aus der Kaserne und überholten uns; wir hatten Angst vor den Streifen und wären am liebsten zurükkgegangen, aber wir wußten ja auch, wenn wir wieder in der Kaserne waren, würden wir ganz verzweifelt sein, und es war besser, Angst zu haben als nur Verzweiflung in den schwarzen, schmutzigen Mauern der Kaserne, wo sie Kaffee schleppten, immerzu Kaffee schleppten und für die Front Brote abluden, immerzu Brote für die Front, und wo die Zahlmeister in den schönen Mänteln herumliefen, während es uns schrecklich kalt war. Manchmal kam links oder rechts ein Haus, aus dem dunkelgelbes Licht herausschien, und wir hörten Stimmen, russische Stimmen, hell und fremd und beängstigend, kreischend. Und dann kam in der Dunkelheit ein ganz helles Fenster, da war viel Lärm, und wir hörten Soldatenstimmen, die sangen: »Ja, die Sonne von Mexiko.«

Wir stießen die Tür auf und traten ein: da drinnen war es warm und qualmig, und es waren Soldaten da, acht oder zehn, und manche hatten Weiber bei sich, und sie tranken und sangen, und einer lachte ganz laut, als wir hereinkamen. Wir waren jung und auch klein, die Kleinsten von der ganzen Kompanie; wir hatten ganz nagelneue Uniformen an, und die Holzfasern stachen uns in Arme und Beine, und die Unterhosen und Hemden juckten schrecklich auf der bloßen Haut, und auch die Pullover waren ganz neu und stachelig.

Kurt, der Kleinste, ging voran und suchte einen Tisch aus; er war Lehrling in einer Lederfabrik, und er hatte uns immer erzählt, wo die Häute herkamen, obwohl es Geschäftsgeheimnis war, und er hatte uns sogar erzählt, was sie daran, verdienten, obwohl das ganz strenges Geschäftsgeheimnis war. Wir setzten uns neben ihn.

Hinter der Theke kam eine Frau heraus, eine dicke Schwarze mit einem gutmütigen Gesicht, und sie fragte, was wir trinken wollten; wir fragten zuerst, was der Wein kostete, denn wir hatten gehört, daß alles sehr teuer war in Odessa.

Sie sagte: »Fünf Mark die Karaffe«, und wir bestellten drei Karaffen Wein. Wir hatten beim Siebzehn-und-Vier viel Geld verloren und den Rest geteilt; jeder hatte zehn Mark. Einige von den Soldaten aßen auch, sie aßen gebratenes Fleisch, das noch dampfte, auf Weißbrotschnitten, und Würste, sehr dicke

Würste, die nach Knoblauch rochen, und wir merkten jetzt erst, daß wir Hunger hatten, und als die Frau den Wein brachte, fragten wir, was das Essen kostete. Sie sagte, daß die Würste fünf Mark kosteten und Fleisch mit Brot acht; sie sagte, das wäre frisches Schweinefleisch, aber wir bestellten drei Würste. Manche von den Soldaten küßten die Weiber oder nahmen sie ganz offen in den Arm, und wir wußten nicht, wo wir hingucken sollten.

Die Würste waren heiß und fett, und der Wein war sehr sauer. Als wir die Würste aufgegessen hatten, wußten wir nicht, was wir tun sollten. Wir hatten uns nichts mehr zu erzählen, vierzehn Tage hatten wir im Waggon nebeneinandergelegen und uns alles erzählt, Kurt war in einer Lederfabrik gewesen, Erich kam von einem Bauernhof, und ich, ich war von der Schule gekommen; wir hatten immer noch Angst, aber es war uns nicht mehr kalt...

Die Soldaten, die die Weiber geküßt hatten, schnallten jetzt ihre Koppel um und gingen mit den Weibern hinaus; es waren drei Mädchen, sie hatten runde, liebe Gesichter, und sie kicherten und zwitscherten, aber sie gingen jetzt mit sechs Soldaten weg, ich glaube, es waren sechs, fünf bestimmt. Es blieben nur noch die Betrunkenen, die gesungen hatten: »Ja, die Sonne von Mexiko.« Einer, der an der Theke stand, ein großer, blonder Obergefreiter, drehte sich jetzt um und lachte uns wieder aus; ich glaube, wir saßen auch sehr still und brav da an unserem Tisch, die Hände auf den Knien, wie beim Unterricht in der Kaserne. Dann sagte der Obergefreite etwas zu der Wirtin, und die Wirtin brachte uns weißen Schnaps in ziemlich großen Gläsern. »Wir müssen ihm jetzt zuprosten«, sagte Erich und stieß uns mit den Knien an, und ich, ich rief so lange: »Herr Obergefreiter«, bis er merkte, daß ich ihn meinte, dann stieß uns Erich mit den Knien wieder an, wir standen auf und riefen zusammen: »Prost, Herr Obergefreiter.« Die anderen Soldaten lachten alle laut, aber der Obergefreite hob sein Glas und rief uns zu: »Prost, die Herren Grenadiere...«

Der Schnaps war scharf und bitter, aber er machte uns warm, und wir hätten gerne noch einen getrunken.

Der blonde Obergefreite winkte Kurt, und Kurt ging hin und winkte uns auch, als er ein paar Worte mit dem Obergefreiten gesprochen hatte. Er sagte, wir wären ja verrückt, weil wir kein Geld hätten, wir sollten doch etwas verscheuern; und er fragte, von wo wir kämen und wo wir hin müßten, und wir sagten ihm, daß wir in der Kaserne warteten und auf die Krim fliegen sollten. Er machte ein ernstes Gesicht und sagte nichts. Dann fragte ich ihn, was wir denn verscheuern könnten, und er sagte: Alles.

Verscheuern könnte man hier alles, Mantel und Mütze oder Unterhosen, Uhren, Füllfederhalter.

Wir wollten keinen Mantel verscheuern, wir hatten zuviel Angst, es war ja verboten, und es war uns auch sehr kalt, damals in Odessa.

Wir suchten unsere Taschen leer: Kurt hatte einen Füllfederhalter, ich eine

Uhr und Erich ein ganz neues, ledernes Portemonnaie, das er bei einer Verlosung in der Kaserne gewonnen hatte. Der Obergefreite nahm die drei Sachen und fragte die Wirtin, was sie dafür geben wollte, und sie sah alles ganz genau an, sagte, daß es schlecht sei, und wollte zweihundertfünfzig Mark geben, hundertachtzig allein für die Uhr.

Der Obergefreite sagte, daß das wenig sei, zweihundertfünfzig, aber er sagte auch, mehr gäbe sie bestimmt nicht, und wenn wir am nächsten Tag vielleicht auf die Krim flögen, wäre ja alles egal, und wir sollten es nehmen.

Zwei von den Soldaten, die gesungen hatten: »Ja, die Sonne von Mexiko...«, kamen jetzt von den Tischen und klopften dem Obergefreiten auf die Schultern; er nickte uns zu und ging mit ihnen hinaus.

Die Wirtin hatte mir das ganze Geld gegeben, und ich bestellte jetzt für jeden zwei Portionen Schweinefleisch mit Brot und einen großen Schnaps, und dann aßen wir noch einmal jeder zwei Portionen Schweinefleisch, und noch einmal tranken wir einen Schnaps. Das Fleisch war frisch und fett, heiß und fast süß, und das Brot war ganz mit Fett durchtränkt, und wir tranken dann noch einen Schnaps. Dann sagte die Wirtin, sie hätte kein Schweinefleisch mehr, nur noch Wurst, und wir aßen jeder eine Wurst und ließen uns Bier dazu geben, dickes, dunkles Bier, und wir tranken noch einen Schnaps und ließen uns Kuchen bringen, flache, trockene Kuchen aus gemahlenen Nüssen; dann tranken wir noch mehr Schnaps und wurden gar nicht betrunken; es war uns warm und wohl, und wir dachten nicht mehr an die vielen Stacheln aus Holzfasern in den Unterhosen und dem Pullover; und es kamen neue Soldaten herein, und wir sangen alle: »Ja, die Sonne von Mexiko...«

Um sechs Uhr war unser Geld auf, und wir waren immer noch nicht betrunken; wir gingen zur Kaserne zurück, weil wir nichts mehr zu verscheuern hatten. In der dunklen, holprigen Straße brannte nun gar kein Licht mehr, und als wir durch die Wache kamen, sagte der Posten, wir müßten auf die Wachstube. In der Wachstube war es heiß und trocken, schmutzig, und es roch nach Tabak, und der Unteroffizier schnauzte uns an und sagte, die Folgen würden wir schon sehen. Aber in der Nacht schliefen wir sehr gut, und am anderen Morgen fuhren wir wieder auf den großen, rappelnden Lastwagen über das Kopfsteinpflaster zum Flugplatz, und es war kalt in Odessa, das Wetter war herrlich, klar, und wir stiegen endgültig in die Flugzeuge ein; und als sie hochstiegen, wußten wir plötzlich, daß wir nie mehr kommen würden, nie mehr...

Jurij Ščerbak
Die Heimkehr

Das Telegramm hatte er in der Nacht erhalten, und gleich am nächsten Morgen war Suiko nach Cherson geflogen. Mehrmals las er im Flugzeug das zerknitterte Telegramm, von dem sich die aufgeklebten schmalen Papierstreifen mit dem maschinegeschriebenen Text zu lösen begannen. »Vater geht es schlecht will dich sehen Mama«. Suiko konnte einfach nicht verstehen, warum sich die Menschen sogar in der Stunde der Verzweiflung so beflissentlich an diesen amtlichen Telegrammstil halten. Etwas Kaltes und Fremdes lag in diesem kurzen Halbsatz, als hätte nicht ein nahestehender, hilfsbedürftiger Mensch, sondern ein allem gegenüber gleichgültiger Roboter, der über einen Vorrat an Texten für alle Lebenslagen verfügt, das Telegramm geschickt. Natürlich könnte man alles mit Sparsamkeitsüberlegungen erklären, aber, mein Gott, wieviel Kopeken spart man schon bei einigen Worten? Suiko selber gab zum Erstaunen der Postangestellten immer Telegramme auf, die in menschlicher Sprache abgefaßt waren, mit allen Präpositionen, Kommas und Punkten. Wahrscheinlich hatte nicht seine Mutter, sondern jemand von den Nachbarn das Telegramm aufgegeben.

In Cherson hielt sich Suiko nicht lange auf, der Omnibus nach Henitschesk fuhr 14.40 Uhr. Als Suiko erfuhr, daß die Fahrt dorthin annähernd fünf Stunden dauern werde, seufzte er matt. Mit vielem im Leben hatte er sich schon abgefunden, auch mit solch einer langsamen Überwindung von Raum und Zeit, mit den schwerfälligen und unerbittlichen Umdrehungen jenes gigantischen Mechanismus, dessen Name »Leben« ist. Flugzeuge flogen aus irgendeinem Grund nicht nach Henitschesk.

Suiko war noch nie in dieser Gegend gewesen. Er besaß nicht einmal eine Vorstellung davon, wo dieses Henitschesk lag. Den Vater hatte er vier Jahre nicht gesehen, seit er mit ihm gebrochen hatte. Er hatte geglaubt, es werde endgültig und für immer sein. Nur mit Mutter schrieb er sich von Zeit zu Zeit. Aus ihren Briefen wußte er, daß seine Eltern das Haus verkauft hatten und von Kadiiwka nach Henitschesk gezogen waren, wo sie sich ein halbes Haus gekauft hatten (in diesen Orten an der See sind Häuser teuer). Dafür war die Luft reiner, und die Eltern verdienten sich etwas zu ihrer Rente hinzu, indem sie im Sommer ein Zimmer an Urlauber vermieteten. In jedem dieser seltenen Briefe hatte die Mutter geklagt, daß sich Vater schlecht fühle, daß er unleidlicher werde und es immer schwerer sei, mit ihm zusammen zu leben.

Suiko sah zum Busfenster hinaus, er wollte die bitteren Erinnerungen an die letztc Begegnung mit seinem Vater verdrängen. Die ganze unüberschaubare Weite, in der sich der ziemlich alte Omnibus vorwärts bewegte, setzte sich aus nur zwei Farben zusammen: blau und grün, die eine wilde, durch nichts zu bändigende Freude auf den Frühling in sich trugen. Es waren die Farben der Gräser und der Lüfte. Bis zum Horizont, wo die unendliche Steppe mit dem Blau des Himmels verschmolz und durchsichtig flimmerte, erstreckten sich Kornfelder. Im üppigen Maiwuchs der Getreidehalme war etwas so Ewiges und Unvergängliches, daß Suiko bei dem Gedanken an die Vergänglichkeit des menschlichen Daseins der Herzschlag stockte. Der Wind spielte mit dem Sommergetreide, bald drückte er die Halme zu Boden, bald richtete er sie auf den Hügeln gleich den Rücken schneller Pferde auf, bald zog er durch die grünen Äcker dunkle, feuchte, wogende Schattentäler.

Neben Suiko setzte sich ein vierschrötiger Mann mit einem neuen Kapronhut, durch dessen Löcher man deutlich die Umrisse seines Kahlkopfes erkannte. Es sah so aus, als wäre der Kopf des Nachbarn für das Besticken mit Kreuzstich vorgezeichnet. Der Mann hatte sich für unterwegs einen Stoß Zeitungen und Zeitschriften mitgenommen und saß zunächst still, indem er schweigend diese fesselnde Lektüre verschlang und nur wie ein Kind die Lippen bewegte. Schließlich konnte er nicht mehr an sich halten, nachdem er mehrere Seiten Gedrucktes in sich aufgenommen hatte – Suiko schien es sogar, der Nachbar hätte in dieser verhältnismäßig kurzen Zeit an Umfang zugenommen.

»Wie gefällt Ihnen denn das?« stieß der Nachbar entrüstet hervor und hieb mit der Faust auf eine Zeitungsspalte. »Die haben wieder verloren!«

Suiko verstand nicht. »Wer?«

»Dynamo Kiew. Ihnen sind faktisch alle Bedingungen geschaffen worden, jedem hat man faktisch ein Auto gegeben. Tatsache, und sie ... Arme und Beine müßte man ihnen ausreißen ... Eine Schweinerei, verstehst du, eine komplette. Überheblich sind die geworden, Speck angesetzt haben sie, Tatsache.«

Dieses ›Tatsache‹ gebrauchte der Nachbar unzählige Male, denn in jeder Zeitschrift, in jeder Zeitung war etwas, das die gebührende kritische Einschätzung verlangte und einer festen Hand bedurfte; auf des Nachbarn Empfehlungen hin müßten ziemlich vielen Arme und Beine ausgerissen werden, um endlich die gewünschte Ordnung herzustellen. Der Mann war, wie sich herausstellte, ein Revisor.

Suiko reagierte nicht auf die Äußerungen und bemühte sich, an die bevorstehende Begegnung zu denken. Der Vater war im Jahre 1948 erkrankt, als er und noch einige andere Bergleute verschüttet worden waren. Erst am zweiten Tag konnte die Rettungsmannschaft zu ihnen vordringen: zwei waren tot, fünf lebten noch. Eben damals begann diese seltsame Krankheit, deren Diagnose die Ärzte so lange nicht stellen konnten. An ihren Namen erinnert sich Suiko nicht mehr: irgendeine Geschwulst entweder im Gehirn oder im Hirnanhang war es wohl, die Folge einer unter der Erde erlittenen nervlichen Erschütterung. Das Gesicht des Vaters veränderte sich allmählich, längst vergangene

Züge der Kindheit, die durch Zeit und schwere Arbeit zurückgedrängt worden waren, schienen zu neuem Leben zu erwachen. Die ehemals schmale, wohlgeformte Nase wurde größer, die Backenknochen hoben sich unter der Haut ab, und der Unterkiefer schob sich vor. Von den Zügen, die Vaters Gesicht prägten, als er ins Bergwerk kam, heiratete, Vater wurde und im Juli 48 unter Tage fuhr, war zwei Jahre später kaum noch etwas zu erkennen. Sein Gesicht glich eher einer bitteren Karikatur auf den Vater - so einer, wie sie an der Wandzeitung »Über Tage« hängen, wenn irgendein Faulpelz oder Trunkenbold kritisiert werden soll. Vaters Hände, die ohnehin kräftig und mächtig waren, wurden noch größer, als füllten sie sich mit neuen Kräften für die schwere Arbeit. Doch das Gegenteil war der Fall - allmählich schwanden die Kräfte aus Vaters Händen. Nach Ausbruch der Krankheit befreite man den Vater von der Arbeit unter Tage, und er ging ins Lager arbeiten. Manchmal geschah es, daß er sich der Lampenkammer näherte und zusah, wie die Kumpel aus seiner Brigade, müde, verdreckt und schwarzen Speichel ausspuckend, aus der Grube ausfuhren und zwinkernd ins Sonnenlicht traten. Der Vater hielt sich in solchen Augenblicken abseits und gesellte sich nicht zu den anderen. Nachdem er eine Weile dort gestanden hatte, ging er zurück zu seinen Frachtscheinen und den anderen angeschmutzten Papieren.

Nicht nur Vaters Äußeres veränderte sich, es veränderte sich auch sein Charakter. Die Krankheit schien mit ihrer dunklen Kraft seine Seele zu entstellen, sie preßte sie wie einen feuchten Lehmklumpen zusammen und formte etwas Unbekanntes, Plumpes und Schwerfälliges. Irgendwohin verschwunden war Vaters Sinn für Humor, jetzt lachte er nicht mehr wie früher - das glückliche Strahlen eines Kinderlachens im kohlengeschwärzten Gesicht. Er wurde starrsinnig und nörgelte an allem herum, er fing an zu belehren, wie man leben müsse, wie man gewissenhaft und wirtschaftlich zu sein habe, und das erste Opfer seiner Erziehungsmanie wurde sein Sohn.

Eingeschläfert von der grünen Eintönigkeit der Steppe, konnte sich Suiko der bösen Erinnerungen nicht mehr erwehren: Vor seinen Augen zog eine lange Kette von Auseinandersetzungen, Ungerechtigkeiten, Streitigkeiten, Nörgeleien und Vorhaltungen vorbei, die ihn - den damals grünen Neunklassenschüler - völlig mit dem Vater entzweit hatten. Er erinnerte sich, wie der Vater ihn vor Freunden gedemütigt hatte, wie er sie aus dem Haus gejagt hatte, weil ihm, man stelle sich vor, ein Lied nicht gefallen hatte, das sie zur Gitarre gesungen hatten. Er erinnerte sich, wie sich der Vater seinem Eintritt in die Universität, in die juristische Fakultät widersetzt hatte, wie er finster gesagt hatte, er habe nicht dafür einen Sohn aufgezogen, daß dieser eine Papierratte würde, und wie er ihm keinen Unterhaltszuschuß mehr zahlte, als Suiko nicht nachgab. Ihm fiel ein, wie er zum erstenmal Ljuda, damals noch nicht einmal seine Verlobte, sondern nur eine gute Bekannte, ins Haus gebracht hatte; der Vater forschte sie mit stierischer Hartnäckigkeit lange und emsig aus, ohne sich um die verzweifelten Gesten der Mutter und des Sohnes zu kümmern (sie aßen gemeinsam Abendbrot), ob sie nicht vielleicht tuberkulös sei, weil sie so schlank, zerbrechlich, blaß und kraftlos sei und obendrein einen trockenen Husten habe. Von diesem Tag an haßte Ljuda den Vater, und obwohl Suiko sie heiratete, konnte nichts mehr den kalten Haß auf den Schwiegervater aus ihrem Herzen vertreiben. Und schließlich besann sich Suiko auf seinen letzten Besuch bei den Eltern - damals schon mit Aljoschka, der zwei Jahre alt war; mit Mühe und Not hatte er Ljuda überredet, zu den Eltern zu fahren, hatte sie davon überzeugt, alle Kränkungen etwas Wichtigerem zuliebe zu vergessen. Sie kamen an, und die ersten Tage verliefen still und glücklich; das war ihr Honigmond mit den Eltern, diese wenigen heißen Tage in Kadiiwka. Vater spielte mit Aljoschka, streifte die finstere Maske des Leidens ab, und in sein bleiches Gesicht trat sogar ein Lächeln. Die Mutter umsorgte Ljuda, bemühte sich, der jungen Frau zur Hand zu gehen - sie buk ihr Wareniki mit Kirschen, die Ljuda besonders gern aß, wusch Aljoschas Hosen und ging auf Zehenspitzen, wenn Ljuda tagsüber ein wenig schlief. Aber schnell verflog diese Illusion der Eintracht. Der Vater verfiel wieder in den alten Ton, er fing an, ihnen Vorwürfe zu machen, sie kümmerten sich nicht um Aljoschkas Gesundheit, erlaubten dem Kind, barfuß auf der feuchten Erde zu laufen, achteten nicht genug auf den Sohn, ihn könne alles mögliche Unheil treffen, sie - der Sohn und die junge Frau - dächten nur an sich, an ihre läppischen Angelegenheiten, und sie wären herzlose Ichsüchtler. Einige Tage ließen er und Ljuda alles über sich ergehen, sie litten, aber schließlich brach ein Riesenskandal aus. Ljuda schrie, sie sei nicht deswegen in dieses stinkende, staubige Loch gefahren (obwohl sie selber in Kadiiwka geboren war), daß dieser alte Trottel sie beleidigte, daß es für solche senilen Greise wie den Schwiegervater Klapsmühlen und Altersheime gebe. Daraufhin stieß der Vater hervor, sie sei eine Nutte (ihm trat sogar Schaum in die Mundwinkel), mit ihren graugefärbten Haaren und ihren perlmuttfarbenen Nägeln sehe sie aus wie eine richtige Schlampe - er sei überzeugt, sie betrüge seinen Sohn; er brüllte, sie rieche nicht nach Parfüm (Ljuda arbeitete als Maniküre), sondern nach fremden Männern, sie rieche nach Untreue und Ehrvergessenheit. Eine derartige Beschimpfung seiner Frau konnte Suiko nicht hinnehmen, er hätte den Vater beinahe geschlagen, aber die verweinte Mutter trat zwischen sie, und er beherrschte sich. Er und Ljuda hatten den verheulten Aljoschka genommen, ihre Koffer geholt und sein Elternhaus verlassen.

Für immer.

Suiko stellte verwundet fest, daß der kahlköpfige Revisor nicht mehr neben ihm saß. Er fühlte sich sogar etwas erleichtert, als hätte der Nachbar nicht den Stoß Zeitungen und Zeitschriften, sondern die bitteren Erinnerungen mitgenommen. Er drehte sich um und erblickte den Kapronhut weiter hinten, in der linken Sesselreihe. Der Revisor saß neben einem Armeeangehörigen und erörterte lebhaft etwas mit ihm. Dieser hatte Schulterstücke wie ein General, geflochtene, ohne Streifen und darauf zwei kleine Sterne. Ein General? fragte sich Suiko erstaunt. Dazu ist er zu jung. Dann begriff er: ein Fähnrich.

Der Fähnrich lachte lauthals, und der Revisor riß sich den Hut vom Kopf: Auf dem schweißglänzenden Schädel zeichnete sich ein roter Ring ab - der Hut mit den kleinen Löchern war zu eng. Hinter Suiko saß ein junger Mann mit einem krausen rotblonden Bart und langen Haaren. Wohl ein Geistlicher? dachte Suiko. Oder vielleicht einer von einem geistlichen Seminar? Aber diesen Gedanken verwarf er sogleich wieder. Der junge Mann legte einem hübschen Mädchen, das neben ihm saß, die Hand auf die bloßen Knie, und dieses Pärchen hatte so entrückt tragische Gesichter, als müsse sich im nächsten Augenblick mit dem Bus eine Katastrophe ereignen, von der das Mädchen und der junge Mann wußten, aber niemandem etwas zu sagen vermochten, niemanden zu warnen, weil sie mit wichtigeren Dingen beschäftigt waren. Ein Stück weiter saßen drei Männer in gleichartigen grauen Baumwolljacketts und spielten hingebungsvoll Karten. Einer von ihnen hatte einen abgewetzten kleinen Koffer auf den Knien liegen: Er hielt die Karten mit der Hand fest, damit sie nicht durcheinanderpurzelten.

Gegen Abend hatte der Bus Henitschesk erreicht.

Das Haus der Eltern stand auf einer Anhöhe, unmittelbar am Meer. Eigentlich gab es hier gar keine offene See, sondern nur einen Vorgeschmack auf das Meer, einen von Salzbuchten ausgewaschenen, flachen, sandigen Vorsprung der Arabatska-Landzunge. Suikos bemächtigte sich eine große Erregung, als er die leblosen Farben des kühlen Sands und des Meerwassers erblickte, über denen sich bereits blaudunstige Dämmerung verdichtete, als mischte sich in der Luft wehmütige Anilinfarbe. Das kleine Haus stand im hinteren Teil des Anwesens, das ziemlich schmal und obendrein durch einen Zaun halbiert war, der geradewegs bis zur Hauswand reichte und wie ein Klappmesser das Haus in zwei Hälften schnitt. Jedoch ließ sich auch ohne das leicht feststellen, daß das kleine Haus geteilt war: die eine Hälfte war schmutziggrün gestrichen und die andere weiß gekalkt.

Die Eltern wohnten in der geweißten Hälfte.

Suiko hörte sein Herz wie wild klopfen. Fast sicher, Vater sei nicht mehr am Leben, betrat er das kleine Haus. Ihn empfing Stille, die ihm schlimmer als ein Aufschrei erschien, den er erwartet hatte. Nachdem er eine Zeitlang in der dunklen, stillen Diele gestanden hatte, öffnete er langsam die Tür, die unerträglich laut knarrte.

Der Vater lebte. Lebte noch ... Das begriff Suiko sofort.

In der Stube herrschte Dämmerung, die sich mit den Gerüchen von Medikamenten mischte und so einen unbekannten neuen Zustand des Abends hervorbrachte – die Verbindung des Dämmerdunkels mit dem Geruch von Baldrian und Schweiß – ein unbegreifliches Gemisch von Aufregung und Unsicherheit, das du weder mit den Augen noch mit der Nase, sondern nur mit dem ganzen Sein zu erfassen vermagst. Die Mutter saß am Bett des Kranken, und Suiko kam es eine Zeitlang vor, als wäre er in eine Welt unter Wasser verschlagen worden, in der alles seine Farbe eingebüßt hat, mit Schwärze getränkt, starr und ewig ist.

»Wolodja... Mein Gott, endlich«, sagt die Mutter tonlos. »Er ist gerade nicht bei Bewußtsein. Neununddreißig. Vorher hat er dauernd nach dir gefragt.«

Sie erzählte, der Vater hätte nach einer Grippe eine Lungenentzündung bekommen, man gebe ihm Spritzen, die Ärzte verhießen aber nichts Gutes, bestünden nur darauf, ihn ins Krankenhaus zu bringen, er aber weigere sich entschieden, wenn er bei Bewußtsein sei, erkläre, er würde lieber zu Hause sterben, in seinem Bett; gleich würde eine Schwester von der Poliklinik kommen, ihm Spritzen geben, und dann käme die Nachbarin, Wira Stepaniwna, die Therapeutin; danach sagte die Mutter, wie um sich zu entschuldigen, daß sie selber es nie gewagt hätte, den Sohn aus der Arbeit herauszureißen und hierher zu rufen, wenn der Vater nicht gewesen wäre; er hätte sie gezwungen, ein Telegramm aufzugeben. Wenn es nach ihr gegangen wäre, hätte sie mit dem Telegramm noch gewartet.

Die Mutter knipste die kleine Tischlampe an. Suiko erblickte die eingefallenen Wangen und die große Nase seines Vaters; das gelbliche Licht und die langen Schatten legten auf dieses Gesicht unheilverkündende Zeichen; sogar die kleinen Schweißtropfen, die auf seiner Stirn glitzerten, belebten es nicht, sondern betonten im Gegenteil, was sich nicht übersehen ließ: Die Macht des Todes hatte beim Vater die Macht des Lebens gebrochen.

»Er muß ins Krankenhaus, Mama«, sagte Suiko. »Jetzt gleich. Wir selber können nichts...«

»Nein, Wolodja.« Die Mutter schüttelte den Kopf. »Ich habe ihm mein Wort gegeben. Komme, was will.«

Suiko setzte sich an den Tisch, sah sich in der Stube um: dieselben Möbel wie früher in Kadiiwka, derselbe alte Fernseher KWN mit der Vergößerungslinse vorm Bildschirm (durchaus möglich, daß in der Linse noch dasselbe destillierte Wasser stand, das Wolodja als Schüler aus der Apotheke geholt hatte); auf der Rückenlehne des Diwans, auf der Kommode und auf dem Tisch noch dieselben Richelieu-Stickereien von der Mutter; dieselbe Lieblingsfotografie des Vaters, auf der dieser forsch neben Alexej Stachanow stand, groß, jung, ein Lachen im Gesicht, und neben ihm standen, ebenfalls fröhlich und lachend, Bergarbeiter, doch in ihren Gesichtern war etwas, das sie von den Menschen heute unterschied, und dieses Geheimnis hatte Suiko nie entschlüsseln können, er fühlte nur: Diese Kumpel des Jahres fünfunddreißig hatten irgendwie besondere Gesichter, *Vorkriegsgesichter*. Daneben hing ein Foto von Wolodja mit Ljuda und Aljoschka - das war in Kadiiwka noch nicht gewesen. Und noch etwas Neues bemerkte Suiko: Auf der Kommode stand ein unbegreiflicher Apparat, dessen kupferne Teile und Kettchen matt glänzten.

»Was ist das?« fragte er.

»Vater bastelt«, antwortete die Mutter widerstrebend. »Ein ewig laufender Motor oder so was.«

Der Vater setzte sich plötzlich im Bett auf und versuchte aufzustehen. Einen Atemzug lang schlug er die Augen auf - sie schienen von innen her mit graublauem Rauch verhängt.

»Halt ihn fest, sonst fällt er hin!« rief die Mutter. »So geht es die ganze Zeit. Hab mich schon abgequält mit ihm.«

Suiko umfaßte die Schultern des Vaters und spürte die heiße Schlaffheit des kranken Körpers. Der Vater stand da, kraftlos den Kopf an die Schulter des Sohnes gelehnt, und Suiko sah, was für schütteres, graues, struppiges Haar sein Vater hatte; einst war es pechschwarz gewesen. Den Vater in den Armen, hörte er ihn seltsame, schreckliche und unverständliche Worte sagen.

»Leg dich hin, Vater«, sagte Suiko. Er drückte ihn aufs Bett, legte seinen Kopf aufs Kissen, das die Mutter schnell aufgeschüttelt hatte, und deckte ihn mit der Decke zu.

»Er will die ganze Zeit irgendwohin laufen«, sagte die Mutter. »Mehrmals ist er schon gefallen, aber ich kann ihn nicht aufheben. Wenn die Nachbarin nicht wäre ...«

Wolodja hätte auf einmal wie ein kleines Kind in Tränen ausbrechen, schluchzen mögen - lange und laut. Weinen, nicht vor Kummer, sondern aus Zärtlichkeit. Ihm fiel ein, wie der Vater ihn früher, als er schon ein ziemlich großer, wohl fast zehnjähriger Junge war, des Nachts hochgenommen und an den Topf gestellt hatte, damit er pullern konnte, und wie er verschlafen, mit geschlossenen Augen seinen Kopf an Vaters Schulter gelehnt und wahrscheinlich ebenso unsicher und schlaff gestanden hatte wie jetzt der Vater, und dieser Vater hielt ihn damals mit seinen starken Armen, dann legte er ihn behutsam ins Bett und deckte ihn zu, stopfte ihm die Decke unter die Seiten und die Füße, damit kein Schlitz offenblieb und sein Sohn nicht fror. Ihm fiel ein, wie der Vater, wenn er von der Schicht kam, ihm immer ein kaltes Butterbrot mitbrachte, in Zeitungspapier gewickelt, von dem sich die Butter als dünne Scheibe abhob - es gab nichts Schmackhafteres auf der Welt als dieses Hasenbrot. Er erinnerte sich, wie der Vater, als er schon krank war, bei ihrem letzten Besuch mit Aljoschka in den Stadtpark gegangen war, wo er sich immer neben dem einzigen, nicht sehr schönen und verstaubten Rosenbusch setzte, weil, wie er meinte, es für das Kind gut sei, Rosenduft einzuatmen; er dachte daran, wie der Vater davon geträumt hatte, daß sie sich alle miteinander fotografieren ließen, als Familie, woraus jedoch nichts wurde, weil sie sich bald verzankten. Mit unerbittlicher Klarheit begriff Suiko in diesem Augenblick, daß das Recht fast immer auf seiten des Vaters gewesen war.

Vielleicht hatte er immer recht gehabt.

Auch damals, als er Wolodjas Freunde aus dem Haus jagte, die »Mischka, Mischka, wo ist dein Lächeln, voller Übermut und Feuer«, gesungen hatten, obwohl das kein Ganovenlied war und überall gesungen wurde, hatte Vater seine Gründe, denn das waren Gammelbrüder, aus denen auch nichts Gutes geworden ist, einer von ihnen ist bei einer Schlägerei von Betrunkenen umgekommen; voller Widerwillen erinnerte sich Suiko jetzt an diese Jugendlichen; voller Widerwillen und Erleichterung, weil er sich selbst aus ihrer Kumpanei gelöst hatte; auch in bezug auf Ljuda hatte Vater recht, denn es gab in Wolodjas Familie keinen Menschen, der ihm fremder geworden wäre als seine eigene Frau. Ständig mit ihren armseligen, überflüssigen Dingen beschäftigt - wo man einen deutschen Mantel aus glänzendem Kunstleder oder eine japanische Quarzuhr oder ein englisches Mohairtuch oder kniehohe italienische Lackstiefel kaufen kann -, übersah Ljuda ihren Mann; sie traf sich mit jemandem, wurde angerufen, führte lange Gespräche - diese endlosen leeren Gespräche brachten Wolodja zur Weißglut -, kicherte widerwärtig, und ihm schienen dann der Telefonhörer, die Hände, die ihn hielten, und die Lippen, die so ekelhaft lachten, klebrig, schmierig und unsauber. Mehrere Male ging Suiko mit Ljuda ihre Freundinnen besuchen - sie hatten gefärbte Gesichter, gefärbte Haare, gefärbte Lippen wie die Heldinnen aus dem Film »Königin Chanteclaire« und Manieren wie die Taxatorinnen in Kommissionsgeschäften. Wolodja fühlte sich in dieser Gesellschaft sofort angeödet, wo alles - die Gespräche, die Trinkgelage, das Tanzen - an das Gewühle auf dem Trödelmarkt erinnerte, gespickt mit schlüpfrigen Anekdoten; außerdem konnte, durfte und wollte Suiko als Mitarbeiter der Justizorgane mit solchen Leuten nicht zu tun haben. Ljuda ging jetzt allein, und zwar ziemlich häufig, ließ ihn und Aljoschka allein. Erschöpft und übellaunig kehrte sie heim, roch nach Wein und Zigaretten. Suiko, der weder rauchte noch trank, konnte das nicht ertragen, dann holte er das Aluminiumklappbett aus dem Badezimmer und legte sich im Vorderzimmer neben Aljoschka schlafen. Er war überzeugt, daß Ljuda ihn mit einem der aalglatten und schmutzig-ironischen jungen Männer in Leder- oder Wildlederjacken betrog, die immer in der Gesellschaft von Ljudas Freundinnen herumlungerten. Diese jungen Leute zeichneten sich durch außerordentliche Gaben aus: Sie konnten alles beschaffen. Aber was sollte er tun - eine Scheidung würde sein Leben weitaus mehr komplizieren als ein Leben dieser Art, und auf Aljoschka konnte er nicht verzichten - allein der Gedanke daran war ihm unerträglich.

Der Vater hatte in allem recht, denn Suiko liebte auch seine Arbeit nicht; zu spät hatte er eingesehen, daß er nicht für sie geschaffen war.

Suiko begann Ihn anzuflehen (sofern dieser Er wirklich existierte), Vater möge in dieser Nacht nicht sterben, möge sich erholen, wenigstens für kurze Zeit, aber doch erholen – er hatte ihm so vieles zu sagen ... Dann würde sich der Sohn neben ihn setzen, die Hand auf seinen grauen Kopf legen und ihm etwas sagen, was er noch nie im Leben gesagt hatte – das Allerwichtigste, das Wesentlichste, da, was man unbedingt einem Menschen sagen muß, von dem man für immer Abschied nimmt. Wenn er heute stirbt, dachte Wolodja, ist das ungerecht. Hört ihr? Ich muß ihm noch alles sagen, was ich heute verstanden habe, das ist sehr wichtig für ihn und auch für mich.

Die Mutter griff nach dem grünen Sauerstoffkissen; legte etwas feuchten Mull auf das schwarze Gummimundstück und schob das Mundstück an Vaters Mund. Schon als kleiner Junge hatte sich Suiko vor diesem grünen Sauerstoffkissen wie vor offenem Feuer gefürchtet; er erschrak sogar vor den Menschen, die diese Kissen trugen, als wären sie Boten des Todes; beruhigt hatte ihn bisher einzig und allein, daß es fremde Leute waren, die geschwind wer weiß wohin eilten. Nun war ein grünes Kissen auch in sein Haus gekommen ...

Die Mutter legte die Hand auf Vaters feuchte Stirn.

»Das Fieber scheint etwas gefallen zu sein.«

Aber der Vater lag immer noch in tiefer Ohnmacht. Nachdem er Sauerstoff eingeatmet hatte, fing er an zu phantasieren und sagte Worte, die Suiko noch nie von ihm gehört hatte. Niemals früher hatte der Vater ukrainisch gesprochen. Noch nie.

»Nenka«, flüsterte Vater, »sie sind doch aus der Vorstadt ... Da haben sie nun schon gemäht ... Verzeiht, Nenka ... Nikifor, Nikifor ... Keine Ochsen mehr. Das Flurstück.«

»So hat er immer seine Mutter genannt: Nenka«, sagte die Mutter.

»Warte, so warte doch«, murmelte der Vater, als wehre er jemanden ab. »Nenka, liebe, gute ... Eine große Sünde ... Verzeihen Sie ... Ich bin schuld ... Nenka ... Verzeihen Sie mir ...«

»Nikofor ist sein Cousin«, erklärte die Mutter, »der hübscheste Kerl vom ganzen Dorf ... Und die Mutter starb im Jahr 33, während der Hungersnot. Wir wohnten damals schon in der Stadt. Vater hatte sie zu sich nehmen wollen, aber daraus wurde nichts ... Nun ist er sein ganzes Leben lang überzeugt, seine Mutter wäre nicht gestorben, hätte er sie zu sich genommen. Wir hatten Brotkarten. Das kann er mir nicht verzeihen ... Aber hab ich mich etwa gesträubt? Ich hab's ihr gesagt, hab sie gebeten: Kommen Sie doch zu uns, Uljana Stepaniwna. Nein. Sie war ein Dickschädel, sie hat nicht kommen wollen ... aus dem Haus gehen, die Verwandten verlassen ... Das Himmelreich sei ihr gnädig, aber einen Charakter hat sie gehabt ...« Bitter schüttelte die Mutter den Kopf. »Vater ist ganz nach ihr geraten. Wenn du nur wüßtest, Junge, wie ich ...« Die Mutter konnte sich nicht mehr beherrschen und fing an zu weinen.

»Mama, hör bitte auf«, sagte Suiko und küßte seine Mutter, dabei fiel ihm wohl zum erstenmal auf, wie alt sie geworden, wie tief die Falten in ihrem Gesicht und wie abgearbeitet ihre Hände waren. Bisher war ihm die Mutter bedeutend jünger und rüstiger als Vater vorgekommen.

Eine Krankenschwester von der Poliklinik kam, eine hagere, kleine Frau, sie gab Vater eine Spritze. Im Zimmer verbreitete sich Schimmelgeruch, wie in einem feuchten Keller, in dem Bretter und vorjährige Kartoffeln faulen.

Die Schwester wechselte einige Worte mit Mutter, während sie Vater die Temperatur maß: achtunddreißig eins. Sie zog den grauen Wettermantel an, der durchgescheuert war und sogar an den Ärmelaufschlägen und den Ellbogen glänzte, und ging wieder, nachdem sie alles Gute gewünscht hatte.

»Leg dich schlafen, mein Junge.« Die Mutter sah nach der Uhr. »Ich hab dir schon das Bett gemacht. Es war heute anstrengend für dich. Schon du wenigstens deine Gesundheit! Und ich bleib hier sitzen. Wenn was ist, rufe ich.«

Suiko sträubte sich zunächst, obwohl er sich wirklich sehr müde fühlte, denn er hatte die vorige Nacht fast gar nicht geschlafen, und die heutige Reise war auch keine Kleinigkeit gewesen.

Er legte sich auf das knirschende, gestärkte Laken, das ihn mit dem reinen Geruch der Kindheit umfing, und streckte mit Behagen die Beine aus. Durch die halb offenstehende Tür fiel aus der Stube, in der der Vater und die Mutter waren, ein Lichtstreif. Suiko hatte das Gefühl, er wäre nicht einfach ins Elternhaus, sondern in seine Vergangenheit zurückgekehrt - er sei zwölf Jahre alt, ein folgsamer, stiller Junge, der davon träumt, ein weltbekannter Reisender zu werden, so einer wie Miklucho-Maklai, dessen Buch er damals gerade gelesen hatte, er liege glücklich in seinem Bett und träume von fremden Ländern, während hinter der Tür, im Nebenzimmer, Vater und Mutter Tee trinken, noch gar nicht alt sind, noch keiner an den Tod denkt und sie alle, Vater, Mutter und Wolodja, noch ein unendlich langes Leben vor sich haben; Vater erzählt Mutter, was im Schacht so los ist, von dem neuen Chefingenieur mit dem komischen Familiennamen Ohirok (Gurke), und Mutter flickt ein Hemd von Wolodja und erzählt, daß die Kartoffeln teurer geworden seien und daß man aufs Land fahren und wenigstens einen Sack Kartoffeln kaufen müsse, bis es neue gebe. Wolodja tat diese Erinnerung wohl, er fühlte sich warm und geborgen. Fast war er eingeschlafen, als ihn plötzlich eine heftige, unerwartete Ahnung durchzuckte. Wieso hatte er nicht früher daran gedacht? Nach einer langen und ergebnislosen Wanderung ist er endlich ins Vaterhaus heimgekehrt, wie der verlorene Sohn, der seinen Vater um Vergebung bittet, aber er hat den Vater nicht zu Hause angetroffen, weil der Vater auch ein *verlorener Sohn* ist, der sich vor seinem Tod ebenfalls auf die Wanderschaft begeben hat, in seine Vergangenheit, zu seiner Mutter, seinem Haus, seinem Land, seiner Sprache, um sie um Verzeihung zu bitten für alle seine Sünden, die bewußt begangenen wie die unbewußten, und es steht noch nicht fest, ob man ihm vergibt. Bestürzung und Verzweiflung überfielen Suiko, er litt um den Vater und bedauerte ihn, der hilflos auf dem Sterbebett lag, und Suiko dachte, nachdem er dies begriffen habe, werde er gewiß die ganze Nacht nicht einschlafen können, doch im selben Augenblick schlief er ein, versank in ein rettendes Nichts.

Am Morgen fuhr Suiko, wie bei einem Gefechtsalarm, mit einem Ruck und ganz verstört hoch. Die Mutter stand vor ihm.

»Was denn? Was denn?« fragte er.

»Es geht ihm besser. Die Temperatur ist normal, er phantasiert nicht mehr.«

Suiko ging zum Vater und schmiegte die Wange an sein Gesicht. Er fühlte die kalten Bartstoppeln. Langsam schlug Vater die Augen auf.

»Wo ist Aljoschka?« fragte er.

»Zu Hause. Alles ist gut. Ruh dich aus, Vater.«

Der Vater schloß die Augen wieder, und Wolodja sah deutlich seine vorgewölbten Augäpfel. Die schütteren Wimpern hatten eine Farbe wie mit Wasser verdünnte Milch.

Wolodja sagte sich, es sei nicht der rechte Augenblick, jetzt all jene Worte auszusprechen, die er nachts hatte sagen wollen; der Vater sollte sich von der zermürbenden Krankheit erholen. Er würde schon noch Zeit finden, sie auszusprechen, *diese* Worte.

Henitschesk versank in Sonne, in trockener, fast sommerlich reifer Wärme; die grellweißen Wände der Lehmhütten verbreiteten eine beruhigende Lichtfülle, die Spatzen zwitscherten vergnügt, und die Schatten der Akazien erinnerten an Noten, die auf dem Boden verstreut waren. Wolodja empfand diese Stadt über alle Maßen reizvoll, vertraut und gemütlich, als wäre er hier geboren und hätte tausend Jahre hier verlebt. Auf den Höfen trocknete Wäsche und lüfteten Teppiche, und in dieser ungekünstelten provinziellen Schaustellung von Bettlaken, Turnhemden, Sporthosen, Hemden und Teppichen lag etwas Naives, Zutrauliches und Menschliches. Suiko hatte den Eindruck, daß er alle Henitschesker vom Ansehen her kenne, mit ihnen in diesen drei Tagen bekannt geworden sei, und er freute sich wie ein Kind, daß er, wenn er an der weißen Kate vorüberkam, in der Bier verkauft wurde, dem tiefgebräunten schnurrbärtigen Mann guten Tag sagen mußte, der wie der Kapitän einer türkischen Galeere aussah, und daß er schon viele Leute grüßen mußte. Die Mutter begleitete Suiko zum Busbahnhof. Sie bat ihn immer wieder, mit der ganzen Familie im Juni zu kommen, das Zimmer wird sie frei halten und auf ihn, auf Ljuda und Aljoschka warten.

Suiko erblickte den glatzköpfigen Revisor mit seinem siebartig durchbrochenen Hut. neben ihm standen zwei wohlbeleibte Männer in Nylonmänteln, und der Philosoph mit Glatze machte ihnen klar: »Tatsache, Ustymenko hat eine Unterschlagung begangen... Und das wird bestraft nach Paragraph... Ein

Fall fürs Gericht, Tatsache, wie können Sie das bloß nicht begreifen, Arme und Beine sollte man ihm ausreißen, Tatsache...«

Wolodja musterte den Revisor: Von seinem vollen, schwabbligen Gesicht hob sich die dünne knorpelige Nase seltsam ab; beim Anblick der Metallzähne des Revisors dachte Wolodja, das sei kein Revisor, sondern der Tod, der in Gestalt diese fülligen Mannes im Kapronhut nach Henitschesk gekommen sei, nur habe der Tod hier keine Opfer gefunden, sie hätten ihn vorerst vom Vater weggejagt.

Was für absurde Gedanken mir durch den Kopf gehen, dachte Suiko und stieg in den Bus. Was habe ich gegen diesen Typ, wir machen doch beide ein und dasselbe - wir wachen über das Gesetz. Der Revisor hatte Suiko wahrscheinlich auch erkannt, denn er sah ihn einige Male schief an und setzte sich weiter vorn in die zweite Reihe, ohne sich umzusehen und ohne mit jemandem eine Unterhaltung anzufangen.

Als Suiko zur Mutter hinaussah, die müde lächelnd am Fenster des Busses stand und ihm etwas mit den Händen andeutete, verstand er plötzlich, daß er drei glückliche Tage verbracht hatte, vielleicht die glücklichsten seines Lebens, weil er sich der Wahrheit gestellt hatte, die sich ihm öffnete, als er seine Schuld vor dem Vater wenigstens etwas gesühnt hatte. Zwar waren *jene* Worte, die allerwichtigsten und notwendigsten, nicht gesagt. Doch als es dem Vater etwas besser ging, entschwand ihre Notwendigkeit wie von selbst, aber Wahrheit und Sühne zeigen sich doch nicht nur in Worten. Und der Vater, was war mit dem Vater? ... Als er sich wieder besser fühlte, ging's von neuem mit dem alten Lied los - wieder fing er an, ihn und seine Frau über die Maßen dafür zu beschimpfen, daß sie nicht so leben, wie es sich für *Menschen* gehört.

Suiko dachte an das Perpetuum mobile: In technischer Hinsicht war es einwandfrei ausgeführt. Es fehlte nur noch ein letzter Anstoß, der abrundende schöpferische Akt, eine letzte Anstrengung, ein übermenschlicher Kraftaufwand, damit die ewige Kette zu rotieren begänne und die Kupferrädchen arbeiteten - ein Akt, ähnlich dem, der einst die Planeten und Sterne in Bewegung versetzt hatte.

Der Autobus fuhr langsam an und wirbelte Staub auf, die Mutter drückte ihr Tuch an die Augen, und Suiko winkte, bis sie nicht mehr zu sehen war. Er sehnte sich schon nach Hause, nach seiner Ljuda, wie es auch sein mochte, er liebte sie - sie ist gar nicht so schlecht, wie es Vater vorkommt: Sie sorgt sich um ihn und um Aljoschka, bemühte sich, damit es im Haus an nichts fehlt, und als Suiko krank war, hatte sie alle Ärzte auf die Beine gestellt, täglich brachte sie etwas ins Krankenhaus. Suiko freute sich bei dem Gedanken, daß er nachts schon zu Hause sein wird, dem schlafenden Aljoschka einen Kuß gibt, schnell ein Bad nimmt und ins Bett geht, sich an seine verschlafene und warme Frau schmiegt.

Vladimir Bušnjak
Weiße Wirbel

Der Wind wehte vom Meer herüber und trieb den Schnee quer über die ganze Straße. Klim ging das Eisengatter entlang, hinter dem kahle Zweige in die Nacht ragten. Als der Zaun zu Ende war, bog Klim schräg über die Straße und trat in einen Hof, einen langen und schmalen, mit Vorgärten vor den Fenstern und einer in der Mitte aufragenden Pumpe. Aus dem dünnen Rohr sickerte Wasser heraus. In der Ecke des Hofs waren Wäscheleinen gespannt. Er duckte sich unter ihnen hindurch, stieg eine Holztreppe zum Vorbau hinauf und klopfte an eine Tür. Er war schon einige Male hier gewesen, und jetzt, da hinter der Tür Schritte laut wurden, wußte er sofort, daß es Maria war, die da kam. Hinter der Tür fiel etwas um und polterte über den Boden. Maria stöhnte auf. Sie bekam einen Hustenanfall, und wieder stürzte etwas im Flur scheppernd zu Boden.

»Wer ist da?« fragte Maria.

»Ich bin's, Klim.«

Das Schloß schnappte, und die Tür ging einen Spalt weit auf.

»Er ist noch nicht da«, sagte Maria. Sie war im Morgenmantel mit den langen breiten Ärmeln. Die straff in den Nacken gekämmten Haare glänzten. Sie raffte die Aufschläge ihres Morgenmantels zusammen und preßte sie gegen die Brust. Die weiten Ärmel rutschten herunter und entblößten ihre Arme bis zu den Ellenbogen.

»Und wann kommt er?«

»Das würde ich selbst gerne wissen.«

»Ich brauch ihn ganz dringend.«

»Ich auch manchmal.«

»Ich habe ihm gestern ein Telegramm geschickt, hab mich angekündigt.« Maria sagte nichts. »Also gut«, sagte Klim, »ich komm noch mal vorbei.«

Draußen wehte immer noch der Wind und trieb weiße Schneefahnen über die Straße. Der Schnee fegte über das blaue Kopfsteinpflaster, wirbelte manchmal in dünnen Säulen auf, peitschte, vom Wind aufgefangen, ins Gesicht, und Klim spürte, wie seine Wimpern verklebten. Seit acht Uhr morgens, als der Vorortzug ihn in diese kreuz und quer von eisigem Wind durchgepustete Stadt gebracht hatte, war Klim durch die kalten Straßen gepirscht und höchstens mal zum Aufwärmen in ein Café oder irgendein Geschäft gegangen. Daß er hier so verlassen vor sich hin frieren würde, hätte er nie gedacht.

Er ging an einem Café vorbei und stieg, sein Gesicht vor dem Wind bergend, zum Kai hinunter. Hier unten, am dunklen Wasser, war nur das Geräusch der ans Ufer klatschenden Wellen zu hören, und weiter hinten, jenseits des Leuchtturms, vermischte sich das dunkle Meer mit einem ebenso dunklen Himmel. Irgendwo weit hupte dumpf ein Auto, vom Hafen schallte das Klirren von Metall herüber, und eine Stimme gab, megaphonverstärkt, ein abgehacktes Kommando. Am Kai war kein Mensch zu sehen, nach ein paar Minuten aber tauchte eine Frau auf, die, in einen Pelz gemummt, hastig an ihm vorbeiging und hinter den Bäumen des Parks verschwand. Klim starrte in das schwarze Wasser und dachte, daß der Tag schon so gut wie zu Ende war, die Nacht hereinbrach und er immer noch hier in dieser Stadt verblieb, während er nach seinen Berechnungen längst wieder hätte zu Hause sein müssen. Egal, dachte er, macht nichts, so ist das nun mal im Leben: Du legst dir irgendwas zurecht, und dann kommt es doch ganz anders.

Eine halbe Stunde später ging er wieder am Café vorbei, ließ den Zaun mit dem Eisengatter hinter sich, überquerte die Straße und tauchte wieder in den Hof ein. An den Wäscheleinen steifte Bettzeug im Frost, es schaukelte im Wind und knisterte, schwer und starr. Klim stieg die Vortreppe hinauf und klopfte an die Tür. An den Schritten erkannte er wieder, daß es Maria war.

»Wer ist da?« fragte sie.

»Ist Valentin immer noch nicht zurück?«

»Du bist es wieder?«

»Ja«, sagte Klim, »ich bin's.«

»Nein, ist noch nicht da.«

Klim fröstelte, stampfte mit den Füßen. In den dünnsohligen Schuhen waren seine Zehen schon völlig abgestorben. Lippen und Kinn erstarrten vor Kälte.

»Was willst du denn von ihm?« fragte Maria und öffnete. »Du bist doch schon bestimmt zehn- oder zwanzigmal gekommen.«

»Ich muß mit ihm reden.«

»Kriegst die Zähne kaum auseinander vor Kälte und willst schon mit jemandem reden. Treibst dich auf der Straße rum, statt dich irgendwo ins Café zu setzen. Komm rein«, sagte sie.

»Schon gut, die Zähne krieg ich schon ...«

»Entschuldige, aber ins Zimmer kann ich dich nicht reinlassen, ich hab dir ja schon gesagt, daß ...«

»Schon gut, macht nichts«, sagte Klim, trat in den Flur und schloß die Tür hinter sich.

»Laß sie einen Spalt breit auf«, bat Maria, »sonst ist es nämlich völlig düster. Bei mir ist die Glühbirne durchgebrannt. Also«, sagte sie, als Klim die Tür wieder aufgemacht hatte, »ist irgendwas passiert? Rede doch, Mensch, sag doch was!«

»Du weißt doch«, sagte Klim, »daß Valentin im Sommer bei mir Urlaub gemacht hat?«

»Weiß ich.«

»Zwei Wochen hat er bei mir Urlaub gemacht.«

»Ja«, sagte Maria, »genau zwei Wochen.«

»Wenn er das bezeugen könnte, genauer gesagt, daß er in der Nacht vom siebzehnten auf den achtzehnten ...« Er verstummte. »Verstehst du, die haben bei mir im Schuppen ein Gewehr gefunden, das mir nicht gehört ... Und ich kann nichts beweisen. Das ist eine, verstehst du, irgendwie fürchterlich verquere Angelegenheit, zieht sich etliche Monate hin. Aber wenn Valentin bezeugen könnte ...«

»Verstehe«, sagte Maria, »die Sache ist scheinbar wirklich ziemlich ernst, wenn du ...«

»Ich hätte Valentin sonst auch nie im Leben belästigt, aber ich habe ...«

Maria hustete, legte die Hände vor die Brust.

»Wahrscheinlich kommt er ja auch bald. Entschuldige, ich kann dich wirklich nicht ins Zimmer reinlassen.«

»Schon gut. Dann warte ich eben weiter auf ihn. Ich hab ihm gestern ein Telegramm geschickt. Verstehst du, er weiß alles. Ich hab ihm im Brief davon geschrieben, natürlich, wenn er ihn überhaupt bekommen hat.«

»Im Brief?«

»Na ja. Vor drei Wochen hab ich ihm einen Brief geschickt. Dann hab ich die ganze Zeit gewartet, daß er sich mal meldet ...«

»Davon weiß ich überhaupt nichts«, sagte Maria.

»Verstehst du, mit diesem Gewehr wurde ein Mensch ermordet.«

»Was?«

»Damit haben sie einen erschossen, hab ich gesagt.«

Sie standen im Halbdunkel einander gegenüber, sahen sich an und sagten kein Wort.

»Also gut«, sagte Klim, »ich komm dann noch mal vorbei.«

Draußen brannten schon die Straßenlaternen. Der Wind war noch stärker geworden, er riß aus dem schwarzen Himmel den Schnee und warf ihn durcheinander, biß ins Gesicht, hieb einem in Brust und Rücken, man wußte schon gar nicht mehr, von wo er eigentlich blies. An der Kreuzung blieb Klim stehen, er wußte nicht mehr, wo er noch hin sollte. Die nähergelegenen Straßen hatte er schon alle abgeklappert und sich schon überall aufgewärmt, wo man sich aufwärmen konnte. Jetzt aber, wo es schon dunkel wurde und die Laternen brannten und der Wind so stark blies, daß es einen direkt umschmiß, wußte er genau, daß er sich in dieser zugeschneiten Stadt nicht mehr länger auf der Straße herumtreiben, sich in Café oder in Geschäften aufwärmen würde, sondern daß er jetzt sofort zurückkehren und nicht eher wieder weggehen würde, bis Valentin aufgekreuzt war, selbst wenn er sich dafür die ganze Nacht im Frost würde um die Ohren schlagen müssen. Als ihm das klar war, drehte er sich auch schon um und rannte los. Er hatte noch keine fünf Sätze gemacht, da stolperte er und schlug lang hin, und die Pelzmütze, die ihm vom Kopf geflogen war, rollte weg ins Dunkel ...

Maria blieb an der Tür stehen. Die Aufschläge ihres Morgenrocks an die Brust gedrückt, wartete sie so lange, bis Klim hinter dem Hoftor verschwunden war. Dann machte sie die Tür zu. Als sie sich durch den dunklen Flur vortastete, wurde sie von einem neuen Hustenanfall geschüttelt.

»Ist er weg?« fragte eine Männerstimme aus dem Wohnzimmer.

»Ja, weg.« Maria betrat das Zimmer. Auf der Couch lag ein Mann im Trainingsanzug. Er war frisch rasiert und hatte die nassen Haare nach hinten gekämmt. In der Hand hielt er eine Zeitung. »Du bist mir vielleicht ein Miststück, Valentin«, sagte Maria. »Er hat mir alles erzählt.«

»Nicht dein Bier«, sagte der Mann, »misch dich da nicht ein.«

»Natürlich nicht. Trotzdem bist du ein Stück Mist, und ein feiges dazu. Wenn er noch mal kommt, sag ich, daß du da bist, und laß ihn rein.«

»Gar nichts wirst du sagen und ihn auch nicht reinlassen.«

Der Mann las ungerührt weiter in seiner Zeitung.

»Das werd ich wohl tun. Der hat Familie, Kinder.«

»Das geht weder dich noch mich irgendwas an«, wiederholte der Mann, »die sollen selbst sehen, wie sie klarkommen.«

»Nein«, sagte Maria wieder hustend, »das ist mir jetzt scheißegal«, sie hustete wieder, »mit einem Menschen zusammenzuleben, der auch dich jeden Moment ver... » Husten würgte sie, und sie brachte kein Wort mehr hervor, stand nur mit tränennassen Augen mitten im Zimmer. Sie starrte ihren Mann an. Dann wandte sie sich ab und ging, die Hände gegen ihren Hals gepreßt, ins Nebenzimmer. Dort warf sie ihren Morgenmantel ab und zog ein Wollkleid an. Sie unterdrückte einen Hustenanfall, warf sich ein Mohairtuch über, machte kehrt, zog sich einen Mantel über und knallte die Tür zu, ohne ihren Mann noch einmal anzusehen.

Hinter dem Tor blieb sie stehen und schaute nach beiden Seiten die Straße hinunter. Der Wind blies wie verrückt, und im Schneetreiben war nichts mehr zu erkennen. Einzelne Windstöße drehten weiße Wirbel zurecht und jagten sie die Straße entlang. Die Schneewirbel tobten davon, tanzten in der Luft und verschwanden in der Dunkelheit. Manchmal zerstoben sie und brandeten als weiße Wellen gegen Zäune und Häuserwände. Maria stand am Tor und fühlte, wie der Frost ihr durch die dünnen Stiefeletten in die Füße kroch. Der Schnee auf ihrem Gesicht schmolz, und sie spürte, wie sich ihre Haut im Eiswind spannte.

Dann ging sie zu sich in den Flur zurück, ließ die Tür einen Spalt weit offen stehen und setzte sich auf einen umgekippten Eimer.

Mit auf die Knie gelegten Armen blieb sie sitzen, sah auf den schwankenden

Lichtstreifen vor sich und lauschte auf jedes Geräusch, versuchte, das Knirschen von Schritten auszumachen.

Dinah Kalinovskaja
Auf dem Viktualienmarkt

Saul Isaakowitsch aber lenkte seine Schritte auf demselben blumenbunten Weg heimwärts, etwas verdrossen, weil Monja ihn nicht hineingebeten hatte. Andererseits aber auch zufrieden, denn es verschaffte ihm Zeit zum Nachdenken, und es hatte sich ja doch etliches angesammelt, was schleunigst durchdacht werden wollte.

Also morgen wird ihn Grischa besuchen. Sie werden über ihr Leben sprechen, und dann heißt es erzählen, das Schöne und Tragische schildern, auch einiges verschweigen. Zweifelsohne mußte er berichten, wie er zu Kotowski gekommen war, wie ehrenvoll und aufregend es gewesen war, unter einem solchen Kommandeur zu kämpfen, wie ihr Kavalleriekorps Tiraspol und Odessa eingenommen hatte. Auch von seiner Arbeit nachher auf der Werft. Von seiner Tätigkeit als Leiter eines Kindergartens. Auch vom Hilfskomitee für kinderreiche Kriegerwitwen, das er nach dem Krieg ins Leben gerufen hatte. Aber ob so ein Grischa nun unbedingt gewisse Einzelheiten seines Lebenslaufes erfahren mußte, etwa die Vorgänge in Jassnyje Okna, war fraglich. Und ob das allgemeine Ansehen durch die Tatsache seines Zusammenhausens mit Mischa Isotow, durch die Tatsache von Mischas Liebe zu Rebekka, durch die Tatsache seiner Heirat mit der naiven kleinen Manerschka gehoben würde? Schwerlich. Wer garantierte ihm denn, daß Grischa das alles nicht total falsch verstand ... Außerdem war es ja eine Ewigkeit her.

Saul Isaakowitsch überlegte, daß es für einen diplomatischen Empfang wie den morgen gut sein würde, eine stimmungsvolle aktuelle Geschichte in Bereitschaft zu halten, die das Leben des Saul Isaakowitsch in jugendlich dynamischen Licht erglänzen ließ. Sein cremefarbenes Nylonhemd würde er anziehen, neben seiner Rebekka an der Schmalseite der Tafel sitzen, vis-à-vis von Grischa und Manja, abwarten, bis alle Weißt-du-noch versiegt waren und bis Grischa sich mit seiner amerikanischen Aufsteigerkarriere satt geprotzt hatte, und wenn es dann soweit war, würde er loslegen, falls er sich die passende Geschichte zurechtgelegt hätte. Etwa so: Wollt ihr wissen, was ich heute gemacht habe?

Adas Antwort: Du warst bei einem Liebchen.

Rebekkas Antwort: Geschnarcht hast du wie ein Roß.

Seines Schwiegersohns Serjoshas Antwort: Du hast Schnaps gebrannt.

Seines Enkels Schura Antwort: Nein, Falschgeld gedruckt.

Alles würde aus vollem Hals lachen. Danach würde er, wie man so sagt, die Zügel der Unterhaltung in seine Hände nehmen und etwas Abenteuerliches zum besten geben.

Unter Saul Isaakowitschs gemächlichen Schritten knirschten auf den Parkwegen abwechselnd Kies, Kiesel und zitronenfarbene zerstampfte Muschelsplitter. Ja, er war der Mann, sich ein schönes nächtliches Abenteuer auszudenken, nach allen Regeln der Kunst, mit Exposé, Entwicklung, Kulmination, der schließlichen Lösung des Knotens und abschließendem vernichtendem Schlag, den das Gute dem Bösen versetzt.

Aber zu diesem Erzeugnis der Phantasie kam es nicht.

»Der Meerrettich! Sulja, ich habe keinen Meerrettich gekauft!« Mit diesem Klageruf empfing ihn seine Rebekka. Sie war bereits auf den Markt gerannt, hatte Hecht und junge Hühner eingekauft, aber leider die unerläßliche Zutat vergessen.

»Na schön, ich geh welchen holen«, äußerte Saul Isaakowitsch wenig begeistert.

Meerrettich ist wichtiger als müßiges Spintisieren, das begriff er. Widerspruch wäre lachhaft gewesen.

Der Markt. Wie ein Tintenfleck auf Löschpapier zerfloß der Viktualienmarkt über die umliegenden Straßen, und keine Zäune vermochten ihn einzudämmen. Seine Anzeichen machten sich schon von weitem bemerkbar. Sie beflügelten das Herz, befeuerten die Stimmung des Städters wie der Geruch des nahen Wassers den Angler, die Wildspur den Jäger. Und heißt Jagd denn immer nur ein Knall und nachher die Beute auf dem Rücken? Ist ein Markt nicht mehr als ein Ort, wo man Geld gegen Nahrungsmittel eintauscht?

Bedeutet Markt nicht zugleich Zielpunkt, dem von allen Seiten überfüllte Straßenbahnen zustreben? Bedeutet Markt nicht, daß sich straßenviertelweit beharrlich junge Möhren aus den Einkaufsnetzen strecken? Bedeutet Markt nicht weggeworfene Fahrscheine, Bonbonpapierchen, die goldbraunen Häute von Räuchermakrelen, Zwiebelschalen, die wie Libellenflügel knackenden Hülsen von Kürbis- und Sonnenblumenkernen, Verschlüsse von Bier- und Limonadenflaschen - all das freigebig hingestreute Konfetti eines ständigen Festes, das Markt heißt.

Und erst innerhalb des Zaunes, auf dem eigentlichen Markt, seinem legitimen Gelände, vergißt der Mensch im Nu, daß er hergekommen ist, um Kartoffeln oder Radieschen zu kaufen. Er schlendert durch die Reihen, ein Betrachter, ein schwelgender Müßiggänger, ein zum Fest geladener Gast. Der Markt bemächtigt sich des Vielbeschäftigten, ist Trost für die Bekümmerten, und nicht nur durch seine malerische Buntheit und seinen prangenden Überfluß, mehr noch durch die besondere Atmosphäre von gegenseitigem Wohlwollen, Nachsicht, ja geradezu liebevoller Gutmütigkeit.

Hier spürt man nichts vom Schiebergeist des Trödelmarktes, den Nachwehen der NÖP, jener Lieblingsmacke dieser Stadt. Auf dem Viktualienmarkt zischelt einem niemand mit Schlangenlächeln zu: »Ich soll 'ne Schieberin sein?! Daß du noch heut unter die Straßenbahn gerätst, Herzchen!«

Auf dem Viktualienmarkt brummt man allenfalls, wenn einem eine Händlerin für ein Bund junger Radieschen dreißig Kopeken abverlangt: »Ha, wohl bekomm's!«

Auf dem Viktualienmarkt ermahnt man eine allzu wählerische Käuferin mit den Worten: »Aber warum kitzeln Sie das Huhn? Das lacht ja schon.«

Auf dem Viktualienmarkt bedienen sich die Einwohner dieser Stadt, wenn auch etwas unbeholfen, doch mit Vorliebe des Ukrainischen.

»Muttchen, ist der Schafskäse sehr salzig?«

»Koste doch, tu mir den Gefallen«, antwortet in singendem Tonfall das wie aus dem Ei gepellte Muttchen.

»Tantchen, sind die Zwiebeln schön?«

»Verkauf ich Schönheit? Brauchst du was zum Essen oder zum Angucken? Sie sind, wie sie sein müssen, bissig wie 'ne Schwiegermutter.«

»Wo kommen die Kartoffeln her, junger Mann?«

»Brjansker Kartöffelchen.«

»Scheint der Mond so hell ...« Man trifft sie öfter auf dem Markt. Sie heißt Galja und schlendert hier herum, es gefällt ihr. »Mir ist in seinem Scheine, als riefen mich die Berge fern ...«

»Aber nein, du Ärmste, die Sonne scheint, nicht der Mond«, wird sie von mitfühlenden Seelen belehrt.

»Ist der Meerrettich von weit her, Frauchen?«

»Aus Jassnyje Okna. Mal gehört? Hab ihn seinerzeit gepflanzt, den Verflixten, und nun wächst er mir schier über den Kopf, nicht auszurotten!«

»Wieso denn?«

»Weil er meterlange Wurzeln treibt, wie soll man sie ausbuddeln? Seit bald fünf Jahren wächst er bei mir. Den ganzen Winter über bin ich das Zeugs nicht losgeworden. Wie schaff ich das ohne Hand?«

Ohne Hand war übertrieben, rechts fehlten ihr drei Finger. Saul Isaakowitsch mochte nicht hinsehen, lieber schaute er in ihre unbekümmerten schwarzen Augen.

»Wie geht's denn so in Jassnyje Okna?«

»Gut geht's. Waren Sie mal dort?«

»Das ist schon lange her.«

»Man lebt nicht übel bei uns. Nein, nicht übel.«

»Haben Sie eine große Familie, viele Kinder?«

»Aber ja doch, Kinder und ein Enkelchen, da hat man was zum Freuen.«

Nachdenklich rieb sie mit der heilen bräunlichen Hand ihr Kinn und sah zutraulich lächelnd in sein Gesicht. »Unser Haus ist das dritte von der Kirche, gegenüber von der neuen Schule. Schauen Sie zu uns herein, wenn Sie mal wieder in Jassnyje Okna sind.«

»Danke vielmals«, sagte Saul Isaakowitsch.

»Wie ist's mit grünen Bohnen?« bot die Frau an. »Zuckersüße.«

»Nein.« Saul Isaakowitsch suchte drei trockene Meerrettichstrünke aus, gab der Frau einen Rubel, bekam zehn Kopeken heraus. »Für Bohnen hat mich meine Frau nicht finanziert. Bei uns führt sie die Kasse.«

Den Meerrettich verstaute er in der Innentasche seiner Jacke. Als er schon ein Stück gegangen war, sah er sich um. Die Frau drückte die Hand an die Lippen, ihr brauner Blick strömte Wärme und Sympathie aus. Vor sich hin pfeifend, schritt Saul Isaakowitsch von dannen.

IL'JA MITROFANOV
Studjony-Straße

Kennst du die Studjony-Straße? Du warst vielleicht mal da. Aber ich bin da geboren. Ich kenn da jedes Steinchen. Weil das mein Odessa ist. Wie oft bin ich dahin zurückgekommen! Wie oft hab ich diese Straße gesehen, bei Sonne, bei Regen, bei jedem Wetter. Morgens und abends und um drei Uhr nachts. Ich hab sie in Gedanken mit meinen Beinen immer wieder neu vermessen. Von der Haltestelle ›Priwos‹ durch den Kusmitsch-Park, über die breite Allee. Ich kenn sie in- und auswendig. Weil mein Odessa nicht der Deribon ist und nicht mal die Treppe, auch nicht der Herzog von Richelieu, nicht der Sobornaja-Platz mit seinem Menschengewimmel – dieses Odessa ist wie das geschminkte Gesicht einer Frau. Wie es in natura aussieht, weißt du nicht. Du lebst nicht mit dieser Stadt, kommst bloß mal zu Besuch. Sie ist dir fremd. Auch ich bin da bloß Gast, ein Zugereister. Aber in der Studjony-Straße bin ich zu Hause. Ich liebe diese ungeschminkte Straße. Ich erkenne sie, ob bei Tag oder bei Nacht, und sie erkennt mich, wenn ich zu Fuß durch den Park komme.

In einer Ecke spielt das Orchester der Kriegsveteranen ›An der schönen blauen Donau‹. Wenn du Lust hast, hör zu, falls du Ohren hast zu hören. Wenn du willst, kannst du auch selber singen. Da steht ein Podest. Und Tante Sima mit dem Akkordeon verputzt gerade einen Apfel. Geh hin und sag: »Tante Sima, ich will ein Lied singen, hab aber den Text vergessen.« Und Tante Sima wird dir antworten: »Eure Sorgen möchte ich haben!« Und sie wird dir ein Liederbuch geben, das einem alten Talmud ähnelt. Aber in diesem Talmud stehen die Texte sämtlicher Lieder, Romanzen und Arien aus fernster Steinzeit bis in unsere Epoche. Und da findest du, was du suchst. Du fängst an zu singen, und schon fällt das Publikum ein. Und obwohl du nicht der große Caruso bist, werden dir alle Beifall klatschen. Und sie werden sagen: »Du bringst es noch zu was.«

Wenn du nicht singen kannst, trag deine Verse vor, und ich garantier dir, daß sie auch dann Beifall klatschen und dir sagen werden: »Du bringst es noch ...«

Wenn du weder ein Bagrizki noch ein Caruso bist, sondern ein Hobby-Jäger? Bitte sehr! Geh zum Schießstand unters Vordach und erleg einen Ussuri-Tiger, tob dich aus. Gleich daneben kannst du dich auf ein leeres Faß setzen und Bier trinken. Und keine Sorge – Bier gibt es reichlich. Was brauchst du mehr, wenn dieses Bier in deinem Krug schäumt? Wenn du mit deinen Lippen den Schaum wegblasen, dir eine Papirossa Marke ›Salve‹ anstecken und ein bißchen über dieses Leben philosophieren kannst?

Was brauchst du mehr? Und was gibt's da überhaupt groß zu reden?

Aber ich sang an dem Tag nicht wie der große Caruso, und Verse à la Bagrizki rezitierte ich auch nicht, selbst den Krug Bier überließ ich einem anderen. Weil ich mit einer Frau durch den abendlichen Park in meine Studjony-Straße Nummer siebzehn ging. Und das war ein schönes Gefühl, ein wunderschönes sogar. Ich spürte den Geruch ihrer Haare, ihren Atem, sah die leichte Sonnenbräune unter dem Seidenfutter. Und mein Herz arbeitet wie der Kompressor ›Daimler & Co.‹, weil ich, Semjon Nikolajewitsch Stawraki, ein lebendiger Mensch bin. Ich reichte ihr die Hand, als wir die Straße überquerten – da fahren so viele Autos, und nach Führerscheinen fragt sowieso keiner mehr. Sie sah mich an.

»Ich wußte ja gar nicht, daß Sie so nahe wohnen«, sagte sie. Und nach einem Blick auf ihre Schuhe: »Ich glaube, ich habe mir den Fuß aufgerieben.«

»Keine Sorge«, antwortete ich. »Wenn Sie nichts dagegen haben, trage ich Sie.«

»Na, hören Sie!« Sie wurde ganz rot.

Und mein Herz hämmerte noch lauter. Weil es für mich ein Klacks war, sie auf die Arme zu nehmen. Und es bestand gar kein Grund, rot zu werden. Sollten es doch alle sehen.

Es gab ja auch was zu sehen. Und an Zuschauern mangelte es nicht.

Sowie wir in den Hof traten, kamen alle meine Nachbarn auf die Galerie gekrochen. Von achtzig Jahren abwärts. Wie viele eigentlich in meinem Haus wohnen, denkst du, das weiß ich? Ich kann bloß so ungefähr sagen, daß auf einen Quadratmeter fünf Mann kommen. Vier kenne ich, den fünften nicht. Der fünfte ist bloß polizeilich gemeldet. Für ihn kommt noch die Zeitung ›Patriot der Ukraine‹, aber er selbst hat schon irgendwo in Brighton einen Frisiersalon aufgemacht, wo er den Negern einen Schnitt à la ›Charme von Odessa‹ verpaßt.

Der fünfte fehlte also. Aber es waren auch so noch genug. Alle taten sehr geschäftig, trockneten angeblich ihre Bettlaken. Dabei hängten sie nur die Köpfe und die dicken Busen über die Brüstung und machten sich lautstark bemerkbar. Vorneweg Tante Mila, die alte Kupplerin, die immer über jeden alles weiß. Beinahe wäre sie runtergeflogen.

»Guten Abend, Senja!« rief sie. »Wen bringen Sie denn da mit?«

Und vom anderen Ende der Galerie antwortete eine Stimme:

»Wahrscheinlich seine Schwester!«

»Ach was! Ist doch unwichtig. Ich wußte gar nicht, daß sie so hübsch ist.«

»Senetschka! Senja! Wie heißt sie? Sagen Sie wenigstens, wie sie heißt?«

Jetzt riß mir die Geduld. Ich hob den Kopf. Und fragte:

»Vielleicht wollen Sie auch noch ihren Paß sehen? Oder die Geburtsurkunde? Sie meine ich, Sie, Tante Mila! Was sind das für schlechte Manieren? In alles, was Sie nichts angeht, stecken Sie Ihre Nase! Sie braten wohl Paprika?

Gehen Sie lieber in die Küche, sonst verkohlt noch Ihr Essen.«

Aber diese alte Kupplerin machte sich gar nichts daraus.

»Senja!« gab sie zur Antwort. »Wollen Sie mich beleidigen? Ich hab nicht so einen schlechten Geschmack, daß ich diesen ekelhaften Paprika braten würde, auch wenn das Kilo bloß einen Rubel kostet! Ein Hähnchen brate ich. In guter Butter. Wenn Sie wollen, lad ich Sie und Ihre Schwester dazu ein.«

»Ein andermal, Tante Mila!« antwortete ich. Weiter sagte ich nichts. Weil ich Tante Mila kenne. Sie lädt dich ein und macht dir dann eine Rechnung auf, daß dein Lohn nicht reicht. Ich hakte meine Dame ein und führte sie zur Treppe.

»Bitte sehr! Beachten Sie dieses Durcheinander gar nicht ...«

»Mach ich auch nicht«, antwortete sie und verzog schmerzhaft ihr Engelsgesicht. »Diese italienischen Schuhe haben einen so niedrigen Spann ...«

»Gleich, gleich, noch ein bißchen Geduld. Wir werden Ihren Fuß mit Eau de Cologne einreiben.«

Die Tür zugeschlossen. Und nun könnt ihr mich alle mal gern haben! Trocknet weiter eure Laken.

Ich hatte Eau de Cologne zu Hause und rieb ihr den Fuß ein.

»Tut's weh? Geduld, Geduld. Geht gleich vorbei.«

»Oh, danke. Es tut gar nicht mehr weh.« Sie lief barfuß durchs Zimmer und berührte mit dem Finger meine ganze Einrichtung. Den Schrank aus echtem Zypressenholz, in dem meine Anzüge hingen. Den Sessel und sogar das Bett mit dem Daunenkissen.

»Schön haben Sie es hier.«

»Freut mich, daß es Ihnen gefällt.« Ich hielt ihre Hand fest. »Ich bin überhaupt sehr froh, daß ich Ihnen begegnet bin. Weil ... solche Augen wie Ihre gibt es nie wieder, weder auf der Erde noch auf dem Grund des Schwarzen Meers.«

Sie lächelte, zog aber ihre Hand nicht weg.

»Woher wissen Sie, was es da unten, auf dem Grund des Schwarzen Meers gibt? Sind Sie etwa Taucher?«

»Erraten ...«

»Oh, wie interessant!«

Was soll daran interessant sein, wenn man's genau nimmt? Nichts Interessantes gibt es auf dem Grund des Schwarzen Meers zu sehen. Weder solche Augen noch Neptuns oder Nixen, bloß leere Bierflaschen, Zeitungen aus den Jahren der Intervention, Erdölrückstände und Präservative statt Medusen. So was liegt auf dem Grund des Schwarzen Meers rum.

Aber kannst du das etwa einer Frau erzählen? Nein, das kannst du nicht. Und ich tat es auch nicht. Ich sah sie an, mir war fröhlich zumute und auch ein bißchen traurig. Und mein Herz schien gleich zu zerspringen. Sie guckte mich an und wurde rot.

»Sie sind so ...«

»Wie?«

»So stark!« Und sie streichelte meine Hand. »Sie sind mir gleich aufgefallen. Als Sie sich an den Tisch setzten ... Ich dachte, Sie sind Gewichtheber. Oder Trainer für Freistilringen ...« Und immerzu streichelte sie meine Hand. Und so schön machte sie das, daß ich ganz verlegen wurde. Nicht etwa, weil ich kein Gewichtheber oder Trainer für Freistilringen war, sondern weil ich mir neben ihr wie ein Schuljunge vorkam und der Druck in meinem Herzen plötzlich sehr hoch schnellte. Aber mein Atmosphärendruck hat auch seine Grenzen.

»Bitte sehr«, sagte ich zu ihr. »Nehmen Sie Platz. Was wollen wir trinken?«

Ich hatte genug zu trinken. Eine gute Auswahl. Wodka natürlich. Auch Kognak. Und meine geliebte ›Steppenperle‹. Als die Cholera in Odessa grassierte, hat bloß dieser Wein die Menschen vor dem Tod gerettet.

Zu essen hatte ich auch was. Schokolade, Konfekt und all dieser Schnickschnack ist nichts für mich. Ich bin nicht irgendein Stutzer. Hab lieber was Handfestes. Und unbedingt ein Stück Fleisch! Wenn's auch teuer ist. Aber wenn du dir einen Festtag machen oder eine schöne Frau bewirten willst, mußt du auf den Priwos gehen. Und Fleisch kaufen. Genau ein Kilo. Mehr ist nicht nötig.

»Trinken Sie doch!« sagte ich zu ihr. »Trinken Sie und essen Sie was dazu. Mein Service ist einfach. Ein Junggesellenservice sozusagen.«

Sie trank und aß etwas dazu.

»Oh! Schmeckt das lecker! Wirklich ...«

»Freut mich sehr!« Ich trank auch. Und aß was dazu. Eine Schallplatte legte ich auf. Ich hatte die passende Musik. Dieses moderne Zeug kann ich nicht ausstehen, das dir auf den Schädel trommelt, als sei er ein leerer Kochtopf. Ich mag gefühlvolle Musik, die das ausdrückt, was du sagen willst, aber nicht kannst.

Und die Musik erklang. Mit echter Utjossow-Stimme. Nicht zu laut, aber auch nicht zu leise.

»An deiner Seite, du Schöne mein, fühl ich mich manchmal so nichtig und klein ...«

Neal Ascherson
Vogeldreck

Die Innenstadt haben sich Krähen und Tauben untereinander aufgeteilt. Die Krähen beherrschen den Bezirk am Bahnhof, wo die Richelieu- und die Katharinenstraße – fünfzig Jahre lang waren sie als Lenin- und Karl-Marx-Straße bekannt – ihren schnurgeraden Marsch in Richtung Meer beginnen. Im Frühjahr, wenn sich die Krähennester in den Platanen häufen, fallen Zweiglein auf die brüchigen Bürgersteige der Richelieu-Straße. Weißer Vogeldreck zieht eine Linie um die Füße der Bettler im Eingang zur Kathedrale an der Puschkin-Straße: es sind russische Bettler mit verfilzten Haarmatten und aufgedunsenen Gesichtern, die sich unablässig mit zittrigen Händen bekreuzigen.

Morgens machen die Krähen solchen Lärm, daß sie die Gäste in den billigen Hotels beim Bahnhof wecken; ihr Gezänk ist lauter als das Knirschen und Klappern der Straßenbahnen. Das wahre Herzland des Krähenterritoriums befindet sich ein Stück weiter, in den Straßen zwischen dem Bahnhof und dem Moldowanka-Viertel, wo einstmals die jüdischen Gangster wohnten. Keine Taube könnte hier lang überleben, denn dieser Bezirk ist der Ort für den Nahrungsnachschub der Krähen, der Priwos-Markt. Im Schlamm zwischen den Markthallen hüpfen sie herum und schachern um Kalbskopfreste, Käsebrokken, Karottengrün und Sardellengräten. Zigeuner, die mit Marmeladengläsern voll heißem Tee vorbeikommen, schreien den Krähen hinterher, und die Tatarenfrauen, die geschrappte Karotten verkaufen, schlagen mit Stöcken nach ihnen, wenn sie zu nah bei ihren Ständen herumtrippeln.

Geht man die Katharinenstraße in Richtung Meer hinunter, fängt etwa nach der Hälfte der Strecke, da, wo man sich der Deribassowskaja nähert, das Reich der Tauben an. Sie sind nicht aufdringlich, sie leben von ihrem Charme. Aufgereiht sitzen sie auf den Gesimsen des Opernhauses und schwirren manierlich herab, um die Kinder in den Gärten des Palais Royal oder am Denkmal für die Meuterer des Panzerkreuzers Potemkin anzubetteln. Die Familien, die die Deribassowskaja hinunterschlendern, lassen Sonnenblumenkerne und Eiswaffelstückchen für die Tauben zurück.

Die Tauben haben für die Bäume nichts übrig, obwohl riesige alte Platanen den ganzen Primorski-Boulevard säumen – eine Straße, die eigentlich eher ein langer Esplanade-Garten ist, mit Palästen auf der einen Seite und einem freien Blick über den Hafen und das Schwarze Meer auf der anderen. Vor ein paar Jahren, am Ende der Sowjetära, entschloß sich ein Stadtplaner, diese Aussicht durch das Fällen der Bäume zu verbessern, und es war in Odessa ein erstes Zeichen sich verändernder Zeiten, daß Dutzende junger Leute zum Primoski-Boulevard herunterkamen und sich an ihre Bäume klammerten, bis die Arbeiter mit den Kettensägen sich zu schämen begannen und fortgingen. Aber die Tauben haben lieber Marmor und Bronze unter ihren rosafarbenen Füßchen, auf den Gesimsen des alten Hotels London und des Generalgouverneurspalasts, auf der Kanone der *Tiger*, auf Puschkins Stirn oder auf der Schulter Richelieus oben an der großen Treppe.

Konstantin Paustowski, der über Odessa geschrieben hat, wie ein Mann über seine jung gestorbene Frau schreibt, pflegte auf der niedrigen Mauer zu sitzen. Benommen vom Hunger - es war 1920, ein Jahr der Blockade und Hungersnot - ruhte er sich hier frühmorgens auf seinem Weg zur Zeitungsredaktion, wo er arbeitete, aus und atmete den frischen Wind vom Meer.

Ich unterschied in ihm nicht nur den Geruch der Decks, sondern auch den von Akazien, von vertrockneten Seealgen, den der Kamillen, die in den Rissen der Stützmauern blühten, und schließlich auch einen Geruch von Teer und Rost. Doch alle diese Gerüche wurden gelegentlich von einem besonderen Nach-Sturm-Geruch fortgewischt, der vom offenen Meer herüberwehte. Er war mit nichts zu vergleichen, mit nichts zu verwechseln. Ich hatte ein Gefühl, als schmiege sich eine Mädchenschulter, noch kühl vom Bade, an meine Wangen.

Als ich vor fünfundzwanzig Jahren diese Worte erstmals las, wußte ich sofort, daß dies nicht mehr die Wahrheit über den Wind war, der vom Meer her auf den Primorski weht, und daß Paustowski gewußt hat, daß es künftig nicht mehr wahr sein würde. Jetzt riecht die Luft oben an der Treppe nach öligem Salzwasser, nach billigem Benzin und ermüdetem Zement. Aber diese Worte lassen sich nicht ungeschrieben machen. Ich dachte an sie an anderen Orten am Schwarzen Meer, zum Beispiel im Hafen von Anapa, in der Morgendämmerung nach einer windigen Nacht. Sie sind treffend, weil man ihnen nichts hinzufügen und nichts wegnehmen kann.

Die Treppe von Odessa, *l'Escalier Monstre*, ist ein Rätsel. Sie zu sehen ist für jeden, der nicht vergessen kann, wie Eisenstein sie im *Panzerkreuzer Potemkin* zur bekanntesten Treppenflucht der Welt gemacht hat, so, als sähe man eine berühmte Schauspielerin: kleiner, grauer, weniger eindrucksvoll als im Film. In früheren Zeiten sprangen die Stufen geradewegs von der Stadt hinab zum Hafen, ein triumphaler Gang zum Meer hin und zum Horizont im Süden. Jetzt kreuzt die Hauptstraße zu den Hafenbecken quer den Fuß der Treppe, und der Blick wird von Mauern aus fleckigem Zement verstellt: hier steht der verfallene Fähren-Terminal.

Von oben aus betrachtet kommt einem die Treppe kurz und verwahrlost vor. Sie ist so angelegt, daß der Blick nach unten nur die Absätze zwischen den Stufen erfaßt, so daß man eine Reihe Terrassen zu sehen meint. Das Gras zu beiden Seiten ist ungepflegt. An einer Flanke ist eine häßliche metallene Seilbahn kaputtgegangen und rostet vor sich in. Es ist eine einzige Enttäuschung. Beginnt man dann aber die 220 Granitstufen hinabzusteigen, kommt ein Gefühl auf, als träte man in irgendein illusionäres Geschehen ein, so ähnlich als beträte man ein Labyrinth oder bestiege eine griechische Säule.

Sogar hinsichtlich der Frage, wer die Odessaer Treppe erbaut hat, wird ein bißchen geschwindelt; mit Sicherheit wurde 1837 damit begonnen, aber nicht von dem italienischen Architekten Boffa, dessen Name hier eingraviert ist. Auch der eines Engländers namens Upton steht dort, aber seine Treppe hatte bloß 192 Stufen und wurde aus Triester Sandstein gebaut. Irgendwann kam es zu einer umfassenden Änderung, sowohl des Entwurfs wie des Materials, und auch der für den Bau Verantwortliche wurde ausgetauscht. Die Stufen, jetzt aus Granit, wurden von Boffa oder möglicherweise von Rossi oder vielleicht sogar von Toricelli, der einen Großteil Odessas erbaut hat, neu geplant, mit stark sich von unten nach oben verjüngender Breite.

Wenn man unten angelangt ist und sich umwendet, kommt man ins Staunen: von hier aus sind nur die Futterstufen sichtbar; gestreckt durch eine falsche Perspektive, rast die Treppe gen Himmel. An der Spitze steht Richelieu, und die Wolken ziehen an seinem Kopf vorbei. In Wirklichkeit ist seine Statue geradezu zwergenhaft, kleiner als lebensgroß. Aber vom Fuß der Treppe aus gesehen ist er ein Koloß.

Christian Schüle
Schneiders Freundin

Es ist von einer merkwürdigen Begebenheit zu erzählen, die sich letzte Woche zugetragen und mich nachhaltig verstört hat. Der Mann hieß nicht Schneider, er hatte einen anderen eingängigen deutschen Namen, aber ich nenne ihn Schneider, um ihn zu schützen. Ich sah Schneider zum ersten Mal, als er sich am Schalter der ungarischen Fluggesellschaft Malev etwas aufwändig, jedenfalls devot um seinen Weiterflug von Budapest nach Odessa sorgte, der deswegen bedroht war, weil die erste Maschine nach Budapest wegen technischer Probleme ausgefallen war und die nächste zu spät angekommen wäre. Ich teilte diese unwillkommene Fügung mit Schneider, wartete allerdings mit einem Anflug von Abgeklärtheit, was die beflissenen Malev-Damen auf die Beine stellen würden. Schneider war, mit Verlaub, unzeitgemäß gekleidet; äußerst korrekt, das wohl, aber, sagen wir, ein wenig spießbürgerlich korrekt – blau-weiß gestreiftes Hemd, gepunktete Krawatte, rote Wollweste, Trenchcoat. Er sah gut aus, war groß und schlank, hatte eine Art Eleganz, wie sie aus der Mode gekommen zu sein scheint, dazu akkurat rasierte Koteletten, glatte Haut, Seitenscheitel, Brille, ein schmales, beinahe asketisch anmutendes Gesicht, das mit einem Ausdruck von Sanft- und Großmut gesegnet war. Manschetten hatte er keine. Seine Offenheit war verblüffend, ein tieferes Geheimnis schien er nicht zu haben. Unverzüglich, mit süßem Schwiegersohnlächeln, sagte er den Malev-Damen, er sei Verkaufsleiter eines großen Reisebüros und er danke für alles und er wünsche eine schöne Zeit, und dann wiederholte er seinen Dank und seine Wünsche abermals mit feinem Timbre.

Wir wurden auf die nächste Lufthansa nach Budapest umgebucht, zwischen Ankunft und Weiterflug würden 15 Minuten bleiben, knapp, das ja, so die Malev-Damen, aber möglich. Auf dem Weg in die Maschine nahm ich Kontakt zu Schneider auf, wir verbündeten uns gegen unser gemeinsames Schicksal, setzten die Purserin in Kenntnis, und Schneider erzählte sogleich, dass er in Odessa seine Freundin treffen wolle. Kurz vor Budapest wurden wir nach vorn geholt und preschten dann, unter Anweisung des ungarischen LH-Supervisors, durch den überfüllten Flughafen Ferihegy, wo wir über langsame Rolltreppen zu einem exotischen Terminal geleitet wurden und den Schalter der ukrainischen Gesellschaft Aerosvit zwei Minuten vor Abflug der einzigen Maschine an diesem Tag erreichten. Turbulent, aber pünktlich landeten wir in Odessa, und es war klar, dass das Gepäck in Budapest zurückgeblieben war. Nach Minuten unbegründeter Hoffnung vor einem verwaisten Förderband ging ich in ein fensterloses Büro, wo eine blondierte Endfünfzigerin in hellblauer Uniform in ihrem ukrainisch radebrechenden Englisch nach Möglichkeiten kramte, Schneiders Koffer annähernd verständlich zu beschreiben. Computer gab es nicht, wohl aber einen Ventilator und, da zunehmend verschieden kostümiertes Flughafenpersonal auftauchte, mehrstimmige Ratlosigkeit. Schneider hatte bereits vier Formulare ausgefüllt, stellte mich der Endfünfzigerin in vollendeter Manier vor und dankte der aus Anspannung lustlos wirkenden Dame grundlos, aber in herzlichem Überschwang. »Thank you, thank you very much, thank you...« Ich sah auf seinen Pass, registrierte Jahrgang 1953, und dann duzte mich Schneider ohne Vereinbarung, lachte mich an, »so eine Sache, was, darauf müssen wir einen trinken!«, lachte weiter und gab kund, er würde draußen, in der Empfangshalle, auf mich warten, jetzt müsse er seine Freundin begrüßen, was ich gut verstand, die Wiedersehensfreude muss groß gewesen sein, Schneider war auf seine Art ja auch recht aufgeregt.

Wir trafen uns in der Halle am Schalter von Malev, wo die Gepäckermittlungsprozedur in die zweite Runde ging. Schneider stand hinter einer großen Frau, geschätzt Mitte dreißig, mit kurzen rotgefärbten Haaren, randloser Sonnenbrille und blau getöntem Glas, sehr figurbetonten, sehr blauen, sehr modischen Jeans, schwarzen Stiefeln mit Highheels, und es war nicht zu übersehen, dass sie überaus sexy war und wert darauf legte, dass man ihr dies auch ansah. Schneider hatte seinen linken Arm um sie geschwungen, küsste ihr von hinten das Haar, drehte sich um, lachte und sagte verzückt: »Mascha.« Wir nickten uns zu, und dann verhandelte Mascha in schnellem Russisch mit der Malev-Repräsentantin das weitere Prozedere, was Schneider – »Sorry to waste your time, Mascha, so sorry« – immer wieder zart kommentierte. Ich hatte den Eindruck, Zeuge einer jungen, transnationalen Liebe zu sein, und freute mich für Schneider in seiner Melange aus Chuzpe, Nonchalance, Unterwürfigkeit und Kleinjungencharme. Zur dritten Runde der Gepäckermittlung wurden wir ins Büro von Aerosvit gebracht und mussten weitere sechs Formulare ausfüllen. Schneider entschuldigte sich bei Mascha für die Umstände, für die verloren gehende Zeit, für die ukrainische Bürokratie, und zur Entschädigung wollte er sie küssen, und sie drehte ihm das Ohr zu. Er klopfte auf ihren Rücken und verlangte dann in weitgehend grammatikfreiem Englisch ein »emergency kit« im Wert von 50 Dollar, welches international üblich sei, Gesetz gar, das wisse er, und zu mir sagte Schneider gut vernehmbar, er müsse sich am Abend noch rasieren, er sei ja nicht so einer wie ich, der mit Dreitagebart rumliefe, worüber er länger zu lachen gedachte, was mich, um ihn vor Mascha nicht zu brüskieren, irgendwann solidarisch mitlachen ließ. Er, sagte mir Schneider plötzlich auf Englisch, lege Wert auf gutes Äußeres. »Du hast deinen Smoking sicher auch im Gepäck.« Ich tat verschwörerisch und zwinkerte ihm zu. »So ein Malheur«, sagte er, »darauf müssen wir einen trinken, was?« Dann zog er aus seiner ledernen Handtasche eine Schachtel Pralinen, stellte sie vor der Aerosvit-Agentin auf die ausgefüllten Formulare und eröffnete Mascha, dies sei eines seiner Geschenke für sie und ihre 15-jährige Tochter, das *kleinste* seiner *drei* Geschenke, die anderen, na..., er verwies achselzuckend auf die sechs Formulare, tätschelte Mascha den Rücken, strich ihn in großen Zügen auf und ab, fuhr mit einer für diesen Zeitpunkt nicht angebrachten Leidenschaft durch ihr rotes, kurzes Haar und wirkte just wie ein seit langem Verliebter. Da ich meinen neuen Freund ja nun ein wenig kannte, war ich allenfalls über Maschas Zurückhaltung erstaunt.

Wir bekamen unsere 50 Dollar in ukrainischen Hryvna und teilten uns ein Taxi in die Innenstadt. Vorn der Fahrer und Mascha, hinten Schneider und ich. Mascha sei eine tolle Frau, sagte Schneider, sie sei sehr gebildet, nicht so wie die anderen Ukrainerinnen, sie arbeite als Buchhalterin in einer Modefirma in Odessa, sie sei schon in Paris gewesen und spreche hervorragend Englisch. Ich nickte und lächelte, weil Schneider mich partout von seinem Glück überzeugen wollte und ich ein höflicher Mensch bin, was Schneider fortzufahren zum Anlass nahm. Normalerweise, entschuldigte er Mascha, kleide sich diese Frau ganz großartig, nicht wie heute, normalerweise seien dann auch alle Männer hinter ihr her und wollten nur mit ihr ins Bett, und in diesem Moment war klar, dass Schneider sich nicht in die Kategorie »alle Männer« einreihen wollte, dass sein eher romantisch veranlagtes Verkaufsleiterherz dieses »normalerweise« in seinem Fall auf jeden Fall vermeiden wollte, denn was ihn und Mascha betraf, so lag diese Verbindung außerhalb jeder Normalität. Wie lang sie sich denn schon kennten, fragte ich in größtmöglicher Dezenz. Oh, sagte Schneider, noch nicht so lange. Er schmunzelte ein verschworenes »Gell?« in Maschas Rücken. Ob er schon einmal in Odessa gewesen sei, so ich. Nein, so Schneider, es sei das erste Mal. Ach... und, verzeih meine Neugier, sagte ich, wo habt Ihr Euch kennen gelernt? Schneider lachte, tätschelte Mascha den Hinterkopf, den sie ihm nicht wirklich entziehen wollte, aber sie konnte sich auch nicht durchringen, das Tätscheln zu genießen. Wenn er ganz ehrlich sein dürfe, so Schneider, er sehe Mascha gerade zum ersten Mal. Ach... Ja, er habe sie übers Internet kennen gelernt. Eine tolle Frau. Ach, dachte ich, das gibt es doch gar nicht, das gibt es wirklich! Er habe viele Fotos von ihr gesehen, sagte Schneider. Tolle Fotos, sagte er. Sicher, sagte ich. Sie hätten oft telefoniert, sagte Schneider, stundenlang. Mascha sei eine gebildete Frau, er schlug auf ihre Schulter, während sie mit dem Taxifahrer scherzte, und wir rauschten über den kopfsteingepflasterten, pappelgesäumten Puschkin-Boulevard in Richtung unserer Hotels, die Sonne schien. Die ganze Fahrt über war Schneider besorgt, sein Hotel könne weniger imponierend sein als meines, er entschuldigte sich mehrfach bei Mascha, das tolle Hotel Mozart sei ausgebucht und das schlechtere Hotel Odessa allein auf die spontane Buchung zurückzuführen, und mir sagte er, während er zu Mascha schielte, er spreche fließend Italienisch und Portugiesisch und er habe in den besten Hotels quasi Rabatte, wenn ich also einmal nach Portugal oder Italien wolle, er gab mir seine Karte. »Um sechs gehen wir zusammen einkaufen, Rasierzeug, Pyjama und so weiter, ja?« Odessa hatte uns warm und heiter aufgenommen, und während ich kurz anfügen durfte, ich wolle hier dem verblichenen Glanz der literarisch-musikalischen Salongesellschaften der russischen Kultur-Eliten im Sommerfrische sprühenden Odessa des 19. Jahrhunderts nachspüren, Puschkin erst, später Tschechow, Tolstoi, Gorki, Babel, die Philharmonie und der Welt prächtigste Oper, hielten wir vor dem 19-stöckigen Hochhaus des Hotels Odessa mitten im Hafen, und Mascha stellte auf Schneiders mehrmaliges Nachfragen klar, dass sowohl er als auch ich hier eingebucht waren. »It's the old Kempinski«, sagte sie. Es heißt nur nicht mehr Kempinski. Es heißt jetzt einfach Odessa Hotel. Schneider lachte umständlich, übernahm generös das Taxi und monierte an der Rezeption lediglich, kein Zimmer zur Sonnenseite bekommen zu haben, was man zu ändern habe, denn so, er linste zu Mascha, und seine Augen sagten »nicht wahr?«, so gehe das ja nicht!

Der Blick auf den Hafen war auf surreale Art grandios. Im mystikbereiten Anthrazit der herankriechenden Nacht erschienen die Kran-Tentakel auf den Werften wie okkulte Gottesanbeterinnen. Es war mild und roch nach Tang. Später fuhr ich in die Panorama-Lounge und sah dort, wie Schneider, glatt rasiert und im Smoking, mit Mascha Standard tanzte. Schneider war gut in Form. Er führte Mascha behend. Er lachte. Er erzählte. Irgendwie wirkte er glücklich. Ich konnte Maschas Gesicht nicht sehen. Ich vermute, sie wahrte Haltung und lächelte. Ein hoher Preis, dachte ich, den diese junge Frau für ein besseres Leben zu zahlen bereit ist. Ich glaube nicht, dass Mascha Odessa verlassen wird. Ich habe Schneider nicht mehr gesehen.

Die Krim – auf den Spuren der Zaren und Tataren

Fridolin Schoultz
Ein Kaiserzug durch die Krim

Der Empfang der Kaiserin in Baktschisarai war ein seltener und einzig in seiner Art merkwürdiger. Drei Werste weit von der Stadt auf einer kleinen Erhöhung, nahe am Wege, erwarteten die Ankunft der Kaiserlichen Damen der Neurussische und Bessarabische General-Gouverneur Graf Woronzow, eine Menge taurischer Mursen, in ihrer reichen, mit Gold und Silber gestickten Nationaltracht, eine Abtheilung der krim-tatarischen Leib-Garde Eskadron und einige hundert Tataren zu Fuß und zu Pferde. Das Wetter war einzig schön und die Luft nach dem Regen milde und warm. Kaum hatte sich die Equipage der Kaiserin in der Ferne gezeigt, so setzten sich diese bunten Massen, die Reiter voran, in Bewegung; in einem Augenblicke war der Wagen der Kaiserin von den letzteren umringt und wie umflochten; die gemeinen Tataren aber galoppirten und liefen zu beiden Seiten des Weges im Felde hin und her. »Das Tuch, das Tuch!« schrieen sie mit einem Male, und nun fingen sie ihr Lieblingsspiel an. Ein muthiger, flinker Reiter nimmt ein Tuch in die Hand oder zwischen die Zähne und galoppirt so schnell wie ein Pfeil davon. Ihn verfolgen reitend einige und suchen ihm das Tuch zu entreißen; jener aber weicht ihnen aus, springt bald von seinem zahmen Pferde, läuft bald rechts und links, bald bleibt er stehn, bald eilt er zurück und täuscht seine Verfolger, so daß sie oft in den belustigendsten Purzelbäumen fallen, stolpern, untereinander selbst noch in Streit gerathen und dadurch dem schon lange wieder zu Pferde Sitzenden Zeit geben, davon zu eilen und den Punkt zu erreichen, an dem er zuletzt sicher ist und das schöne Tuch als sein mühsam erworbenes Eigenthum behalten darf. Dieses ungewöhnliche Schauspiel, diese reitenden und hinterherlaufenden Tataren in ihren verschiedenen Costümen, interessirten die Kaiserin und die Großfürstin in der Art, daß Sie ganz langsam fuhren und in Ihrem Wagen sich erhoben hatten, um nach allen Seiten umzuschauen. – In Begleitung dieser geräuschvollen Menge fuhren Sie in Baktschisarai ein durch die große steinerne Ehrenpforte, welche zum Besuch der Kaiserin Katharina II. (am 20. Mai 1787) erbaut und nun mit Eichen- und Weinlaub festlich geschmückt war.

Baktschisarai, die Hauptstadt der früheren Krim'schen Chane, liegt in einem tiefen, engen Thale, umgeben von hohen Felsmassen. Die ganze Stadt besteht eigentlich nur aus einer einzigen langen, sehr schmalen Straße, mit dem im asiatischen Geschmacke erbauten Palais. Die hiesigen Einwohner haben die völlige Freiheit, ihre Häuser und Buden, so bunt sie nur immerhin wollen und können, anzumalen: daher haben diese auch das Ansehen, als seien sie aus Kartenblättern zusammengesetzt.

Die hohen Gäste fuhren Schritt vor Schritt durch die geräuschvolle Stadt, und hielten endlich beim alten Chanen-Palais an. Wer diesen prachtvoll verzierten und auf asiatische Art geschmückten Palast nicht gesehen hat, dem ist die originelle Bauart desselben eigentlich gar nicht zu beschreiben. Schon Kaiser Alexander I. ließ 1825 das Gebäude durch den Architekten Elson erneuern, mit Ausnahme von 3 Zimmern in einem Flügel, die schon von Katharinas Zeiten auf europäische Art eingerichtet waren; denn die Asiaten haben außer Sopha's, Teppischen, Spiegeln und Gardinen eigentlich gar keine Möbel. - Im April 1837 wurde der Eupatorische erste Gilde-Kaufmann Sima Babowitsch nach Constantinopel geschickt, um für diesen Palast alles auf's Neueste und Beste anzuschaffen. Halim Pascha hatte vom Sultan den Befehl erhalten, dem Kaufmann Babowitsch beim Einkaufe recht behüflich zu sein. Der Sultan ließ eins der schönsten und prachtvollsten Zimmer seines Harems durch Halim Pascha dem Babowitsch zeigen, und Halim Pascha sagte dabei: »Ihr Europäer fangt nun sogar an, Euere Zimmer auf asiatische Art zu schmücken, wir Asiaten aber wollen wieder gerne auf europäische Art wohnen.« Bei dieser Gelegenheit schickte der Sultan dem Grafen Woronzow einige Dutzende der sogenannten Gold- und Silberfischchen aus seinen eigenen Teichen. Babowitsch schmückte nun mit vielem Eifer und Geschmack den Palast; besonders schön und prachtvoll ist der große Gartensaal, das Schlafgemach und das Ankleidezimmer der Kaiserin. Bemerkenswerth ist noch das, daß die Kaiserin in demselben Bette schlief, in welchem auch die Kaiserin Katharina zur Zeit ihres Besuches in Baktschisarai im Jahre 1787 geschlafen hatte. Mit vielem Vergnügen beschauten die Kaiserin und die Großfürstin diese Ausschmückungen, die Architektur des Palais, diese vielen Minarete, die vergoldeten Verzierungen und Gitter, die vielen Aus- und Eingänge, Treppen und Baldachine - diese belaubten wundervollen Gärten und rauschenden Fontainen. Als der Abende herannahte, war ganz Baktschisarai erleuchtet, selbst die Berge in der Umgebung brannten wie ein Feuermeer. Hoch oben auf dem Dache des Palais erglänzte der Namenszug der Kaiserin, und die vielen Thürmchen schienen wie Feuersäulen in der Luft zu schweben. Um 8 Uhr Abends gingen die Kaiserin und die Großfürstin in die Haupt-Metschet (entsprechende türkische Bezeichnung für Moschee) oder Kirche, welche sich beim Palais befindet, um dem Gottesdienste der tanzenden Derwische zuzusehen. Das ist eine von den Sekten, die im Osten ziemlich verbreitet sind. Jetzt führen sie selten ihren heiligen Tanz auf, und nur bei ganz besonderen, außergewöhnlichen Gelegenheiten; ja die Muhammedaner selbst sehen diesen seltsamen Gebrauch als etwas mit ihrer heutigen Bildung nicht Übereinstimmendes an. Inmitten der Kirche, auf prächtigen Teppichen, stellten sich zwanzig Derwische hin, die Hände auf der Brust gekreuzt, die Augen festgeschlossen. Nachdem zwei Mollas das gewöhnliche Gebet hergesungen hatten, bewegen sie ihre Köpfe (immer fest wie angenagelt auf einem Platze stehend) bald rechts, bald links, wobei es denn auch nicht selten vorkommt, daß Einer und der Andere, der die rechte Balance verlor, ziemlich derb und laut mit den Köpfen an einander stoßen, wobei sie sich denn auch nicht enthalten können, ein Auge, wenn auch nur halb, zu öffnen. Bisweilen machen sie auch ihren innern religiösen Gefühlen Luft, indem sie einen langen, unverständlichen, seufzerartigen Schrei, der ihnen aus zu großem Eifer aus tief innerer Brust entflohen sein mag, schnell wieder zu unterdrücken suchen; so geht es eine Weile fort. Einer von den Derwischen, welcher sich in der Mitte des Kreises befindet, kehrt und dreht sich, verneigt und bewegt sich zu jedem der Derwische dermaßen, als ob er die Rolle eines perpetuum mobile geschickt zu spielen weiß, so daß einem angst und bange dabei wird. Zu Allem diesen schreit er noch aus vollem Halse und sucht so sämmtliche Derwische, vor denen er sich immer tief verneigt, zu ähnlichen Bewegungen anzureizen, und um ihren Eifer zur Erfüllung dieses Gebrauches recht anzufeuern, hebt er nun auch seine Stimme, wobei es zu einem unerreichbaren Grad von crescendo kommt! Jetzt werden seine Bewegungen noch schneller, seine Bücklinge nehmen ganz den Charakter eines guten Einschlagmessers an, nun fängt die berühmte, dem Allah so wohlgefällige Brummkreisel-Beweglichkeit erst recht an. (Aus seinen Augen sprühen Feuerfunken, sein Haar sträubt sich; er tanzt den alten bösen Menschen aus, sagen die Derwische, - wie kann der Geist auch wohl recht innig beten, wenn nicht auch der Körper aufs thätigste dabei mitwirkt!) Jetzt aber ist es ihm gelungen - endlich hat auch er die übrigen neunzehn Derwische überzeugt - sie reichen sich plötzlich die Hände, erheben ein wahres Gebrüll, tanzen, springen und bewegen sich so lange, bis sie ohnmächtig zu Bode fallen. Hat der dienstthuende Derwisch dieses erreicht, so ist sein Gebet gewiß erhört und diese Ueberzeugung dann auch ein non plus ultra ihrer Gottesverehrung. Das Geschrei der Zuschauer und Mitbetenden aber dauert fort, bis der Obermulla ein Zeichen gibt und alsbald die tiefste Stille eintritt. Die Gläubigen aber streicheln sich, in dem behaglichen Bewußtsein, ihrer Pflicht gut nachgekommen zu sein, mit der Hand über's Gesicht und den Bart und damit ist die Zeremonie zu Ende. Der Mufti von Taurien aber hielt heut noch ein kurzes Gebet für die ganze kaiserliche Familie. Die Kaiserin und die Großfürstin waren oben auf der Gallerie, da wo sonst die alten Krim'schen Chane gestanden, und hatten theils mit Abscheu theils lächelnd dieser Zeremonie zugeschaut.

Heinz Knobloch
Geschichte in Bachtschissarai

Bachtschissarai heißt ein Ort auf der Krim, nicht weit von Simferopol. Sein Name bedeutet schlicht und einfach Gartenstadt. Schade, das zu erfahren. Nun hat das Ganze etwas Undurchsichtiges eingebüßt.

Diese Gartenstadt ist vor allem ein Schloß. Kein Schloß in dem uns geläufigen Sinne, obgleich es zu der Zeit entstand, als in Preußen Sanssouci gebaut wurde, sondern eine verwinkelte, vom gejagten Touristen kaum überschaubare Anlage. Mit Firstziegeln gedeckte Dächer und Dachtürmchen.

Das haben sich die Khane bauen lassen, die vor zweihundert Jahren die Krim besaßen, ehe Bachtschissarai 1783 von Rußland übernommen wurde. Die Khane waren türkisch-tatarische Herrscher; sie hatten hervorragende Kunsthandwerker, einen Harem und - was sich nicht von jedem Regenten sagen läßt - orientalische Zeitbegriffe. Die roten Kasetten einer Zimmerdecke sind mit goldenen Sternen bemalt, die sehen wie Seesterne aus. Wer hier rücklings auf den Polstern liegend auf diesen Himmel starrt, was mag er erfahren?

Der Harem, auf dessen Anblick sich alle freuen, ist ein ziemlich dunkles Zimmer, in das die Museumsleitung, der ewigen Fragerei müde, drei lebensgroße Figuren gesetzt hat. Auf dem mittleren Diwan sitzt eine junge Frau, die nichts Besseres vorhat. Links in der Ecke der unentbehrliche Eunuch, im Koran lesend. Auf der entgegengesetzten Seite eine Alte, die kein Khan mehr rufen läßt. Nun arbeitet sie ihren Lebensunterhalt mit Teppichknüpfen ab. Wenn die beiden Frauen sich ansähen, würden sie ihre Gegenwart, Zukunft und Vergangenheit erblicken.

Der Wartesaal für Diplomaten ist aus diplomatischen Gründen nicht mit Panoptikumsfiguren besetzt. Hier gab es einst Kaffee, während die ausländischer Vertreter darauf warteten, empfangen zu werden, was lange dauern konnte, denn zuerst ließ sich der Khan die mitgebrachten Geschenke zeigen. »Für gute Beziehungen mußte man bezahlen«, sagte die Erklärerin und deutet auf Gaben des Abendlandes. Offenbar wurden sie nie benutzt, obgleich der Khan aus der holländischen Tonpfeife hätte rauchen können.

Kostbare Dinge liegen in den Vitrinen. Degen, seltene Stoffe, Schmuck und sogar Harnische aus der Ritterzeit. Das stimmt heiter. Die von international erfahrenen Handelsleuten beratenen europäischen Regierungsbüros gaben ihren Gesandten zur Krim eine Wagenladung alter Rüstungen mit, die sowieso nur die Inventur belasteten; moralisch verschlissen, aber blank; was weiß so ein Khan, wie unmodern sie sind. Vielleicht aber sammelte er altes Kriegsgerät, wußte um steigende Preise, verriet das mit keiner Miene, grinste mit geschlossenem Visier.

Die Fontäne in Bachtschissarai kennen die Ballettfreunde vom Hören und Sehen. Es gibt sie tatsächlich. Auf den Theaterplakaten wird sie gern als Springbrunnen dargestellt, vor dem sich eine Tänzerin aus den Schleiern dreht. Nun sind wir am Ort, nun möchten wir den Plätscherstrahl sehen und das Bassin. Aber es gibt keinen Springbrunnen, kein Sprudeln, nicht einmal Spritzer. Die berühmte Fontäne ist ein fingerdickes Loch in einer Marmorwand, aus dem tropfenweise Wasser in eine Schale rinnt. Die läuft zu beiden Seiten über in zwei kleine Wandgefäße, und von denen tröpfelt es zögernd wieder in eine große. Dieser Vorgang, der in Augenhöhe beginnt, wiederholt sich dreimal.

Wir halten das für ein raffiniertes Wasserspiel, sind etwas enttäuscht und sehen nichts. Es muß uns erklärt werden. Das von einer Rosette umgebene Loch, aus dem Wasser tröpfelt, ist das weinende Auge eines Khans, dem die Geliebte jung starb.

Die Fontäne von Bachtschissarai als Abbild von Kummer und Trost. Der Tränenstrom wird vom Alltag geteilt, fließt aber wieder zusammen, zu stark ist das Leid. So bleibt es aber nicht, das Leben lenkt ab. Und wieder herrscht nur der ungeteilte Kummer allein. So etwa. Mit Worten wirkt das nicht. Dann hätten sie es ja als Marmorwandzeitung einritzen können.

Wir sind an ärmere Bilder gewöhnt. Ein weinender Amor, das trauernde Paar mit dem Todesengel, eine verhüllte Muse oder ein religiöses Symbol. Der islamische Künstler jedoch, der keinen Menschen darstellen darf und will, muß sich etwas Tiefgründigeres einfallen lassen.

Unten angekommen, verläuft sich das Wasser in den vielen Möglichkeiten des steinernen Erdbodens und seiner Rillen. Eine doppelte Schneckenwindung ist dort eingegraben, ›Schnecke des Zweifels‹ genannt.

Vor dieser symbolträchtigen Fontäne hat der fünfundzwanzigjährige Puschkin gestanden, nachdenklich und allein. Beim nächsten Mal hat er zwei Rosen mitgebracht, eine dunkelrote und eine gelbe, und sie in die obere Schale gelegt. Seither gehören sie zur Ausstattung.

Puschkin, der diese Wand sofort poetisch begriff, schrieb ein Gedicht. Und nun muß eine Puschkinbüste neben dem Rinnsal stehen, anders geht das wohl nicht. Also werden wir, sooft uns eine aufgestellte Büste trösten soll, an unsere mangelhafte Quellenkenntnis denken. Einer Plastik ins Gesicht sehen und gehen, das gelingt immer. Die Doppelschnecke aber, die rennt dir hinterher.

Aleksandr Puškin
An die Fontäne im Palast von Bachtschissarai

Zwei Rosen hab ich dir gebracht,
Du wunderbarste der Fontänen,
Von Liebe flüsternd Tag und Nacht,
Versiegst du nie gleich Dichtertränen.

Ja fließe, sprudle nimmermüd,
Tröstende, teure, silberhelle,
Wie Tau beträufle meine Seele,
Sing ewig mir der Liebe Lied!

Als deinen Marmor ich befragte
Im trauernden Tatarenschloß,
Las Polens Lob ich, doch er sagte
Mir nichts mehr von Marias Los ...

Vergaß, wo sie, die blasse Flamme
Verglüht, selbst hier der Haremsraum?
Marias und Saremas Name,
Sind sie nur eines Dichters Traum.

Der seine flüchtigen Gesichte
In diesem dunklen Jammertal
Durch seine zärtlichen Gedichte
Erhob zum vagen Ideal?

Karl Koch
Marie Potocka

In dem obern Theile der Chanes-Wohnung zeigte man uns die Zimmer, in denen die durch den unglücklichen Dichter Puschkin besungene Marie Podoßka (Potocka) gelebt haben soll. Es geht nämlich die Sage, von der die Geschichte jedoch nichts weiß, daß gegen die Mitte des vorigen Jahrhundertes hin der Tatarchan einen Einfall nach Polen gemacht und die schöne Tochter des reichen Grafen Potoßky (Potocky) gefangen mit sich genommen habe. Geblendet von deren Reizen, versuchte er jedoch umsonst, ihre Liebe sich zu erwerben. Alle Anträge scheiterten an dem festen Sinne der Polin, die nur der Ihrigen daheim gedachte und keiner Freude sich mehr hingab. Die besten Gemächer im ganzen Schlosse bekam Marie, die schönsten Kleider und was sonst der Orient Vorzügliches besaß, wurden herbeigeschafft, um der Trauernden auch nur ein Lächeln abzugewinnen. Im Palaste eines Nachkommen Dshingißchans wurde eine christliche Kapelle erbaut, und christliche Priester lasen die Messe. Alles war umsonst, Marie blieb still und zurückhaltend. Je mehr der stolze Chan sich zurückgewiesen sah, um so heftiger wurde seine Liebe. Er, der früher sich nur in Raubzügen gefallen, dem der wilde Krieg zur zweiten Natur geworden, der Ströme Blutes, ohne eine Miene zu verziehen, vergießen konnte, war jetzt kleinlaut und durchschritt still und in sich versenkt die weiten Räume seines großen Schlosses. Da half kein Reden und kein Mahnen; er buhlte fort und fort um die Liebe Mariens. Wenn auch immer von Neuem zurückgewiesen, vermochte er doch nie und nimmer ohne dem Gegenstande seiner Liebe zu sein. Alles that der mächtige Herr der weit und breit gefürchteten Tataren, was nur irgend seiner geliebten Marie eine Freude machen konnte. An ihren Augen suchte er ihre kleinsten Wünsche zu errathen und versäumte keine Gelegenheit, wo er, der Anhänger von Mohammeds stolzer Lehre, der Christin eine Aufmerksamkeit, eine zarte Rücksicht erweisen konnte. Marie sah das und war tief ergriffen. Der Haß wandelte sich allmälig in Achtung um. Aber immer vermochte sie nicht dem Feinde ihrer Religion und dem Manne, der sie ihren geliebten Eltern und dem theuern Vaterlande entrissen, ihre Hand zu reichen. Und doch war der Tatarchan schon glücklich; allmälig verschwanden die düsteren Züge seines schönen männlichen Gesichtes. Er gab sich einer Hoffnung hin, die ihn seinem endlichen, heiß erwarteten Ziele näher bringen sollte. Ruhe kehrte in seinem Innern wieder ein. Da entriß ihm plötzlich die unglückliche That einer Eifersüchtigen den Himmel, in dem er bald zu schwelgen geglaubt.

Der Chan hatte früher seine ganze Gunst einer Grusinerin (Georgierin) geschenkt. Diese, eifersüchtig auf ihre neue und glückliche Nebenbuhlerin, dachte ob der Zurücksetzung mit den übrigen Frauen des Harems nur daran, sich von der gehaßten Favoritin zu befreien. Leicht war es ihr durch Verstellungen, deren Gunst zu gewinnen; doch all ihr Sinnen war vergebens, die schöne Marie zu verderben. Da vermochte die Morgenländerin nicht länger ihren Haß zurückzuhalten, und stieß eines Tages den Dolch in die Brust der Unschuldigen, die lautlos darniedersank.

Kaum hatte der Tatarchan die entsetzliche That vernommen, als er auch furchtbare Strafe über die Schuldigen verhängte. Einem Wahnsinnigen gleich durchirrte der sie weiten Gemächer seines Schlosses und rief vergebens nach seiner geliebten Marie, die ihm bald ganz anzugehören schien.

Alle Frauen des Harems wurden hingerichtet, die Mörderin aber von Pferden zerrissen. Ueber dem Grabe seiner Geliebten wurde ein prächtiges Mausoleum erbaut, an dessen Stufen, so oft der Morgen und der Abend wiederkehrte, der Chan heiße Thränen der Wehmuth vergoß. So verging ein Tag nach dem andern, eine Woche nach der andern. Seine Ruhe war dahin. Doch plötzlich raffte er sich auf und stürzte sich von Neuem in das Kriegsgetümmel. Verwüstung folgte seinen Schritten. Dörfer und Städte wurden in ihren Trümmern begraben, bis der Unglückliche den Tod fand, den er suchte.

Adam Mickiewicz
Aluschta bei Tag

Der Berg erwacht; die Nebel, die an seiner Seite schliefen,
Entweichen; horch - der Saaten Rauschen ist wie Morgenbeten,
Es neigt der Wald sich und aus seinem Maienhaare wehten
Die Winde Purpursteine wie vom Betkranz der Kalifen.

Die Wiesen blühn; die Falter steigen auf aus bunten Tiefen
Und schweben tausendfarbig schillernd über Blumenbeeten,
Sie leuchten wie ein Diadem am Himmel des Propheten,
Durch Felderstillen, die nur Grillen aus der Ruhe riefen.

Dort, wo der nackte Fels ins Wasser blickt, braust ungezügelt
Die Brandung fort und schüttelt immer wieder ihre Mähne,
Das Licht erglänzt, wie es sich wild in Tigeraugen spiegelt,

Und zeigt der Erde unheilverkündend seine Raubtierzähne-
Doch weiter, über Tiefen schwebt die Welle, leicht beflügelt,
Und friedlich schaukelt sie die Schiffe und die weißen Schwäne.

Konstantin Paustovskij
Der Segelmacher

Ein alter Mann, in dessen Rocktasche eine geräucherte Meeräsche steckte, stieg am Bahnhof in den Autobus ein. Nordwind blies über Sewastopol. In der Bucht knarrten die kalten blauen Kreuzer an ihren Ankerketten, und von der Reede drang, wie immer während des Winters, das schwere Stöhnen einer Heulboje herüber. Der Wind drückte Schneewolken gegen die gelben Sewastopoler Hügel, das trübe Licht versiegte merklich immer mehr.

Der Alte mit der Meeräsche blickte ärgerlich zum Himmel.

»Bei uns auf der Krim«, sagte er, »verhält es sich mit dem Wetter wie mit den Menschen - es fehlt an Disziplin. Wo heute Kälte herrscht, ist morgen Hitze.«

Die frierenden Fahrgäste schwiegen. Der Alte zog die Meeräsche und einen Band Jules Verne aus der Tasche. Die Meeräsche steckte er wieder ein, und im Buch begann er zu lesen; doch der Bus heulte unvermittelt auf, ruckte an und begann die weiße Chaussee hinaufzuklettern - es war unmöglich zu lesen; das Buch zitterte in der Hand, die Seiten schlugen von selber um.

»Ist das Buch interessant?« erkundigte sich ein Seeoffizier mit silbernen Litzen, offenbar Marineingenieur, beim Alten.

»Das wäre es«, entgegnete der Alte, »wenn ich es zum Vergnügen lesen würde, so aber muß ich es lesen, aus dienstlichen Gründen, und mir den alten Kopf damit vernebeln.«

»Was ist denn Ihr Beruf?«

»Ich bin Segelmacher. Ich nähe seit vierzig Jahren Segel.«

»Aber wieso brauchen Sie da Jules Verne?«

»Weil wir mit unserer Arbeit auf verlorenem Posten stehen«, entgegnete der alte Mann. »Es gibt keine Segelmacherei mehr in der Republik. Mein Großvater hat für die Linienschiffahrt gearbeitet. Er nähte die Fallen so ein, daß selbst der stärkste Schiffer, wenn er die Wette einging, sie mit der Hand nicht abreißen konnte. Auch mein Vater hat sich sein Leben lang gemüht und immerhin noch Segel für die Küstenschiffahrt genäht. Das ist schon lange her. Heutzutage gibt's nur noch Dampfer und Motoren, Getucker und Gedröhn - wer kümmert sich noch um den Wind? Wozu auch? Wer kann mit ihm was anfangen? Allenfalls die Habenichtse von Fischern. Kann einer sich keinen Motor zulegen, dann kommt er gleich zu mir. ›Näh mir doch bitte Segel, Onkel Fedja, tu mir den Gefallen!‹ Segel!« fuhr der alte Mann nach einer Pause fort. »Von allen Segelschiffen ist bei uns nur die ›Towaristsch‹ übriggeblieben. Da fristen wir beiden Alten, die ›Towaristsch‹ und ich, kümmerlich unsere Tage. Und dabei - was für ein Schiff! Wie eine Braut! Hat die Ozeane befahren und bei Sturm alle Segel gesetzt, hat flach auf der Seite gelegen und Schaumstreifen aufgewühlt, hat gesungen wie eine Geige - die ausländischen Schiffer packte geradezu der Neid. Da kam sie an, die ›Towaristsch‹, leuchtete auf den Wellen, als wäre sie aus Schnee, und alle Dampfer signalisierten ihr: ›Glückliche Fahrt unserem älteren Bruder, dem letzten Segelschiff!‹«

Der Seeoffizier lächelte.

»Sie glauben wohl, ich fasele?« Der Segelmacher wurde böse. »Das mögen Landratten tun, wir von der See haben das nicht nötig. Wir haben anderes zu tun. Wenn sich zum Beispiel die Segel im steifen Winde blähen - wer würde sagen, daß das nicht schön ist? Allenfalls irgendein Dummkopf und ahnungsloser Klotz von der Besatzung eines Dampfers. Oder das Schiff fährt, sagen wir, in einer leichten Brise, die Segel flattern in der Sonne, das Licht, das sie zurückwerfen, ist so weiß, daß einem die Augen weh tun. Jetzt hat man längst keine weißen Segel mehr, man teert sie zum Schutz gegen die Feuchtigkeit. Die Segel sind heute schwarz wie Krähenflügel - geradezu widerlich!«

»Da haben Sie recht!« pflichtete ihm der blonde Marineoffizier bei. »Aber was hat denn nun Ihre Arbeit mit Jules Verne zu tun?«

»Was sie damit zu tun hat?« wunderte sich der Alte. »Ich habe Segel gemacht, daß sich Jules Verne mit seinen Segelschiffen auf dem Grund einer Flasche verstecken könnte. Während ich diese Segel nähte, wird er sich vor Neid ein dutzendmal im Grabe umgedreht haben, Ihr Jules Verne.«

Alle schwiegen. Vorn ragten die rauhen, mit Schnee überstäubten Berge empor.

Der Wagen jagte auf sie zu; er bebte und knirschte in den Kurven. Alle fragten sich, wie er die undurchdringlich scheinende Wand durchbrechen würde.

»Wie viele es von uns Alten in Sewastopol gibt«, fuhr der Segelmacher kummervoll fort, »geradezu erstaunlich! Gehen Sie in die Korabelnaja - auf allen Höfen sitzen alte Männer herum. Anderen auf der Tasche zu liegen, nur weil man alt ist, erscheint ihnen irgendwie kränkend; da zeigt sich denn, daß die Alten auf allerlei Schliche kommen und sich an die Kinder halten. Die einen warten ihre Enkel, andere basteln Spielzeug zum Verkauf. Auch ich arbeite für die Kinder.«

»Sie fertigen Spielzeug an?« erkundigte sich teilnahmslos der Marineoffizier. Ihn fror. Man näherte sich dem Schnee, und er hatte keinerlei Lust mehr, Fragen zu stellen und die Antworten anzuhören.

»Weshalb denn Spielzeug?« entgegnete der Alte. »Spielzeug soll meinetwegen ein Schweizer Admiral herstellen, mich interessiert so eine Pusselarbeit nicht. Sie haben vielleicht schon in der Zeitung gelesen, daß in Jalta ein Film nach einem Buch von Jules Verne gedreht wird? Man hat diesen Franzosen für den Film zurechtgemacht, sich vom Asowschen Meer einen Schoner geholt, ihn repariert, als uralten Klipper hergerichtet und ihm am Heck den Namen ›Marianne‹ aufgemalt. Für die Aufnahmen! Die Segel aber für diese ›Marianne‹

bestellte man bei mir, bei Fjodor Marschenko. Ich will nicht übertreiben, aber die Segel können sich sehen lassen, selbst Chanow, der letzte Segelschiffskapitän in der ganzen Sowjetunion, staunte. ›Was du gemacht hast, Fedja‹, sagte er, ›sind keine Segel, sondern Schwanenflügel!‹ Du müßtest von unserer Republik zum Segelmacher des Volkes ernannt werden.‹ Der Chanow hat für alles einen Spaß auf Lager. Dabei bin ich über den Segeln bald erblindet.«

»Hast du dich aber angestrengt!« sagte spöttisch ein dicker Fahrgast. »Und Tausende verdient!«

»Wenig am Platz, deine Bemerkung, du Krämerseele!« Der Segelmacher war böse. »Ersticken sollst du an meinen Tausendern! Ich brauche kein Geld, ich schlage mich auch mit einer Meeräsche durch.«

»Was brauchst du dann?« wunderte sich der Fahrgast.

»Das wirst du bei deiner Beschränktheit nie begreifen. Ich will, daß viele tausend Menschen diesen Film sehen, über die prächtigen Segel staunen und das Meer liebgewinnen. Den Kindern wird die ›Marianne‹ jedenfalls Freude machen, und vielleicht sieht sie sich irgendwo auch ein alter Seebär an und sagt: ›Ja, die Segel hat ein berühmter Meister gemacht, Preis ihm und Ehre von allen, die mit dem Meer zu tun haben, von allen, die etwas davon verstehen! Preis und Ehre sei Marschenko und Jules Verne, die etwas so Schönes zuwege gebracht haben! Ewiges Angedenken!«

Der Bus war in das verschneite Gebirge eingedrungen. Der Alte versuchte noch zu erzählen, er fahre nach Jalta, um Änderungen am zweiten Klüver vorzunehmen, der zweite Klüver sei, wenn man sich an Jules Verne halte, nicht ganz gelungen – es hörte ihm aber niemand mehr zu.

Die wie aus dünnem Zinn geschmiedeten Wälder funkelten unter dem Dezemberhimmel. Ein gläsernes Flimmern umspielte die leicht verschneiten Berge. Die Sonne – sie erinnerte an eine mit Flaum bedeckte goldene Frucht – jagte, blendende Feuerbrände entfachend, hinter dem durchsichtigen Laubwerk dahin.

Auf den Büschen lagen neben wolligen Kugeln faserumhüllter Samen Schneeflocken, die an zottige Blumen erinnerten. Dichter Efeu würgte die weißen Stämme der Bäume. Bei einem Blick auf sein lebhaftes Grün wurde jedermann klar, daß gleich nebenan, hinter dem Paß, das klare Wasser des Schwarzen Meeres gegen die felsigen Ufer schlug und von Horizont zu Horizont sehr warme Luft über ihm wogte.

Wenn der Fahrer hupte, rollte das Echo dem Bus von vorn, von den Bergen entgegen. Der lockere Schnee rieselte von den Bäumen und entblößte die Stämme – sie schimmerten grünlich wie angelaufene Bronze.

Der Segelmacher saß mit geschlossenen Augen da. Unter den roten runzligen Lidern quollen Tränen hervor. Der plötzliche Winter, der auf ihn zugeflogen kam, blendete ihn mit seiner unerträglichen Helligkeit.

Hinter dem Paß tauchte wie eine geschlossene hohe Wolkenwand überraschend das Meer auf, und der Abstieg nach Jalta begann.

In Jalta ging der Segelmacher in das Hotel, in dem der Regisseur wohnte. Im Hotel roch es nach staubigen Teppichen, abgestandenem Eau de Cologne und Schaschlyk.

Der Regisseur saß im lila Pyjama an einem runden Tisch und trank Kaffee.

»Was für ein Klüver? Und weshalb?« fragte er und verzog das Gesicht. »Die Aufnahmen mit dem Schiff sind längst beendet. Wir drehen jetzt im Pavillon.«

»Ich möchte Sie bitten ...«, sagte Martschenko und stockte vor Schüchternheit. Ihm schien, er spreche mit diesem überheblichen Menschen nicht mit den rechten Worten, und er, der Regisseur, würde ihn nicht verstehen. »Ich möchte Sie bitten, im Vorspann auch meinen Namen zu nennen.«

»Und weshalb?« erkundigte sich der Regisseur gleichgültig.

»Vielleicht liest irgendein alter Seemann meinen Namen und gedenkt meiner mit einem freundlichen Wort.«

Der Regisseur verzog das Gesicht.

»Aber Sie sind doch nur der Lieferant eines Requisits«, entgegnete er und steckte sich eine Zigarette an. Der Rauch legte sich in Schichten über die Kuchenschale. »Wozu brauchen Sie diese Reklame? Außer uns wird niemand auf der Welt solche Segel bei Ihnen bestellen. Es wird keine Segelschiffe mehr geben!«

»Nun ja, gewiß, das stimmt ...«, stotterte Martschenko. »Die Segelmacherei hat bei uns ausgespielt. Ich brauche auch keine Bestellungen, ich werde dann und wann für die Besitzer von Feluken arbeiten.«

»Was also wollen Sie eigentlich?«

»Verzeihen Sie mir meine Einfalt und entschuldigen Sie die Störung«, sagte Martschenko. »Ich kann die Worte nicht finden, um Ihnen von meinem Wunschtraum zu erzählen. Hol ihn also der Teufel.«

»Ich sehe vorerst nicht ein«, sagte der Regisseur mit Nachdruck, warum der zufällige Lieferant eines Requisits im Vorspann erwähnt werden sollte. Bei uns werden ohnehin vierzig Namen genannt. Immerhin - ich werd mir's überlegen.«

Martschenko trat auf die Uferstraße hinaus und setzte sich auf eine Bank. Die nicht mehr benötigte, längst auf den Filmstreifen gebannte »Marianne« schaukelte an ihren Ankerketten und verbeugte sich schüchtern, beinahe liebedienernd, vor dem Meer.

Plötzlich stand Martschenko auf und ging mit raschen Schritten auf die »Marianne« zu - die Segel sanken von den Rahen und entfalteten sich. Die Sonne neigte sich, und ihre letzten Strahlen verliehen der Leinwand die Leichtigkeit eines feinen Gewebes.

»Wieso hißt ihr die Segel?« rief Martschenko vom Ufer hinüber.

»Onkel Fedja - Respekt und eine tiefe Verbeugung«, erwiderte von der Back herüber der pockennarbige alte Matrose Nisowoi. »Wir hissen die Segel, damit sie trocknen. Gleich morgens hat sie ein Regen durchnäßt. Kommen Sie doch herüber in die Kajüte, erzählen wir einen Schlag!«

In der Kajüte erzählte Martschenko Nisowoi von seinem Gespräch mit dem Regisseur.

»Bist ein unruhiger Geist, Fedja«, krächzte Nisowoi und stocherte mit einem Messer den Pfropfen aus dem Hals einer Flasche mit saurem Wein heraus.

»Wozu machst du dir Sorgen? Pfeif doch darauf! Ich sehe das so: Ob dein Name in diesem Film genannt wird oder nicht - deine Segel werden ihre Wirkung tun. Überall, in Jalta wie in Odessa, man sollte meinen, in der ganzen Republik. Wenn du einem fremden Menschen eine Annehmlichkeit erweist, fragt er nicht erst, wer oder was du bist, und auch du solltest dich ihm damit nicht aufdrängen.«

»Wieso dränge ich mich auf?« fragte Martschenko. »Ich dränge mich nicht auf, durchaus nicht! Ich will nur eins - bei den Menschen Interesse für meine Segelmacherei erwecken.«

»Denkst du dir so«, entgegnete Nisowoi.

»Ich werde es schaffen!«

»Durch diesen Film?«

»Warum nicht durch diesen Film?«

»Und das sollen deine Segel erreichen?«

»Das werden sie!«

»Also gut, dann gieß uns ein Gläschen ein und zieh die Meeräsche aus der Tasche!«

Die beiden Alten tranken und unterhielten sich lautstark bis in den späten Abend. Durch die Bullaugen sahen die Hafenlichter herein. Sie schaukelten auf den Wellen und trieben auf die Bullaugen zu, als wollten sie die Unterhaltung der beiden Alten belauschen, oder sie entfernten sich und zergingen in der Dunkelheit.

Ostap Vyšnja
Die Berge

Berge sind vor allem eine Angelegenheit der Höhe. Das erst mal ganz allgemein ...

Auch die Krimberge sind nicht gerade niedrig. Selbst wenn sie manchmal klein erscheinen. Betrachtet man sie zum Beispiel vom Meer aus, so denkt man: Die sollen weit weg sein? Ist doch Unsinn, was heißt hier, weit weg? Da reicht man ja fast mit der Hand hin. Das dort soll der berühmte Ai-Petri sein? Und ihr meint, der sei hoch? Ach was, einmal kräftig Anlauf genommen, schon ist man oben!

Ihr könnt euch das Anlaufnehmen sparen: Glaubt mir, man reicht wirklich nicht mit der Hand hin.

Fünfundzwanzig Werst sind's bis zum Ai-Petri, und auch das nur, wenn ihr Luftlinie rechnet. Folgt ihr aber den Windungen der Wege, sind's gut und gern vierzig.

Sie täuschen uns, die Berge, und wie sie uns täuschen. Uns, die wir aus dem Flachland kommen.

Fährt man mit dem Boot fünfzehn, zwanzig Werst weit aufs Meer hinaus und betrachtet das Ufer aus dieser Entfernung, so glaubt man, diese Krimberge würden gerade mal eine Hand füllen ... Daß sie sich von Sewastopol bis Feodossija hinziehn - was ändert das schon?! Man umschlingt sie mit den Armen und nimmt sie einfach mit: So winzig scheinen sie von weitem. Dabei breiten sie sich in Wirklichkeit über hundert Werst aus!

Auf hundert Werst ziehen sie sich von West nach Ost hin, die Krimberge ... Auf sage und schreibe hundert Werst, und das alles wird dann schlicht als Hügelkette bezeichnet. Diese Hügelkette umfaßt die Ufer der Südlichen Krim und schützt sie vor Kälte und Nordwind, so daß es dort immer schön warm ist ...

Würde man diese Hügelkette irgendwie auslöschen, sie mit einem gigantischen Hobel einfach wegrasieren - es wär vorbei mit der berühmten Südlichen Krim. Vorbei mit den Zypressen, Magnolien und Lorbeerbäumen ...

Kahl und eben wär's überall; die Touristenführer würden verschwinden, die Damen nußgroße Tränen vergießen ...

Nicht wegen der Touristenführer, versteht sich (was ihr nur wieder denkt!), sondern wegen der verschwundenen Berge. Denn sie sind schön, diese Berge. Es sind gewaltige Berge! Reckenhafte Berge! Wie sollte man beim Verlust solcher Berge keine Tränen vergießen!

Wo sie herkommen, die Krimberge?

Vom lieben Gott!

An einem der sechs Tage, in denen er die Welt erschuf, entstanden auch die Krimberge.

Die Geologen, dieses ungläubige Volk, wollen partout nachweisen, daß sich die Krimberge ganz allmählich herausgebildet haben, im Verlauf mehrerer geologischer Perioden, durch Erdbeben, Kalksteinablagerungen des Meeres usw. usf.

Dagegen schrieb die Fürstin E. Gortschakowa (immerhin eine Adlige und nicht so ein hergelaufener Geologe), als sie einmal am Strand lag und zu den Bergen hinüberschaute, schlicht und einfach:

Es lodert mein Herz voller Liebe,
Die Träne verschleiert den Blick,
Mein Mund flüstert heimlich-bebend
Ein Lob dem allmächtigen Gott.

Aus welchem Grund aber sollte ihr Mund »heimlich-bebend Gott ein Lob flüstern«?

Von ungefähr geschieht das ganz gewiß nicht!

Es passiert vielmehr, weil Gott diese Berge erschaffen hat. Und nicht nur die Berge, sondern auch das Landhaus, die Weinanpflanzungen, die Dienerschaft, die Leibrente ...

Denn das alles ist ohne Zweifel etwas Konkretes, etwas, an das man sich halten kann.

Was aber machen die Geologen?! Sie kommen einem mit ihren »Perioden« und »Epochen«. Ist doch nichts als abstraktes Zeug.

Gott war es, jawohl! Und keinen Widerspruch: Niemand anders als er konnte so herrliche Berge erschaffen, wie es sie in der Krim gibt ...

Jeder Berg, ob man ihn nun einzeln hernimmt oder eingegliedert in die Gesamtheit betrachtet, besteht aus drei Teilen: dem Fuß, dem Hang und der Kuppe. Der Fuß ist unten, der Hang liegt ein Stück darüber, und die Kuppe befindet sich ganz oben ...

Die schwierigste Strecke beim Erklimmen eines Berges scheint der Fuß zu sein ... Furchtbar schwierig muß es sein, ihn zu bezwingen, denn weshalb sonst würden sich die Touristen so damit brüsten?

»Ich war auf dem Ai-Petri!« sagen sie.

»An seinem Fuß oder auf der Kuppe?«

»Am Fuß natürlich!«

»Na wunderbar! Bist ein Prachtkerl!«

Der »Prachtkerl« aber grient bis an die Ohren: Seht her, ich hab's geschafft.

Der Hang ist da schon bedeutend leichter zu erreichen. Vor allem, wenn man von oben kommt, von der Kuppe ...

Die Kuppe selbst zu erklimmen, ist nun wirklich ein Kinderspiel ... Stock indie Hand, und los geht's ...

Danach liegt ihr dann zwei Wochen flach, verdaut die Eindrücke, wie es so schön heißt. Ganz still liegt ihr da, wie geplättet, bewegt weder Hand noch Fuß, horcht tief in euch hinein, empfindet noch einmal alles nach, was ihr dort an Schönheit gesehen und erlebt habt ...

Ist ja auch nicht verwunderlich, daß ihr euch so ergötzt. Mit der Behendigkeit einer Gemse den, sagen wir mal, Babugan zu erstürmen ist unheimlich befriedigend. Eintausendfünfhundertdreiundvierzig Meter hoch, das muß man sich mal überlegen! Das ist schon ein bißchen höher als der Kalte Berg in Charkow ... Wißt ihr eigentlich, daß es ein sehr schöner Anblick ist, wenn man vom Kalten Berg aus abends zur Stadt hinunterschaut? Wie müßte es da erst sein, vom Babugan, vom Tschatyr-Dag oder vom Ai-Petri herunterzuschaun?!

Am Fuße der Berge stehen Häuschen, auf den Hängen wachsen Wälder, und auf den Kuppen liegt Schnee. Er liegt im Sommer, dieser Schnee, und natürlich auch im Winter. Die Hänge der Berge hinunter fließen Bäche, und in den Wäldern gibt es Büffel sowie Wildziegen. Außerdem gibt es da noch die sogenannten »Grünen« ...

Das heißt, gibt stimmt für die »Grünen« nicht mehr, sie sind in der letzten Zeit ausgestorben. Unter Wrangel aber gab es sie in den Bergen in Hülle und Fülle ... Sie »unterstützten« ihren General in seiner heiligen Mission, »ein einiges und ungeteiltes Rußland« wiederherzustellen, das »heilige Mütterchen Rußland«!

Das Wichtigste an den Bergen ist für uns arme Sünder die Gebirgsluft. Davon gibt's hier unheimlich viel. Und sie kostet nicht mal was: Nimm sie dir einfach und atme nach Herzenslust ... Nur ausführen darf man sie nicht.

Obwohl der eine und andre Tourist vom Tschatyr-Dag oder Babugan trotzdem ein Säckchen Luft mitschleppt.

Denn diese Luft ist sauber, leicht und frisch ...

Einmalig ängstlich freilich sind die Krimberge! Ihre Namen beginnen meistenteils mit einem »Ai«: Ai-Petri, Ai-Nikola, Ai-Todor, Ai-Ja usw.

Und diese Ängstlichkeit scheint ansteckend zu sein.

Sehr oft hört man die Teilnehmer einer Gruppe, wenn sie in den Bergen herumkraxeln, ausrufen:

»Ai-Gott!«

»Ai-jai-jai!«

Oder auch einfach:

»Oi, haltet mich!«

»Oi, zu Hilfe!«

Viktor Erofeev
Die Krim ist unschuldig

Das ist ihr Zauber. Sie versteht es nicht, sich anzupreisen und zu verkaufen. Nehmen Sie einen Schlafsack mit!

Es ist schön, an einem öden, regnerischen Tag über die Krim zu schreiben, während langsam der Gedanke in mir reift, diesen Sommer unbedingt dorthin zurückzukehren, um erneut zu verstehen, in welche Elementarteilchen die Begriffe Erholung und Schönheit zerfallen. Wenn Sie schon überall gewesen sind und all die weltberühmten Ferienorte von Italien bis Mexiko überhaben, dann sollten Sie auf die Krim fahren. Wenn Sie noch nirgendwo waren, sollten Sie ebenfalls auf die Krim reisen. Die Krim versöhnt Übersättigung mit Unberührtheit. Grundlage der Erholung ist das Herausfallen aus der Realität der Stereotypen. Erholung besteht nicht darin, zu überprüfen, inwieweit die Beschreibungen im Reiseführer Ihren Erwartungen vom jeweiligen Ort entsprechen, sei es Tahiti oder Tibet. Erholung ist die Wiederherstellung der Unschuld.

Die Krim ist unschuldig. Darin besteht ihr unvergleichlicher Zauber. Die Krim versteht es nicht, sich zu verkaufen, sich anzupreisen, von sich selbst begeistert zu sein. Ihr scheint es bis heute, dass ihre trockene, nach Gräsern und Blumen riechende Steppenluft, ihre sanften küstennahen, den zickzackförmigen Streifen endloser Strände und Buchten schützenden Berge, ihre ruhige sommerliche Hitze zweitrangig sind im Vergleich zu irgendwelchen kostbaren Lebensfreuden. So sehnt sich eine frisch gebackene Abiturientin nach dem wahren Leben, wenn sie in einem Modejournal Fotos von Filmstars anschaut, ohne zu ahnen, dass ihre eigene Schönheit schlicht, ungeschminkt und ursprünglich ist. In ihrer Unschuld hat die Krim glücklicherweise noch keine banale Infrastruktur für Vergnügungen geschaffen, das übliche Tourismusfließband läuft noch nicht. Auf der Krim müssen Sie die gewünschte Erholungsart nach eigenem Geschmack selbst modellieren.

Kur und Kult in Koktebel

Erwarten Sie keine erstklassigen Hotels, keine Sorge – die gibt es dort nicht. Ferien auf der Krim, das heißt Herumstromern in den Bergen, Schaschlik, honigfarbene Sonnenbräune, Wein, tatarische Stehkneipen, Melonen, Kakteen, Begegnungen mit Menschen. Am besten, man fährt gar nicht erst in das lärmende Jalta, in den emanzipierteren Südzipfel der Krim, sondern begibt sich in den steppenartigen Ostteil, lässt seine Sachen in einem bescheidenen Hotel in Feodossija, einer ehemaligen Kolonie der alten Griechen, nimmt einen Schlafsack und etwas Geld mit und zieht los in Richtung Koktebel auf der Suche nach unberührten Stränden. Koktebel ist ein Kultort der russischen Kultur, von Dichtern in verschiedenen Tonarten besungen. Überhaupt ist die Krim für die russische Kultur der Inbegriff von Freiheit der Gefühle und Wünsche.

Genau dieses Lebensgefühl werden Sie im Nudistenparadies bei Koktebel entdecken, in der Fuchsbucht, wo nachts die unterschiedlichsten exzentrischen Typen fröhlich Lagerfeuer entzünden, Trommeln schlagen und zur Gitarre singen. Die Erotik der Krim besteht nicht darin, dass alles möglich ist, sondern in einer im heutigen Europa kaum möglichen Offenheit der Kommunikation, in einer menschlichen Nähe von Seelen und Körpern, was im Grunde Liebe verheißt oder zumindest eine Geneigtheit zum Briefwechsel. Und Sudak? Das ist ein Städtchen mit Genueser Festung, die aussieht wie eine nicht zu Ende gespielte Schachpartie. Von den alten Griechen und Genueser Kaufleuten über die tatarischen Ureinwohner mit ihren scharf-süßen Gesichtern bis hin zum letzten russischen Imperator gründete der stille Ruhm der Krim auf einer besonderen Skala des Lichts. So heißt auch ein Städtchen: Nowyj Swjet - Neues Licht. Dort findet man in hohen Grotten eine neue Welt des Lichts, eine Mischung aus dem Hellgrau der Normandie und den violetten Halluzinationen des Mittelmeerraums; dort sagte Fürst Golizyn den Franzosen den Kampf an und kreierte eine einheimische Variante des Champagners, und vielleicht erinnerte sich Nikolaj II. in Sibirien vor seiner Erschießung durch die Bolschewisten daran, wie er auf seiner Yacht hierher gekommen war, Champagner getrunken hatte und auf dem Weg spazieren gegangen war, der selbst unter Stalin zu seinen Ehren Zarenweg hieß.

Die tatarische, russische, ukrainische Krim. Die Unschuld der Krim hat für alle gereicht. Für Sie und mich wird sie auch noch reichen.

Nachwort

Noch heute wissen viele Menschen hierzulande kaum etwas über die Ukraine, die seit Mai 2004 unmittelbarer Nachbar der Europäischen Union ist. Die Ukrainer werden selten als eigenständiges Volk wahrgenommen, sondern gelten gemeinhin als regionale Variante der russischen Nation. Diese Sichtweise ist unter anderem darauf zurückzuführen, daß die Ukraine über Jahrhunderte unter Fremdherrschaft stand und nach 1945 hinter dem ›eisernen‹ Vorhang ›verborgen‹ war. Erst 1991, nach dem Zerfall des Sowjetimperiums, konnten die Ukrainer einen eigenen unabhängigen Staat proklamieren und die ›Rückkehr nach Europa‹ anstreben. Ein Meilenstein in diesem langwierigen Annäherungsprozess war die ›Revolution in Orange‹ im Herbst 2004, die für die meisten Zeitgenossen im Westen völlig überraschend kam – nur wenige Monate zuvor hatte der damalige EU-Kommissions-Präsident Romano Prodi die Ukraine noch als ›hoffnungslosen Fall‹ bezeichnet. Nun demonstrierten plötzlich die Bürger dieser vom Westen vernachlässigten Nation zivilen Ungehorsam und begehrten furchtlos und selbstbewußt gegen die politische Bevormundung auf. Sie mischten sich beherzt in den Lauf der Geschichte ein und offenbarten der Weltgemeinschaft eine unbekannte Seite ihres Landes.

Das vorliegende Buch soll einen Beitrag leisten, um dem deutschen Leser die Ukraine mit ihrer wechselvollen Geschichte und ihrer geografischen und kulturellen Vielfalt näher zu bringen. Es möchte ihn ermuntern, diesen Teil Osteuropas mit neugierigen Augen zu betrachten, dem Leben der Menschen in seinen verschiedenen Facetten über die Jahrhunderte hinweg nachzuspüren und anhand der literarischen Streifzüge selbst Lust auf eine Reise in die Ukraine zu entwickeln. Hierzu präsentiert die Anthologie Beiträge von Autoren, die sich vom Mittelalter bis zur Neuzeit mit dem Land in der geografischen Mitte Europas auseinandersetzten, – sei es, daß sie aus der Ukraine stammten oder den größeren Teil ihres Lebens dort verbrachten, sei es, daß sie lediglich zu Gast oder auf der Durchreise waren. Sie alle wurden jedoch in ihren Beobachtungen, Empfindungen und Erlebnissen vom einzigartigen Zusammenspiel der Landschaft, der Geschichte und den Menschen, die hier lebten, tief beeindruckt.

Da watschelte Anfang der 1990er Jahre ein melancholischer Pinguin so hinreißend durch die postkommunistische Mafia-Gesellschaft der ukrainischen Hauptstadt, daß sein geistiger Ziehvater, der russischschreibende Andrej Kurkov auch beim Lesepublikum hierzulande bekannt wurde. Ihm folgte wenige Jahre später mit Jurij Andruchovyč einer der bekanntesten und streitbarsten zeitgenössischen Literaten der Ukraine auf die deutsche Literaturbühne. Andruchovyč zeichnet in seinen Büchern ein ebenso poetisches wie lebensnahes Bild seines Heimatlandes und liefert dem deutschen Lesepublikum damit einen Beleg für die Kraft und den gedanklichen Reichtum der ukrainischen Sprache. Damit befindet er sich in bester Gesellschaft zu einem literarischen Klassiker wie Taras Ševčenko. Dessen Werk wird als epochales Ereignis in der ukrainischen Literatur verehrt, wird ihm doch eine Schlüsselrolle bei der Herausbildung des ukrainischen Nationalbewußtseins zugeschrieben. Einen bedeutenden Ruf als engagierter Verfechter der nationalen und sozialen Befreiung des ukrainischen Volkes genießt auch der aus Ostgalizien stammende Schriftsteller Ivan Franko, dessen Übersetzungen deutscher Literatur ins Ukrainische von großer Bedeutung für den kulturellen Austausch zwischen beiden Völkern waren. In der ersten Hälfte des 20. Jahrhunderts fanden u.a. Rainer Maria Rilke, der die Ukraine bereiste, und Heinrich Böll, den der Zweite Weltkrieg nach Odessa verschlug, den Weg in die ›Terra incognita‹. In der DDR entstanden zahlreiche Reportagen und Übersetzungen aus dem Ukrainischen. Bekannte ostdeutsche Schriftsteller wie Heinz Knobloch und Günther Stein vermittelten ein bis heute lebendiges Bild der sowjetischen Ukraine. Auch polnische, tschechische, ungarische und russische Autoren erkundeten das Land und berichteten über die wundersame Seelenlandschaft am östlichen Rande Europas. Schließlich kommen international bekannte jüdische Schriftsteller wie Joseph Roth, Rose Ausländer und Paul Celan als Stimmen Galiziens zu Wort, das bis zur Vernichtung des osteuropäischen Judentums durch die Nationalsozialisten und ihre Helfer ein Kernland jüdischer Kultur war.

Die Gedichte, Erzählungen, Romanausschnitte, Chroniken, Legenden und Reisetagebücher all dieser Autoren werfen einen kaleidoskopartigen Blick auf die historisch und kulturell sehr unterschiedlich geprägten Regionen des Landes. In der Westukraine wird zunächst das ländlich geprägte Galizien mit L'viv (Lemberg), der Hochburg des ukrainischen Nationalismus, beschrieben. Es folgt die Bukowina, in deren literarischen Zeugnissen der Glanz der Habsburger Monarchie auflebt und die von der einstigen ethnischen und konfessionellen Vielfalt und Toleranz zeugen. In den waldreichen Karpaten demonstrieren die Nachkommen der sagenumwobenen Bergbewohner bis heute ein ebenso ausgeprägtes Regionalbewußtsein wie die Menschen im ungarisch geprägten, im Westen nahezu unbekannten Transkarpatien, dem Dreiländereck im südwestlichsten Zipfel der Ukraine. Scheinbar vergessen sind die deutschen Kolonisten, die seit Anfang des 19. Jahrhunderts in Wolhynien siedelten und deren tragisches Schicksal Kriege, Grenzverschiebungen und politische Verwerfungen zeichneten. Anders verhält es sich mit Kiew. Die ukrainische Hauptstadt ist eine der ältesten Städte des östlichen Europa und ein unbestrittenes Zentrum von Kultur und Wissenschaft, dessen Bürger zwar meist Russisch sprechen, bei den letzten Wahlen dem ›orangen‹ Lager aber den Vorzug gaben. Östlich des Dnepr lag einst die Kornkammer der Sowjetunion, hier befinden sich die Zentren von Bergbau und Schwerindustrie. Hier spricht und fühlt man russisch ebenso wie in der Hafenstadt Odessa, in der religiöse Toleranz und kosmopolitisches Leben einst das Tor zur weiten Welt bildeten und einen eigentümlichen Humor hervorbrachten. Da ist die Krim, deren mehrheitlich russische Bevölkerung mit den zahlreichen sonnenhungrigen Gästen großzügig Herd und Hof teilt, den rückkehrenden Krimtataren aber das Leben in der alten neuen Heimat schwer macht.

Nicht alle Regionen, Landschaften und Städte konnten wegen des begrenzten Umfanges dieses Buches berücksichtigt werden. Zudem wird mancher Leser den einen oder anderen wichtigen literarischen Text oder bekannten Autoren vermissen.

Ich möchte mich bei all denjenigen bedanken, die mir bei der Zusammenstellung der Texte wichtige Hinweise gaben und mir bei dieser Arbeit mit Rat und Tat zur Seite standen.

Evelyn Scheer, Sommer 2006

Quellenverzeichnis

Jurij Andruchovyč (geb. 1960)
Das Stanislauer Phänomen. In: Juri Andruchowytsch, Das letzte Territorium. Ü.: Alois Woldan. © Suhrkamp Verlag. Frankfurt/Main 2003, S. 51-59.
Tagebuch eines Demonstranten in Kiew. In: Neue Zürcher Zeitung, 9. 12. 2004, S. 5.

Neal Ascherson (geb. 1932)
Vogeldreck. Aus dem Englischen von H. Jochen Bußmann. In: Neal Ascherson, Schwarzes Meer. Suhrkamp Taschenbuch. Frankfurt/Main 1998. S. 223-227.

Rose Ausländer (1901-1988)
Czernowitz. In: dies., Die Sichel mäht die Zeit zu Heu. Gedichte 1957-1965. © S. Fischer Verlag GmbH, Frankfurt am Main 1985.
Mutterland. In: dies., Ich höre das Herz des Oleanders. Gedichte 1977-1979. © S. Fischer Verlag GmbH, Frankfurt am Main 1984
Bukowina III. In: dies., Im Aschenregen die Spur deines Namens. Gedichte und Prosa 1976. © S. Fischer Verlag GmbH, Frankfurt am Main 1984.

Isaak Babel' (1894-1940)
Brody 1920. In: Isaak Babel, Tagebuch 1920. Aus dem Russischen von Peter Urban. © Friedenauer Presse, Berlin 1990, S. 76-79.
So wurde es in Odessa gemacht. Aus dem Russischen von Kay Borowsky und Erwin Honig. In: Isaak Babel, So wurde es in Odessa gemacht. © Phillip Reclam jun., Stuttgart 1979, S. 47-56.

Eduard Bagrickij (1895-1935)
Die Schmuggler. Aus dem Russischen von Heinz Czechowski. In: Eduard Bagrizki, Vom Schwarzbrot und von der Treue der Frau. Volk & Welt, Berlin 1971, S. 35-39.

Christian Bäuerle
Wolhynienfahrt. In: Alfred Cammann, Heimat Wolhynien II. © N. G. Elwert Verlag, Marburg 1988., S. 33-35, S. 39-41.

Vince Batthyány (1771-1827)
Reise durch die Bucovina. In: Graf Vinzenz Batthyani, Reise durch einen Theil Ungarns, Siebenbürgens, der Moldau und Buccovina. Im Jahr 1805. Pest, bei Conrad Adolph Hartleben 1811, S. 152-166.

Mykola Bažan (1904-1983)
Morgen. Ins Deutsche übertragen von Michail Schaiber. In: Sowjetliteratur 5/1982, S. 113-114.

Klara Blum (1904-1971)
Wassilka, die Bäuerin. In: Klara Blum, Kommentierte Auswahledition. Hg. von Zhidong Yang. Böhlau Verlag Wien/Köln/Graz 2001, S. 357-360.

Johannes Bobrowski (1917-1965)
Die Taufe des Perun. Kiew 988. In: Johannes Bobrowski, Im Windgesträuch. Union Verlag, Berlin 1977, S. 64-65.

Heinrich Böll (1917-1985)
Damals in Odessa. In: Heinrich Böll. Werke. Band 1. Romane und Erzählungen. Hrsg. von Bernd Balzer. © 1987 by Verlag Kiepenheuer & Witsch Köln.

Pjatrus' Broŭka (1905-1980)
Kiew. Ins Deutsche übertragen von Michail Schaiber. In: Sowjetliteratur 5/1982, S. 134.

Kahanetz. Aus dem Ukrainischen von Irina Budz. In: Ukrainische Rundschau, IV. Jg. (1908), Nr. 6/7, S. 294-295.

Vladimir Bušnjak (geb. 1952)
Weiße Wirbel. Ins Deutsche übertragen von Uwe Groth. In: Sowjetliteratur 11/1989, S. 86-90.

Karel Čapek (1890-1938)
Die Ballade von Juraj Čup. In: Karel Čapek, Der gestohlene Kaktus. Aus dem Tschechischen von Grete Ebner-Eschenhayn. Gebrüder Weiß Verlag, Berlin 1963, S. 167-172.

Paul Celan (1920-1970)
Nähe der Gräber. In: Werke, Band 3, © Suhrkamp Verlag Frankfurt ›Nähe der Gräber‹.

Hnat Chotkevyč (1877-1938)
Bei den Opryschken. In: Hnat Chotkewytsch, Räubersommer. Aus dem Ukrainischen von Anna-Halja Horbatsch. Sachse & Pohl Verlag, Göttingen 1968, S. 168-183.

Oleksandr Dovženko (1894-1956)
Verzauberte Desna. Aus dem Ukrainischen von Anna-Halja Horbatsch. In: Ein Brunnen für Durstige. Horst Erdmann Verlag, Tübingen 1970, S. 146-155.

Ivan Drač (geb. 1936)
An das Werk ›Arsenal‹. Ins Deutsche übertragen von Johann Warkentin. In: Sowjetliteratur 1/1985, S. 116-117.

Volodymyr Drozd (geb. 1939)
Der einsame Wolf. Aus dem Russischen von Ruprecht Willnow. In: Das Auge der Schlange. Mitteldeutscher Verlag, Halle Leipzig 1988, S. 45-48.

Julia Drunina (geb. 1924)
Wermut. Ins Deutsche übertragen von Johann Warkentin. In: Sowjetliteratur 3/1989, S. 133.

Il'ja Erenburg (1891-1967)
Babi Jar. In: Ilja Ehrenburg, Gedichte. Aus dem Russischen von Waldemar Dege. Verlag Volk & Welt, Berlin 1983, S. 79.

Viktor Erofeev (1938-1990)
Die Krim ist unschuldig. Aus dem Russischen von Beate Rausch. In: Die Zeit Nr. 22/2002.

Osyp Jurij Fed'kovyč (1834-1888)
An den Flosslenker. Aus dem Ukrainischen von Alexander Popowytsch. In: Ukrainische Rundschau, XI. Jg. (1913), Nr. 12, S. 291-292.

Ivan Franko (1856-1916)
Die galizische Schöpfungsgeschichte. In: Iwan Franko, Beiträge zur Geschichte und Kultur der Ukraine. Akademie Verlag. Berlin 1963, S. 258-260.

Karl Emil Franzos (1848-1904)
Matthias Zenner. In: Erzählungen aus Galizien und der Bukowina. Nicolaische Verlagsbuchhandlung GmbH, Berlin 1988, S. 111-129.

Maximilian Glinski
Kosma Zajetz. In: Ukrainische Rundschau, X. Jg. (1912), Nr. 10, S. 187-190.

Nikolaj Gogol (1809-1852)
Die Mainacht oder Die Ertrunkene. 2. Das Dorfoberhaupt. In: Nikolai Gogol, Sämtliche Erzählungen. Aus dem Russischen von Josef Hahn, München 1990, S. 75-79. © Patmos Verlag GmbH & Co. KG/Artemis & Winkler Verlag, Düsseldorf.
Auf der Insel Chortiza. In: Nikolai Gogol, Taras Bulba. Aus dem Russischen von Georg Schwarz. Verlag der Nationen, Berlin 1981, S. 28-30.

Alfred Gong (1920-1981)
Topographie. In: Manifest Alpha.Gedichte. © Rimbaud Verlag, Aachen 2001.

Alexander Granach (1890-1945)
Ich trage den Namen eines freundlichen Mannes. In: Alexander Granach, Da geht ein Mensch. Autobiographischer Roman. © 2003: Ölbaum Verlag Augsburg, S. 13-19.

Tomofij Havryliv (geb. 1971)
Die morgendliche Stadt. Aus dem Ukrainischen von Alois Woldan. In: Zweiter Anlauf. Ukrainische Literatur heute. © Verlag Karl Stutz, Passau 2004, S. 65.

Georg Heinzen (geb.1953)
Wo die Hunde die Namen olympischer Götter trugen. In: Rheinischer Merkur/Christ und Welt. Nr. 5, 1. Februar 1991. © Georg Heinzen.

Ivan Hryhurko
Geos und Artimnasa. In: Iwan Hryhurko, Der Kanal. Aus dem Ukrainischen von Traute und Günther Stein. Buchverlag Der Morgen, Berlin 1976, S. 29-38.

Jevhen Hucalo (geb. 1937)
Haare, rötlich wie Herbstlaub. Aus dem Ukrainischen von Ingeborg und Oleg Kolinko. In: Jewhen Huzalo, Hryhir Tjutjunnik, Der Weg aus der Kindheit. Verlag Volk & Welt, Berlin 1977, S. 105-110.

Béla Illés (1895-1973)
Uzhorod liegt in Marokko. In: Béla Illés, Karpathen-Rhapsodie. Aus dem Ungarischen von Emeric Roboz. Dietz Verlag, Berlin 1951, S. 419-430.

Das Zauberei. Volksglaube aus der Bukowina, gesammelt von Raimund Friedrich Kaindl (1866–1930). In: Am Ur-Quell, Band V (1894), Heft IV, S. 101.
Baba Jaudocha-Dokia. Volksglaube aus der Bukowina, gesammelt von Raimund Friedrich Kaindl. In: Am Ur-Quell, Band II (1891), Heft IX, S. 149–150.

Dinah Kalinowskaja
Auf dem Viktualienmarkt. Aus dem Russischen von Hilde Angarowa. Aus: Dinah Kalinowskaja, Oh, dieser Samstag! Erzählungen. © Aufbau-Verlag Berlin und Weimar, 1986 (für die deutsche Übersetzung), S. 95–100.

Schlafende Soldaten im Hügel. In: Alfred Karasek-Langer, Sagen der Deutschen in Wolhynien und Polesien. Historische Gesellschaft Posen 1938.
Scheinbare Hexen. In: Alfred Karasek-Langer, Sagen der Deutschen in Wolhynien und Polesien. Historische Gesellschaft Posen 1938.

Hertha Karasek-Strzygowski
Der Dorfschmied Ferdinand Wolf. In: dies., Wolhynisches Tagebuch. N. G. Elwert Verlag Marburg 1979.

Erika Karlowna
Babuschka Luba. In: Erika Karlowna, Klawa – das Mädchen aus Charkow. Verlag Welsermühl, München-Wels 1961, S. 10–16.

Valentin Kataev (1897–1986)
Am Sonntag. In: Valentin Katajew, Veilchen. Aus dem Russischen von Erich Ahrndt. Verlag Volk & Welt, Berlin 1978, S. 40–49.

Heinz Knobloch (1926–2003)
Geschichte in Bachtschissarai. In: Heinz Knobloch, Mehr war nicht drin. Mitteldeutscher Verlag. Halle (Saale) 1979, S. 109–112.

Ol'ha Kobyljans'ka (1863–1942)
Die Bettlerin. Aus dem Ukrainischen von Klementine Hankewycz. In: Ruthenische Revue, I. Jg. (1903), Nr. 1, S. 30–31.

Karl Koch (1809–1879)
Marie Potocka. In: Karl Koch, Die Krim und Odessa. Fleischer, Leipzig 1854, S. 48–50.

Mychajlo Kocjubyn'skyj (1864-1913)
Auf der Alm. Aus dem Ukrainischen von Sabine und Alexander Kusmin. In: Mychailo Kozjubynsky, Schatten vergessener Ahnen. Verlag Dnipro, Kiew 1984, S. 27-32, S. 40-45.

Pantelejmon Kulis (1819-1897)
Saporoger Gericht. Aus dem Ukrainischen von Wilhelm Horoschowski. In: Ruthenische Revue, II. Jg. (1904), Nr. 21 und Nr. 22, S. 603-604, S. 622-627.

Andrej Kurkov (geb. 1961)
Mischa-Pinguin. In: Andrej Kurkow, Picknick auf dem Eis. Aus dem Russischen von Christa Vogel. Copyright © 1999 Diogenes Verlag AG Zürich, S. 52-56.

Osyp Makovej (1867-1925)
Wie Schewtschenko Arbeit suchte. Aus dem Ukrainischen von Traute und Günther Stein. In: Der Sündenfall des Sascha M. Ukrainische Satiren und Humoresken. © Rütten & Loening, Berlin, 1975 (für die deutsche Übersetzung), S. 101-109.

Osip Mandel'štam (1891-1938)
Kiew. In: Ossip Mandelstam, Das Rauschen der Zeit. Gesammelte »autobiographische« Prosa der 20er Jahre. Aus dem Russischen übersetzt und herausgegeben von Ralph Dutli. © 1985 by Ammann Verlag & Co., Zürich, S. 172-180.

Adam Mickiewicz (1798-1855)
Aluschta bei Tag. Aus dem Polnischen von Arthur Ernst Rutra. In: Adam Mickiewicz, Sonette aus der Krim. Roland Verlag Dr. Albert Mundt, München 1919, S. 29-30

Il'ja Mitrofanov (1948-1994)
Studjony-Straße. Aus dem Russischen von Ingeborg Schröder. In: Ilja Mitrofanow: Wassermann über Odessa. Verlag Volk & Welt, Berlin 1992, S. 22-31.

Panas Myrnyj (1849-1920)
Die Feldfee. Aus dem Ukrainischen von Wilhelm Horoschowski. In: Ruthenische Revue II. Jg. (1904), Nr. 23 und Nr. 24, S. 668-672.

Akiba Nagelberg
Der Wolf zahlt mit der Haut. Eine chassidische Sage aus Galizien. In: Am Ur-Quell, Band IV (1896) Heft I, S. 33.

Nestorchronik
Die Reise des Apostels Andreas durch das russische Land und die Gründung Kiews. Aus dem Altrussischen übertr. und hrsg. von Helmut Grasshoff. Aus: Rauchspur der Tauben. Radziwill-Chronik. © Aufbau Verlagsgruppe GmbH, Berlin.

Boris Pasternak (1890-1960)
Ballade. Aus dem Russischen von Heinz Czechowski. In: Boris Pasternak, Gedichte und Poeme. © Aufbau-Verlag GmbH, Berlin 1996, S. 270-271.

Konstantin Paustovskij (1892-1968)
Labyrinthe aus Sperrholz. Aus dem Russischen von Georg Schwarz. In: Konstantin Paustowskij: Der Beginn eines verschwundenen Zeitalters (Abschnitt: Die Zeit der großen Erwartungen). © Eichborn AG, Frankfurt am Main, 2002, S. 278-282.
Der Segelmacher. Aus dem Russischen vom Georg Schwarz. In: Konstantin Paustovskij, Jenseits des Regenbogens. Erzählungen. © Aufbau-Verlag Berlin und Weimar, 1986 (für die deutsche Übersetzung).

Martin Pollack (geb. 1944)
Karpatenräuber. In: Rüdiger Wischenbart, Karpaten: Die dunkle Seite Europas. Verlag Kremayr und Scheriau. Wien 1992, S. 91-97. © Martin Pollack.

Aleksandr Puškin (1799-1837)
An die Fontäne im Palast von Bachtschissarai. Aus dem Russischen von Martin Remané. In: Alexander Puschkin: Gesammelte Werke in sechs Bänden, Bd.1: Gedichte. © Aufbau-Verlag Berlin und Weimar, 1968.
Poltawa. Aus dem Russischen von Bruno Tutenberg. In: ebd. Bd. 2: Poeme und Märchen. © Aufbau-Verlag Berlin und Weimar, 1968.

Rainer Maria Rilke (1875-1926)
Das Lied von der Gerechtigkeit. In: Rainer Maria Rilke, Geschichten vom lieben Gott. Insel Verlag, Wiesbaden 1951, S. 71-86.

Moses Rosenkranz (1904-2003)
Bukowina 1940-1941. In: Blaueule Leid. Bukowina 1940-1944. © Rimbaud-Verlag, Aachen 2001, S. 92.

Joseph Roth (1894–1939)
Brief aus Polen. In: Panoptikum. Gestalten und Kulissen. Verlag Knorr & Hirth, München 1930, S. 113–120.

Maksym Ryl'skyj (1895–1964)
Herbstliches Kiew. Ins Deutsche übertragen von Sepp Österreicher. In: Sowjetliteratur 5/1982, S. 97–98.

Leopold von Sacher-Masoch (1836–1895)
Der Besuch beim Wunderrabbi von Sadagora. In: Der Judenraphael. Geschichten aus Galizien. Herausgegeben von Adolf Opel. © Böhlau Verlag, Wien/Köln/Graz 1989, S. 18–23.

Karl Schlögel (geb. 1948)
Metropole im Übergangsgebiet. In: ders., Promenade in Jalta und andere Städtebilder, © 2001 Carl Hanser Verlag, Müchen - Wien.

Scholem Alejchem (1859–1916)
Es ist eine Lüge. Aus dem Jiddischen von Stefania Goldenring. In: Scholem Alejchem, Geschichten aus Anatevka. Ullstein Verlag 1992, S. 108–115.

Fridolin Schoultz
Ein Kaiserzug durch die Krim. In: Fridolin Schoultz, Ein Kaiserzug durch die Krim. A. Duncker, Berlin 1857, S. 6–12.

Christian Schüle (geb. 1970)
Schneiders Freundin. In: Die Zeit 27. 5. 2004 Nr. 23. © Christian Schüle.

Jurij Ščerbak (geb. 1934)
Die Heimkehr. Aus dem Ukrainischen von Traute und Günther Stein. In: Juri Stscherbak, Abschied von Julia. © Aufbau-Verlag Berlin und Weimar, 1983 (für die deutsche Übersetzung), S. 5–24.

Anna Seghers (1900–1983) Bauern von Hruschowo. In: Anna Seghers, Gesammelte Werke in Einzelausgaben, Bd. 9: Erzählungen 1926–1944, © Aufbau-Verlag Berlin und Weimar, 1977, S. 142–157.

Taras Ševčenko (1814–1861)
Vermächtnis. Aus dem Ukrainischen von Wilhelm Horoschowski. In: Ruthenische Revue II. Jg. (1904), Nr. 15, S. 456–457.

Kosakenlied. Aus dem Ukrainischen von Julia Virginia. In: Ukrainische Rundschau VIII. Jg. (1910), Nr. 1, S. 32.

Andrzej Stasiuk (geb. 1960)
Expedition ins Niemandsland. Aus dem Polnischen von Martin Pollack. In: Süddeutsche Zeitung 27. 10. 2001.

Adolf Ludwig Staufe-Simiginowicz (1832-1897)
An die Heimat. In: Alfred Kluge, Ein verloren geglaubtes Büchlein von L. A. Staufe. Verlag V. Mühldorf. Czernowitz 1929, S. 14

Semën Šurachovyč (geb. 1907)
Der kleine Junge. Aus dem Ukrainischen von Traute und Günther Stein. In: Parallelen. Paul List Verlag, Leipzig-Weimar 1979, S. 19-20.

Hryhir Tjutjunnyk (1931-1980)
Himmelsrand. Ins Deutsche übertragen von Olga Köhler. In: Sowjetliteratur 9/1985, S. 63-69.

Stepan Vasyl'čenko (1879-1932)
Im Chutor. Aus dem Ukrainischen von Ines und Viktor Timtschenko. In: Stepan Wassyltschenko, Talent. Verlag Dnipro, Kiew 1989, S. 35-40.

Iryna Vil'de
Romans Heirat. Aus dem Ukrainischen von Stella Kastschij. In: Iryna Wilde, Das grüne Tor. Verlag Dnipro, Kiew 1980, S. 53-61.

Marianne Vincent (1900-1988)
Am Schwarzen Meer. In: Marianne Vincent: Aus meinem Tagebuch: Gedichte. Landsmannschaft der Buchenlanddeutschen. Stuttgart 1974. S. 43.
© Landsmannschaft der Buchenlanddeutschen, Olching, S. 43.

Marko Vovčok (1833-1907)
Maksym Hrymacz. Aus dem Ukrainischen von Ol'ha Kobyljans'ka. In: Ruthenische Revue I. Jg. (1903), Nr. 4, S. 97-101.

Ostap Vyšnja (1889-1956)
Jahrmarkt. Aus dem Ukrainischen von Ingeborg und Oleg Kolinko. In: Eine beispiellose Hochzeit. Verlag Volk & Welt. Berlin 1980, S. 51-62.
Die Berge. Aus dem Russischen von Aljonna Möckel. In: Ostap Wyschnja: Zu Fuß nach Jalta. Eulenspiegel Verlag, Berlin 1981, S. 14-19.

Rudolf Wagner
Reisetagebuch des österreichischen Kaisers Franz. I. In: Rudolf Wagner, Die Reisetagebücher des österreichischen Kaisers Franz I. in der Bukowina (1817 und 1823). Verlag Der Südostdeutsche, München 1823. © Landsmannschaft der Buchenlanddeutschen, Olching, S. 15–17.

Wassili der Trunkenbold
Aus dem Russischen von Wolfgang E. Groeger. In. Wolfgang E. Groeger, Ilja und der Räuber Nachtigall. Insel Verlag, Leipzig 1986, S. 58–68.

Franz Carl Weiskopf (1900–1955)
Heimkehr. Aus: Das Eilkamel. Reiseberichte aus Europa, Asien und Amerika. © Aufbau Verlagsgruppe GmbH, Berlin.

Immanuel Weissglas (1920–1979)
Schwarzmeer-Muscheln. In: Amy Colin, Alfred Kittner: Versunkene Dichtung der Bukowina. Fink Verlag, München 1994, S. 310.

Adam Zagajewski (geb. 1945)
Nach Lemberg fahren. In: Adam Zagajewski, Gedichte. Herausgegeben und aus dem Polnischen übertragen von Karl Dedecius. © 1989 Carl Hanser Verlag München - Wien, S. 64–66.

Max Zelgin
Zar Alexander in Czernowitz. In: Rudolf Wagner, Die Reisetagebücher des österreichischen Kaisers Franz I. in der Bukowina (1817 und 1823). Verlag Der Südostdeutsche, München 1823. © Landsmannschaft der Buchenlanddeutschen, Olching, S. 8.

Entdecken Sie alle unsere Reiseziele im Internet! www.ventus.com office@ventus.com

Ventus Reisen GmbH

Ukraine – ein Land, das neugierig macht. Alte Kulturen, wunderschöne Landschaften und gastfreundliche Menschen erwarten Sie!

Wir organisieren gerne Ihre Reise in die Ukraine:

Flüge, Visabesorgung, Familienunterkünfte, Geschäftsreisen, Studienreisen uvm.

Krefelder Straße 8, 10555 Berlin, Telefon 030-391 00 332/-333, Fax 030-399 55 87

UKRAINE

hautnah erleben

Dreizackreisen
Strausberger Platz 16
10243 Berlin

Tel.: 0 30 3252 8682
Fax: 0 30 3252 8681

Naturreisen - Erlebnisreisen - Städtereisen

für Einzelreisende, Pärchen und Gruppen

www.dreizackreisen.de

Der erfahrene Spezialveranstalter für Russland, Baltikum, Ukraine seit über 20 Jahren

CVJM HAMBURG REISEDIENST

Wir bieten:

- ***Pauschalreisen***
- ***Einzelreisen***
- ***Flüge***
- ***Hotels***
- ***Visa***
- ***Kontakte***
- ***Sprachreisen***
- ***Gruppenreisen nach Maß***
- ***Transsib-Reisen***
- ***Flussfahrten uvm.***

Rufen Sie uns an! ***Wir beraten Sie gern!***

CVJM Hamburg Reisedienst GmbH • 20099 Hamburg • An der Alster 40
Tel.: 040/28 40 95 70 • Fax: 040/280 20 11 • www.cvjm-russlandreisen.de

Mit den Spezialisten in die

UKRAINE

Reisen zu Geschichte, Literatur, Gesellschaft

- **Lemberg**: Hauptstadt Galiziens und Metropole der Westukraine
  Exkursionen nach Zhovkva und Brody (Joseph Roth)
- **Czernowitz**: Babylon Mitteleuropas und Kleinwien des Ostens
  Exkursionen nach Chotyn und Kamjanec Podilskyj, Aufenthalt in Zablotow (Manès Sperber)
- **Ostgalizien-Transkarpatien**: Drohobytsch, Ivano Frankivsk, Uschhorod
- **Podolien-Wolhynien**: Kosakisch-Chassidisch-Adlig
  Aufenthalte u.a. in Ternopil, Mezhybizh, Mohyliv, Braclav, Uman, Berdytschiv, Zhytomyr
- **Kiew**: Nördliches Rom und Wiege der Ukraine
- **Odessa**: "Hier atmet man ganz Europa"
  Exkursion nach Bilhorod Dnistrovskyj und Schabo
- **Krim**: Von allen begehrte Schwarzmeerschöne
  Sevastopol-Bachtschissaraj-Jalta-Koktebel-Sudak-Feodosija

Die Reisen werden mehrmals jährlich zu festen Terminen angeboten. Gerne arbeiten wir auch individuelle Arrangements aus oder organisieren eine Ukrainereise zum Wunschtermin für Ihre Gruppe!

Foto: Podolien

Weitere Reisen aus unserem Angebot:

Georgien Rumänien Moldawien Königsberg-Kurische Nehrung
St. Petersburg Moskau Minsk Litauen Riga Tallinn-Tartu Krakau Danzig
Lublin-Zamość Ljubljana Sarajevo-Mostar New York: Osteuropäisch-Jüdisch

Ex ORIENTE Lux
R E I S E N
Historisch-Literarisch-Aktuell

Katalog kostenlos von
Brachvogelstr. 1, 10961 Berlin
Fon: 030/39603871 Fax: 39603879
info@eol-reisen.de
www.eol-reisen.de

StATtReiSEn
Berlin

15 Jahre Studienreisen
ODESSA – KRIM – LEMBERG – CZERNOWITZ

GESCHICHTE
GEGENWART
LITERATUR
JÜDISCHES LEBEN

Kleine Gruppen
Hintergrundwissen
Zeitzeugengespräche
Anerkannter Bildungsurlaub

Malplaquetstr. 5 • 13347 Berlin •
Tel: 030 / 45 80 39 47
studienreisen@stattreisenberlin.de
www.StattReisenBerlin.de

Trescher Verlag

Der Spezialist für den Osten

Albanien entdecken
Auf den Spuren Skanderbegs, 17.95 €

Armenien entdecken
3000 Jahre Kultur zwischen West und Ost, 19.95 €

Breslau entdecken
Niederschlesien und seine tausendjährige Hauptstadt, 14.95 €

Bulgarien entdecken
Unterwegs zwischen Schwarzmeerküste, Balkan und Donau, 16.95 €

China-Handbuch
Erkundungen im Reich der Mitte, 17.95 €

Donaukreuzfahrt
Von Passau bis zum Schwarzen Meer, 15.95 €

Estland entdecken
Skandinavische Impressionen im nördlichen Baltikum, 16.95 €

Flußkreuzfahrten auf dem Dnepr
Unterwegs zwischen Kiev und der Krim, 13.95 €

Georgien entdecken
Unterwegs zwischen Kaukasus und Schwarzem Meer, 18.95 €

Kasachstan entdecken
Auf Nomadenwegen zwischen Kaspischem Meer und Altaj, 18.95 €

Kiev entdecken
Rundgänge durch die Metropole am Dnepr, 16.95 €

Kirgistan entdecken
Zu den Gipfeln von Tien-Schan und Pamir, 14.95 €

Königsberg entdecken
Zwischen Memel und Frischem Haff, 14.95 €

Krakau entdecken
Unterwegs zwischen Weichsel und Hoher Tatra, 14.95 €

Trescher Verlag im Internet unter www.trescherverlag.de mit ausführlichen Infos über alle unsere Bücher und Onlineshop

Trescher Verlag

Der Spezialist für den Osten

Die Krim entdecken
Unterwegs auf der Sonneninsel im Schwarzen Meer, 14.95 €

Lemberg entdecken
Streifzüge durch das kulturelle Zentrum der Westukraine, 16.95 €

Lettland entdecken
Erkundungen im Herzen des Baltikums, 14.95 €

Litauen entdecken
Europas neuer Mittelpunkt im Baltikum, 14.95 €

Masuren entdecken
Unterwegs im Land der Seen und Wälder, 13.95 €

Moskau und Goldener Ring
Altrussische Städte an Moskva, Oka und Volga, 19.95 €

Rumänien entdecken
Kunstschätze und Naturschönheiten, 19.95 €

Die russische Schwarzmeerküste
Unterwegs zwischen Soči und Asovschem Meer, 17.95 €

St. Petersburg entdecken
Die europäische Metropole und ihre altrussischen Nachbarn, 15.95 €

Tschechien entdecken
Unterwegs in Böhmen und Mähren, 15.95 €

Transsib-Handbuch
Unterwegs mit der Transsibirischen Eisenbahn, 19.95 €

Turkmenistan entdecken
Versunkene Wüstenstädte an der Seidenstraße, 16.95 €

Die Ukraine entdecken
Zwischen den Karpaten und dem Schwarzen Meer, 19.95 €

Usbekistan entdecken
Auf der Seidenstraße nach Samarkand, Buchara und Chiwa, 17.95 €

Trescher Verlag im Internet unter www.trescherverlag.de
mit ausführlichen Infos über alle unsere Bücher und Onlineshop